Das
»**Dritte**
Reich«

Dietmar Süß | Winfried Süß (Hg.)

Das »Dritte Reich«

Weltbild

Bildnachweis

Genehmigte Lizenzausgabe für Verlagsgruppe Weltbild GmbH,
Steinerne Furt, 86167 Augsburg
Copyright der Originalausgabe © 2008 Pantheon Verlag, München
in der Verlagsgruppe Random House GmbH
Umschlaggestaltung: Büro 18, Friedberg (Bay.)
Umschlagmotiv: Erntedankfest 1936 Bückeberg © ullstein bild
Karten: Peter Palm, Berlin
Gesamtherstellung: CPI – Clausen & Bosse, Leck
Printed in the EU
978-3-8289-4696-5

2014   2013   2012
Die letzte Jahreszahl gibt die aktuelle Lizenzausgabe an.

Einkaufen im Internet:
www.weltbild.de

Inhalt

Das »Dritte Reich«
Zur Einführung

DIETMAR SÜSS / WINFRIED SÜSS

Woher diese Gewalt? Woher diese destruktive Dynamik? Die nationalsozialistische Massenbewegung kam aus der Mitte der deutschen Gesellschaft, überwältigte die Weimarer Demokratie und brachte Verheerung und Tod über Europa. Die Suche nach den Wurzeln ihrer Zerstörungskräfte hat Generationen von Historikern beschäftigt und beschäftigt sie noch heute. Auch wenn die Zahl derjenigen, die die NS-Herrschaft unmittelbar miterlebt haben, von Tag zu Tag kleiner wird, steht die Geschichte der braunen Diktatur mehr als jedes andere zeithistorische Thema im Blickfeld der Öffentlichkeit. Vergangen ist diese Vergangenheit auch mehr als 60 Jahre nach dem Sieg der Alliierten über das »Dritte Reich« also keineswegs, und ihre Deutung bleibt in vieler Hinsicht strittig.

Historisch Interessierte stehen angesichts der kaum überschaubaren Fülle an Literatur vor dem Problem, einen zuverlässigen Überblick zu gewinnen. Dabei will ihnen diese Einführung helfen und auf knappem Raum über zentrale Themen der NS-Geschichte informieren. Anmerkungen und bibliographische Hinweise sind auf das Notwendige beschränkt. Den Autorinnen und Autoren ging es nicht um Vollständigkeit, sondern um die pointierte Schwerpunktsetzung, etwas was gerade für Studierende der neuen Bachelor-Studiengänge immer wichtiger wird. Alle Beiträge verknüpfen Darstellung und Forschungsüberblick; sie ziehen Bilanz, vermessen die Themenfelder, benennen Kontroversen und wollen so zur weiterführenden Lektüre anregen.

Vier Perspektiven waren prägend für die Konzeption dieser Einführung: Die erste ist geographisch bestimmt. Immer deutlicher hat die neuere Forschung gezeigt, dass der Nationalsozialismus Teil einer europäischen Gewaltgeschichte der Moderne war. Daher stellt der Band die deutsche Entwicklung in den Kontext autoritärer und faschistischer Regime, die vielerorts die liberalen Demokratien beiseitedrängten; er fragt nach der Wahrnehmung des »Dritten Reiches« im Ausland und richtet den Blick auf die territoriale Expansion der NS-Herrschaft.

Damit verbunden ist zweitens eine Verschiebung der zeitlichen Perspektive. Während ältere Darstellungen zur Geschichte des »Dritten Reiches« oft das Jahr 1933 als analytischen Fluchtpunkt wählten und so den Akzent auf das Scheitern der Weimarer Demokratie, die Machteroberung und Herrschaftsstabilisierung der Nationalsozialisten setzten, richtet diese Einführung ihren Fokus stärker auf das Jahr 1939. Hierdurch rückt die Radikalisierungsdynamik der nationalsozialistischen Diktatur in den Kriegsjahren in den Mittelpunkt, und Fragen nach Opfern, Tätern und Handlungsspielräumen im nationalsozialistischen Rassenkrieg stellen sich mit neuer Eindringlichkeit.

Nicht nur der Krieg nach »außen«, auch der Krieg nach »innen«, an der »Heimatfront« des »Dritten Reiches«, ist in den vergangenen Jahren intensiv diskutiert worden und damit die in der Konsequenz vielfach tödliche Ambivalenz von Inklusion und radikalisierter Exklusion. Inwieweit verwandelte sich die deutsche Gesellschaft in die »kämpfende Volksgemeinschaft«, die der nationalsozialistischen Führung vorschwebte? Die Frage nach den Anziehungs- und Bindekräften der NS-Diktatur führt zu einer dritten Leitperspektive, die sozialgeschichtlichen Zugängen breiten Raum gibt. Dabei geht es in erster Linie um die Teilhabe von Individuen oder sozialen Gruppen am NS-Regime.

Mancher wird gesonderte Beiträge zur Verfolgung politischer Gegner oder zur Entwicklung einzelner politischer Institutionen im »Staat Hitlers« vermissen. Wir haben uns dafür entschieden, diese Themen in die Beiträge zu integrieren. Auf diese Weise lässt sich Gewalt als konstituierender Faktor des NS-Regimes in ganz unterschiedlichen Wirkungszusammenhängen darstellen, und das Grundprinzip nationalsozialistischer Gesellschaftspolitik tritt scharf konturiert hervor: die Politisierung des Sozialen im Zeichen der Rassenideologie. Deutlich wird zudem, dass Macht keine statische, an einzelne Institutionen gekoppelte Größe war, sondern ein dynamisches Element. Auch in der Diktatur musste Herrschaft immer wieder neu generiert, verhandelt und legitimiert werden. Dazu gehörten die tätige Mitwirkung großer Bevölkerungsteile an der Verwirklichung nationalsozialistischer Ziele, die integrierende Wirkung sozialer Versprechen, aber auch Verfolgung und Terror.

Eine vierte, vergleichsweise junge Forschungsperspektive zielt auf den schwierigen Umgang mit der Hinterlassenschaft des Nationalsozialismus: Was geschah nach dem Ende der Diktatur mit den Opfern, was mit den Tätern, Mitläufern und Begünstigten des Regimes? Welche Rolle spielte die Erfahrung der nationalsozialistischen Zeit bei der Formierung der politischen Kultur in den Nachkriegsgesellschaften diesseits und jenseits des Eisernen Vorhangs? Wie veränderte sich die Erinnerung und wie beeinflussten die Konjunkturen der Erinnerung den Blick, mit dem wir die Geschichte des »Dritten Reiches« betrachten?

Wer über das »Dritte Reich« schreibt, betritt kein unbestelltes Feld. Aber falls das Diktum stimmt, dass jede Generation ihre Geschichte neu schreibt, dann trifft das mit Sicherheit für die Zeit des Nationalsozialismus zu. Wenn diese Einführung dabei helfen kann, neben einer ersten Orientierung auch zu zeigen, dass der Nationalsozialismus keineswegs abschließend erforscht ist und wie wichtig eine sich beständig erneuernde Auseinandersetzung mit der Geschichte des »Dritten Reiches« bleibt, dann ist ein zentrales Anliegen der Herausgeber erreicht. Auf dem Weg dorthin haben viele geholfen: ein Verlag, der in Gestalt unserer Lektoren Tobias Winstel und Heike Specht das Vorhaben engagiert gefördert hat, Anne Goldfuß, die uns bei der Textredaktion tatkräftig zur Seite stand, vor allem aber Autorinnen und Autoren, die sich auf das Konzept der Herausgeber eingelassen und den Band auch zu ihrer eigenen Sache gemacht haben.

Dietmar Süß
Winfried Süß
München, im Februar 2008

Hitler und Mussolini beim
Staatsbesuch in Venedig, Juni 1934

Auf dem Weg in die Diktatur
Faschistische Bewegungen und die Krise der europäischen Demokratien

MARTIN BAUMEISTER

Der Nationalsozialismus wird gerne als ein Spezifikum der deutschen Geschichte behandelt. In der Tat stellt die Hitlerdiktatur bis heute den zentralen Bezugspunkt der jüngeren Nationalgeschichte dar, das Zentrum des als »dunkler Kontinent«[1] bezeichneten Europa im 20. Jahrhundert: Dort wurde die destruktive Utopie des Rassestaats unter einem charismatischen Führer geboren und in die Tat umgesetzt, dort wurde die Eliminierung alles »Fremden« und »Schädlichen« im eigenen »Volkskörper« betrieben, von dort aus wurde imperialistisches Expansionsstreben bis in den Vernichtungskrieg gesteigert.

Nicht immer jedoch wurde der Nationalsozialismus vornehmlich in einer nationalgeschichtlichen Verengung betrachtet. Von der Machtübernahme Mussolinis an bis in die 1940er Jahre hatte sich eine intensive Faschismusforschung und -theoriebildung in vergleichender Perspektive entwickelt, die unter veränderten Voraussetzungen in den 1960er und 1970er Jahren fortgeführt wurde und in deren Mittelpunkt die Auseinandersetzung mit dem italienischen Faschismus und dem deutschen Nationalsozialismus stand. Nur zögerlich hingegen hat die deutsche Geschichtswissenschaft begonnen, die intensive Debatte über einen »generischen« Faschismus, den Faschismus als Gattungskonzept, die sich seit den 1990er Jahren vor allem im angelsächsischen Raum entfaltet hat, zur Kenntnis zu nehmen und deren Fragen und Ansätze für die historische Forschung aufzugreifen. Der Faschismus, so betont etwa der amerikanische Historiker Robert Paxton, sei die einzige große neue politische Bewegung und Ideologie, die im Europa des 20. Jahrhunderts aufkam und zur Quelle vielen Leids wurde.

Insofern erscheint es unerlässlich, den Aufstieg des Nationalsozialismus in die europäische Krisengeschichte der Zwischenkriegszeit einzubetten und zugleich nach den unterschiedlichen Etappen und neueren Ansätzen der Faschismusforschung zu fragen. Nur so kann der Faschismus als eine nationale Grenzen und Besonderheiten überschreitende Erscheinung analysiert und die Frage nach seinem historischen Ort, seinen Bedeutungen und Folgen gestellt werden. Diese Sichtweise führt keineswegs zwangsweise zu einer Nivellierung höchst unterschiedlicher nationaler Entwicklungen, wie einige Forscher argumentiert haben. Vielmehr öffnet sie den Weg zur vergleichenden Profilierung, in der gerade der deutsche Fall eine besondere Stellung einnimmt: Deutschland war die größte Macht und das ökonomisch am weitesten entwickelte Land, in dem Faschisten die Herrschaft übernehmen konnten. Die Nationalsozialisten waren die weltweit größte faschistische Bewegung mit den stärksten paramilitärischen Kräften und den höchsten Stimmenanteilen bei freien Wahlen. Der Nationalsozialismus begründete das dynamischste, »radikalste«[2] faschistische Regime, das die schlimmsten Verbrechen beging.

Der italienische Archetypus

Bis heute ist der Begriff des Faschismus im Vergleich zu anderen zentralen politischen Konzepten wohl immer noch der am wenigsten klar gefasste.[3] Die Etymologie des Wortes legt eine erste Spur für das Verständnis des Phänomens. Abzuleiten ist der Begriff vom italienischen *fascio*, »Bündel«, »Bund«, ein Wort, das wiederum vom lateinischen *fasces*, »Rutenbündel«, kommt. Dieses Herrschaftszeichen der römischen Antike hatte in die politische Symbolwelt der Französischen Revolution Eingang gefunden und war wohl durch Vermittlung von Anhängern der Revolution in Italien als Symbol der nationalen Einheit in die politische Kultur der Linken auf der Apenninenhalbinsel gewandert. Im vereinten Italien kam der Begriff als Bezeichnung außerparlamentarischer politischer und sozialer Zusammenschlüsse demokratischer, sozialistischer oder auch anarchistischer Ausrichtung zur Anwen-

14

dung. Im Ersten Weltkrieg wurde er verstärkt national aufgeladen, seine politische Zuordnung begann sich erstmals nach rechts zu verschieben.

Bald nach Kriegsbeginn hatten sich die Befürworter eines Kriegseintritts Italiens auf der Linken, unter ihnen der Sozialist Benito Mussolini, in den *Fasci d'azione rivoluzionaria* (FAR) zusammengeschlossen. 1917 formierten sich dann vor allem rechtsgerichtete Kräfte, die eine Radikalisierung der italienischen Kriegsanstrengungen forderten, im *Fascio parlamentare*. Im März 1919 schließlich gründete der bereits im November 1914 aus der Sozialistischen Partei Italiens ausgeschlossene Kriegsveteran Mussolini in einer bunt gemischten Versammlung von Veteranen, Angehörigen der revolutionären Linken, futuristischen Künstlern und Intellektuellen an der Mailänder Piazza San Sepolcro die *Fasci di combattimento*, die sogenannten Faschistischen Kampfbünde.

Ihr Programm blieb allerdings reichlich vage. Es verband einen scharfen Antisozialismus mit linken Forderungen und proklamierte die Erneuerung Italiens aus dem Geist des Kriegsnationalismus. Die Bezeichnung *fascisti*, wie die Leute von der Piazza San Sepolcro und ihre Mitstreiter bald genannt wurden, lieferte die Vorlage für einen neuen politischen »Ismus«, den *fascismo* – ein Wort, das selbst Mussolini zunächst noch in Anführungszeichen setzte. Die Entstehungsgeschichte dieses Begriffs, in dem die Bezeichnung eines politischen Symbols, des Rutenbündels, und einer Organisationsform, des militanten Bundes, zusammenfließen, deutet auf einige wichtige Kennzeichen der neuen Bewegung hin: Ultranationalismus und Militarismus, Antisozialismus und Antiliberalismus sowie ein neuer, von revolutionärer Militanz bestimmter politischer Stil.

Die neue Kraft in der italienischen Politik legte eine geradezu chamäleonhafte Wandlungsfähigkeit an den Tag. Zweieinhalb Jahre nach ihrer Gründung formierten sich die *fasci*, die als »Antipartei« angetreten waren, zum *Partito nazionale fascista* (PNF). Der Faschismus, der noch weit bis ins Jahr 1920 eine kleine Minderheit dargestellt hatte, stieg nun vor allem im Schlag gegen die sozialistische Offensive der sogenannten »zwei roten Jahre«

von 1919/20 zur Massenbewegung auf. Aus einer großstädtischen linken Sammelbewegung wurde eine in den agrarischen Regionen Mittel- und Norditaliens erfolgreiche Bewegung, in der aggressive paramilitärische *squadre*, bewaffnete Banden junger Männer in Schwarzhemden unter der Führung von »Provinzfürsten«, den Ton angaben. Finanziert von Grundbesitzern und begünstigt durch das bewusste Wegsehen von Polizei und Behörden, begannen sie ländliche und kleinstädtische Bastionen der Sozialisten und der katholischen Volkspartei mit nackter Gewalt zu schleifen. In wenigen Monaten wuchsen die faschistischen Gruppierungen so zur größten politischen Organisation der Geschichte des italienischen Parlamentarismus heran – von gut 20 000 Mitgliedern Ende 1920 auf über 320 000 im Mai 1922 – und lagen somit noch deutlich vor der größten Massenpartei, den Sozialisten.

Im Oktober desselben Jahres setzte Mussolini zum entscheidenden Schlag an. Eine recht klägliche Veranstaltung, bei der einige Tausende schlecht ausgerüsteter Schwarzhemden in strömendem Regen zur Eroberung der italienischen Hauptstadt aufgebrochen waren, wurde von der faschistischen Propaganda zum heroischen »Marsch auf Rom« stilisiert. In einem riskanten Erpressungsmanöver konnte der König gegen den Rat seines Regierungschefs dazu bewegt werden, Mussolini mit der Führung der Regierungsgeschäfte zu beauftragen und so die Bildung einer Mehrparteienregierung unter faschistischer Führung zu ermöglichen. Der zukünftige »*Duce*« erkämpfte sich den Zugang zur Macht nicht durch einen revolutionären Akt, sondern gewann ihn nach dem Aufbau einer wenig imposanten Drohkulisse durch die Zustimmung der herrschenden Eliten.

Bereits zum Zeitpunkt des spektakulären Machtantritts Mussolinis zeichnete sich ab, dass der Faschismus trotz seiner dezidiert nationalistischen Ausrichtung mehr war als lediglich eine italienische Sonderentwicklung. Insbesondere jenseits der Alpen, in der jungen Weimarer Republik, verfolgte man in unterschiedlichen politischen Lagern die zur Regierungsmacht aufgestiegene neue Bewegung mit großer Aufmerksamkeit. 1921 hatte Adolf Hitler den Vorsitz der kleinen, aufstrebenden Nationalsozialistischen

Deutschen Arbeiterpartei (NSDAP) übernommen. Bereits im September 1922, noch vor dem »Marsch auf Rom«, ließ er Mussolini, der von seinem Bewunderer in München nie zuvor gehört hatte, über einen Verbindungsmann den Vorschlag einer Zusammenarbeit von Faschismus und Nationalsozialismus unterbreiten. Der »Marsch auf Rom« elektrisierte die deutschen Nationalsozialisten wie kaum ein anderes politisches Ereignis der Zeit. Anfang November 1922 proklamierte Hermann Esser, ein früher Mitstreiter Hitlers, seinen Parteivorsitzenden in einer Versammlung im Münchner Hofbräuhaus zu »Deutschlands Mussolini«. In diesem symbolischen Moment, so Hitlers Biograph Ian Kershaw, hätten dessen Anhänger den Führerkult erfunden. Die Bewunderung Hitlers für sein italienisches Vorbild sollte bis zum bitteren Ende anhalten. Das überdimensionierte Arbeitszimmer des »Führers« im Münchner »Braunen Haus« zierte eine monumentale Mussolini-Büste. Noch kurz vor seinem Selbstmord im Frühjahr 1945 soll Hitler zwar das Bündnis mit Italien als politischen Fehler bezeichnet, jedoch an seiner persönlichen Verbundenheit mit dem »Duce« festgehalten haben. Und auch über die persönliche Ebene hinaus blieb der deutsche »Führer« bei seiner Überzeugung, dass die »faschistische« und die »nationalsozialistische Revolution« eng miteinander verbunden gewesen seien.

Faschismus als internationales Phänomen

Kurze Zeit nach dem Machtwechsel in Rom vom Herbst 1922 hatte der Publizist Arthur Moeller van den Bruck, ein namhafter Stichwortgeber der »konservativen Revolution«, die fortan gerne zitierte Formel »*Italia docet*« geprägt und zugleich die Frage gestellt: »Ist Fascismus in Deutschland möglich?«[4] Fast über Nacht war Mussolini zum Vorbild der antidemokratischen Rechten im Europa der Nachkriegszeit geworden. Zwar hatte er selbst lange Zeit nichts davon gehalten, aus dem Faschismus eine »Exportware« zu machen, doch wurden in der zweiten Hälfte der 1920er Jahre Stimmen junger Faschisten laut, die von »Panfaschismus« und einer

Föderation faschistischer Nationen Europas sprachen; und nach 1929 erwog auch der »*Duce*« zunehmend eine Internationalisierung seiner Bewegung. Zum zehnten Jahrestag des »Marschs auf Rom« verkündete er, schon zehn Jahre später werde ganz Europa faschistisch sein.

Während sich die Pläne und Absichtserklärungen der faschistischen Politiker auf eine Ausdehnung des italienischen Machtbereiches um das Zentrum des neoimperialen »Dritten Roms« bezogen, war das Label »faschistisch« zur Selbstbezeichnung politischer Bewegungen und Parteien jenseits Italiens nur wenig attraktiv. Dennoch entwickelte sich nicht nur unter Politikern wie Hitler und Mussolini ein Bewusstsein grenzüberschreitender Nähe und Verwandtschaft. Im Europa der Zwischenkriegszeit entstand eine Vielzahl politischer Gruppierungen, die man aufgrund der Gemeinsamkeiten in ihrem Selbstverständnis und ihren Werten, in ihren Führungsgruppen und ihrer Anhängerschaft, ihren Organisationsformen wie ihrem politischen Stil einer großen »faschistischen Familie« zurechnen kann. Häufig rivalisierten mehrere faschistische Gruppierungen innerhalb eines Landes im vielfach fragmentierten Feld der äußersten Rechten miteinander. Immer wieder gerieten dabei die Grenzen zwischen Faschismus und der autoritären Rechten ins Fließen, wobei sich beide in ihren Zielen annäherten und fast nur noch in ihren Mitteln unterschieden. Fluktuationen militanter Anhänger, ideologische Orientierungswechsel und Anpassungsmanöver waren nicht selten.

In der französischen Dritten Republik konkurrierten, angetrieben von den Wahlerfolgen der Linken, neben einer Reihe rechtsnationalistischer Bünde auch einige genuin faschistische Gruppierungen wie *Le Faisceau*, die *Francistes*, die sogenannten Grünhemden des *Front Paysan* oder des *Parti Populaire Français* um Macht und Anhänger. In der aus einem gewaltigen Vielvölkerreich hervorgegangenen österreichischen »Rumpfrepublik« standen zwei Bewegungen einander gegenüber, die konträre nationalstaatliche Zielvorstellungen verfolgten: auf der einen Seite die Austrofaschisten, die auf einem unabhängigen Österreich beharrten und dabei das Erbe der katholischen Habsburgermonarchie hochhielten, auf der anderen die österreichische NSDAP, die für den »Anschluss« an ein großdeutsches Reich kämpfte.

Was die Zahl faschistischer, semifaschistischer und rechtsradikaler Bewegungen anbelangt, nahm Ungarn unter dem langlebigen, gemäßigt autoritären Regime des ehemaligen k.u.k.-Admirals Miklos Horthy, gemessen an der Bevölkerungszahl, wohl eine Spitzenposition unter allen europäischen Staaten der Zwischenkriegszeit ein. In den 1920er Jahren machte Major Gyula Gömbös mit seiner Partei der »Rasseschützer« von sich reden. In den 1930er Jahren begünstigte die Große Depression in Ungarn den Vormarsch der Faschisten. Ende 1932 wurde Gömbös zum Regierungschef ernannt und bemühte sich um den Aufbau einer faschistischen Partei »von oben«, während sich mehr als ein halbes Dutzend kleiner nationalsozialistischer Parteien nach deutschem Vorbild formierten. Die von dem ehemaligen Generalstabsoffizier Ferenc Szálasi gegründete »hungaristische« Pfeilkreuzler-Bewegung stieg 1939 kurzfristig zur größten politischen Kraft und zur einzigen ernsthaften Opposition gegen das Horthy-System auf. In dem halbautoritären Regime blieb ihr der Zugang zur Macht jedoch versperrt, den ihr erst 1944 die Deutschen in einer von den Nationalsozialisten abhängigen Satellitenregierung verschafften.

In der jungen, von heftigen ideologischen und sozialen Spannungen belasteten Spanischen Republik von 1931 blieben die Faschisten, seit 1934 zusammengeschlossen in der *Falange Española de las Juntas de Ofensiva Nacional Sindicalista*, bis 1936 eine winzige Splittergruppe, die bei Wahlen kläglich scheiterte. In den Augen der Linken bildete die stärkste konservative Kraft des Landes, die mit einem autoritären Ständestaat liebäugelnde katholische Sammelpartei der *Confederación Española de Derechas Autónomas* (CEDA), die eigentliche »faschistische« Kraft, deren radikalisierte junge Anhänger nach dem Sieg einer Volksfront-Koalition im Februar 1936 in Scharen zur *Falange* überliefen. Nach dem Militärputsch vom Juli 1936 stieg die *Falange* durch die Rekrutierung Tausender von Freiwilligen für die Aufständischen zur Massenbewegung auf, büßte dafür jedoch ihre Unabhängigkeit ein. Die falangistischen Blauhemden wurden der militärischen

Kommandogewalt unterworfen. 1937 wurde die *Falange* in die neue, heterogene Einheitspartei der Franco-Diktatur zwangseingegliedert.

Die Fälle Ungarn und Spanien könnten zu der Annahme verleiten, demokratische Systeme hätten bessere Voraussetzungen für den Aufstieg faschistischer Bewegungen geboten als autoritäre beziehungsweise halbautoritäre Regime. Frankreich liefert jedoch ein Gegenbeispiel. Dort setzten vergleichsweise fest verwurzelte republikanische Traditionen und der dezidierte Widerstand der Regierung dem faschistischen Vormarsch Grenzen – unter anderem dadurch, dass 1936 die Organisationen der radikalen Rechten verboten wurden. Auch in Belgien, wo die Rexisten unter der Führung von Léon Degrelle 1936 unter den Vorzeichen der wirtschaftlichen Depression und schwerer nationaler Verwerfungen mit 11,5 Prozent die größten Erfolge einer westeuropäischen faschistischen Partei in nationalen Wahlen der Zwischenkriegszeit erzielen konnten, führte die ablehnende Haltung der politischen und sozialen Eliten zum schnellen Niedergang der faschistischen Bewegung.

Der europäische Faschismus war ein Krisenprodukt und als solches abhängig von kurzfristigen Konjunkturen, aber auch von den Spielräumen im etablierten politischen System, von der Stärke und Widerstandskraft der bestehenden Institutionen, vom Verhalten der herrschenden Eliten, von der Verfügbarkeit von Verbündeten und nicht zuletzt von der Entschiedenheit, vom taktischen Geschick und vom Machtwillen seiner Führer. Nur im Falle des italienischen Faschismus und des deutschen Nationalsozialismus gelang es faschistischen Bewegungen, die Macht im Land ohne Unterstützung von außen zu erobern und ein eigenständiges Regime zu installieren – freilich in deutlichem zeitlichen Abstand voneinander und unter jeweils sehr unterschiedlichen Voraussetzungen.

Der deutsche und der italienische Fall stehen auch im Mittelpunkt der Suche nach einer Definition des Faschismus. Wohl kein anderes politisches Phänomen der Geschichte des 20. Jahrhunderts ist Gegenstand solch zahlreicher wie auch kontrovers geführter Begriffsdiskussionen geworden. Bis heute reißen die Versuche nicht ab, eine handhabbare, hinreichend offene und zugleich präzise Definition vorzulegen, die allgemeine Anerkennung findet. »Faschismus« und »Faschist« stellten seit den Frühzeiten der italienischen Bewegung politische Schlagworte dar, die aufs Engste mit Vorstellungen von »Freund« und »Feind« verknüpft und an den jeweiligen politischen Kontext gebunden waren. Die begriffliche und theoretische Auseinandersetzung mit der Bewegung setzte unmittelbar mit ihrem Aufstieg ein und wurde insbesondere von den unterschiedlichen Lagern des Antifaschismus, sei es der Linken, von Kommunisten und Sozialisten unterschiedlicher Couleur, sei es von Teilen des Liberalismus oder des politischen Katholizismus, betrieben. Spätestens mit der nationalsozialistischen »Machtergreifung« wurde die inneritalienische Frontstellung von Faschismus und Antifaschismus in einen quasi universalen Antagonismus verwandelt.

Spanien, wo 1936 ein fast gescheiterter Militärputsch gegen die Republik aufgrund der Unterstützung durch das faschistische Italien und das nationalsozialistische Deutschland zum Bürgerkrieg eskalierte, wurde die erste große Arena für den Einsatz des internationalen faschistischen Paradigmas – trotz der anfänglichen Schwäche des spanischen Faschismus und seiner »Rahmung« durch ein autoritäres Militärregime. Der Spanische Bürgerkrieg (1936–1939) galt mit Blick auf den Zweiten Weltkrieg als Beginn des »europäischen Bürgerkrieges«, als Kampfplatz zweier antagonistischer Ideologien und Systeme, von Faschismus und Antifaschismus; oder – in den Begriffen des Kalten Krieges – als Auftaktschlacht von totalitärem Faschismus und Kommunismus auf der einen und der demokratischen Welt auf der anderen Seite.

Solche Deutungskämpfe, die die Auseinandersetzungen mit

dem Faschismus tief geprägt haben, liegen mittlerweile zwar recht weit zurück, aber immer noch ist es schwer, sich im Labyrinth der verschiedenen Deutungen des Faschismus zurechtzufinden. Ein erster Versuch, eine gewisse Ordnung ins Gewirr der Definitionen zu bringen, könnte in der formalen Unterscheidung zwischen »Minimalisten« und »Maximalisten« liegen. Anfang der 1960er Jahre versuchte Ernst Nolte, eine Art kleinsten gemeinsamen Nenner zu bestimmen, mit dem er das »Wesen« des Faschismus in der Epoche zwischen den Weltkriegen zu kennzeichnen versuchte. Dieses »faschistische Minimum« bestand aus drei Negativkriterien – Antimarxismus, Antiliberalismus und Antikonservativismus –, zwei Organisationsmerkmalen – Führerprinzip und Parteiarmee – sowie einer grundlegenden Zielperspektive: dem Anspruch auf Totalität. Während Nolte mit seiner Definition wichtige Impulse für die Diskussionen der 1960er und 70er Jahre gab, übernahm diese Rolle in den 1990er Jahren, unter stark veränderten Voraussetzungen, der britische Historiker Roger Griffin. Sein Vorschlag für eine Minimaldefinition lautet: Der Faschismus sei Teil einer politischen Ideologie, »deren mythischer Kern in ihren unterschiedlichen Verwandlungsformen eine palingenetische [das heißt auf die kollektive Wiedergeburt ausgerichtete] Form eines populistischen Ultranationalismus darstellt«.[5]

Gegen die minimalistischen Verkürzungen bei Historikern wie Nolte oder Griffin setzen andere Wissenschaftler wie Stanley Payne oder der Nestor der italienischen Faschismusforschung Renzo De Felice auf die Erstellung erweiterter Merkmalslisten, um der Vielschichtigkeit des Phänomens besser gerecht zu werden. So fügt Payne in seiner Kennzeichnung des »faschistischen Kerns« Noltes drei »Antis« die Kategorien von Nationalismus, autoritärem Staatsdenken, Korporatismus und Syndikalismus, Imperialismus, Idealismus, Voluntarismus, Romantizismus, Mystizismus, Militarismus und Gewalt hinzu. Während Noltes Modell sehr stark verdichtet, läuft Paynes Herangehensweise Gefahr, eine Auflistung mehr oder weniger lose verknüpfter Aussagen zu bieten. In all diesen Annäherungen lässt sich allerdings eine Tendenz beobachten, nämlich der Versuch, eine abstrakte »Essenz« des Faschismus zu bestimmen und ihn dabei aus seinem konkreten zeitlichen und politisch-sozialen Umfeld weitgehend herauszulösen.

Eine solche Vorgehensweise wirft gravierende Probleme auf. Die Definition droht allzu statisch auszufallen und kann somit nicht der Entwicklungsdynamik und der Wandlungsfähigkeit des Phänomens gerecht werden. Überdies werden so allzu leicht die im Faschismus angelegten Widersprüche und Spannungen übergangen oder zu sehr geglättet. Bereits 1925, als Mussolini endgültig die Wende zur diktatorischen Herrschaft vollzog, machte der spanische Philosoph José Ortega y Gasset auf die paradoxe Natur des (italienischen) Faschismus aufmerksam, der völlig konträre Inhalte in sich vereine: Autoritarismus und Rebellion, den Kampf gegen die Demokratie und zugleich die strikte Weigerung, zur alten Ordnung zurückzukehren, die Propagierung eines starken Staates und eine politische Praxis, die die Staatsgewalt untergrabe und auflöse: »Wie auch immer man sich dem Faschismus annähert, man muss erkennen, er ist eine Sache und zugleich deren Gegenteil, A und Nicht A.«[6]

Historischer Kontext und soziale Grundlagen

Allerdings finden sich schon bei Zeitgenossen wie dem italienischen Sozialisten Angelo Tasca (1892 – 1960) wichtige Hinweise zur Überwindung derartiger Aporien bei der Bestimmung des Phänomens. In einer 1938 im Pariser Exil publizierten Studie mit dem Titel »Die Geburt des Faschismus« betonte Tasca, der einzige Weg zu einer allgemeingültigen Definition des Faschismus bestehe darin, seine Geschichte zu schreiben: Der Faschismus sei kein »Gegenstand, der hinreichend definiert werden kann, wenn man seine Attribute sammelt, sondern das Ergebnis einer Situation, aus der er nicht herausgelöst werden kann.«[7] Tasca brachte bereits vor 70 Jahren wesentliche Kriterien auf den Punkt, die bei der Untersuchung des Faschismus als internationales Phänomen zu bedenken sind: seinen Prozesscharakter, seine Formenvielfalt, schließlich seine Einbettung in konkrete zeitliche und nationale

Konstellationen. Gerade in der jüngeren vergleichenden Forschung seit den 1990er Jahren kommt dem Anliegen Tascas, den Faschismus zu historisieren und zu kontextualisieren, eine besondere Bedeutung zu.

Die ambitionierteste neuere Studie über den Aufstieg des Faschismus im Europa der Zwischenkriegszeit stammt von dem britisch-amerikanischen Soziologen Michael Mann. Ähnlich wie Nolte oder Griffin geht auch Mann von einer Kurzdefinition aus, mit der er allerdings nicht einem statischen Essentialismus verfällt, sondern die er als begrifflichen »Anker« in einer vielschichtigen Analyse von Aufstieg und Scheitern faschistischer Bewegungen und Regime einsetzt.[8] Faschismus bestimmt er als »Streben nach der Verwirklichung eines Klassen übergreifenden, auf einer Politik der ›Reinigung‹ aufbauenden autoritären nationalstaatlichen Ordnungsdenkens mit den Mitteln paramilitärischer Organisation und Gewalt«.[9] Das Kernstück seines Modells stellt eine in einen Fünf-Länder-Vergleich eingebettete umfassende Untersuchung der sozialen Grundlagen des Faschismus dar, von den militanten Überzeugungstätern über die »gewöhnlichen« Mitglieder bis hin zu den Wählern. Die Trägerschichten der neuen Bewegung bildeten demnach Angehörige zweier aufeinanderfolgender Generationen junger Männer, der »Frontgeneration« der Kriegsveteranen sowie einer »Heimatgeneration« derjenigen, die von der Kriegszeit bis in die späten 1930er Jahre erwachsen wurden.

Die soziale Herkunft der Faschisten variierte und umfasste – entgegen langlebiger Vorurteile etwa vom »kleinbürgerlichen« Klassencharakter des Faschismus – fast alle Gruppen und sozialen Schichten, allerdings überproportional solche, die dem organisierten Kampf zwischen Kapital und Arbeit fernstanden und für Appelle an klassenübergreifende Einheit und Harmonie besonders empfänglich waren. Dazu gehörten die alten und die neuen Mittelschichten genauso wie die Studentenschaft, das Beamtentum und das Militär, aber auch Arbeiter außerhalb der Industrie. Die Faschisten waren in jeder Hinsicht eng mit Staat und Nation verbunden. Ein auffällig großer Teil stammte aus Grenzregionen wie etwa Schleswig-Holstein im deutschen und dem Gebiet um Triest im italienischen Fall, wo die ethnisch-nationalen Zugehörigkeiten heftig umkämpft waren. Überdurchschnittlich viele Männer verfügten über höhere Bildungsabschlüsse – Gymnasien und Universitäten spielten neben dem Militär eine zentrale Rolle bei der Vermittlung von nationalen und männlich-soldatischen Werten –, standen in staatsnahen Berufen und hatten einen spezifischen konfessionell-religiösen beziehungsweise regionalen Hintergrund.

Als Kernzellen der faschistischen Bewegungen fungierten paramilitärische Gruppierungen, die teilweise wie die *squadre* im frühen italienischen Faschismus weitgehend identisch waren mit der Bewegung selbst oder wie die deutsche SA neben der Partei operierten. Diese Gruppen verkörperten die Ideale der faschistischen Männergemeinschaft: Sie pflegten einen extremen Führerkult, waren streng autoritär-hierarchisch organisiert und zugleich durch eine intensive, emotional aufgeladene Kameradschaft verbunden. Sie waren Schulen der Gewalt, Täter- und Lebensgemeinschaften meist unverheirateter junger Männer.

Die entscheidende Frage nach den Bedingungen von Aufstieg, Erfolgen und Scheitern des Faschismus versucht Michael Mann im Rahmen eines mehrdimensionalen Krisenmodells zu beantworten. Sein Hauptaugenmerk gilt der Kluft zwischen liberalen Demokratien und autoritären Tendenzen, die sich nach 1918 immer weiter öffnete. Während er die Bedeutung sozioökonomischer Probleme, von Konjunkturen und Klassenlagen, aber auch ideologischer Aspekte in seinem Krisensyndrom stark relativiert, stehen Fragen des politischen Systems sowie der nationalen Traditionen, in denen sich faschistische Bewegungen entwickelten und bewegten, im Vordergrund. Während etwa die Bewegungen und Regime der autoritären Rechten in den nur oberflächlich demokratisierten Staaten in Mittel-, Ost- und Südeuropa zum Zuge gekommen seien, hätten die gefestigten Demokratien in Großbritannien und Nordwesteuropa die Herausforderung der extremen Rechten überstanden.

Eng verknüpft mit der politischen sieht Mann die »militärische« Krise. Ohne die unmittelbare Vorgeschichte im Ersten Weltkrieg sind Entstehung und Aufstieg des Faschismus nicht denkbar. Der Krieg stärkte Nationalismus und autoritäres, interventionistisches Machtstaatsdenken, er löste folgenschwere territoriale Verschiebungen und, damit verbundene, revisionistische Forderungen aus und trug in den Verliererstaaten entscheidend zur Delegitimierung der überkommenen Regime bei. Veteranen, die das »Fronterlebnis« zum Gründungsmythos einer nationalen Erneuerung stilisierten, bildeten den harten Kern der ersten Welle faschistischer Bewegungen.

In der längerfristigen Perspektive sind überdies ideologische Faktoren besonders wichtig für die Inkubation des Faschismus als einem neuen politischen Phänomen. In der Krise der Jahrhundertwende hatten Intellektuelle einen schillernden Fundus von Ideen und Visionen bereitgestellt. Solcherlei von einem ausgesprochenen Irrationalismus geprägte Weltsichten, in denen die Kategorien »Volk« und »Nation« eine zentrale Rolle spielten, standen quer zu den herrschenden bürgerlich-liberalen Werten und entzogen sich zumindest partiell einer Zuordnung zu den etablierten Lagern der politischen Rechten und Linken. Aus diesem Arsenal bedienten sich die Faschisten. Trotz seines erklärten Antiintellektualismus übte der Faschismus daher seinerseits wiederum eine besondere Faszination auf Gebildete aus.

Ambivalent wie seine Beziehung zu den Intellektuellen war seine Stellung zur Moderne. Formulierungen wie »reactionary modernism« (Jeffrey Herf), »revolutionary reaction« (Mark Neocleous) oder »resakralisierte Moderne« (Emilio Gentile) versuchen dieses spannungsvolle, widersprüchliche Verhältnis in ganz unterschiedlichen Richtungen auf den Punkt zu bringen. Die Faschisten griffen Aspekte der Moderne in Gebieten wie Technik, Management, Sozialpolitik, Biologie, Propaganda und Massenmedien begierig auf. Bis in die 1930er Jahre stand der italienische Faschismus – im klaren Gegensatz zum Nationalsozialismus – in enger Verbindung zu künstlerisch-kulturellen Avantgardeströmungen.

Michael Manns Stärke liegt in der Analyse der sozialen Grundlagen des Faschismus. Sein Krisenmodell, mit dem er vor allem die Bedingungen für das Anwachsen faschistischer Bewegungen untersucht, kann jedoch nicht die Frage klären, wie den Faschisten der entscheidende Schritt an die Macht gelang. In jüngster Zeit hat man in diesem Zusammenhang wieder auf die Bedeutung politischer Entscheidungen und Allianzen sowie auf die Rolle etablierter politischer und gesellschaftlicher Eliten als »Steigbügelhalter« der Faschisten verwiesen; ein Ansatz, der bereits im Mittelpunkt klassischer politikhistorischer Studien etwa zum Ende der Weimarer Republik gestanden hatte.

Das »Modell« der faschistischen Machteroberung, das Hitler zu seinem Vorbild wählte, lieferte Mussolini: ein doppeltes Spiel mit einer gewaltvollen außerparlamentarischen Offensive, der Mobilisierung der *squadre* auf der einen, taktischen Kooperationsangeboten an die Regierenden auf der anderen Seite. Die italienischen Faschisten hatten den Zutritt zur Macht in der Nachkriegskrise, im Kontext heftiger Klassenkämpfe vor allem auf dem flachen Land, gewonnen. Jedoch erst mehr als zwei Jahre später, Anfang 1925, vollzog Mussolini die »totalitäre Wende« von einer Koalitionsregierung hin zur Diktatur, die zunehmend auf seine Person als charismatischen »Führer« ausgerichtet wurde, sich allerdings trotz ihres »totalen« Anspruchs der Abhängigkeiten von den überkommenen Mächten von Krone, Armee und katholischer Kirche niemals vollständig entledigen konnte.

Die Nationalsozialisten scheiterten mit ihrem Versuch der Machteroberung in den Nachkriegswirren. Niederlage, Revolution, Räterepublik, Freikorpsgewalt und Hyperinflation hatten in Deutschland zwar einen fruchtbaren Nährboden für das Anwachsen der radikalen Rechten geschaffen, Hitlers »Marsch auf die Feldherrnhalle« in München misslang jedoch, da die Unterstützung von Seiten der bayerischen Regierung im entscheidenden Moment ausblieb. Die nächste Gelegenheit, nach der Macht zu greifen, bot sich den Nationalsozialisten erst wieder im Gefolge der Großen Depression von 1929. Nach seiner Haftentlassung Anfang 1925 verlegte sich Hitler vom gewaltsamen Putschversuch auf eine scheinlegale Taktik der Machteroberung. Er baute die NSDAP nach ihrer Wiederbelebung zielstrebig von einer regionalen politischen Kraft zu einer Partei mit nationaler Reichweite aus, die sich als »Spätzünder« im politischen System neuen Raum eroberte. Sie bediente sich dabei zum einen der Mittel paramilitärischer »Straßenpolitik«, der Einschüchterung und physischen Aggression gegen den zum anti-nationalen Feind deklarierten politischen Gegner vor allem auf der Linken. Zum anderen benutzte sie moderne Methoden des Wahlkampfs und der Massenmobilisierung im Zeichen des charismatischen »Führers« und appellierte gezielt an unterschiedlichste Wählergruppen. Dabei erhob sie den Anspruch, die Interessen der gesamten Nation gegen den Partikularismus der etablierten »System«-Parteien zu vertreten.

Zwischen 1928 und 1932 stiegen die Nationalsozialisten in atemberaubender Geschwindigkeit von einer Splitterpartei zur ersten *catch-all party* in der deutschen Geschichte mit einem Stimmenanteil von 37,3 Prozent auf. Die NSDAP entwickelte sich nunmehr zu einer populären Protestpartei mit einer heterogenen, höchst instabilen sozialen Basis. Die größten Wahlerfolge konnte sie in überwiegend protestantischen ländlichen Gebieten, zumal in nord- und nordostdeutschen Grenzregionen, erringen. Proletarische Wähler gewannen die Nationalsozialisten vor allem aus den Reihen der Arbeiter in der Landwirtschaft, im Baugewerbe, im Dienstleistungsbereich und im öffentlichen Dienst, während die Industriearbeiter, die Vorreiter organisierter Klassenkämpfe – wie auch die überwiegende Mehrheit der Arbeitslosen –, ihre Stimmen bevorzugt der Linken, der SPD und KPD, gaben. Die Nationalsozialisten profitierten von der Erosion der liberalen und konservativen Parteien, deren Wählerschaft sich von der Parole der nationalen Volksgemeinschaft besonders angezogen fühlte. Hingegen blieben das katholische Milieu, die Wähler des Zentrums und der Bayerischen Volkspartei mit ihrer relativen Distanz zur kleindeutschen Staatsnation, sowie sozialdemokratische und kommunistische Milieus trotz großer Stimmenverschiebungen auf Seiten der radikalen Parteien vergleichsweise stabil.

Auch wenn es den Nationalsozialisten nicht gelang, die absolute Mehrheit zu erringen, so waren sie bereits mit den Märzwahlen 1930 zur unverzichtbaren politischen Kraft in jeder Koalition unter Ausschluss der SPD geworden. Der letzte Schritt, die Ernennung Hitlers zum Reichskanzler am 30. Januar 1933, erfolgte allerdings zu einem Zeitpunkt, als der unaufhaltsame Siegeszug der NSDAP an den Wahlurnen durch den Verlust von zwei Millionen Stimmen bei den Reichstagswahlen im November 1932 gebrochen schien. Zudem sahen die republikfeindlichen Kräfte den autoritären Umbau von Staat und Gesellschaft unter dem Präsidialregime durch die Annäherung des seit Dezember 1932 amtierenden Kanzlers Schleicher an die Arbeiterbewegung gefährdet. Die Übernahme der Regierungsgewalt durch Hitler war Ergebnis einer von Schleichers Vorgänger im Amt des Kanzlers, Franz von Papen, betriebenen Intrige, in der die Nationalsozialisten von den Konservativen als »Juniorpartner« kooptiert wurden.

Im Vergleich dazu war die Eroberung der Regierungsgewalt durch die italienischen Faschisten deutlich schneller und gewaltsamer erfolgt. Nach der Regierungsübernahme Hitlers kehrten sich die Vorzeichen um. Die Nationalsozialisten betrieben die Durchsetzung ihrer Macht in atemberaubendem Tempo mit ungebremstem Terror nach innen, einer sukzessiven Gleichschaltungspolitik und der Entmachtung der nationalkonservativen Bündnispartner. Am 28. Februar 1933 setzte die »Verordnung des Reichspräsidenten zum Schutz von Volk und Staat«, die sogenannte Reichstagsbrandverordnung, die wesentlichen Grundrechte der Weimarer Verfassung außer Kraft und begründete einen dauerhaften Ausnahmezustand. Das sogenannte Ermächtigungsgesetz vom 23. März 1933 ermöglichte es der Regierung, Gesetze, selbst mit verfassungsänderndem Inhalt, ohne Beteiligung des Reichstags zu erlassen. Ende März wurde die Gleichschaltung der Länder mit dem Reich vollzogen. Mitte Juli wurde das mittlerweile durchgesetzte parteipolitische Machtmonopol der NSDAP mit dem Gesetz »Gegen die Neubildung von Parteien«

legalisiert und damit die Gleichschaltung der Parlamente abgeschlossen.

Mit der Ausschaltung der SA und innerparteilicher Konkurrenten im Zuge der angeblichen »Röhm-Revolte« zwischen dem 30. Juni und 2. Juli 1934 sowie der Übernahme des Reichspräsidentenamts und des Oberbefehls über die Wehrmacht durch Hitler nach dem Tod Hindenburgs am 2. August 1934 wurden die letzten Schritte zur Verwirklichung der uneingeschränkten Führerdiktatur getan. Dieser Prozess übertraf in seiner Dynamik und Reichweite bei weitem die Durchsetzung der Herrschaft Mussolinis, die stets den Charakter einer »Vermittlungsdiktatur« behielt und so auch im Juli 1943 von tragenden Kräften des Regimes, vom »Großen faschistischen Rat« und dem König, mit dem Sturz des »*Duce*« beendet wurde.[10] Im Vergleich mit den anderen faschistischen Bewegungen errichte nur das nationalsozialistische Regime schließlich jene Radikalität, an deren Ende Vernichtungskrieg und Genozid standen.

Faschismus als Epoche

Auch wenn die neuere vergleichende Faschismusforschung weit davon entfernt ist, ein einheitliches, konsensfähiges Bild zu bieten, so lassen sich doch gewisse Grundlinien und Gemeinsamkeiten erkennen. Weitgehende Einigkeit zeichnet sich dabei ab, den Faschismus als vornehmlich europäisches Epochenphänomen der Jahre 1919 bis 1945 zu verstehen, die Bedeutung der internationalen Nachkriegsfaschismen nicht zu leugnen, aber insgesamt zu relativieren. Auffallend oft wird in der jüngeren Forschung die Absicht geäußert, den Faschismus respektive die Faschisten »ernst zu nehmen«, das heißt Selbstverständnis und Werte der Akteure zu untersuchen, nach der Attraktivität und Plausibilität des faschistischen Massenappells und damit auch nach den Gründen seines Erfolgs zu fragen.

Derartige Bemühungen, die dem 1999 verstorbenen amerikanischen Historiker George Mosse wesentliche Anregungen verdanken, gründen auf einem erweiterten Ideologiebegriff, der sich deutlich von traditionellen ideengeschichtlichen Studien abhebt, der kollektiven Praktiken, Riten und Symbolen besondere Aufmerksamkeit schenkt und nach der gesellschaftlichen und institutionellen Verankerung und Umsetzung von Ideen fragt. An Einfluss gewinnen hier praxeologische, also auf Aktionen und Akteure gerichtete Ansätze, etwa in der Analyse faschistischer Gewalt, während die Forderungen zunehmen, den Faschismus als Prozess, als ein »Netzwerk von Beziehungen«[11] zu betrachten. Damit einher geht eine Relativierung klassischer Dichotomien: von rational und irrational, links und rechts, revolutionär und reaktionär, modern und anti-modern. Grundlegende Ambivalenzen, das Oszillieren zwischen solcherlei binären Zuordnungen werden immer mehr als ein wesentliches Kennzeichen des Faschismus in seiner Epoche gewertet.

Trotz breit angelegter, europäisch vergleichender Studien nehmen der italienische Faschismus und der deutsche Nationalsozialismus als Referenzfälle weiterhin eine gewisse Vorrangstellung ein. Grundlegende Vorbehalte gegenüber den Vergleichsmöglichkeiten der beiden Fälle, wie sie etwa George Mosse oder Renzo De Felice angemeldet hatten, sind einem zunehmenden Interesse der Forschung an Konvergenzen und Parallelen in der Radikalität der zwei Regime wie in den Fragen von Antisemitismus und Rassismus, Terror und Repression sowie Kriegführung und Besatzungsherrschaft gewichen. Die Gewalt in ihren unterschiedlichen Manifestationen, Bedeutungen und Funktionen, als Mittel der Gemeinschaftsstiftung und der Eliminierung des Feindes, als Medium der Machtdurchsetzung nach innen und außen, der »Reinigung« und Vernichtung, rückt verstärkt ins Zentrum auch der vergleichenden Faschismusforschung. In diesem Sinne, so Michael Mann, gehören faschistische Bewegungen untrennbar zur Moderne. Sie repräsentieren alternative, wenn auch gescheiterte Visionen der Moderne im Zeitalter der Weltkriege.

Bauerkämper, Arnd, Der Faschismus in Europa 1918–1945, Stuttgart 2006.

Bessel, Richard (Hrsg.), Fascist Italy and Nazi Germany. Comparisons and Contrasts, Cambridge 1997.

Borejsza, Jerzy W., Schulen des Hasses. Faschistische Systeme in Europa, Frankfurt a. M. 1999.

Breuer, Stefan, Nationalismus und Faschismus. Frankreich, Italien und Deutschland im Vergleich, Darmstadt 2005.

De Felice, Renzo, Die Deutungen des Faschismus, Göttingen 1980.

Gentile, Emilio, The Sacralization of Politics in Fascist Italy, Cambridge, Mass. 1996.

Griffin, Roger, The Nature of Fascism, London [2]1993.

Griffin, Roger, Modernism and Fascism: the Sense of a Beginning under Mussolini and Hitler, New York 2007.

Griffin, Roger/Feldman, Matthew (Hrsg.), Fascism, 5 Bde., New York 2004.

Mann, Michael, Fascists, Cambridge 2004.

Morgan, Philip, Fascism in Europe 1919–1945, London 2003.

Mosse, George L., The Fascist Revolution. Toward a General Theory of Fascism, New York [2]1999.

Neocleous, Mark, Fascism, Minneapolis 1997.

Nolte, Ernst, Der Faschismus in seiner Epoche. Action française, italienischer Faschismus, Nationalsozialismus, München [5]2000.

Nolzen, Armin/Reichardt, Sven (Hrsg.), Faschismus in Italien und Deutschland. Studien zu Transfer und Vergleich, Göttingen 2005.

Paxton, Robert O., Anatomie des Faschismus, München 2006.

Payne, Stanley, Geschichte des Faschismus. Aufstieg und Fall einer europäischen Bewegung, Berlin 2001.

Reichardt, Sven, Faschistische Kampfbünde. Gewalt und Gemeinschaft im italienischen Squadrismus und in der deutschen SA, Köln 2002.

Reichardt, Sven, Was mit dem Faschismus passiert ist. Ein Literaturbericht zur internationalen Faschismusforschung seit 1990, Teil 1, in: Neue politische Literatur 49 (2004), S. 385–406.

Schieder, Wolfgang (Hrsg.), Faschismus als soziale Bewegung. Deutschland und Italien im Vergleich, Göttingen ²1983.

Schieder, Wolfgang, Art. »Faschismus«, in: Fischer Lexikon Geschichte. Hrsg. v. Richard van Dülmen, Frankfurt a. M. ²2003, S. 199–221.

Wippermann, Wolfgang, Faschismustheorien. Die Entwicklung der Diskussion von den Anfängen bis heute, Darmstadt ⁷1997.

Verhandlungsgebäude des Münchner
Abkommens, September 1938

Der unterschätzte Aggressor

Das Deutsche Reich in den
internationalen Beziehungen

PHILIPP GASSERT

Als am 20. November 1945 im Nürnberger Justizpalast der Prozess
gegen die 24 deutschen Hauptkriegsverbrecher eröffnet wurde, beschäftigte der Mord an den europäischen Juden die in Nürnberg
zu Gericht sitzenden Vertreter der Siegermächte eher am Rande.
Im Mittelpunkt des Verfahrens gegen die überlebenden Spitzen
des NS-Regimes stand die Anklage wegen Verbrechens gegen den
Frieden und Planung und Durchführung eines Angriffskrieges.
Auch die Verletzung völkerrechtlicher Regelungen wie der Haager
Konventionen von 1899 und 1907 lastete man ihnen an. Verbrechen gegen die Menschlichkeit kamen erst im dritten und vierten
Punkt der Anklageschrift zur Sprache. Explizit war die »Verfolgung aus politischen, rassischen und religiösen Gründen« ein-
geschlossen. Jedoch war dieser Vorwurf einer unter mehreren
Punkten einer umfassenden Anklage. Die alliierten Juristen inter-
pretierten die rassistische Radikalisierung des NS-Regimes als ab-
hängige Variable, nicht als Antriebskraft der äußeren Expansion.

Seither hat sich der Akzent in der Wahrnehmung des Nationalsozialismus deutlich verschoben. Die Außenpolitik des »Dritten Reiches«, der anfangs die größte Aufmerksamkeit galt, wird
heute überwiegend in ihrer funktionalen Bedeutung für den Holocaust gesehen. Die einstige Königsdisziplin der NS-Forschung
gilt als Randgebiet, in dem es nur wenig neu zu entdecken gibt. Es
dominieren heute Fragen nach der internen Dynamik der NS-
Herrschaft, nach der Komplizenschaft der deutschen Eliten und
der »einfachen« Deutschen. Außenpolitik wirkt demgegenüber für
die großen, moralisch erregenden Fragen weitgehend irrelevant.

Dennoch soll hier die sich immer neu stellende Frage, wie es
zum Holocaust kommen konnte, diskutiert werden, indem die internationalen Zusammenhänge als wichtige – freilich nicht allei-

nige – Voraussetzung der nationalsozialistischen Mordpro-
gramme in den Blick genommen werden. Auch wenn man versucht, den Holocaust nicht allein aus einem primären Faktor zu
erklären, wie dies in den Kontroversen zwischen Anhängern »in-
tentionalistischer« und »strukturalistischer« Interpretationen der
NS-Herrschaft in den 1960er und 1970er Jahren geschah, muss den
weltpolitischen Kontext im Auge behalten, wer danach fragt, »wie
es möglich war«. Denn die deutsche Kriegs- und Vernichtungspolitik entwickelte sich nicht im luftleeren Raum. Auch dank des
Handelns und Unterlassens anderer Mächte konnte die deutsche
Stellung in Europa so konsolidiert werden, dass der Versuch einer
systematischen Ermordung der europäischen Juden durchführbar
wurde. Es geht also um die Frage, inwiefern internationale Beziehungen Teil der Ermöglichungsstruktur des Holocaust waren.
Darauf werden vier Antworten gegeben:

Indem das Deutsche Reich erstens die im Versailler Vertrag auferlegten Beschränkungen nach 1933 sukzessive abstreifen
konnte, wurde seine strategische Ausgangslage bis 1939 deutlich
verbessert. Aufgrund der Remilitarisierung des Rheinlandes (1936),
des »Anschlusses« Österreichs (1938), der etappenweisen »Zerschlagung« der Tschechoslowakei (1938 und 1939) und schließlich
des Hitler-Stalin-Pakts (1939) machte sich Deutschland von internationalen Beschränkungen frei. Das Gleichgewicht der Kräfte
verschob sich zu seinen Gunsten.

Zweitens trugen außenpolitische Erfolge zur inneren Konsolidierung der NS-Herrschaft bei. Sie verschafften Hitler und dem
Nationalsozialismus Legitimität, wie die breite Zustimmung der
Bevölkerung zu vielen außenpolitischen Schritten zeigt. Aufgrund
der als ungerecht empfundenen Versailler Ordnung waren außenpolitische Durchbrüche besonders populär. Respekt verschaffte
die Außenpolitik Hitler auch bei den konservativen militärischen
und diplomatischen Eliten.

Drittens sind außenpolitische Zielvorstellungen in der politischen Programmatik des Nationalsozialismus mit dem Judenmord eng verknüpft. Die Gewinnung von »Lebensraum« im
Osten und damit die Vernichtung der »jüdisch-bolschewisti-

schen« Sowjetunion war oberstes Ziel. Diese Programmatik trug zur Radikalisierung der NS-Herrschaft und zur Politik der Vernichtung bei. Dies wurde bei der Ausweitung vom europäischen zum globalen Krieg 1941 besonders deutlich.

Viertens spielte eine wichtige Rolle, dass Aktionen und Reaktionen der Hitler lange unterschätzenden Staatengemeinschaft die außenpolitischen Geländegewinne der 1930er Jahre überhaupt erst ermöglichten. Ohne die primäre Verantwortung der Deutschen und ihrer politischen Führung in Frage zu stellen, ist zu konstatieren, dass der Holocaust ins Werk gesetzt werden konnte, weil man Hitler und die NS-Führung nicht daran hinderte, die Ressourcen von Kontinentaleuropa unter ihre Kontrolle zu bringen. Die internationalen Beziehungen sind damit ein notwendiger, wenn auch kein hinreichender Faktor zur Erklärung, wie der Völkermord an den Juden in die Tat umgesetzt werden konnte.

Die außenpolitische Programmatik

Stärker als jedes andere Politikfeld gilt Außenpolitik als Hitlers persönliche Domäne. Ob aber die Außenpolitik primär durch ideologische Ziele und ein feststehendes Programm gesteuert wurde – so die Auffassung der Forschungsrichtung der Intentionalisten – oder aber ein von inneren und äußeren Zwängen getriebenes Regime ziellos auf Expansion setzte – so die konträre Meinung der Strukturalisten –, war in der Geschichtswissenschaft lange heftig umstritten: Wie auch immer man die Bedeutung von Hitlers »Motiven«, »Plänen« und »Zielen« sieht, so hat sich die internationale Forschung doch darauf verständigt, dem Diktator im außenpolitischen Entscheidungsprozess eine überragende Rolle zuzubilligen.

Viele Überblicke zur NS-Außenpolitik setzen daher mit einer Untersuchung der von Hitler Mitte der 1920er Jahre formulierten Programmatik ein. In »Mein Kampf« (1924) legte er sich eine außenpolitische Konzeption zurecht, deren geistiger Kern die Bodenpolitik und deren Endziel die Eroberung von »Lebensraum«

im Osten war. Ein Pakt mit England und Italien sollte einen Krieg zunächst gegen Frankreich ermöglichen. Das knüpfte noch an die weltpolitischen Ziele des Kaiserreiches und des Weimarer Revisionismus an. Was Hitlers Überlegungen, die er ganz überwiegend öffentlich anstellte, jedoch vom herkömmlichen deutschen Kontinentalimperialismus unterschied, war die Verbindung von Ostexpansion und eliminatorischem Antisemitismus. Judenverfolgung und Lebensraumkrieg verschmolzen in der NS-Programmatik zu einer Einheit.

Ob Hitler eine Weltherrschaft anstrebte, wurde unter Zeitgenossen wie Historikern lange unterschiedlich bewertet. Alles in allem war sein Weltbild eurozentrisch. Er scheint zunächst auf eine deutsche Herrschaft über Europa gezielt zu haben. Lange ignorierte er die USA. Erst gegen Ende der 1930er Jahre, als der Schatten der USA immer drohender über den Atlantik fiel, bezog er sie in sein Kalkül mit ein. Andererseits zeigen Hitlers Ausführungen in seinem unveröffentlichten »Zweiten Buch« (1928), dass die USA als prototypischer Großraum eine Vorbildfunktion für sein großgermanisches Europa der Zukunft besaßen. Konservativen wie Nationalsozialisten imponierten die geographische Ausdehnung des Landes und die Erschließung eines Kontinents.

Die Außenpolitik war ein wichtiges Betätigungsfeld für nationalsozialistische Eliten vor und nach 1933. Unterhalb der obersten politischen Führungsebene bildeten sich in dem für das NS-Regime charakteristischen Ämterchaos konkurrierende Ansätze und Institutionen, die, wie die Auslandsorganisation der NSDAP, sich um die Volks- und Auslandsdeutschen bemühten oder – entgegen Hitlers auf Verständigung mit England gerichtetem Ansatz – die Kolonialfrage in der Schwebe zu halten versuchten. Zugleich konkurrierten diese *think tanks* mit dem traditionellen Instrument der Außenpolitik, dem Auswärtigen Amt, das ein weitreichendes Bündnis mit dem Diktator schloss. Nach dem Ende des »Dritten Reiches« haben Mitarbeiter des Auswärtigen Amtes ihr Engagement damit zu rechtfertigen versucht, dass sie Schlimmeres hatten verhüten wollen. Das gilt auch für die illusionären Versuche des Staatssekretärs Ernst von Weizsäcker, die hochriskante militäri-

sche Eskalation am Vorabend des Zweiten Weltkrieges noch abzuwenden.

Göring, Goebbels, Heß, Ribbentrop, Rosenberg und andere
Paladine (einschließlich des Militärs) vertraten zeitweilig abweichende Positionen, denen sie in Teilbereichen Gehör verschafften.
In der Summe akzeptierten sie in entscheidenden außenpolitischen Fragen Hitlers Primat. Hermann Graml resümiert (im
Sinne der Intentionalisten), dass Hitler außenpolitisch weitgehend
frei entschied und »dass die Gesamtpolitik des Deutschen Reiches
an der imperialen Lebensraum-Utopie orientiert blieb, d. h. die
Innenpolitik trotz aller Schwierigkeiten nahezu ausschließlich in
den Dienst rücksichtsloser Kriegsvorbereitung gestellt und die
Außenpolitik trotz aller Gefahren zum Vehikel für die Ostexpansion umgeschmiedet wurde«.[1]

Außenpolitik in der »Risikozone« 1933 bis 1936

Standen die langfristigen, strategischen Ziele auch fest, so sah sich
Hitler in der Anfangsphase des »Dritten Reiches« zu taktischen
Zugeständnissen gezwungen. Das hinderte ihn jedoch nicht, gleich
zu Beginn seiner Kanzlerschaft im wenig vertrauten Kreis der militärischen Führung sein Projekt zu formulieren. Der Generalität
stellte er am 3. Februar 1933 in Aussicht, dass äußere Macht nicht
allein zur »Erkämpfung neuer Exportmögl[ichkeiten]«, sondern
auch zur »Eroberung neuen Lebensraumes im Osten u. dessen
rücksichtsloser Germanisierung« eingesetzt werden könne. Er
machte deutlich, dass eine Risikozone zu durchschreiten war, in
der Frankreich noch über Deutschland »herfallen« könne. Sei die
deutsche Wehrmacht erst einmal aufgebaut, werde das Reich im
Bündnis mit Italien und England an die Umgestaltung Ostmittel-
europas gehen, um zuletzt die Vernichtung des »jüdischen Bolschewismus« zu erreichen.[2]

Tatsächlich wurde oft gerätselt, warum andere Mächte
Deutschland so lange gewähren ließen. Zunächst einmal wurden
Hitlers Pläne durch die internationale Lage begünstigt. So hatte

die schwache westliche Reaktion auf den Einmarsch japanischer Truppen in die Mandschurei 1931 dem Völkerbundsystem kollektiver Sicherheit einen schweren Schlag versetzt. 1932 war durch das Abkommen von Lausanne das Reparationsregime effektiv beendet worden. Deutschland war seiner außenwirtschaftlichen Beschränkungen ledig. Großbritannien kämpfte um den Erhalt seines Empires und brauchte in Europa Ruhe. Frankreich agierte seit dem Desaster des Ruhrkampfes 1923 überwiegend defensiv. Amerika hatte sich aus Europa zurückgezogen; der Kongress erließ isolationistische »Neutralitätsgesetze«. Schließlich hatte Versailles die geopolitische Problematik der deutschen Mittellage entschärft, weil die Sowjetunion weit nach Osten abgedrängt worden war. Hinzu kam, dass die UdSSR als revolutionäre Macht lange Zeit nicht als legitimer Mitspieler in der Weltpolitik betrachtet wurde, was die Eindämmung Deutschlands erschwerte.

Sodann knüpfte die NS-Außenpolitik an den auf die Überwindung der Versailler Ordnung zielenden Weimarer Revisionismus an – und verschleierte damit nach innen und außen ihre weitergehenden Ziele. Hier bestand wenig Dissens zwischen Hitler und den konservativen Eliten. Letztere drängten anfangs stärker als der zunächst noch vorsichtig agierende Kanzler, die Abrüstungsverhandlungen in Genf zu torpedieren. Am 14. Oktober 1933 erfolgte der Austritt aus dem Völkerbund, nachdem die Genfer Verhandlungen aus deutscher Sicht unbefriedigend verlaufen waren. Zuvor war mit der Unterzeichung des Reichskonkordates im Juli 1933 der erste außenpolitische Coup geglückt. Der Vatikan erhielt, was Weimar und das Deutsche Kaiserreich verweigert hatten: eine staatliche Garantie kirchlicher Institutionen. Dafür ließ er den politischen Katholizismus fallen und verschaffte Hitler einen Prestigeerfolg.

Mit dem überraschenden und aus dem politischen Konzept fallenden deutsch-polnischen Nichtangriffspakt (26. Januar 1934) setzte sich Hitler über Bedenken in der NSDAP und im sicherheitspolitischen Establishment hinweg. Polen fand sich zu diesem Schritt bereit, da Präventivkriegspläne von Marschall Pilsudski gegen NS-Deutschland in Frankreich auf wenig Resonanz gestoßen waren. Der Pakt unterminierte die französische Eindämmungsstrategie, die auf Bündnissen mit den ostmitteleuropäischen Staaten beruhte. Die NS-Umtriebe in Österreich provozierten darüber hinaus den Widerstand Italiens, und auch Frankreich reagierte mit einer Intensivierung seiner Rüstungsaktivitäten und schloss einen Beistandspakt mit der Sowjetunion. Letztere wurde international anerkannt und in den Völkerbund aufgenommen.

Alles in allem fanden jedoch die Westmächte aufgrund divergierender Interessen in ihrem Widerstand gegen NS-Deutschland nicht zu einer gemeinsamen Linie. Als Hitler in flagrantem Bruch des Versailler Vertrages die Wiedereinführung der Allgemeinen Wehrpflicht am 16. März 1935 verkündete, brachte das Italien, Frankreich und das Vereinigte Königreich in dem italienischen Konferenzort Stresa an einen Tisch, um gemeinsam gegen die deutsche Aggression vorzugehen. Doch im Juni brach Hitler diese Stresa-Koalition auf, als Berlin mit London ein Flottenabkommen vereinbarte, das die Reichsmarine auf 35 Prozent und die U-Boot-Waffe auf 45 Prozent der britischen Tonnage begrenzte. Damit hatte die britische Regierung das Prinzip der kollektiven Sicherheit endgültig *ad acta* gelegt. Da die Hauptsorge der Briten Asien galt, waren sie über den Ausgleich mit Deutschland erleichtert. Dafür nahmen sie die Brüskierung ihres französischen Alliierten in Kauf, mit dem dieser Schritt nicht abgesprochen worden war.

In der Historiographie der ersten Nachkriegsjahrzehnte haben Autoren wie Alan Bullock Hitlers außenpolitische Schritte als Ausdruck eines zynischen Kalküls gelesen. Doch weniger Hitlers oft mythisch überhöhte Gerissenheit als die Selbstblockade des Westens machten die Konsolidierung der deutschen Macht möglich. Den Testfall stellte der Einmarsch in das demilitarisierte Rheinland am 7. März 1936 dar. Das ganze Ausmaß der westlichen Handlungsunfähigkeit wurde deutlich. Paris wollte nur gemeinsam mit London handeln. Die Frankreich-skeptischen Briten glaubten jedoch, deutschen Truppen den Einmarsch in deutsches Gebiet schlecht verweigern zu können.

Möglich war die Rheinlandbesetzung auch deshalb, weil Italiens brutaler Eroberungsfeldzug in Äthiopien 1935/36 die Allianz der Siegermächte des Ersten Weltkriegs untergraben hatte. Mussolini gab seine anfänglich reservierte Haltung gegenüber Hitler auf und schwenkte auf ein Bündnis mit Deutschland ein. Im Spanischen Bürgerkrieg 1936 kooperierten die beiden faschistischen Diktatoren dann offen miteinander. Im November 1936 wurde die »Achse Berlin-Rom« feierlich proklamiert und kurz danach zum »Antikominternpakt« mit Japan ausgeweitet. Damit zeichnete sich die Bündniskonstellation des Zweiten Weltkrieges ab.

Außensichten auf das NS-Regime

Ausländische Beobachter taten sich mit dem »Phänomen Hitler« und mit der Beurteilung des Nationalsozialismus schwer. In autokratisch geführten Ländern wie Polen 1933/34 herrschten zeitweilig relativ große Sympathien für Hitler. Feldmarschall Jósef Pilsudski unterschätzte die tödliche Gefahr für sein Land, als er Hitler als innenpolitischen Ordnungsfaktor begrüßte. Selbst in Europas Demokratien war die Ablehnung alles andere als einhellig – am stärksten noch in der Tschechoslowakei. In der britischen Öffentlichkeit vor 1933 wurde Hitler teils belächelt, teils erhoffte man sich von ihm die Stabilisierung der chaotischen Weimarer Verhältnisse. Erst Jahre nach der NS-Machtübernahme fügten sich in der englischen Politik Teilaspekte der Wahrnehmung NS-Deutschlands zu einem kohärenten Bild, das bis 1934 überwiegend positiv gewesen und dann einem relativen Desinteresse gewichen war. Ambivalenter reagierten die Amerikaner, von denen mancher Hitler zunächst als deutsches Pendant zu Roosevelt sah (aufgrund der gemeinsamen Kritik von »New Deal« und Nationalsozialismus am ungebremsten *laissez-faire*). Nach einschneidenden Maßnahmen gegen Regimegegner wuchs der Chor der Ablehnung in den USA stark an, ohne dass dies konkrete Folgen zeitigte. In Frankreich hingegen gab es eine Tendenz, Hitler aufgrund vorgefasster Schablonen als Machtpolitiker misszuverstehen und sich daher bloß defensiv zu wappnen.

Obwohl mit der Verfolgung innenpolitischer Gegner, der Errichtung erster Konzentrationslager und der sukzessiven Verschärfung der antijüdischen Politik der verbrecherische Charakter der NS-Herrschaft schnell offenkundig wurde, blieb die zeitgenössische Wahrnehmung lange getrübt. Proteste unterblieben zum Teil auch mit dem Argument, die Opfer zu schützen. Doch in England, wo eine pazifistische Grundstimmung und die Sorge um das Empire die öffentliche Meinung beherrschte, war selbst Churchill in den 1930er Jahren nicht der unermüdliche Warner vor der Gefahr, als den ihn später seine Verehrer zeichneten. Dass sich der publizistische Widerstand in den USA am stärksten regte, bekümmerte die deutsche Führung nicht. Denn damit kam Kritik ausgerechnet aus dem Land, dessen Regierung aufgrund der Neutralitätsgesetze die Hände gebunden waren. Das bestätigte das NS-Regime in seiner Geringschätzung der Demokratien.

In kleineren europäischen Ländern wie den Niederlanden und der Schweiz ignorierte man die »jüdische Frage«, verschloss die Augen, reagierte zum Teil verständnisvoll und arrangierte sich. Belgien verließ das Bündnis mit Frankreich und kehrte zu seiner traditionellen Neutralitätspolitik zurück. Hier wie in Holland erhoffte man sich einen engeren wirtschaftlichen Austausch mit Deutschland. Auch kooperierten die Nachbarn mit dem NS-Regime, wenn zum Beispiel Flüchtlinge an den Grenzen zurückgeschickt wurden. Als im Sommer 1936 in Berlin die Olympischen Spiele stattfanden, verpufften Boykottforderungen der amerikanischen jüdischen Organisationen wirkungslos. Das »Dritte Reich« konnte sich der Weltöffentlichkeit von seiner Schauseite präsentieren.

Hitler hatte, bei aller Ruchlosigkeit seiner Politik, viel Glück; ihm fielen seine Erfolge »gleichsam in den Schoß«.[3] Im Nachhinein ist es leicht, die verantwortlichen Politiker in London, Paris, Brüssel, Warschau und Washington dafür zu kritisieren, dass sie Hitler damals unterschätzten. Aus dem zeitgenössischen Kontext wird manches erklärbar: Der Westen hatte mit der Krise in Ostasien, mit dem Wetterleuchten der Dekolonisierung in Indien, mit der ideologischen Herausforderung durch die Sowjetunion und mit drängenden innenpolitischen Problemen alle Hände voll zu

43

tun. Wirtschaftlich stand die Demokratie in den 1930er Jahren in der Defensive: Die als kraftvoll wahrgenommene Politik der Nazis, die die Arbeitslosigkeit scheinbar beseitigte, hinterließ einen starken Eindruck. Auch in der Militärstrategie verlor der Westen den Anschluss. Frankreich igelte sich in der Phase der *Décadence* hinter den Bunkern der Maginot-Linie ein. Militärreformer wie Charles de Gaulle fanden wenig Gehör. In England (z.T. auch in Frankreich und Belgien) lähmte das schlechte Gewissen wegen des Versailler Vertrages zusätzlich den Widerstand, so dass Hitler-Deutschland zum Hauptnutznießer der Konstruktionsfehler der Nachkriegsordnung wurde. In den USA führten die Isolationisten den Kriegseintritt 1917 auf die Profitgier einiger »Todeshändler« zurück und hielten bei aller Abscheu über die Verletzung von Menschenrechten den Nationalsozialismus für ein europäisches beziehungsweise innerdeutsches Problem. So schüttelte Deutschland fast alle Fesseln ab, während eine konzertierte Gegenwehr der internationalen Staatengemeinschaft ausblieb. Ohne dass ein Schuss gefallen wäre, hatte das Deutsche Reich Mitte der 1930er Jahre seine strategische Position deutlich verbessern können und damit die internationalen Voraussetzungen eines scharfen Expansionskurses gelegt.

Der Weg in den Krieg 1936 bis 1939

Ungeachtet der laut angestimmten Friedensschalmeien setzte Deutschland die Vorbereitungen für einen Angriffskrieg fort. Während das Regime die Olympischen Spiele in Berlin als Versöhnungsfestival zelebrierte und die Welt ihre illusionären Hoffnungen und ihren guten Willen auf dieses sportliche Großereignis projizierte, definierte Hitler just in diesem August 1936 die Parameter der weiteren Entwicklung: Die deutsche Armee sollte in vier Jahren einsatzfähig, die deutsche Wirtschaft in vier Jahren kriegsfähig sein.

Ein Jahr später machte der Diktator klar, was die Stunde geschlagen hatte. In seiner geheimen Ansprache vor den diplomatischen und militärischen Spitzen des »Dritten Reiches« am 5. November 1937 stellte er die Lösung der »deutschen Raumfrage« bis 1943/45 in Aussicht. Zuvor allerdings sollten Österreich und die Tschechoslowakei in das Reich integriert werden.[4] Nun trennten sich die Wege Hitlers und eines Teils seiner Verbündeten. Bedenkenträger wurden aus dem Weg geräumt: Anfang Februar 1938 wurde in der Blomberg-Fritsch-Krise die Wehrmacht gleichgeschaltet, im Auswärtigen Amt der monarchistische Konstantin von Neurath durch den Parteimann Joachim von Ribbentrop ersetzt.

Obwohl Hitler 1937/38 der Wind ins Gesicht blies und viele seiner engsten politischen und militärischen Berater seinen Kriegskurs nicht stützten, griff er kurz darauf zu, als sich die Gelegenheit zum Umsturz in Österreich ergab. Und die westliche Reaktion auf den »Anschluss« vom März 1938 war nicht gerade geeignet, Hitler von seinem Kriegskurs abzubringen. Er goss Hohn und Spott auf die »demokratischen Weltbiedermänner«, die sich in der Presse über seine Methoden ereiferten, und setzte Planungen für die »Zerschlagung« der Tschechoslowakei ungerührt fort.[5] Innenpolitisch kaufte der »Anschluss« großen Teilen der deutschen Opposition den Schneid ab. Die Bevölkerung reagierte euphorisch, auch weil viele Menschen zwanzig Jahre nach dem Ende des letzten Krieges einen neuerlichen Krieg nicht wünschten und über den unblutigen Erfolg erleichtert waren. Hitler schien erreicht zu haben, woran die Paulskirche 1848/49 und Weimar 1919 gescheitert waren: die Vereinigung Deutschlands und Österreichs zu »Großdeutschland«.

Im Herbst 1938 stand der Krieg vor der Tür. Er wurde vermieden, weil Göring und andere Mitglieder der deutschen Führungsschicht kalte Füße bekamen. Die von Hitler angeheizte »Sudetenkrise«, in der die deutschsprachigen Einwohner der Grenzgebiete der Tschechoslowakei mit von den dortigen Nationalsozialisten geschürten Protesten auf Unabhängigkeit von Prag drängten, erzielte nicht das erwünschte Resultat. Hitlers Pläne wurden dank der geschickten Diplomatie Chamberlains durchkreuzt. Dieser war 1937 ins Amt gekommen und begann erstmals so etwas wie eine Gesamtkonzeption einer Reaktion auf die deutsche Expansion zu entwickeln. Durch Kompromisse am Verhandlungstisch (*appeasement*) sollten die Herausforderer zum Stillhalten gezwungen werden. Zugleich versuchte er, sich mit den USA und Kanada zu verständigen und mit inneren Reformen und begrenzter Rüstung den »*British way of life*« zu sichern.

Auf der Münchener Konferenz (29./30. September 1938) musste Hitler Mussolinis Kompromissvorschlag einer Teilung der Tschechoslowakei akzeptieren. Doch Großbritannien und Frankreich gaben trotz vorheriger Versicherungen ihren tschechoslowakischen Verbündeten auf. Mit ihrem Nachgeben in der »Sudetenkrise« glaubten sie einen finalen Ausgleich der Interessen angebahnt zu haben, weil nun alle deutschsprachigen Gebiete vereinigt waren. Für den Empire-Politiker Chamberlain war erneut die Rücksicht auf das Weltreich entscheidendes Handlungsmotiv. England gewann wertvolle Zeit. *Appeasement* war populär. In Frankreich befürworteten 57 Prozent der Befragten das Münchener Abkommen, nur 37 Prozent lehnten es ab. Als Chamberlain dem britischen Publikum triumphierend den Vertrag mit Hitlers Unterschrift als Versprechen auf »Frieden in unserer Zeit« entgegenstreckte, war ihm überwältigende Zustimmung gewiss. Hatte der deutsche »Führer« auf der Münchener Konferenz auch eine – gemessen an seinen Zielvorstellungen – diplomatische Niederlage erlitten, so stellte er den Westen kurz darauf vor ein weiteres *fait accompli*. Die Besetzung der »Resttschechei« im März 1939 war eine Ohrfeige für Chamberlain.

Indem er das Münchener Abkommen zerriss, überdrehte Hitler das Rad. Die Szenen, die sich in Prag abspielten – die tschechische Bevölkerung sah in deutlichem Kontrast zu den ekstatischen Jubelszenen vor der Wiener Hofburg ein Jahr zuvor mit ohnmächtiger Wut dem deutschen Einmarsch zu –, machten der Welt klar, dass Hitler nicht im Einklang mit dem Selbstbestimmungsrecht oder als Revisionist einer fehlerhaften Versailler Ordnung handelte. Die Welt wachte auf. Am 31. März 1939 garantierte London – mit stillschweigender Unterstützung Roosevelts, der seine kritische Haltung gegenüber Deutschland, Japan und Italien seit seiner »Quarantänerede« vom Oktober 1937 deutlicher konturierte – die

Unabhängigkeit Polens. Erstmals zeichnete sich die reale Möglichkeit eines anglo-amerikanischen Bündnisses ab. Die USA lieferten beispielsweise zum Teil unautorisiert vom Kongress Rüstungsgüter an Frankreich und Großbritannien.

Der Zusammenhang zwischen außenpolitischer Expansion und antijüdischer Politik des »Dritten Reichs« wurde seit der Jahreswende 1938/39 deutlicher. Das Pogrom vom 9. November 1938 schockierte die Weltöffentlichkeit und stellte in Bezug auf die amerikanische Wahrnehmung Hitler-Deutschlands den entscheidenden Wendepunkt dar. Washington berief seinen Berliner Botschafter ab. In den USA stieg die Empörung, wenn auch in der Flüchtlingsfrage kaum Taten folgten. Die deutsche Propaganda hielt mit einer massiv antisemitischen Kampagne dagegen. Amerika wurde der Sowjetunion als »Hauptexponent des Weltjudentums« an die Seite gestellt. In seiner berüchtigten »Prophezeiung« vom 30. Januar 1939 definierte Hitler Eroberungs- und Rassenkrieg als ein und dasselbe. Er drohte den europäischen Juden mit der Vernichtung und fasste verstärkt ein Vorgehen gegen den Westen ins Auge.[6]

Der Pakt, den Ribbentrop im Wettlauf mit der britischen Diplomatie im Sommer 1939 mit Molotow und Stalin aushandelte, hielt Deutschland schließlich den Rücken gegenüber dem Westen frei. Der deutsch-sowjetische Nichtangriffsvertrag vom 23. August 1939 ließ die schlimmsten Befürchtungen im Westen wahr werden und bedeutete zugleich das Todesurteil für Polen. Am 1. September 1939 marschierte die Wehrmacht über die deutsch-polnische Grenze, gute zwei Wochen später, am 17. September, besetzte die Rote Armee Ostpolen.

Weltanschauungskrieg und Genozid 1939 bis 1942

Der von Deutschland entfesselte Krieg war, wie die polnische Kampagne zeigt, von Beginn an als Weltanschauungs- und »Rassekrieg« konzipiert. Die Außenpolitik war nun dem militärischen Geschehen und der ihrer eigenen Logik folgenden Vernichtungspolitik untergeordnet. Und Hitler für seinen Teil sah den militärischen Feldzug und den Feldzug gegen Juden und andere »rassische« oder religiöse Minderheiten klar als Einheit an.

England und Frankreich hatten Deutschland den Krieg erklärt, sahen jedoch während der Eroberung Polens tatenlos zu – zumal Unklarheit über die sowjetische Haltung herrschte. Dem britischen Versuch, sich in Skandinavien festzusetzen, kam Deutschland mit der Eroberung von Dänemark und Norwegen im April 1940 zuvor. Am 10. Mai begann der »Westfeldzug«, mit dem Hitler in sechs Wochen erreichte, was dem kaiserlichen Deutschland in vier blutigen Kriegsjahren nicht gelungen war: Frankreich wurde geschlagen. Mit Ausnahme der UdSSR gab es auf dem Kontinent keinen starken militärischen Gegner mehr. Große Teile West- und Nordeuropas lagen im deutschen Machtbereich.

Hatten die Menschen auf den Kriegsbeginn 1939 mit Skepsis, ja Angst reagiert, so war die Begeisterung über den Triumph im Westen groß. Der Sieg grub dem militärischen Widerstand das Wasser ab. Nur wenige realisierten, dass der Diktator nur einen halben Sieg errungen hatte, denn die Luftoffensive gegen England scheiterte. Auch war, solange England als Außenposten der westlichen Demokratie in Europa aushielt, ein Eingreifen der USA nicht vom Tisch. Gegen diesen Gegner aber hatten Hitler und seine Generäle im Ernstfall kein Mittel.

Die Hauptsorge der in ihrem Aktionsradius nun deutlich beschnittenen Diplomatie galt daher den USA, die sich als eigentlicher Gegenpol zur deutschen Macht herauskristallisierten. Roosevelt schwenkte auf einen klar anti-nationalsozialistischen Kurs ein, als er 1940 die USA zum »Arsenal der Demokratie« erklärte. Weder er noch das Kriegskabinett unter Churchill waren bereit, sich mit Hitler zu arrangieren. Andererseits gab es in den USA trotz der Abscheu über die deutschen Verbrechen eine starke Tendenz, sich in der westlichen Hemisphäre sicher abzuschließen. Der deutschen Propaganda wurde daher bis zu den Wahlen vom November 1940, in denen Roosevelt für eine präzedenzlose dritte Amtszeit bestätigt wurde, äußerste Zurückhaltung verordnet. Als der Präsident dann seine klare Unterstützung für das ums Überleben kämpfende England signalisierte und im Januar 1941 seine Vision der »vier Freiheiten« als Grundlage einer neuen Weltordnung nach dem Sieg über die faschistischen Diktaturen verkündete, ließ die NS-Propaganda die Maske fallen. Offen antiamerikanisch wurde der Kurs, nachdem im März 1941 das Leih- und Pachtgesetz verabschiedet worden war. Die USA unterstützten Deutschlands Kriegsgegner nun nicht mehr nur moralisch sondern auch materiell, außerdem setzten sich amerikanische Truppen auf Island fest.

Es ist erstaunlich, wie wenig man – im Unterschied zum Westen – auf deutscher Seite nun auf Diplomatie setzte. Im September 1940 wurde der Dreimächtepakt geschlossen. Während die meisten Balkanstaaten später aufgenommen wurden, verweigerten Vichy-Frankreich und Spanien die Mitgliedschaft. Auch stimmten sich Deutschland, Italien und Japan kaum ab. Italien preschte im Oktober 1940 in Albanien und Griechenland vor und löste aus deutscher Sicht zur Unzeit einen Balkanfeldzug aus, wenn auch der Blitzsieg gegen Jugoslawien im Frühjahr 1941 als klares Signal an die Sowjetunion dem deutschen Kalkül entsprach. Während Hitler die Planungen für einen Angriff auf die Sowjetunion vorantreiben ließ, kam kein abgestimmtes Vorgehen mit Japan zustande. Hitler versprach Japan Hilfe gegen die USA. Der japanische Bündnispartner aber ließ ihn über seinen Nichtangriffspakt mit der Sowjetunion im Dunkeln und informierte auch später nicht über den bevorstehenden Angriff auf Pearl Harbor.

Die wichtigste diplomatische Aufgabe war nicht die Neutralisierung der Sowjetunion, die die deutsche Führung nach den Siegen der Jahre 1940/41 für militärisch bezwingbar hielt, sondern die Abschreckung der USA. Mit der Atlantik-Charta hatten die USA im August 1941 gemeinsam mit Großbritannien die Konturen einer demokratischen Nachkriegsordnung entworfen, bevor sie überhaupt zu Kombattanten geworden waren. Dennoch vermied Hitler alles, was den USA einen Vorwand zum Eingreifen geben konnte. Daher blieb der Forschung sein Entschluss, den USA nach dem japanischen Überfall auf Pearl Harbor den Krieg zu erklären, lange Zeit rätselhaft. Doch lässt sich dieser Schritt zweckrational erklären, weil aufgrund der Erfahrungen von 1917 eine

Kriegsteilnahme der USA sicher erwartet wurde. Gelänge es den Japanern, so das deutsche Kalkül, die Amerikaner im Pazifik so lange zu binden, bis Deutschland über die Sowjetunion gesiegt hätte, wäre der Krieg zugunsten der Achse entschieden.

Auffallend ist die enge Parallelität der Entscheidung zur Ausweitung des europäischen Kriegs zum Weltkrieg mit der Kriegserklärung an die USA und der Entscheidung zur »Endlösung«, auf die in den vergangenen Jahren verschiedene Autoren aufmerksam gemacht haben. Hitler selbst erinnerte 1942 daran, dass er die Vernichtung der »jüdischen Rasse« für den Fall eines Weltkrieges angekündigt hatte. Mit dem deutsch-amerikanischen Krieg jedenfalls waren die letzten Brücken abgebrochen und die Welt in zwei Lager gespalten.

Der Untergang des Deutschen Reiches

Mit der Ausweitung des Krieges zu einem globalen Konflikt wurde die Diplomatie zur Magd des Rassenkriegs. Das Auswärtige Amt war in die Koordination des europaweiten Genozids involviert. Für Diplomatie gab es wenig Spielraum. Alles oder nichts: So schien die Devise zu lauten. Außenpolitik machten andere, vor allem die verbündeten Amerikaner und Briten, die sich angesichts der wiederholten deutschen Expansion und aus Rücksicht auf ihren sowjetischen Bündnispartner auf der Konferenz von Casablanca Anfang 1943 auf eine »bedingungslose Kapitulation« der Achse als Kriegsziel verständigten. Auf deutscher Seite verpulverte die kräftig wuchernde Bürokratie der Wilhelmstraße ihre Energien in Propagandakampagnen und internen Kabalen. Aus den letzten Kriegsjahren verdienen auf deutscher Seite nur zwei außenpolitische Aktivitäten der Erwähnung: die Europa-Propaganda und die Versuche hochrangiger Nationalsozialisten, durch Sonderfriedensverhandlungen die Sowjetunion oder die Westmächte aus der Phalanx der Kriegsgegner herauszubrechen, um die sichere Niederlage abzuwenden.

Nach Stalingrad machte sich Ribbentrop dafür stark, einen

Europäischen Staatenbund unter deutscher Führung zu gründen. Dieser Bund sollte dem sinkenden Schiff der deutschen Hegemonie noch einmal Auftrieb verleihen. Den Verbündeten sollte die Sorge genommen werden, wie es in einem Memorandum verräterisch hieß, dass nach dem deutschen Sieg »bei allen ein deutscher Gauleiter eingesetzt« würde.[7] Ideologisch sollte das besetzte Europa gegen Bolschewismus *und* Amerikanismus mobil gemacht werden; die Neutralen sollten davon abgehalten werden, sich mit den USA einzulassen. Diese Propaganda hatte europäische Sympathisanten, wie die weitreichende Kollaboration in Frankreich, den Niederlanden, Belgien und Norwegen einschließlich der Waffenbrüderschaft der faschistischen Fremdenlegionäre an der Ostfront zeigt. Jedoch verfing die Formel »Europa den Europäern« angesichts der deutschen Niederlagen nicht mehr sehr. Zu offenkundig wurde der deutsche Hegemonialanspruch bemäntelt.

Auch aus den Friedensfühlern, die Hitlers Paladine in der zweiten Hälfte des Krieges überwiegend in Richtung Osten ausstreckten, gingen keine realisierbaren Alternativen zum Kampf bis zum bitteren Ende hervor. Was auch unternommen wurde, um mit Moskau einen Vergleich zu schließen, scheiterte an Hitlers Widerstand. Umgekehrt fand der sich nach 1941 wieder formierende und nach der Schlacht von Stalingrad deutlich entschlossenere deutsche Widerstand im Westen keinen Ansatzpunkt. Überwiegend ging die nationalkonservative Opposition von der Prämisse eines von Deutschland wirtschaftlich dominierten Europas aus und erstrebte eine Rekonstruktion des Bismarckschen Reiches. Auch dem liberaleren »Kreisauer Kreis«, der den Nationalstaat immerhin europäisch zu transzendieren hoffte, fehlte der Hebel, um über ein Gespräch mit dem Westen die drohende Niederlage noch abzuwenden.

Dass der Westen nicht zugriff, hatte – von den Unwägbarkeiten eines Staatsstreiches in einer schwer durchschaubaren Situation abgesehen – mit der veränderten Wahrnehmung Deutschlands zu tun. Galt Hitler anfangs als Reinkarnation des Preußentums, so wurde der Nationalsozialismus nun zur quasi genetischen Disposition des deutschen Volkes »von Luther bis Hitler« stilisiert. Auch unter denjenigen, die die Haltung der radikalen Deutschland-

Kritiker um Sir Robert Vansittart und den amerikanischen Finanzminister Henry Morgenthau nicht teilten, zwischen Deutschen und »Nazis« unterschieden und daher ein demokratisches, freies Deutschland langfristig für möglich hielten, waren viele Befürworter eines harschen Friedens. War auch nie eine Mehrheit der Amerikaner für den »Morgenthau-Plan«, so hatte der Nationalsozialismus das einst positive Deutschlandbild in den USA, aber auch in traditionell deutschfreundlichen Ländern wie den Niederlanden unwiederbringlich zerstört.

Als die Dimension der deutschen Verbrechen mit der Befreiung von Bergen-Belsen, Dachau und Auschwitz ins Bewusstsein der Weltöffentlichkeit trat, war klar, dass eine Restauration des Deutschen Reiches nicht in Frage kam. Mit Hitlers Selbstmord und dem Untergang des Reiches kam das vorläufige Ende deutscher Politik. Deutschland wurde vom Subjekt zum Objekt der Weltgeschichte. Die deutsche Staatlichkeit ging mit der Kapitulation vom 8. Mai 1945 und mit dem Potsdamer Abkommen in die Verantwortung der »Großen Vier« über. Mehr als vier Jahrzehnte wurde dann mit der Westintegration und der europäischen Einigung ein Weg gefunden, das deutsche Potential zu zivilisieren und über die deutsche Vereinigung von 1990 hinaus europäisch und atlantisch einzubinden.

Weiterführende Literatur

Adamthwaite, Anthony P., Grandeur and Misery. France's Bid for Power in Europe 1914–1940, London 1995.

Bloch, Charles, Das Dritte Reich und die Welt. Die deutsche Außenpolitik 1933–1945, Paderborn 1993.

Crozier, Andrew J., The Causes of the Second World War, Oxford 1997.

Döscher, Hans-Jürgen, Das Auswärtige Amt im Dritten Reich. Diplomatie im Schatten der »Endlösung«, Berlin 1987.

Duroselle, Jean-Baptiste, France and the Nazi Threat. The Collapse of French Diplomacy 1932–1939, New York 2004.

Funke, Manfred (Hrsg.), Hitler, Deutschland und die Mächte. Materialien zur Außenpolitik des Dritten Reiches, Düsseldorf [2]1978.

Gassert, Philipp, Amerika im Dritten Reich. Ideologie, Propaganda und Volksmeinung 1933 – 1945, Stuttgart 1997.

Hartog, Leendert Johan, Der Befehl zum Judenmord. Hitler, Amerika und die Juden, Bodenheim 1997.

Hildebrand, Klaus, Das vergangene Reich. Deutsche Außenpolitik von Bismarck bis Hitler 1871 – 1945, Berlin [2]1999.

Hildebrand, Klaus, Deutsche Außenpolitik 1933 – 1945. Kalkül oder Dogma?, Stuttgart [5]1990.

Hillgruber, Andreas, Hitlers Strategie. Politik und Kriegsführung 1940 – 1941, Bonn [3]1993.

Jacobsen, Hans-Adolf, Nationalsozialistische Außenpolitik 1933 – 1938, Frankfurt a. M. 1968.

Junker, Detlef, Kampf um die Weltmacht. Die USA und das Dritte Reich 1933 – 1945, Düsseldorf 1988.

Leitz, Christian, Nazi Foreign Policy 1933 – 1941. The Road to Global War, London 2004.

Müller, Jürgen, Nationalsozialismus in Lateinamerika. Die Auslandsorganisation der NSDAP in Argentinien, Brasilien, Chile und Mexiko, 1931 – 1945, Stuttgart 1997.

Recker, Marie-Luise, Die Außenpolitik des Dritten Reiches, München 1990.

Reuther, Thomas, Die ambivalente Normalisierung. Deutschlanddiskurs und Deutschlandbilder in den USA, 1941 – 1955, Stuttgart 2000.

Rohe, Karl (Hrsg.), Die Westmächte und das Dritte Reich 1933 – 1939. Klassische Großmachtrivalität oder Kampf zwischen Demokratie und Diktatur?, Paderborn 1982.

Schwarz, Angela, Die Reise ins Dritte Reich. Britische Augenzeugen im nationalsozialistischen Deutschland (1933 – 39), Göttingen 1993.

Weinberg, Gerhard L., The Foreign Policy of Hitler's Germany. Diplomatic Revolution in Europe, 1933-1936, Chicago 1970.

Weinberg, Gerhard L., The Foreign Policy of Hitler's Germany. Starting World War II, 1937 – 1939, Chicago/London 1980.

Hitler und Reichsschatzmeister
Franz Xaver Schwarz bei der
Einweihung des Umbaus des
Palais Barlow zum »Braunen Haus«,
München, Ende 1930

Der »Führer« und seine Partei

ARMIN NOLZEN

»Ich habe die Organisation der Partei völlig aus dem Auge verloren; wenn ich jetzt das eine und das andere sehe: Donnerwetter, wie hat sich das entwickelt!«[1] Hitlers Beobachtung, die er in einem seiner nächtlichen Monologe vom 28. auf den 29. Dezember 1941 zu Protokoll gab, ist in mancherlei Hinsicht bemerkenswert. Damit gab der Diktator, der die Ämter des Reichspräsidenten, Reichskanzlers und Oberbefehlshabers der Wehrmacht in einer Person vereinigte, seinen Zuhörern zu verstehen, dass er die institutionelle Entwicklung der Nationalsozialistischen Deutschen Arbeiterpartei (NSDAP) gar nicht mehr überblickte. Und dies, obwohl Hitler seit 1925/26 der unumschränkte »Führer« dieser NSDAP war. Nach der Machtübernahme am 30. Januar 1933 zog sich Hitler allerdings ostentativ aus der alltäglichen Parteiarbeit zurück. Durch eine Verfügung vom 21. April 1933 machte er seinen Privatsekretär Rudolf Heß zum »Stellvertreter des Führers« und bevollmächtigte ihn, »in allen Fragen der Parteileitung in meinem Namen zu entscheiden«.[2] Heß übte jetzt alle Rechte aus, die Hitler als Parteivorsitzender innehatte, womit er allen anderen Dienststellen und Funktionären der NSDAP übergeordnet war. Die einzige Ausnahme bildete Reichsschatzmeister Franz Xaver Schwarz, dem Hitler am 16. September 1931 die Generalvollmacht erteilt hatte, die NSDAP in allen Vermögensangelegenheiten zu vertreten. Seit dem Frühjahr 1933 ruhte damit die Partei auf zwei Säulen: Dem Stellvertreter des Führers oblag deren sogenannte politische Führung, dem Reichsschatzmeister deren Verwaltung.[3]

Zwei Fragen stehen im Zentrum: Welche Funktionen erfüllte die NSDAP für das NS-Regime, und welchen Stellenwert besaß die Person des »Führers« für deren Funktionäre und Mitglieder?

März 1933 bis August 1935:
Die »Parteirevolution von unten«

Am 30. Januar 1933 war die NSDAP noch nicht im Besitz der ungeteilten politischen Macht, denn der neuen Reichsregierung gehörten neben Hitler mit Wilhelm Frick und Hermann Göring lediglich zwei weitere Parteimitglieder an. Außerdem war die NSDAP nur an wenigen Landesregierungen beteiligt; in den Landkreisen, Kommunen und Gemeinden waren Nationalsozialisten oftmals deutlich in der Minderzahl. Die innere Verwaltung des Deutschen Reiches war in der Hand sozialdemokratischer, deutschnationaler und dem Zentrum nahestehender Beamter. Daher versuchte die NSDAP, durch terroristische Straßengewalt und durch permanente Übergriffe auf die Bürokratie, Wehrmacht und Wirtschaft ihre Macht noch weiter auszubauen. Martin Broszat hat diesen Prozess, der nach den Reichstagswahlen vom 5. März 1933 einsetzte, als »Parteirevolution von unten« bezeichnet.[4] Darunter verstand er drei unterschiedliche Vorgänge: Erstens den Terror, den die Aktivisten von Partei, Sturmabteilung (SA) und Schutzstaffel (SS) gegen die Opposition entfachten, zweitens die Usurpation öffentlicher Ämter durch Nationalsozialisten sowie drittens die »Gleichschaltung« der Vereine, Organisationen und Verbände, die entweder vollständig in die NSDAP inkorporiert oder an deren Mechanismen angepasst wurden, indem man das »Führerprinzip« und den »Arierparagraphen« in ihren Satzungen festschrieb. Eine zentrale Funktion der NSDAP bestand also darin, Juden aus den »gleichgeschalteten« Vereinen, Organisationen und Verbänden zu entfernen. Die Partei war ein wichtiges Instrument des NS-Rassenstaates zur Exklusion der Juden aus der deutschen Gesellschaft.

Während der »Parteirevolution von unten« veränderte sich die Organisationsstruktur der NSDAP. In der Partei, der bei der Machtübernahme Hitlers 850 000 Mitglieder angehörten, verhängte der Reichsschatzmeister zum 1. Mai 1933 eine vorübergehende Aufnahmesperre, weil seine Behörde inzwischen von zwei Millionen neuen Mitgliederanträgen förmlich überflutet worden war. Viele dieser sogenannten Märzgefallenen erhofften sich von der NSDAP entweder einen Karriereschub oder reihten sich begeistert in die vom neuen Regime proklamierte »nationale Erhebung« ein. Die Gliederungen und angeschlossenen Verbände nahmen demgegenüber weitere Mitglieder auf. Bald entwickelten sie sich zu riesigen, teils mehrere Millionen Personen umfassenden Apparaten, deren Angehörige nicht mehr in der Partei sein mussten. Zudem baute jetzt jede Gliederung und jeder angeschlossene Verband eine eigene, nur wenig mit den anderen Organisationen vernetzte Bürokratie auf, um die Neumitglieder in ihre Apparate zu integrieren.

Die größte Gliederung der NSDAP war die Hitlerjugend (HJ), die alle Jugendlichen im Alter von zehn bis 18 Jahren zu erfassen versuchte. Ihr gehörten im Sommer 1935 dreieinhalb bis vier Millionen Jungen und Mädchen an. Die Nationalsozialistische Frauenschaft und das assoziierte Deutsche Frauenwerk als Organisationen von Frauen zählten zum gleichen Zeitpunkt zweieinhalb Millionen Mitglieder. Die beiden größten angeschlossenen Verbände waren die Deutsche Arbeitsfront (DAF), die sich das immense Vermögen der zerschlagenen Freien Gewerkschaften angeeignet hatte, mit mehr als 15 Millionen Mitgliedern, und die Nationalsozialistische Volkswohlfahrt (NSV) als parteieigene Wohlfahrtseinrichtung mit dreieinhalb Millionen Angehörigen. Die Entscheidungsinstanzen dieser Gliederungen und angeschlossenen Verbände waren mit dem Parteiapparat lediglich über Personalunionen auf den jeweiligen Leitungsebenen verknüpft und ansonsten voneinander getrennt. Daher konnten die »Hoheitsträger« der NSDAP, mithin die Gau-, Kreis- und Ortsgruppenleiter, die Gliederungen und angeschlossenen Verbände nicht einfach steuern, sondern blieben stets auf deren Bereitschaft zur Zusammenarbeit angewiesen. Lediglich die NS-Frauenschaft kontrollierten sie nach eigenem Belieben – eine Folge der in der NSDAP herrschenden Geschlechterdifferenz.

Welche Rolle spielte nun der »Führer« in diesem weit verzweigten Apparat der NSDAP? Generell wurden alle Reichsleiter, Politischen Leiter in den Reichsleitungs-Dienststellen, Gauleiter, Stellvertretenden Gauleiter, Gauamtsleiter sowie alle Kreisleiter von ihm höchstpersönlich ernannt. Auch Absetzungen per »Führerentscheid« oder die Einleitung eines Parteigerichtsverfahrens gegen Funktionäre konnte Hitler vornehmen.

Struktur und Amtsleiter der Reichsleitung der NSDAP (1936)[5]

Reichsschatzmeister	Stellvertreter des Führers
(Franz Xaver Schwarz)	(Rudolf Heß)
Kanzlei des Führers	Hauptamt für Beamte
(Philipp Bouhler)	(Hermann Neef)
Reichspropagandaleitung	Hauptamt für Erzieher
(Joseph Goebbels)	(Fritz Wächtler)
Reichspressechef	Rassenpolitisches Amt
(Otto Dietrich)	(Walter Groß)
Reichsleiter für die Presse	Hauptamt für Volksgesundheit
(Max Amann)	(Gerhard Wagner)
Reichsführer SS	Reichsstudentenführung
(Heinrich Himmler)	(Gustav Adolf Scheel)
Oberste SA-Führung	Reichsdozentenführung
(Viktor Lutze)	(Walther Schultze)
Korpsführung des NSKK	Reichssportführung
(Adolf Hühnlein)	(Hans von Tschammer und Osten)
Reichsjugendführung	Reichsorganisationsleitung
(Baldur von Schirach)	(Robert Ley)
Oberstes Parteigericht	Hauptorganisationsamt
(Walter Buch)	(Fritz Mehnert)
Beauftragter für die Überwachung	Hauptschulungsamt
(Alfred Rosenberg)	(Friedrich Schmidt)
Außenpolitisches Amt	Hauptpersonalamt
(Alfred Rosenberg)	(Otto Marrenbach)
Reichsrechtsamt	Reichsfrauenführung
(Hans Frank)	(Gertrud Scholtz-Klink)
Reichsamt für Agrarpolitik	Hauptamt für Volkswohlfahrt
(Richard Walther Darré)	(Erich Hilgenfeldt)
Hauptamt für Kommunalpolitik	Hauptamt für Kriegsopfer
(Karl Fiehler)	(Hanns Oberlindober)

Zwar hatte er diese weitgehenden Hoheitsrechte in der innerparteilichen Personalpolitik an Heß delegiert, doch fungierte Hitler als letzte Rückversicherungsinstanz, und ohne seine Zustimmung konnte keine leitende Stelle im Parteiführerkorps besetzt werden. Dies galt sowohl für die Parteiorganisation (P. O.) selbst als auch für die Leitungsebenen der Gliederungen und angeschlossenen Verbände, an deren Spitze selbständige Reichsleitungs-Dienststellen oder die Hauptämter der NSDAP standen. Der Unterschied bestand darin, dass Hitler im eigentlichen Parteiapparat auch das leitende Personal auf der Gau- und Kreisebene ernannte, in den Gliederungen und angeschlossenen Verbänden aber nur die Führenden beziehungsweise die Amtswalter in den Zentraldienststellen. Für diese wie auch für alle anderen Funktionäre der NSDAP fungierte er als ideologischer Bezugspunkt und zentrale Instanz emotionaler Vergemeinschaftung. Vor allem diesem Zweck dienten die jährlich stattfindenden Nürnberger Reichsparteitage. Deren sorgfältig inszenierte Choreographie war in erster Linie darauf abgestellt, den Parteieliten das Erlebnis einer »Führerrede« und damit eine Art von eigenem Erweckungserlebnis zu ermöglichen. Ähnliche Veranstaltungen wurden vor dem Zweiten Weltkrieg regelmäßig auch in den Gauen und Kreisen abgehalten. Dort dienten sie der Integration der regionalen Führerkorps der Parteiorganisation, der Gliederungen und angeschlossenen Verbände und der Demonstration von »Geschlossenheit« nach außen.

September 1935 bis Februar/März 1938:
Zwei Formen der sozialen Kontrolle

Auf dem Nürnberger Reichsparteitag vom Sommer 1935 umriss Hitler die Aufgaben der NSDAP neu. Jetzt beginne »die Periode der zweiten großen Aufgabe, der fortgesetzten Erziehung unseres Volkes und der Überwachung unseres Volkes«.[6] Neben die Einverleibung immer neuer Mitglieder in die Partei, ihre Gliederungen und angeschlossenen Verbände, die bis zum Ende des NS-Regimes unverändert weiterging, traten nunmehr »Erziehung« und »Über wachung«. Seit dem Sommer 1935 richtete die NSDAP ihre Tätigkeit zunehmend auf die soziale Kontrolle der deutschen Gesellschaft aus. Neue Einschüchterungs- und Zwangsmaßnahmen zielten auf die bislang nicht organisierte Bevölkerung. Gleichzeitig begann die NSDAP, die alltägliche Lebensführung ihrer eigenen Mitglieder stärker zu reglementieren und diese fester in die jeweiligen Apparate zu integrieren. In ihrer Praxis waren externe und interne soziale Kontrolle untrennbar miteinander verbunden. Für die damit zusammenhängenden Aktivitäten waren in erster Linie die Funktionäre des Parteiapparats, ihrer Gliederungen und angeschlossenen Verbände verantwortlich. Jede dieser Organisationen beschäftigte ein Heer an Mitarbeitern, die zu mehr als 95 Prozent ehrenamtlich agierten. Die Parteiorganisation besaß am 1. Januar 1935 insgesamt 502662 Politische Leiter, womit fast jedes fünfte Parteimitglied ein Amt ausübte. Angaben zu den Gliederungen existieren nur für die NS-Frauenschaft und den Nationalsozialistischen Deutschen Studentenbund (NSDStB), die 50731 beziehungsweise 1690 Führende in ihren Reihen hatten. In den angeschlossenen Verbänden belief sich deren Zahl auf gut 1,2 Millionen, darunter mehr als 950000 Personen, die nicht der Partei angehörten.[7]

Der Schwerpunkt von »Erziehung« und »Überwachung« als den beiden Formen sozialer Kontrolle der NSDAP lag auf deren unteren Organisationsebenen, wo mehr als 90 Prozent derer tätig waren, die in irgendeiner Form Führungsfunktionen wahrnahmen. Die höchste Organisationsdichte besaßen der Parteiapparat, die DAF, die NSV und die NS-Frauenschaft, deren lokale Strukturen an die katholischen und evangelischen Kirchengemeinden erinnerten. Allerdings kooperierten die Ortsgruppen, Zellen und Blocks dieser vier Organisationen kaum miteinander. Das änderte sich durch eine Reform vom 1. Mai 1936, in deren Gefolge die Zellen- und Blockbereiche der P.O. verkleinert und an die Strukturen von DAF, NSV und NS-Frauenschaft angepasst wurden. Daraufhin gelang es den Ortsgruppenleitern als »Hoheitsträger« der NSDAP, die Parteiarbeit vor Ort wesentlich besser mit den Aktivitäten der Parteiverbände zu verzahnen. Die organisationsinternen Aufgabenbereiche blieben jedoch voneinander getrennt. Als innerparteiliche Verwaltungsorgane waren die Ortsgruppenleiter für das Mitgliedschaftswesen der Partei zuständig. Sie trieben die Mitgliederbeiträge ein, führten die Mitgliederkartei und das Mitgliedergrundbuch und verkauften parteiamtliche Druckschriften und Devotionalien. Die Ortsgruppenleiter konnten Parteimitglieder, die mit ihren Beiträgen im Rückstand waren oder sich weigerten, an Parteiveranstaltungen teilzunehmen, parteigerichtlich zur Verantwortung ziehen lassen. Sie entschieden auch mit darüber, ob jemand der Partei überhaupt beitreten durfte. Jedem Ortsgruppenleiter unterstanden 20 bis 25 Ortsgruppen-Amtsleiter beziehungsweise Zellen- und Blockleiter, die sie in der Regel einmal in der Woche zu Dienstbesprechungen zusammenzogen und ideologisch »schulten«. Auf der Basis ihrer persönlichen Eindrücke schrieben die Ortsgruppenleiter Personalbeurteilungen, die für die weitere Parteikarriere des Betreffenden entscheidend waren.

Der zweite große Bereich, in dem die Ortsgruppen tätig waren, bestand in der sozialen Kontrolle der nicht in der NSDAP organisierten Bevölkerung. Dazu gehörten verschiedene Formen sozialer »Betreuung«: Beratungen bei Mietstreitigkeiten und Hilfe im Umgang mit staatlichen Behörden, aber auch die direkte Drohung mit polizeilichen Sanktionen. Zu diesem Zweck hielten die Ortsgruppenleiter engen Kontakt zur Bevölkerung, was sich insbesondere in den regelmäßigen Sprechstunden äußerte, die sie in ihren Dienststellen abhielten, beziehungsweise in Vorladungen von »Volksgenossen«. Um sich über das Verhalten der Bevölkerung auf dem Laufenden zu halten, führte der Ortsgruppenleiter eine »Haushaltskartei«, die auf Informationen basierte, die ihm die Zellen- und Blockleiter zutrugen. Diese umfasste neben persönlichen Daten Hinweise auf konfessionelle und politische Tätigkeit, Zugehörigkeit zur Partei, ihren Gliederungen und angeschlossenen Verbänden, ideologische Dispositionen sowie den »Abstammungsnachweis«. Auch »mangelnde Spendenfreudigkeit«, kritische Äußerungen, die beispielsweise in Wirtshäusern fielen, oder fehlendes Engagement von »Volksgenossen« für den NS-

Staat wurden vermerkt. Dies zog entweder eine ausdrückliche Aufforderung nach sich, das Verhalten zu ändern; in schwerwiegenden Fällen konnte es auch zur Anzeige bei den Polizeibehörden führen.

Wenn jemand Fürsorgeleistungen beantragte, wenn Beamte zur Beförderung anstanden oder Konzessionen für Betriebe zu vergeben waren, fragten staatliche Behörden über die Kreisleitung bei der Ortsgruppe am Wohnsitz des Antragstellers an, wie sich dieser bislang in politischer Hinsicht verhalten habe. Die Ortsgruppenleiter erstellten daraufhin die »politische Beurteilung«, in die alle nur erdenklichen Kriterien einflossen: zum Beispiel das Spendenverhalten, der Umfang der abonnierten Parteipresse, der Leumund der Familienangehörigen des Antragstellers sowie dessen Engagement in der Partei, ihren Gliederungen und angeschlossenen Verbänden. Die »arische Abstammung« wurde ebenfalls geprüft. Die Ortsgruppenleiter übermittelten ihr Urteil, das auf »politische Unbedenklichkeit« oder »Unwürdigkeit« lautete, dem zuständigen Kreisleiter, der es der anfragenden Behörde unverändert als parteiamtliche Stellungnahme einreichte. Auf diese Weise wirkte die Partei daran mit, politisches Wohlverhalten und »Rassereinheit« zur Voraussetzung sozialer Leistungen zu machen.

Nicht zuletzt aufgrund ihrer immensen Größe erwiesen sich die Gliederungen und angeschlossenen Verbände ebenfalls als wichtige Instanzen der »Erziehung« und »Überwachung«. Sie griffen massiv in die Angelegenheiten ihrer Mitglieder ein und betrieben eine teils repressive Anwerbungspolitik. Am deutlichsten war dies anhand der Hitler-Jugend zu beobachten, die seit dem Frühjahr 1935 mit dem Streifendienst über eine eigene Jugendpolizei verfügte. Der Streifendienst überwachte das Verhalten der männlichen und weiblichen Angehörigen der Hitlerjugend und ergriff zudem eigenmächtig polizeiliche Exekutivmaßnahmen gegenüber Homosexuellen und katholischen Laien. Der Beitrittsdruck war immens, und 1937/38 waren bereits mehr als 65 Prozent aller »arischen« Jugendlichen in der HJ, im Deutschen Jungvolk sowie im Bund Deutscher Mädel (BDM) organisiert. NS-Frauenschaft und Deutsches Frauenwerk machten ähnliche Fortschritte und versuchten, sowohl Mitglieder als auch abseits stehende Frauen durch soziale Vergünstigungen in ihre Apparate zu integrieren beziehungsweise für die Geschlechtervorstellungen des NS-Regimes zu gewinnen.

Die DAF versuchte, sich alle »schaffenden Deutschen« zu inkorporieren. Sie zielte darauf ab, die Berufsausbildung, Gesundheitsfürsorge und Freizeitgestaltung von Arbeitern in den Betrieben zu kontrollieren, und gewährte ihnen zu diesem Zwecke auch soziale Vergünstigungen. Außerdem sammelten DAF-Instanzen Informationen über das Verhalten von Bediensteten der kommunalen Behörden. Das Nebeneinander von Lockung und Zwang zeichnete auch die Arbeit der NSV aus. Während der Wintermonate war sie mit dem Winterhilfswerk ausgelastet, an dem sich Zehntausende freiwilliger Helfer beteiligten und dessen Erlöse »hilfsbedürftigen Familien« zugutekamen. Die Werbung der Spenden verlief bisweilen sehr repressiv. Mitgliedschaft in der NSV war fast zwingende Voraussetzung, um einen Fürsorgeberuf ergreifen zu können. Seit 1935/36 wurde die Möglichkeit, einen Beruf auszuüben, faktisch an die Zugehörigkeit zu dem entsprechenden angeschlossenen Verband gebunden.

März 1938 bis April/Mai 1941: Die NSDAP im Zeichen der militärischen Expansion

Am 12. März 1938 marschierte die Wehrmacht in Österreich ein. Damit begann die militärische Expansion des NS-Regimes, der 1938/39 nacheinander Österreich, die Tschechoslowakei und das litauische Memelgebiet zum Opfer fielen. Drei Elemente kennzeichneten die NS-Machteroberung in diesen Gebieten: militärische Aktionen, Maßnahmen zur »Gleichschaltung«, die aus dem Deutschen Reich gesteuert wurden, sowie eine gewaltsame »Parteirevolution von unten«, die von den einheimischen Nationalsozialisten ausging. NSDAP-Dienststellen aus dem Reich sandten ihre Emissäre in die eroberten Gebiete, um den Parteiaufbau vorzubereiten, der zu einem Gutteil vom geraubten Vermögen der dortigen Gewerkschaften und kirchlichen Organisationen finanziert wurde. Auch jüdische Immobilien und Vermögen brachte die NSDAP gewaltsam in ihren Besitz. Nacheinander wurden die Apparate der Partei, ihrer Gliederungen und angeschlossenen Verbände in die eroberten Länder exportiert.

Die Grundsatzentscheidungen zum Parteiaufnahmeverfahren, zur territorialen Einteilung und personellen Besetzung der neu geschaffenen »Hoheitsbereiche«, zur Ausgestaltung des Verhältnisses zwischen Partei und Staat in den eroberten Gebieten sowie zur Rolle der NSDAP beim Verfahren der »Rechtsangleichung« traf Hitler selbst. In Kooperation mit dem Stellvertreter des Führers und dem Reichsschatzmeister, die ihm die entsprechenden Vorschläge unterbreiteten, erließ er eine Reihe von Verfügungen, um diese Fragen zu regeln. Knapp 900 000 »Parteigenossen« und eine nicht näher spezifizierbare Zahl von Angehörigen der Gliederungen und angeschlossenen Verbände stießen bis zum Sommer 1939 neu zur NSDAP.

Mit dem Übergang des NS-Regimes zur militärischen Expansion war die NSDAP darangegangen, ihren eigenen Apparat auf den Krieg vorzubereiten. Als koordinierende Behörde fungierte die Dienststelle des Stellvertreters des Führers, in der die Abteilung M errichtet wurde, die für diese innerparteiliche Mobilmachung zuständig war. In enger Zusammenarbeit mit den Wehrmachtbehörden arbeitete sie »Arbeitspläne« der NSDAP für den Kriegsfall aus, nahm die »materielle Mobilmachung« und den »Selbstschutz« der Parteidienststellen in Angriff und bereitete die Anträge auf Unabkömmlichkeit (uk) für männliche hauptberufliche Angestellte der Partei, ihrer Gliederungen (mit Ausnahme der SS, die dieses Aufgabengebiet in Eigenregie bearbeitete) und angeschlossenen Verbände vor. Nachdem die Wehrmacht am Morgen des 1. September 1939 in Polen einmarschiert war und Großbritannien und Frankreich dem Deutschen Reich wenige Tage später den Krieg erklärt hatten, traten diese Vorbereitungen in Kraft oder wurden modifiziert und an die jeweilige Kriegslage angepasst. Vordringliches Ziel der NSDAP war es, die Weiterarbeit ihrer Dienststellen zu gewährleisten. Damit dies geschah, musste zuerst dafür gesorgt werden, dass der Partei, ihren Gliederungen und angeschlossenen Verbänden unter den Bedingungen eines Krieges das erforderliche Personal zur Verfügung stand. Dazu erließ der Stellvertreter des Führers eine Anordnung, mit der die »Zusammenfassung aller Kräfte der Partei im Kriege« postuliert wurde.

Mitgliederzahlen der NSDAP, ihrer Gliederungen, angeschlossenen und betreuten Verbände (1939)[8]

Partei (P.O.)	5 310 000
Gliederungen	
Sturmabteilung (SA)	1 329 448
Schutzstaffel (SS)	235 526
Nationalsozialistisches Kraftfahrkorps (NSKK)	350 000
Hitlerjugend (HJ) und Bund Deutscher Mädel (BDM)	8 700 000
Nationalsozialistische Frauenschaft (NSF)	1 400 000
Nationalsozialistischer Deutscher Studentenbund (NSDStB)	27 700
Nationalsozialistischer Deutscher Dozentenbund (NSDozB)	15 000
Angeschlossene Verbände	
Deutsche Arbeitsfront (DAF)	22 127 793
Nationalsozialistischer Deutscher Ärztebund (NSDÄB)	30 000
Nationalsozialistischer Rechtswahrerbund (NSRB)	104 171
Nationalsozialistischer Lehrerbund (NSLB)	300 000
Nationalsozialistische Volkswohlfahrt (NSV)	14 187 834
Nationalsozialistische Kriegsopferversorgung (NSKOV)	1 600 000
Reichsbund der Deutschen Beamten (RDB)	1 700 000
Nationalsozialistischer Bund Deutscher Technik (NSBDT)	140 000
Betreute Verbände	
Deutsches Frauenwerk (DFW)	4 000 000
NS-Reichsbund für Leibesübungen (NSRL)	3 613 000
NS-Fliegerkorps (NSFK)	230 000
NS-Altherrenbund (NSAhB)	75 000
NS-Reichskolonialbund (RKolB)	1 200 000
NS-Reichskriegerbund (RKrB)	2 307 250
NS-Reichstreubund ehemaliger Berufssoldaten (RTrB)	130 000

Oberster Grundsatz der Parteiarbeit sollte sein, dass die Gau-, Kreis- und Ortsgruppenleiter alle Mitglieder der Partei, ihrer Gliederungen (ausgenommen die SS) und angeschlossenen Verbände zur Mitarbeit heranziehen konnten. Der Personaleinsatz in der NSDAP sollte im Krieg von den »Hoheitsträgern« gesteuert werden.[9] Am 1. Januar 1940 standen 34 Prozent der hauptamtlichen und fast 20 Prozent der ehrenamtlichen Politischen Leiter im Wehrdienst. Von insgesamt mehr als 1,2 Millionen Politischen Leitern waren fast 240 000 bei der Wehrmacht. In den Gliederungen und angeschlossenen Verbänden dürften sich die Verhältnisse ähnlich gestaltet haben. Besonders hoch war der personelle Aderlass im Führerkorps der HJ, denn in den ersten Kriegswochen rückten teils bis zu 80 Prozent ihrer Führer zur Wehrmacht ein. Die Dienststelle des Stellvertreters des »Führers« sorgte dafür, dass die für die Weiterarbeit der Partei benötigten hauptamtlichen Politischen Leiter uk-gestellt wurden. Zudem erhöhte man den Druck auf »inaktive Parteigenossen«, ein Parteiamt zu übernehmen. In den Ortsgruppen scheint sich in den ersten Kriegsmonaten die Praxis durchgesetzt zu haben, dass Frauen aus der NS-Frauenschaft und dem BDM kommissarisch mit Ämtern betraut wurden, wenngleich dies der Geschlechterkonzeption des NS-Regimes diametral widersprach. Der sich verschärfende innerparteiliche Personalmangel ließ solche ungewöhnlichen Maßnahmen jedoch vorübergehend zu.

Mai 1941 bis Juni 1943:
»Menschenführung« an der »Heimatfront«

Bis Mai 1941 war die Dienststelle des Stellvertreters des Führers, die Martin Bormann leitete, zu einer Zentralbehörde des NS-Staates aufgestiegen. Ihre einzigartige Machtstellung basierte auf einer Anhäufung weitreichender Kompetenzen im staatlichen Bereich und in der NSDAP. Sie musste an sämtlichen Gesetzen und Verwaltungsanordnungen der Obersten Reichsbehörden sowie an sämtlichen Beamtenernennungen vorab beteiligt werden und besaß in beiden Fällen ein vollständiges Vetorecht. Davon ausgenommen waren lediglich Heer, Kriegsmarine und Luftwaffe als die drei »Waffenträger« der Wehrmacht. In der NSDAP übte die Dienststelle des Stellvertreters des Führers nahezu unumschränkte politische Weisungsbefugnisse aus, flankiert durch umfängliche Kompetenzen in der innerparteilichen Personalpolitik. Aber auch hier existierte eine Organisation, die sich dem Stab Heß systematisch zu entziehen vermochte: die SS, die seit 1933 den staatlichen Polizeiapparat übernommen und diesen zu einer »führerunmittelbaren« Exekutive mit umfassenden Aufgaben bei der »Gegnerbekämpfung« fortentwickelt hatte. Im Verlauf dieses Prozesses war der SS- und Polizeiapparat aus der NSDAP herausgelöst worden und bildete eine autonome Organisation.

Am 10. Mai 1941 wurde die NSDAP durch die überraschende Nachricht erschüttert, dass der Stellvertreter des Führers ohne Hitlers Wissen nach Großbritannien geflogen war, um der dortigen Regierung ein Separatfriedensangebot zu unterbreiten. Hitler reagierte sofort, stilisierte Heß in zwei öffentlichen Verlautbarungen zum Geisteskranken und wandelte dessen Dienststelle in die Partei-Kanzlei um. Diese neue Parteibehörde, die von Bormann geleitet wurde, hatte dieselben Kompetenzen und dieselben Mitarbeiter wie vorher der Stab Heß. Ihre Gründungsurkunde war Hitlers Verfügung vom 12. Mai 1941, in der es hieß: »Die bisherige Dienststelle des Stellvertreters des Führers führt von jetzt ab die Bezeichnung Partei-Kanzlei. Sie ist mir persönlich unterstellt. Ihr Leiter ist wie bisher Pg. Reichsleiter Martin Bormann.«[10] Sie war demnach eine »führerunmittelbare« Reichsleitungs-Dienststelle der NSDAP. Bormann selbst hatte diese »Führerverfügung« entworfen, um den in der innerparteilichen Machtkonkurrenz wichtigen Status der Direktunterstellung unter Hitler zu erlangen. Dadurch wurde der »Führer« wieder in die Parteiarbeit hineingeholt und intensiver mit Angelegenheiten der NSDAP befasst, als das vorher der Fall gewesen war. Bormann entschied nicht mehr selbständig, wie Heß es in der Regel getan hatte, sondern sprach wichtige Entscheidungen mit Hitler ab oder ließ sie sich von ihm genehmigen.

Zwischen Mai 1941 und Sommer 1943 intensivierte die NSDAP ihre »Menschenführung« an der »Heimatfront«. Dieser vieldeutige Begriff, der bisweilen auch durch den Ausdruck »politische Führung« ersetzt wurde, umfasste verschiedene Tätigkeiten, die je nach Bedarf neu festgelegt wurden. Dazu gehörten sowohl die polizeiliche Kontrolle der Bevölkerung als auch soziale Hilfsmaßnahmen. Drei Bereiche der »Menschenführung« standen in der sozialen Praxis der NSDAP bis Mitte 1943 im Vordergrund: polizeiliche Repression, »Soldatenbetreuung« und Soforthilfe nach Luftangriffen. Der weit verzweigte Parteiapparat engagierte sich zunehmend darin, potenzielle »Staatsfeinde« aufzuspüren und diese entweder selbst zu sanktionieren oder an Polizei und Justiz zu melden. Auch überwachte die NSDAP die immer größer werdende Zahl an Zwangsarbeitern im Deutschen Reich. Das Oberkommando der Wehrmacht schaltete die NSDAP darüber hinaus zunehmend in militärische Aufgaben ein. Den Ausgangspunkt hierzu bildete die aus der Erfahrung der Novemberrevolution von 1918 abgeleitete Vorstellung, dass »Heimat« und »Front« einer engen Verbindung bedürften. Diese sollte unter anderem durch die »Truppenbetreuung« der NSDAP sichergestellt werden, die sich seit 1939/40 entwickelt hatte. Dazu gehörten Film- und Theatervorführungen für die Fronttruppen und Sammlungen, etwa von Wintersachen und Büchern, »Heimatsammelbriefe« sowie die Betreuung von Fronturlaubern und kriegsversehrten Soldaten.

Als größte Herausforderung für die »Menschenführung« der NSDAP erwies sich der Bombenkrieg gegen das Deutsche Reich, der seit Februar 1942 eine bislang ungeahnte Intensität erreichte. Mit den britischen Luftangriffen gegen Lübeck und Rostock im März und April 1942, die immense Schäden verursachten und die lokalen Behörden vor große Herausforderungen stellten, übernahm die NSDAP immer mehr Aufgaben bei der unmittelbaren Krisenbewältigung. Die NSV öffnete ihre Lebensmittellager, versorgte die Fliegergeschädigten und vermittelte Notunterkünfte. Gauleiter stellten in den Ortsgruppen der luftkriegsgefährdeten Großstädte Einsatzbereitschaften der NSDAP auf, die die örtlichen Kräfte des Sicherheits- und Hilfsdienstes sowie der Feuerlösch-

und Ordnungspolizei unterstützten. Diese Einsatzstäbe fassten alle in den Ortsgruppen verfügbaren Kräfte zusammen, um Verschüttete zu bergen, Mobiliar und Hausrat zu retten und Brände zu löschen. Darüber hinaus wurden Gaueinsatzstäbe gebildet, in denen die staatlichen Behörden und die NSDAP ihre Luftschutzmaßnahmen auf Gauebene zu koordinieren versuchten. Für die umfänglichen Evakuierungen der Bevölkerung aus luftkriegsgefährdeten Städten in ländliche Gebiete, die eines immensen logistischen Aufwands bedurften, waren die Dienststellen der NSV verantwortlich. Bis Anfang 1945 hatten sie fast neun Millionen Menschen evakuiert.

Aufgrund des alliierten Luftkriegs gegen das Deutsche Reich veränderte sich seit 1941/42 auch das Machtverhältnis zwischen innerer Verwaltung und NSDAP, und es kam zu einer immer intensiveren Kooperation zwischen diesen beiden Herrschaftsträgern. Die gängige Einschätzung des Verhältnisses zwischen Staat und NSDAP, wonach der Parteiapparat seit 1941/42 mehr und mehr die staatliche Verwaltung übernommen habe, ist kaum haltbar. Zwar lässt sich durchaus eine Art schleichender Aufgabenverlust einiger Instanzen der inneren Verwaltung auf Reichs- und Länderebene nachweisen, weil das NS-Regime unzählige neue Behörden schuf, um bestimmte Tätigkeiten außerhalb des bisherigen Verwaltungsweges zu erledigen. Diese Sonderbehörden können jedoch nicht umstandslos dem Bereich der NSDAP zugeordnet werden, auch wenn sie meist von Parteifunktionären geleitet wurden. Vielmehr waren sie ihrerseits Bestandteil der staatlichen Verwaltung.

Ein zweites Argument spricht gegen die These von der zunehmenden Machtlosigkeit der inneren Verwaltung: die enge Zusammenarbeit zwischen Staat und Partei, die sich während des Zweiten Weltkrieges entwickelte. Aufgrund ihrer Größe besaß die NSDAP administrativen Zugriff auf einen Großteil der Bevölkerung. Das galt vor allem für Frauen und für Jugendliche unter 18 Jahren, die HJ, BDM und NS-Frauenschaft angehörten. Auf Anforderung staatlicher Behörden sorgte die Partei dafür, dass diese als Hilfskräfte in öffentlichen Verwaltungen, Krankenhäusern und in Betrieben arbeiteten und die zur Wehrmacht eingezogenen männlichen Arbeitskräfte ersetzten. Bei der Bekämpfung der Folgen des Bombenkrieges arbeiteten Kommunalbehörden, Partei und NSV eng zusammen. Dadurch steigerte sich das politische Gewicht der NSDAP. Das ging jedoch nicht zu Lasten der inneren Verwaltung, die aufgrund ihres administrativen Wissens stets unentbehrlich blieb.

Juni 1943 bis Mai 1945:
Propaganda, Gewalt und die Rückkehr zu den Ursprüngen

Mit der Entmachtung Benito Mussolinis am 25. Juli 1943 und dem Zusammenbruch des Faschismus in Italien begann jene letzte Etappe der Geschichte der NSDAP im »Dritten Reich«, die Hans Mommsen als »Rückkehr zu den Ursprüngen« beschrieben hat.[11] An der Regimespitze breiteten sich erneute »Dolchstoßängste« aus, und es oblag der NSDAP, die Bevölkerung an der »Heimatfront« dagegen zu immunisieren. Zu diesem Zwecke bediente sie sich jener spezifischen Formen von Propaganda und Gewalt, die sie schon während ihrer »Kampfzeit«, also in den Jahren von 1925 bis 1932/33, so erfolgreich praktiziert hatte. Bormann begann mit der Partei-Kanzlei eine beispiellose Durchhaltekampagne in der NSDAP, die darauf abzielte, deren Aktivisten mit dem Hinweis auf die letztlich siegreiche »Kampfzeit« eine Perspektive zu geben, damit sie weiter für den »Endsieg« kämpften. Er ließ sie Mitgliederappelle, Sprechabende und Propagandamärsche abhalten und beschwor in immer neuen Wendungen den innerparteilichen »Durchhaltewillen«.

Die »Gegner« des NS-Staates behandelte die NSDAP jetzt immer repressiver. Dies hatte auch mit der alliierten Invasion zu tun, mit der man an der deutschen Nordseeküste rechnete. Nachdem sie am 6. Juni 1944 jedoch in Nordfrankreich erfolgt war, befahl Hitler den Ausbau eines tief gegliederten Stellungssystems vor der westlichen Reichsgrenze. Die Gauleiter in den westlichen Grenzgauen sollten die Bevölkerung der bedrohten Gaue zum Stellungsbau mobilisieren. Anfang September 1944 lief der Stellungsbau am

»Westwall« an, und die Parteidienststellen verfrachteten ein festes Kontingent von Bergleuten, Rüstungsarbeitern, Verwaltungsange- stellten, Zwangsarbeitern und Kriegsgefangenen zum Einsatz an die Westgrenze. Ein ähnliches Programm wurde am »Ostwall« in Gang gebracht.

Die umfänglichste Aufgabe der NSDAP in den letzten Kriegs- monaten bestand jedoch in der Bildung des »Deutschen Volks- sturms«, die durch die Partei-Kanzlei und den Reichsführer SS Heinrich Himmler in seiner Funktion als Befehlshaber des Ersatz- heeres erfolgte. Am 25. September 1944 befahl Hitler, alle 16- bis 60-jährigen waffenfähigen Männer, die bislang noch nicht im Wehrdienst standen, durch die Partei zu erfassen und zum »Volks- sturm« heranzuziehen. Diesem oblag es, mehr als 13,5 Millionen Männer an der »Heimatfront« militärisch zu organisieren und ideologisch auf den bevorstehenden »Abwehrkampf« einzuschwö- ren. Der »Volkssturm«, der als Miliz zur Landesverteidigung kon- zipiert war, wurde oft als Sicherungsbesatzung für Festungen oder rückwärtige Stellungen, in den letzten Kriegswochen jedoch auch zur Verstärkung regulärer Einheiten bei Kampfhandlungen ein- gesetzt. Einige seiner Angehörigen beteiligten sich an den »End- phase-Verbrechen« des NS-Regimes. Diese Mordaktionen, die in erster Linie durch die SS- und Polizeiorgane verübt wurden, rich- teten sich gegen Zwangsarbeiter, Kriegsgefangene, Häftlinge und die eigene Bevölkerung. Auch Politische Leiter wirkten nach Kräf- ten daran mit. Kreis- und Ortsgruppenleiter machten sogar nicht davor halt, Parteigenossen zu ermorden, wenn sie sich in ihren Augen als zu weich erwiesen.

Führer-Bindung und »totale Organisation«
als Strukturmerkmale der NSDAP

Hitler war in der NSDAP stets der unumstrittene »Führer«, den man gottgleich verehrte und von dem man bis zuletzt den »End- sieg« erhoffte. Er blieb bis zu seinem Selbstmord am 30. April 1945 die zentrale Identifikationsfigur der Parteimitglieder. Seine Photographie hing eingerahmt in jeder NSDAP-Dienststelle, und seine Programmschrift »Mein Kampf«, die sich mehr als 12 Millionen Mal verkaufte, war in jedem Haushalt der Parteimitglieder vorhanden. Seine »Weltanschauung«, ein Amalgam aus Antisemitismus, radikalem Rassismus und Antimarxismus, war in unzähligen Parteiveranstaltungen verkündet und durch das parteiamtliche Schrifttum verbreitet worden. Im täglichen Umgang grüßte man sich mit »Heil Hitler«, und im innerparteilichen Schriftverkehr diente dieser Ausdruck als Schlussformel. Zwar wurden die Gelegenheiten, bei denen die NSDAP-Funktionäre ihren »Führer« persönlich zu Gesicht bekamen, immer seltener und beschränkten sich einzig und allein auf die Reichsparteitage der NSDAP. Im Zweiten Weltkrieg mussten sie sich fast ausschließlich mit Radioansprachen des »Führers« begnügen. Generell aber fungierte Hitler als Projektionsfläche für Wünsche und Sehnsüchte seiner Gefolgsleute, etwa im Hinblick auf eine territoriale Revision des Versailler Vertrages oder die ersehnte Etablierung einer »Volksgemeinschaft«. Das Verhältnis zwischen dem »Führer« und seiner Gefolgschaft basierte auf Prinzipien charismatischer Vergemeinschaftung. Die NSDAP-Funktionäre rechneten Hitler Charisma zu und wurden durch dessen Erfolge darin bestärkt. Als die Erfolge ausblieben, hofften sie aufgrund des Charismas, das sich vormals bewährt hatte, auf eine Wende zum Besseren. Daraus resultierte auch der hohe Grad an intrinsischer Motivation in der NSDAP, die bis zum 8. Mai 1945 nahezu ungebrochen blieb.

Die charismatische Bindung der Funktionäre und Mitglieder an den »Führer« war jedoch nur ein Bestandteil der innerparteilichen Vergemeinschaftung. Für das alltägliche Funktionieren der Partei und ihrer Organisationen war es mindestens ebenso wichtig, dass das »Führerprinzip« als das zentrale Strukturmerkmal der NSDAP auf allen Ebenen wirksam war. Jeder Führende hatte selbst einen oder auch mehrere vorgesetzte »Führer«, denen er absolute Loyalität schuldete, und eine Vielzahl an nachgeordneten Funktionären, denen er bindende Weisungen erteilen konnte. War das »Führerprinzip« in der »Kampfzeit« noch gleichbedeutend mit der Bindung an Hitler gewesen, so ergab sich nach 1933 eine signifikante Änderung. Die »Führer« wurden nicht mehr nach charismatischen, sondern nach formalen Kriterien ausgewählt, weil die soziale Praxis der NSDAP jetzt stärker durch die Ausübung bürokratischer Verwaltungsroutinen gekennzeichnet war. Der zweite Typus der Führer-Bindung in der NSDAP war mit dem identisch, was Max Weber als bürokratische Herrschaft bezeichnet hatte.

Am deutlichsten zeigte sich dies bei der sozialen Kontrolle in der und durch die NSDAP, an der sich mehr als eine Million Funktionsträger beteiligten, und zwar ohne dafür materiell entlohnt zu werden. Im ehrenamtlichen Engagement dieses Riesenheeres an Parteiarbeitern der NSDAP ist ein signifikanter Beleg für die »Selbstüberwachung« der deutschen Gesellschaft zu sehen. Insofern kann man die Partei, ihre Gliederungen und angeschlossenen Verbände auch nicht einseitig als Teil des NS-Herrschaftsapparates und die Bevölkerung nur als deren Beherrschte darstellen. Die damit unterstellte Dichotomie zwischen Herrschaft und Gesellschaft löste sich im »Dritten Reich« zusehends auf. In den Tätigkeiten des Funktionärskorps der NSDAP konkretisierten sich in letzter Konsequenz neue Formen der politischen Partizipation. In deren Mittelpunkt standen nicht mehr individuell-demokratische Rechtsgarantien oder Beteiligungsrechte an administrativen Verfahren, sondern die größtmögliche Freiheit bei der Umsetzung ideologischer Zielvorstellungen.

Die soziale Praxis der NSDAP ist mit diesen beiden Typen der Führer-Bindung noch nicht ausreichend erklärt. Damit die NSDAP ihre jeweiligen politischen Zielsetzungen überhaupt realisieren konnte, bedurfte es eines dritten Strukturmerkmals: der Ausdehnung ihres Einflussbereiches in alle nur erdenklichen Sphären der NS-Gesellschaft. Diese erfolgte durch das Prinzip »totale Organisation«, wie Hannah Arendt die Versuche der NSDAP bezeichnete, die deutsche Bevölkerung ihren Apparaten einzuverleiben.[12]

Als das NS-Regime am 8. Mai 1945 zusammenbrach, gab es mehr als neun Millionen Parteimitglieder. Den Gliederungen und angeschlossenen Verbänden der NSDAP gehörten Abermillionen von »Volksgenossen« an. Aus der noch während der Weimarer Zeit pluralistisch verfassten Gesellschaft war eine in und durch die

NSDAP organisierte »Volksgemeinschaft« geworden. Den »normalen« Mitgliedern der Partei, ihrer Gliederungen und angeschlossenen Verbände wurden vielfältige Chancen sozialen Aufstiegs geboten. Die Kehrseite dieses Prozesses bestand im schleichenden sozialen Tod für alle diejenigen, die nicht zur NSDAP gehörten. Dies galt zuallererst für jene Gruppen, die ihr gar nicht beitreten durften, in erster Linie Juden, »jüdische Mischlinge«, »Zigeuner«, Zeugen Jehovas und Freimaurer. Das Damoklesschwert der Exklusion schwebte allerdings auch über allen Personen, die aus der Partei ausgeschlossen wurden, weil sie deren Verhaltensanforderungen nicht entsprachen. Mitgliedschaft in der NSDAP war insofern ein wichtiger Transmissionsriemen für Inklusion und Exklusion. Die beiden zentralen Kriterien, nach denen sich diese Prozesse in und durch die NSDAP vollzogen, waren »Rassereinheit« und politisches Wohlverhalten.

Aus der administrativen Praxis der Partei hatte sich Hitler seit Heß' Ernennung zum Stellvertreter des Führers zurückgezogen. Nur zur überschaubaren Gruppe der etwa 60 Reichs- und Gauleiter, die er jedes Jahr bei den Parteifeiern am 24. Februar und 9. November oder bei Tagungen traf, hielt er kontinuierlich Fühlung. Personalangelegenheiten in dieser Gruppe regelte er für gewöhnlich selbst, allerdings niemals ohne vorherige Rücksprache mit dem Stellvertreter des Führers beziehungsweise später mit dem Leiter der Partei-Kanzlei. Auch wenn er der zentrale Bezugspunkt der Parteiherrschaft war, segnete Hitler in der Partei in der Regel nur ab, was ihm Heß, Bormann und andere Reichsleiter vorlegten, zuweilen riet er auch zu Verbesserungen im Detail. Mit den Funktionären der NSDAP besaß er ein Millionenheer an Zuträgern, die ihr Heil einzig darin erblickten, seiner »nationalsozialistischen Idee« zum Durchbruch zu verhelfen. Sie waren es in erster Linie, die dem »Führer« entgegenarbeiteten. Deshalb musste Hitler den Organisationsapparat der NSDAP auch gar nicht so genau kennen. Es reichte völlig aus, dass er eine Masse loyaler Funktionäre hinter sich wusste, die das verbrecherische NS-Regime bis zu dessen Untergang in permanenter Bewegung hielten.

Arbogast, Christine, Herrschaftsinstanzen der württembergischen NSDAP. Funktion, Sozialprofil und Lebenswege einer regionalen NS-Elite 1920–1960, München 1998.

Buddrus, Michael, Totale Erziehung für den totalen Krieg. Hitlerjugend und nationalsozialistische Jugendpolitik, 2 Bde., München 2003.

Hochstetter, Dorothee, Motorisierung und »Volksgemeinschaft«. Das Nationalsozialistische Kraftfahrkorps (NSKK) 1931–1945, München 2005.

Hüttenberger, Peter, Die Gauleiter. Studie zum Wandel des Machtgefüges in der NSDAP, Stuttgart 1969.

Kater, Michael H., The Nazi Party. A Social Profile of Members and Leaders 1919–1945, Cambridge, Mass. 1983.

Kupfer, Torsten, Generation und Radikalisierung. Die Mitglieder der NSDAP im Kreis Bernburg 1921–1945, Berlin 2006.

Lehmann, Sebastian, Kreisleiter der NSDAP in Schleswig-Holstein. Lebensläufe und Herrschaftspraxis einer regionalen Machtelite, Bielefeld 2007.

Longerich, Peter, Hitlers Stellvertreter. Führung der Partei und Kontrolle des Staatsapparates durch den Stab Heß und die Partei-Kanzlei Bormann, München 1992.

Moll, Martin, Steuerungsinstrument im »Ämterchaos«? Die Tagungen der Reichs- und Gauleiter der NSDAP, in: Vierteljahrshefte für Zeitgeschichte 49 (2001), S. 215–273.

Nolzen, Armin, Die NSDAP, der Krieg und die deutsche Gesellschaft, in: Jörg Echternkamp (Hrsg.), Das Deutsche Reich und der Zweite Weltkrieg, Bd. 9/1: Die deutsche Kriegsgesellschaft 1939 bis 1945. Politisierung, Vernichtung, Überleben, München 2004, S. 99–193.

Orlow, Dietrich, The History of the Nazi Party, 2 Bde., Pittsburgh 1969-1973.

Pätzold, Kurt/Weißbecker, Manfred, Geschichte der NSDAP 1920 bis 1945, Köln [3]2002.

Plöckinger, Othmar, Geschichte eines Buches. Adolf Hitlers »Mein

Kampf« 1922 – 1945, München 2006.

Reibel, Carl-Wilhelm, Das Fundament der Diktatur. Die NSDAP-Ortsgruppen 1932 – 1945, Paderborn 2002.

Roth, Claudia, Parteikreis und Kreisleiter der NSDAP unter besonderer Berücksichtigung Bayerns, München 1997.

Stephenson, Jill, The Nazi Organisation of Women, London 1981.

Unger, Aryeh L., The Totalitarian Party. Party and People in Nazi Germany and Soviet Russia, Cambridge 1974.

Vorländer, Herwart, Die NSV. Darstellung und Dokumentation einer nationalsozialistischen Organisation, Boppard am Rhein 1988.

Aufmarsch von SA-Angehörigen
in der Nürnberger Luitpoldarena
während des Reichsparteitags der
NSDAP, September 1938

»Volksgemeinschaft« und Vernichtungskrieg

Gesellschaft im nationalsozialistischen Deutschland

DIETMAR SÜSS / WINFRIED SÜSS

Die Nationalsozialisten hatten eine Vision: Über alle »Klassen und Stände, Berufe, Konfessionen und alle übrige Wirrnis des Lebens hinweg« wollten sie die Nation zu einer »engen Volksgemeinschaft« zusammenschmieden.[1] Eine Gesellschaft ohne Interessengegensätze, in der jeder den ihm zugewiesenen Platz einnahm und seine Aufgaben im Dienste der Gemeinschaft zum Wohl aller erfüllte – das war Hitlers Erwartung. Dies richtete sich gegen die Weimarer Demokratie, die die Vielfalt individueller Interessen und Wertvorstellungen in einer modernen Industriegesellschaft anerkannt, soziale Konflikte in Kauf genommen und Verfahren etabliert hatte, um diese auszutragen und Interessengegensätze zu vermitteln. In den Augen vieler Zeitgenossen war die erste deutsche Demokratie damit jedoch gescheitert, denn enorme soziale Spannungen, die gegenseitige Blockade der politischen Lager und der Eindruck lähmender Stagnation hatten ihre Geschichte bestimmt. Daher besaßen harmonisierende Sozialordnungsmodelle wie die Idee der »Volksgemeinschaft« über das rechte Lager hinaus große Anziehungskraft, konnten sie doch vorgeben, einen Ausweg aus den als irritierend komplex empfundenen Verhältnissen seit dem Ende des Ersten Weltkriegs anzubieten.

Der Begriff der »Volksgemeinschaft« umschließt unterschiedliche Bedeutungsebenen: Er bezeichnet zum einen die »gedachte Ordnung« (Max Weber) der Gesellschaft, zum anderen soziale Praktiken, mit denen sich die »Volksgemeinschaft« immer wieder neu konstituierte, sowie schließlich ihre Sozialstruktur. Damit geht es um völkische Versprechen und ihre soziale Wirklichkeit, um die Ambivalenz von Teilhabe und Ausgrenzung im Zeichen von Rassismus und Vernichtungspolitik an der »inneren Front« des »Dritten Reichs«.

Für die Vision einer geschlossenen »Volksgemeinschaft« spielte die Deutung des Ersten Weltkriegs eine zentrale Rolle, insbesondere populäre Interpretationen von rechts, die an die idealisierte »Frontgemeinschaft« der kämpfenden Truppe anknüpften und versuchten, die deutsche Niederlage mit der fehlenden nationalen Geschlossenheit der Heimat zu erklären. Völkisches Ordnungsdenken kreiste daher um die Frage, wie das deutsche Volk in den Stand versetzt werden könne, die Schmach des verlorenen Krieges zu überwinden, um wieder zu alter nationaler Größe zurückzufinden. Damit wurde der Krieg zur Richtschnur der Gesellschaftspolitik. Dieser Appell an das übersteigerte Nationalbewusstsein fand auch in jenen Bevölkerungskreisen Anklang, die dem NS-Regime ansonsten reserviert gegenüberstanden, jedoch seine Anstrengungen zur Revision der als ungerecht empfundenen Versailler Friedensordnung guthießen.

Während die Weimarer Demokratie auf der autonomen Lebensgestaltung und der individuellen Entfaltung ihrer Bürger basierte, gab die nationalsozialistische »Lebensraum«-Utopie den Mitgliedern der »Volksgemeinschaft« klare Handlungsmaximen vor, die außenpolitische und gesellschaftspolitische Ziele eng aufeinander bezogen. Durch »ein tausendjähriges Leben zusammengefügt« und durch »das Schicksal auf Gedeih und Verderb verbunden« sollte sie ihre Energien auf die »Sicherung der gemeinsamen Lebensnotwendigkeiten« gegenüber den Ansprüchen anderer Nationen richten, wie Hitler hoffte.[2] Dies bedeutete auch, dass das »Dritte Reich« individuelles Streben nach Glück dem nationalsozialistisch definierten Gemeinwohl unterordnete. Nicht einmal über den eigenen Körper konnten die »Volksgenossen« mehr verfügen. Er gehörte als Bestandteil des »Volkskörpers« der Gemeinschaft und war für deren Zwecke gesund zu erhalten.

In dieser Zielprojektion zeichneten sich die Konturen eines tiefgreifenden Wandels in den Bürger-Staat-Beziehungen ab, die geprägt waren vom Rassismus als Strukturelement der Sozialordnung und von einer radikal übersteigerten Leistungsideologie, die beispielsweise die Neuordnung der Arbeitsverfassung prägte. Für Selbstregulierungsprozesse sozialer Kräfte – wie etwa Lohnverhandlungen unabhängiger Tarifparteien – war in dieser unter dem Primat von Aufrüstung und Krieg formierten Gesellschaft kein Platz. Dies galt auch für Formen bürgergesellschaftlichen Engagements, aus denen Mitgestaltungschancen erwuchsen. Parteien und Vereine, in denen Bürger ihre Interessen artikulieren konnten, oder kirchliche Einrichtungen im Sozialwesen, die in Deutschland traditionell eine wichtige Rolle spielten, passten nicht in die nationalsozialistische Ordnung der Gesellschaft. An deren Stelle trat die NSDAP, die soziale Konflikte entinstitutionalisierte und bis dahin getrennte Wertsphären fusionierte, indem sie in die deutsche Gesellschaft ein engmaschiges Organisationsgeflecht hineinwob, das weit in den Bereich des Privaten hineinragte.

Die »Volksgemeinschaft« als Gesellschaft der Ungleichen

In seinen Feiern inszenierte sich das »Dritte Reich« als Gemeinschaft der uniformierten Gleichen. Es wäre jedoch verfehlt, dies als Element einer sozialegalitären Politik zu deuten. Zum einen bezogen sich Teilhaberechte nur auf die soziale, nicht aber auf die politische Sphäre, die hierarchisch nach dem Führerprinzip organisiert war und politische Mitwirkung nur nach den Vorgaben der NSDAP zuließ. Vor allem aber war der NS-Bewegung kaum etwas fremder als die Vorstellung, alle Menschen seien gleich und hätten daher Anspruch auf die gleiche Behandlung. Im Gegenteil: Nationalsozialisten, so Goebbels, träten ein für die »Schichtung des Volkes, hoch und niedrig, oben und unten«.[3] Dazu gehörte auch die Annahme geschlechtsspezifischer Hierarchien. Oben und unten hieß in der »Volksgemeinschaft« auch: männliche Führung und weibliche Unterordnung.

Die nationalsozialistische »Volksgemeinschaft« verstand sich zuvörderst als Abstammungsgemeinschaft. Die Zuordnung zu einer Rasse aufgrund der biologischen Herkunft und bestimmter körperlicher Merkmale wurde in dieser Sichtweise zum entscheidenden beziehungsstiftenden und strukturierenden Faktor der Sozialordnung. Sie entschied über die Stellung des Einzelnen in der sozialen Hierarchie. Die Zugehörigkeit zur »Volksgemein-schaft« konnte man daher nicht wie die Staatsbürgerschaft durch Beitritt erwerben; man wurde in sie hineingeboren. Hier ver-schmolzen unterschiedliche Traditionsstränge biologistischen Den-kens zu einem rassistischen Modell für die Neuordnung der Gesellschaft, das für sich in Anspruch nahm, auf der Höhe natur-wissenschaftlicher Erkenntnisse zu argumentieren. Es verweigerte das Recht auf Gleichheit ebenso radikal wie die Legitimität von Unterschieden und erhob die Aussonderung alles Andersartigen und Nicht-Konformen zum Programm. Ein tödliches Amalgam entstand auf der Grundlage rassenanthropologischer Ideen, die bereits seit der zweiten Hälfte des 19. Jahrhunderts verbreitet wa-ren und die Existenz in ihren ererbten Eigenschaften verschie-dener und daher höher- beziehungsweise minderwertiger Rassen behaupteten. Eine zweite Wurzel waren sozialdarwinistische Vor-stellungen, deren Anhänger glaubten, im permanenten Kampf sol-cher Rassen gegeneinander das Bewegungsgesetz der historischen Entwicklung gefunden zu haben. Das dritte Element bildeten ras-senhygienische Ideen, die soziale Tatbestände biologistisch deu-teten und sich vor allem mit der Frage beschäftigten, wie die Eigenschaften eines Volkes durch die gezielte Beeinflussung seiner Erbanlagen verbessert werden könnten.

Wirkungsmächtig wurde rassistisches Gedankengut dadurch, dass es Kategorien zur Umweltwahrnehmung und Entscheidungs-bildung bereitstellte, auf deren Grundlage die »Volksgemein-schaft« scharfe Grenzen zwischen sich und den anderen zog. In-dem sie diejenigen ausschloss, die Sozialexperten und Politiker zu-vor als »andersartig«, »minderwertig« und »feindlich« definiert hatten, bestimmte die »Volksgemeinschaft« ihre Identität immer wieder neu im Negativbezug gegen das vermeintlich »Fremde«. Damit eröffneten sich politische Handlungsvorstellungen, die sich nicht mehr nur an der Bewältigung gegenwärtiger Probleme ori-entierten, sondern an der Utopie einer von »rassefremden« und »erbkranken« Elementen »gereinigten« »Volksgemeinschaft«. Dies richtete sich zuerst gegen vermeintlich »Fremdrassige«, vor allem Juden, in denen Hitler den Erbfeind der »arischen« Völker ausgemacht hatte, aber auch gegen jeden, der nicht den Verhaltenserwartungen der Nationalsozialisten entsprach. Politische Gegner und Personen, die aufgrund ihres Lebensstils oder ihrer sexuellen Orientierung als »asozial« und »gemeinschaftsschädlich« abqualifiziert wurden, waren davon ebenso betroffen wie Menschen, die infolge einer körperlichen oder geistigen Behinderung nach Ansicht des Regimes keinen ausreichenden Beitrag zum Wohl der »Volksgemeinschaft« leisten konnten.

Dies zeigte sich besonders deutlich in der Gesundheits- und Familienpolitik des »Dritten Reichs«. Hier dehnten Behörden den staatlichen Regulierungsanspruch immer weiter auf ursprünglich private Lebensbereiche aus. Dabei wurden soziale Rechte zunehmend von der Staatsbürgerschaft abgekoppelt und Lebenschancen stattdessen nach reinen Nützlichkeitserwägungen zugeteilt. So organisierte etwa die Nationalsozialistische Volkswohlfahrt (NSV) ein ganzes Bündel zusätzlicher Betreuungsangebote, mit denen nicht zuletzt die kirchlichen Wohlfahrtsverbände aus ihren Tätigkeitsfeldern verdrängt werden sollten. Dieses Angebot richtete sich zum einen – etwa beim Winterhilfswerk – an sozial Bedürftige, vor allem aber an Mütter und Kinder. Anders als auf die Leistungen der Sozialversicherung hatten Bedürftige darauf allerdings keinen Rechtsanspruch. In der nationalsozialistischen »Volkspflege« standen partielle Inklusion und zunehmend radikalisierte Exklusion nebeneinander. Zuwendungen waren zumeist an politische und erbbiologische Beurteilungen geknüpft. Für Erstere waren die Untergliederungen der NSDAP zuständig, Letzteres gehörte zum Aufgabenbereich der rund 750 staatlichen Gesundheitsämter, deren Ärzte auch die Durchführung des »Gesetzes zur Verhinderung erbkranken Nachwuchses« organisierten. Bis 1945 fielen etwa 400 000 Menschen der Zwangssterilisierung zum Opfer. Betroffen davon waren in erster Linie geistig behinderte Patienten von Heil- und Pflegeanstalten, aber auch Personen, die wegen ihres unangepassten Lebenswandels, Alkoholismus und bisweilen auch wegen ihrer politischen Haltung ins Visier der Sozialbehörden geraten waren.

Aus der militärischen Niederlage und dem Zusammenbruch der monarchischen Ordnung im November 1918 hatte Hitler die Lehre gezogen, dass es ein Fehler war, aufkeimenden Widerstand lediglich gewaltsam zu unterdrücken. Die Mobilisierung aller Kräfte und auch die Sicherung der Herrschaft könne nur dann gelingen, wenn die Belastungen, die sich aus Aufrüstung und Krieg ergaben, gerechter als im Kaiserreich auf die Bevölkerung verteilt würden. Die Verwirklichung ihrer Ziele verknüpften die Nationalsozialisten daher mit handfesten materiellen Versprechen, denn eine »Volksgemeinschaft«, so Hitler, »könne nur glücklich werden, wenn alles, was sie schaffe, ihr auch wieder zugute komme«.[4]

Es ist umstritten, inwieweit das NS-Regime tatsächlich neue materielle Teilhabemöglichkeiten schuf oder lediglich unerfüllte Hoffnungen weckte. Für die Mehrzahl der Arbeitnehmer und ihre Familien war entscheidend, dass sich die wirtschaftliche Situation nach der Machtübernahme der Nationalsozialisten unverhofft rasch besserte. Nach Jahren der Massenarbeitslosigkeit gab es in Deutschland bereits seit 1936 wieder Vollbeschäftigung, während die meisten westlichen Demokratien noch lange an den Folgen der Weltwirtschaftskrise laborierten. Die konjunkturelle Erholung war zwar nur zu einem geringen Teil auf die Wirtschaftspolitik der NS-Regierung zurückzuführen. Dennoch gelang es Hitler, sich den Erfolg in der »Arbeitsschlacht« an seine Fahnen zu heften. Dies hat maßgeblich zu seinem Nimbus als charismatischer Retter beigetragen.

Anfang 1933 waren mehr als sechs Millionen Menschen arbeitslos gewesen, beinahe ein Drittel der deutschen Arbeitnehmer. Mit der anziehenden Konjunktur veränderten sich deren Lebensverhältnisse grundlegend zum Positiven, endete damit doch eine längere Zeit der Not und persönlichen Unsicherheit. Im Rückblick erschienen die Friedensjahre des »Dritten Reichs« daher vielen als »Goldene Jahre«. Auch wenn die Prosperität sich je nach Branche unterschiedlich entwickelte und Arbeiter in rüstungsrelevanten Betrieben von höheren Lohnzuwächsen profitierten als ihre Kollegen in der Konsumgüterindustrie, galt doch: Was die Demokratie nicht geschafft hatte, schien den Nationalsozialisten geglückt – ein Ende des Parteienstreits, außenpolitische Rehabilitierung und vor allem die Wiedergewinnung materieller Sicherheit. Die damit verbundenen Freiheitsverluste waren in den Augen vieler kein zu hoher Preis dafür.

Man kann einzelne Elemente der Sozialpolitik, wie die Integration eines Teils der Handwerker in die gesetzliche Alterssicherung 1938, die Eingliederung von Rentnern in die Krankenversicherung 1941 oder Beihilfen für kinderreiche Familien als Versuch des Regimes deuten, den Verlust politischer Mitwirkungschancen durch ein Mehr an sozialer Sicherheit und Gleichheit zu kompensieren, um so seine Herrschaft zu stabilisieren. Allerdings konnten solche Verbesserungen schon die Zeitgenossen nicht darüber hinwegtäuschen, dass die Höhe der Sozialleistungen seit 1933 im Durchschnitt bestenfalls stagnierte, denn die NS-Diktatur hielt an der Sparpolitik der Weimarer Präsidialkabinette fest, auch nachdem sich die wirtschaftliche Situation gebessert hatte. Zudem hatte die nationalsozialistische Sozialpolitik immer auch eine instrumentelle Komponente. Wenn das Regime Rüstungsarbeitern Steuerfreiheit für Überstundenzuschläge gewährte, verband es damit die Absicht, Arbeitskraft für seinen Raub- und Vernichtungskrieg zu mobilisieren. Solche produktionsorientierten Ziele bestimmten weite Bereiche der Sozialpolitik. Das galt beispielsweise für den Präventionsgedanken in den arbeitsmedizinischen Initiativen der Deutschen Arbeitsfront (DAF), die sich vor allem an die Belegschaften von Rüstungsbetrieben richteten. Verbesserte Gesundheitsfürsorge ging hier mit intensivierter medizinischer Kontrolle einher, um das Arbeitskräftepotential möglichst umfassend auszuschöpfen.

Das schloss nicht aus, dass diese Politik für einzelne Gruppen spürbare Verbesserungen bewirkte, und das Regime unternahm viel, um genau diesen Eindruck zu vermitteln. Ansätze einer rassistisch formierten Konsumgesellschaft, in der vor allem Arbeiter von der Hebung des Lebensstandards profitieren und soziale Unterschiede zwischen den Berufsgruppen durch eine einheitliche soziale Sicherung eingeebnet werden sollten, lassen sich in der Zukunftsplanung der Deutschen Arbeitsfront erkennen. Solchen Plänen lag die Erwartung zugrunde, dass die Bevölkerung eroberter Länder für die entstehenden Kosten aufkommen würde; sie basierten also auf ungedeckten Wechseln auf die politische Zukunft des Regimes. In diesem Sinne war die nationalsozialistische »Volksgemeinschaft« auch eine Raub- und Beutegemeinschaft.

Konkrete Gestalt erlangten die Verheißungen der Volksgemeinschaftsideologie in der Freizeitpolitik. Hier etablierten die Hitlerjugend und die zur Deutschen Arbeitsfront gehörende NS-Gemeinschaft Kraft durch Freude (KdF) ein populäres Angebot von Kultur- und Sportveranstaltungen sowie organisiertem Massentourismus, das breiten Schichten Elemente bürgerlichen Lebensstils zugänglich machen sollte. Eine ganze Palette sogenannter Volksprodukte – vom »Volksempfänger« bis zum »Volkswagen« – stand für die Demokratisierung des Konsums durch staatlich gelenkte Produktion, standardisierte Massenfertigung und subventionierte Preise. Die Zahl der zugelassenen Rundfunkgeräte verdoppelte sich beispielsweise zwischen 1933 und 1938 von 4,6 auf 9,6 Millionen. Der rasche Siegeszug des »Volksempfängers« stach jedoch im europäischen Vergleich keineswegs signifikant hervor. Und viele der neu geschaffenen Konsummöglichkeiten richteten sich weniger an Arbeiter als an die besser verdienenden Mittelschichten. Gut eine Million Deutsche pro Jahr verreiste zwischen 1934 und 1938 mit der KdF. Diese Zahl enthält einen hohen Anteil preisgünstiger Kurzreisen in die nähere Umgebung, die auch für Arbeiter erschwinglich waren. Bei den begehrten Hochseereisen der KdF-eigenen Kreuzfahrtschiffe betrug der Arbeiteranteil hingegen weniger als ein Fünftel. Wenn die Entwicklung von Konsum und Lebensstandard dennoch zur Stabilisierung der NS-Herrschaft beitrug, lag dies also weniger an den konkreten Konsumwünschen, die sie erfüllte, als daran, dass sie soziale Gleichheit suggerierte und ein »Versprechen künftigen Wohlstands«[5] erzeugte.

Die Wirklichkeit sah anders aus: So spricht zum Beispiel die Einkommensentwicklung eher gegen die Zunahme von Konsumchancen breiter Bevölkerungsteile. Zwar entlastete das Regime bei insgesamt steigender Steuerquote die Bezieher niedriger Einkommen, allerdings zeigt die Einkommenssteuerstatistik auch, dass die Kluft zwischen Reich und Arm seit 1933 größer wurde. Während die Unternehmensgewinne bis 1939 um rund 130 Prozent zunahmen, stagnierten die Realeinkommen von Arbeitnehmern trotz verlängerter Arbeitszeiten und gestiegener Arbeitsintensität. Lohnzuwächse konnten zumeist nur den Anstieg der Lebenshaltungskosten kompensieren. Bereits 1938 vermerkte der Sicherheitsdienst der SS besorgt, der Arbeitskräftebedarf der Rüstungsfertigung habe die Produktion von Verbrauchsgütern so beeinträchtigt, »daß eine Minderung des Lebensstandards – besonders der arbeitenden Bevölkerung« drohe.[6] Kleidung und auch Lebensmittel des täglichen Bedarfs wie Brot und Milchprodukte waren nur in zunehmend schlechterer Qualität zu erhalten. Hier begrenzten der Vorrang der Rüstung und die Autarkiepolitik den Konsum der Bevölkerung.

Entwicklung von Wirtschaft und Lebensstandard 1933 – 1938
(jährliche Zuwachsraten in Prozent)[7]

Bruttosozialprodukt	9,2
Nettorealverdienste	0,2
Lebenshaltungskosten	3,0
Privater Konsum pro Kopf der Bevölkerung	–0,2

Eine ganze Reihe von Indikatoren verweist darauf, dass auch die Deutschen in gesundheitlicher Hinsicht einen hohen Preis für die Aufrüstung entrichteten. Während die Sterblichkeit in den meisten europäischen Staaten rückläufig war, stieg sie in Deutschland seit 1933 signifikant an. Auch die durchschnittliche Körpergröße von Heranwachsenden stagnierte, in anderen europäischen Ländern nahm sie hingegen weiter zu. Beides sind klare Indizien für ein Absinken des biologischen Lebensstandards, von dem besonders Frauen und alte Menschen betroffen waren. Dass anders als während des Ersten Weltkriegs deutsche Durchschnittsverbraucher erst gegen Ende des Zweiten Weltkriegs hungern mussten, gelang nur durch die schonungslose Ausplünderung der besetzten

Gebiete im Osten, wo die Bevölkerung für die Stabilisierung der Ernährungsversorgung im Reich mit millionenfachem Hungertod bezahlte.

Die Gesellschaftspolitik des »Dritten Reichs« brachte in vieler Hinsicht ambivalente und stark nach Gruppen differenzierte Ergebnisse hervor. Dies liegt zum Teil daran, dass die Bewegungsrhythmen sozialhistorischer Basisprozesse nicht synchron zu den Zäsuren der zwölfjährigen NS-Herrschaft verliefen, sondern Teil langfristiger Trends waren, die politischem Handeln nur begrenzt zugänglich waren. Mehrere Indikatoren deuten darauf hin, dass das NS-Regime die großen Linien der sozialstrukturellen Entwicklung nur wenig verändern konnte. Das galt etwa für den Wandel der Erwerbsstruktur, wo der Agrarsektor weiterhin Boden gegenüber dem Industrie- und Dienstleistungssektor verlor und die Frauenerwerbsquote trotz der diskriminierenden Politik der NS-Regierung weiter anstieg. Auch dem generativen Verhalten konnten die Nationalsozialisten keine völlig neue Richtung geben. Ihre bevölkerungspolitischen Maßnahmen erhöhten zwar kurzfristig die seit der Jahrhundertwende sinkende Geburtenrate, kehrten aber den säkularen Trend rückläufiger Geburten auf lange Sicht nicht um.

Eine weitere Ursache für die in vieler Hinsicht uneinheitliche gesellschaftspolitische Bilanz besteht darin, dass die Vorstellungen der Nationalsozialisten in vielen Punkten schlichtweg widersprüchlich waren. Sie glichen eher lose miteinander verbundenen Ideenkernen, die in ihrer politischen Gewichtung schwankten und je nach Gelegenheit pragmatisch realisiert wurden, als einem konsistenten politischen Programm, aus dem sich nach der Machteroberung ein exakter Bauplan gesellschaftlicher Reformen hätte ableiten lassen. So war die Agrar- und Mittelstandspolitik durch antimoderne Vorstellungen geprägt, die mehr auf die Konservierung berufsständischer Sonderrechte abzielten, weniger hingegen auf Öffnung und soziale Mobilität. Durch privilegierende Berufsordnungen gelang es einigen Gruppen wie den Ärzten, ihren Rechtsstatus und ihre Einkommenspositionen deutlich zu verbessern. Indes blieben viele der sozialprotektionistischen Hoffnungen unerfüllt, die den selbständigen Mittelstand zu einem der Hauptträger der NS-Bewegung hatten werden lassen. Das galt vor allem für den Wunsch nach einer »neuständischen« Wirtschaftsordnung, die den Pfad industriegesellschaftlicher Entwicklung verlassen hätte. Zwar hatten die als Symbol moderner Konsum- und Vertriebsformen bekämpften und als jüdisch denunzierten Warenhäuser anfangs unter Boykottmaßnahmen zu leiden, geschlossen wurden sie jedoch nicht. Und von den Rüstungsaufträgen profitierten vor allem mittlere und größere Firmen, während bis Kriegsbeginn rund 300 000 Handwerksbetriebe dem verschärften Rationalisierungsdruck nicht standhielten und schließen mussten.

Nicht viel anders verhielt es sich mit den Bauern, die ebenfalls große Hoffnungen auf den Nationalsozialismus und seine »Blut- und Bodenideologie« gesetzt hatten. Hier stand das Leitbild eines mittelständisch geprägten, von marktwirtschaftlichen Zwängen freigesetzten Bauerntums als Basis der »rassischen Erneuerung« des deutschen Volkes im Widerspruch zu der Vorgabe, die Nahrungsmittelproduktion im Rahmen der Autarkiebestrebungen so weit wie möglich zu steigern. Das Reichserbhofgesetz vom September 1933 machte gut die Hälfte der agrarischen Produktionsfläche zum unveräußerbaren und unteilbaren Besitz privilegierter ländlicher Familien. Protektionistische Eingriffe wie diese halfen, die Zinsschuld bäuerlicher Betriebe zu senken und die Verkaufserlöse zu steigern. Doch blieben Einkommenszuwächse in der Landwirtschaft hinter denen des Industriesektors zurück. Das lag vor allem daran, dass kaum eine andere Branche so starken Reglementierungen unterworfen war wie der Agrarsektor. Der »Reichsnährstand«, formell eine Organisation der bäuerlichen Selbstverwaltung, de facto jedoch eine staatliche Sonderexekutive, regelte Erzeugung, Preise, Qualität und Handel. Materielle Grundsicherung war dabei verbunden mit weitreichender Kontrolle und rüstungswirtschaftlicher Steuerung – Ziele, die dem Selbstverständnis der Bauern als freier Beruf tief zuwiderliefen.

Nicht zuletzt klafften große Lücken zwischen nationalsozialistischer Selbstbeschreibung und politischer Praxis. Auf der symbolischen Ebene stellte die Volksgemeinschaftsideologie die Legitimität der überkommenen Sozialhierarchie in Frage und wertete die von körperlichen Tätigkeiten geprägten Berufe deutlich auf. Der »Arbeiter der Faust« stand nun gleichwertig neben dem »Arbeiter der Stirn«. Traditionelle Klassenkonflikte industrieller Gesellschaften wurden auf diese Weise überwölbt, aber keineswegs aufgehoben. Modifikationen im Arbeits- und Sozialrecht, das in Deutschland traditionell berufsständisch gespalten war, milderten Unterschiede zwischen Arbeitern und Angestellten zwar ab, gänzlich verschwanden sie jedoch nicht.

Versuche, die NS-Herrschaft als »Gefälligkeitsdiktatur« zu deuten, die den »Klassenkampf« durch materielle Zuwendungen ruhiggestellt habe, um den »Rassenkampf« führen zu können und dadurch »ein in Deutschland bisher nicht gekanntes Maß an Gleichheit und sozialer Aufwärtsmobilisierung« erzeugt habe, sind daher mehrheitlich auf Kritik gestoßen.[8] Für eine Sichtweise, die die sozial egalisierende Wirkung der nationalsozialistischen Gesellschaftspolitik akzentuiert, lässt sich ins Feld führen, dass die NS-Bewegung einen erheblichen Teil ihrer Anziehungskraft aus dem Anspruch bezog, traditionelle gesellschaftliche Strukturen zu überwinden. Hitler selbst hielt sich viel darauf zugute, dass im NS-Staat »jeder junge Deutsche, ohne Ansehen seiner Geburt, seiner Herkunft, seines Vermögens, der Stellung seiner Eltern, der sogenannten Bildung usw. nur nach eigenem Verdienst alles werden« könne.[9]

Berufliche Mobilitätschancen entstanden aufgrund einer Vielzahl neuer Arbeitsplätze in der Rüstungsindustrie. Neue, gut besoldete Posten gab es zudem in den Gliederungen der NSDAP, in der staatlichen Verwaltung und im Militär, wo seit der Wiedereinführung der Wehrpflicht 1935 bis Kriegsbeginn rund 17 000 zusätzliche Offiziersstellen neu zu besetzen waren. Im Krieg eröffnete eine Tätigkeit in der Besatzungsverwaltung der eroberten Länder nicht selten ungeahnte Aufstiegsmöglichkeiten. Hiervon profitierten vor allem Angehörige der jüngeren Generation, deren Berufschancen vor der Machteroberung der Nationalsozialisten eher düster gewesen waren. Nicht wenige Angehörige dieser Alterskohorte gelangten in den Kriegsjahren in Schlüsselpositionen, nachdem sie zuvor prägende Phasen ihrer beruflichen Entwicklung während der NS-Herrschaft absolviert hatten: akademisch geschulte Technokraten wie Professor Karl Brandt (*1904), der als Hitlers Kommissar gleichzeitig für den Krankenmord und die medizinische Versorgung verantwortlich war, zählen zu dieser Gruppe, ebenso nationalsozialistische Nachwuchsgenerale wie Harald von Hirschfeld (*1912), der es innerhalb von fünf Jahren vom Leutnant zum Generalmajor brachte und durch seine Rolle als kommandierender Offizier bei der Abschlachtung italienischer Kriegsgefangener auf der Insel Kephalonia unrühmliche Bekanntheit erlangt hat. Insgesamt hat sich allerdings – mit Ausnahme des Offizierkorps in den letzten Kriegsjahren – die soziale Basis der deutschen Eliten während des »Dritten Reichs« nicht signifikant verändert, auch nicht die Verteilung von Bildungschancen. Gerade in den oberen Berufsklassen blieb der Grad der Selbstrekrutierung hoch.

Soziale Schichtung deutscher Studenten an den wissenschaftlichen Hochschulen nach dem Beruf des Vaters (in Prozent)[10]

	1931	1934/35	1941
Besitzbürgertum	7,6	5,0	5,3
Bildungsbürgertum	20,0	21,3	26,9
Leitende Angestellte	6,4	5,9	5,3
Bürgertum insgesamt	34,0	32,2	37,5
Freie Berufe ohne Hochschulbildung	2,0	2,0	2,7
Mittlere Beamte	28,6	27,6	23,3
Untere Beamte	2,7	2,4	3,1
Nichtleitende Angestellte	6,4	7,9	9,8
Gewerblicher Mittelstand	15,2	15,7	9,1
Mittelstand insgesamt	54,9	55,6	48,0
Offiziere	1,4	1,5	1,8
Landwirte	5,7	6,7	4,4
Arbeiter	3,2	3,3	2,5
Sonstige	0,8	0,6	5,8

Hinter der Rede von einer »neuen Führungsschicht« auf rassischer Grundlage stand nicht nur das ostentative Postulat gleicher Chancen, sondern auch eine Drohung an die Angehörigen »alter« Eliten in Militär, Verwaltung und Wirtschaft: Ihre auf Herkunft, Bildung und Besitz gründenden Privilegien seien nur so lange sicher, wie sie loyal mit den braunen Machthabern zusammenarbeiteten. Dass sie bereit waren, Ernst zu machen, demonstrierten die Nationalsozialisten bald nach der Machteroberung. Über 30 000 Staatsdiener verloren in den ersten Jahren der Diktatur ihre Stellung, darunter ein Drittel aller Hochschullehrer. Weit größer noch war die Ausstrahlung auf Institutionen, die die staatlichen Ausschlussbestimmungen analog anwendeten, etwa die Ärzte- und Rechtsanwaltskammern. Viele Deutsche profitierten von der beruflichen Entrechtung und der Enteignung jüdischer Bürger im Zuge der sogenannten Arisierung, indem sie deren Arbeitsplätze und Geschäfte übernahmen. Insgesamt, so schätzt man, wechselten mindestens 100 000 Betriebe unfreiwillig den Besitzer.

Sozialer Aufstieg in der »Volksgemeinschaft« basierte also ganz entscheidend auf der brutalen Verdrängung politisch missliebiger und rassisch unerwünschter Bevölkerungsgruppen, die von der deutschen Gesellschaft teils stillschweigend hingenommen, teils aktiv betrieben wurde. Die Geschichte der »Arisierung« zeigt, dass es zu einfach wäre, die »Volksgemeinschaft« nur als nationalsozialistisch penetrierten Gegentyp zur Zivilgesellschaft zu beschreiben, in dem die Zwangsorganisation sozialer Räume durch eine Staatspartei Formen gesellschaftlicher Selbstorganisation abgelöst hatte. Denn Repression und Engagement, Kontrolle und gesellschaftliche Selbstmobilisierung gingen oft Hand in Hand.

Zwar gelang es dem Regime erstaunlich schnell, die Grundbedürfnisse »Arbeit und Brot« wieder sicherzustellen. Für die Mehrheit der Bevölkerung war die individuelle Bilanz der NS-Herrschaft indessen keineswegs rundherum positiv und überdies zu unübersichtlich, als dass diese ihre Legitimationsbasis alleine damit hätte sichern können. Mindestens ebenso wichtig wie die reale Veränderung sozialer Verhältnisse war, dass das Regime glaubhaft den Eindruck veränderter Verhältnisse erweckte. Nicht zu unterschätzen ist ferner die Bindewirkung, die von der Mitarbeit in der NSDAP und ihren Massenorganisationen ausging. Rund zwei Millionen unbesoldete Posten boten zwar kein Einkommen, dafür aber vielfach Sozialprestige, Verfügung über Ressourcen und eine Möglichkeit, dem eigenen Leben durch ehrenamtliches Engagement Bedeutung zu verleihen. In dieser Hinsicht war die NSDAP auch eine »Ermöglichungsstruktur« (Armin Nolzen), die Teile der Bevölkerung durch die permanente Mitwirkung an der Ausgestaltung der Diktatur an sich band.

Auch symbolische Praktiken wie der sogenannte »Eintopfsonntag«, mit dem schichtspezifische Konsumstile überwölbt werden sollten, und andere Formen emotionaler Vergemeinschaftung entfalteten integrierende Kraft: Die positive Deutung der »Kampfzeit« als Phase gemeinsamer Bewährung durch Altmitglieder der NSDAP, der Eindruck wiedergewonnener Sicherheit nach einer Zeit der Instabilität und Krisenerfahrung, das Gefühl, Anteil an einer heroischen Zeit des Wiederaufstiegs aus nationaler Schwäche zu haben – all das wurde dem Charisma des Diktators zugeschrieben, dessen Stellung als messianischer Heilsbringer zahllose Massenrituale immer wieder neu festigten. Insofern war die nationalsozialistische »Volksgemeinschaft« auch ein Gefühlszustand.

»Volksgemeinschaft« und Krieg

Der Krieg, in den die »Volksgemeinschaft« zog und der mit dem Überfall auf Polen im September 1939 begann, war zunächst nicht von Begeisterungsstürmen begleitet. Zu viele Ältere konnten sich noch an die Schrecken des Ersten Weltkriegs, an Hunger und Tod erinnern. Doch Kriegsfurcht war nicht gleichbedeutend mit Ablehnung der Gewalt. Dafür war das Band zwischen »Führer« und »Gefolgschaft« zu eng geknüpft und die Überzeugung zu verbreitet, dass, wenn es zum Schwur kommen würde, niemand fernstehen und sich dem Ruf des Vaterlandes entziehen dürfe. Im Krieg sollte sich die »Volks«- in eine »Kampfgemeinschaft« verwandeln.

Voraussetzung dafür war der Zugriff auf das gesamte vorhandene Arbeitskräftepotential. Die Mobilmachung verschärfte bereits bestehende Probleme auf dem Arbeitsmarkt. Die Wehrmacht hatte der Wirtschaft allein zwischen Mai 1939 und Ende 1940 rund 3,4 Millionen Arbeitskräfte entzogen. Aus Sicht des Regimes gab es unterschiedliche Lösungsansätze, die aber teils aus ökonomischen, teils aus ideologischen Gründen mit Schwierigkeiten verbunden waren. Das galt besonders für die Mobilisierung von Frauen. Auch wenn die Frauenarbeit in den ersten Kriegsjahren rückläufig war, so gelang es immerhin, deren Anteil in kriegswichtigen Branchen wie der metallverarbeitenden Industrie zu erhöhen. Als zweite Möglichkeit, den wachsenden Arbeitskräftebedarf zu decken, gab es bereits vor 1939 den Versuch, die Lücken durch ausländische Zivilarbeiter aufzufüllen. Noch vor den Menschenraubzügen, in denen nationalsozialistische »Arbeitseinsatz«-Behörden ab 1941/42 Millionen Frauen und Männer aus Osteuropa verschleppten, arbeiteten Ende Mai 1940 rund 800 000 ausländische Zivilarbeiter und knapp 350 000 Kriegsgefangene im Reich und trugen damit schon zu diesem frühen Zeitpunkt einen wichtigen Teil der Kriegslast.

Die nationalsozialistische »Kampfgemeinschaft« setzte auf Krieg und Gewalt und ließ mit Kriegsbeginn alle noch vorhandenen Hemmungen bei der völkischen »Neuordnung« ihres Machtbereichs fallen. Dem »Kampf um Lebensraum« im Osten entsprach die Radikalisierung der Ausgrenzung nach innen. Von der Norm abweichendes Verhalten wurde in dieser Sichtweise zu einem Politikum ersten Ranges und Anlass für polizeiliche Strafmaßnahmen: Vor allem Sinti und Roma, Nichtsesshafte und sogenannte »Arbeitsscheue« gerieten hierdurch zunehmend in den Verfolgungshorizont der Gestapo, wobei der Kreis potentieller Opfer zunehmend weiter gezogen wurde. Der Entwurf für ein »Gesetz zur Behandlung Gemeinschaftsfremder« aus dem Jahr 1944 fasste darunter schließlich alle, die »nach Persönlichkeit und Lebensführung« außerstande waren, »aus eigener Kraft den Mindestanforderungen der Volksgemeinschaft zu genügen«, und durch ihren Lebenswandel der Allgemeinheit zur Last fielen.[11]

Im Strafrecht führte der Kriegsbeginn zu einer Verschärfung zahlreicher Tatbestände, die das Rechtssystem ganz dem Überleben der »Kampfgemeinschaft« unterordneten. Neue Tätertypen entstanden, die mit Blick auf die innere Stabilität der »Heimatfront« geschaffen wurden. Dazu gehörte der »Wehrkraftzersetzer«, der »Wirtschaftssaboteur« und »Volksschädling«, der für das Hören ausländischer Sender, Schwarzhandel oder angebliche »Plünderungen« nach Luftangriffen mit langen Zuchthausstrafen oder gar dem Tod bestraft werden konnte; rund 11 000 Menschen wurden Opfer dieser politischen Sonderjustiz.

Bei der Gegnerverfolgung konnte sich das Regime vielfach auf die tätige Mithilfe der Bevölkerung stützen. Erschien die Geheime Staatspolizei nach dem Krieg lange als gleichsam übermächtiges Überwachungsinstrument, so zeigen neuere Studien, wie sehr Bespitzelungen und Denunziationen dem Terrorapparat zuarbeiteten und so zu einer »Selbstüberwachung«[12] der deutschen Gesellschaft beitrugen.

Heimatfront, Luftkrieg und das Ende der »Volksgemeinschaft«

Seit 1942 prägten die alliierten Flächenbombardements den Erfahrungshorizont immer größerer Bevölkerungsteile und stellten das Regime vor erhebliche Probleme. Luftschutz, Evakuierung, Lebensmittelversorgung – all diese Aufgaben mussten vor allem die kommunalen Behörden lösen und konnten dabei immer weniger darauf hoffen, dass die Berliner Zentrale dringend benötigte Ressourcen zur Verfügung stellen würde. Rund 400 000 Menschen kamen durch die Angriffe ums Leben. Der Luftkrieg zerstörte das Gesicht der meisten Städte, er verschärfte schon seit langem bestehende Defizite (beispielsweise bei der Bereitstellung von Wohnraum) und führte zu einer erheblichen Einschränkung der kriegswirtschaftlichen Leistungsfähigkeit des »Dritten Reichs«. Auch wenn die Bombardierung ziviler Ziele nicht die von den Alliierten erhoffte Rebellion gegen die Diktatur bewirkte, so blieben die Angriffe doch alles andere als folgenlos, denn das offenkundige militärische Versagen unterspülte die Legitimationsbasis von Hitlers charismatischer Führer-Diktatur, die nur politische Erfolge dauerhaft sichern konnten. Repression gewann daher als Mittel der Herrschaftssicherung gegen Ende des Kriegs wieder zunehmend an Bedeutung.

Nächte in Bunkern, das Alarmgeheul der Luftschutzsirenen oder der Verlust von Eigentum waren vor allem eine in Städten und überwiegend von Frauen gemachte Erfahrung. Die aus den Industriezentren im Westen und Norden des Reichs evakuierten Frauen und Kinder transportierten schon frühzeitig das Wissen um die Zerstörung auch in ländliche Regionen Süd- und Ostdeutschlands. Entgegen der öffentlichen Inszenierung war die Geschichte der Evakuierten kein Lehrstück in volksgemeinschaftlicher Solidarität, sondern vielmehr Ausdruck gescheiterter Großplanungen, regionaler Egoismen und sozialer Konflikte zwischen Stadt und Land, Arm und Reich, Männern und Frauen.

Wie sehr der Luftkrieg in die Lebensverhältnisse der deutschen Bevölkerung einschnitt, zeigt nicht zuletzt die Expansion des zivilen Lagerwesens, das nicht mehr nur Teilnehmer an Schulungsveranstaltungen und Arbeitsdienstpflichtige erfasste, sondern zunehmend auch die Arbeiter verlagerter Betriebe sowie evakuierte Frauen, Kinder und Alte. Insofern wurde das Lager immer mehr zum Lebensort der »Volksgemeinschaft«: als erzwungene Gemeinschaft auf Zeit für eine wachsende Anzahl von »Volksgenossen« und als Ort der Verfolgung und Vernichtung für die ausgegrenzten »Gemeinschaftsfremden«.

Der Krieg öffnete die letzten Schleusen dafür, die rassistische Sozialutopie mit Hilfe moderner wissenschaftlicher Instrumente umzusetzen, und er schuf gleichzeitig eine Dynamik fortschreitender Radikalisierung. Für mehr als 200 000 Psychiatriepatienten bedeutete dies die Ermordung als sogenannte »Ballastexistenzen« durch Gas, Hunger und Medikamente. Der Krankenmord war eine radikale Fortsetzung »rassenhygienischer« Politik und insofern Vorläufer des Judenmordes; er war aber auch eine spezifische Form nationalsozialistischer Krisenpolitik im Zeichen des Luftkrieges, die Menschen nach Nützlichkeitskalkülen sortierte und Lebenschancen nur noch denen zuteilte, die ihren Beitrag für die »kämpfende Volksgemeinschaft« leisten konnten. Dies zeigt, wie eng nationalsozialistische Fürsorge- und Vernichtungspolitik miteinander verflochten waren.

Entscheidend dabei war immer die Frage, wer Teil der »Volksgemeinschaft« war und wer nicht. Das Millionenheer der Zwangsarbeiter bekam dies besonders nachhaltig zu spüren. Rund 7,6 Millionen sogenannte »Fremdarbeiter« schufteten im Sommer 1944 oft unter sklavenartigen Bedingungen für die deutsche Kriegswirtschaft, darunter 2,8 Millionen Sowjetbürger, 1,7 Millionen Polen und 1,3 Millionen Franzosen. Ohne die Ausbeutung ihrer Arbeitskraft wäre die deutsche Kriegsmaschinerie kaum am Laufen zu halten gewesen. Ein Drittel war in der Rüstungsindustrie eingesetzt, etwa die Hälfte in der Landwirtschaft. Die Lebensbedingungen der verschleppten Zwangsarbeiterinnen und Zwangsarbeiter aus Polen und der Sowjetunion waren besonders bitter, denn sie standen am unteren Ende der rassistischen Hierarchie. Ausbeutung, Hunger und brutale Bestrafung prägten ihren Alltag, der von der deutschen Bevölkerung keineswegs unbemerkt blieb. Im Gegenteil: Lager- und Stadtgesellschaft waren vielfach eng miteinander verflochten. Arbeitskolonnen aus den Konzentrationslagern mussten unter Lebensgefahr die Schäden der Bombenangriffe beseitigen. Viele deutsche Betriebe, und nicht nur die großen Konzerne, profitierten von den billigen Arbeitskräften, die man täglich zum Arbeitsort marschieren sah.

Der Zwangsarbeitereinsatz hatte zudem zur Folge, dass sich die deutsche Arbeiterschaft nach rassistischen Kriterien neu sortierte und völkisches Denken traditionelle Wertorientierungen des Arbeitermilieus wie Solidarität und Klassenbewusstsein zu überlagern begann. Dies förderte einen Prozess, an dessen Ende die lebensweltliche Bindekraft der Arbeitermilieus immer weiter an Bedeutung verlor. Vor Protesten der Arbeiterschaft hatte die politische Führung zwar immer noch große Sorge, doch hatte sich die Integrationspolitik der 1930er Jahre als durchaus erfolgreich erwiesen, so dass am Vorabend des Krieges ein erheblicher Teil der Arbeiterschaft für die neue »Volksgemeinschaft« gewonnen war.

Spätestens seit der katastrophalen Niederlage von Stalingrad im Winter 1942/43 schenkten indes immer weniger Menschen den nationalsozialistischen Parolen vom nahen »Endsieg« Glauben. Zu offensichtlich war, wie wenig die gesteuerten Berichte über den Kriegsverlauf mit dem Alltag an der »Heimatfront« zu tun hatten, auch weil heimkehrende Frontsoldaten ein ganz anderes – weit weniger zukunftsgewisses – Bild der Lage zeichneten. Bis in die letzten Kriegsjahre hinein blieb Hitler allerdings von der Kritik weitgehend ausgenommen, und erst als der »Führer« 1944/45 ganz aus dem öffentlichen Leben verschwunden war, verblasste auch die integrative Suggestionskraft des »Hitler-Mythos« (Ian Kershaw).

Die Geschichte der letzten Kriegsmonate war durch Not und Erschöpfung ebenso gekennzeichnet wie durch fanatische Durchhalteparolen, Gewalt und Terror. In den Trümmern des untergehenden NS-Staates trieben Gestapo und SS die mörderische Utopie der »Volksgemeinschaft« noch einmal auf die Spitze und richteten ihre terroristische Energie dabei zunehmend auch gegen Teile des eigenen Volkes: Gefangene wurden ermordet, Konzentrationslager-Häftlinge auf »Todesmärsche« geschickt und rund 8000 Soldaten als »Fahnenflüchtige« erschossen.

Vielfach versuchten die Menschen, an täglichen Routinen festzuhalten, um die chaotischen Zustände und den Mangel der letzten Kriegsmonate zu bewältigen, bis die militärische Niederlage der Diktatur ein Ende setzte. Im Frühjahr 1945 lagen nicht nur Häuser in Trümmern, sondern vieles von dem, was eine Gesellschaft ausmacht: Traditionen hatten ihre Legitimität, Zukunftsorientierungen ihre Glaubwürdigkeit, moralische Normen ihre Prägekraft und soziale Milieus ihre Bindewirkung verloren. Am Ende der »Volksgemeinschaft« stand eine ausgezehrte und fragmentierte »Zusammenbruchsgesellschaft«,[13] in der der Einzelne weitgehend auf sich selbst verwiesen war. Die Erosion konfessioneller Milieus und der landsmannschaftlich homogenen Regionen durch die Flüchtlingsströme, der Bedeutungsverlust des ostelbisches Adels, der durch Vertreibung, Enteignung und Entmilitarisierung die Basis seiner gesellschaftlichen Vorrangstellung einbüßte: Vieles, was in der Nachkriegszeit als »Revolution« sozialer Strukturen interpretiert und von manchem Zeitgenossen so erfahren wurde, hatte seinen Ursprung in den Verwerfungen dieser Zeit.

Aly, Götz, Hitlers Volksstaat. Raub, Rassenkrieg und nationaler Sozialismus, Frankfurt a. M. [2]2006.

Baranowski, Shelley, Strength Through Joy. Consumerism and Mass Tourism in the Third Reich, Cambridge 2004.

Baten, Jörg/Wagner, Andrea, Mangelernährung, Krankheit und Sterblichkeit im NS-Wirtschaftsaufschwung (1933–1937), in: Jahrbuch für Wirtschaftsgeschichte 2003, Nr. 1, S. 99–123.

Bock, Gisela, Gleichheit und Differenz in der nationalsozialistischen Rassenpolitik, in: Geschichte und Gesellschaft 19 (1993), S. 277–310.

Broszat, Martin/Henke, Klaus-Dietmar/Woller, Hans (Hrsg.), Von Stalingrad zur Währungsreform. Zur Sozialgeschichte des Umbruchs in Deutschland, München [3]1990.

Corni, Gustavo/Gies, Horst, Brot – Butter – Kanonen. Die Ernährungswirtschaft in Deutschland unter der Diktatur Hitlers, Berlin 1997.

Echternkamp, Jörg, Im Kampf an der inneren und äußeren Front. Grundzüge der deutschen Gesellschaft im Zweiten Weltkrieg, in: Ders. (Hrsg.), Das Deutsche Reich und der Zweite Weltkrieg, Bd. 9/1: Die deutsche Kriegsgesellschaft 1939 bis 1945. Politisierung, Vernichtung, Überleben, München 2004, S. 1 bis 92.

Frei, Norbert, Volksgemeinschaft. Erfahrungsgeschichte und Lebenswirklichkeit der Hitler-Zeit, in: Ders., 1945 und wir. Das Dritte Reich im Bewußtsein der Deutschen, München 2005, S. 107–128.

Gellately, Robert/Stoltzfus, Nathan (Hrsg.), Social Outsiders in Nazi Germany, Princeton 2001.

Hachtmann, Rüdiger, Industriearbeit im »Dritten Reich«. Untersuchungen zu den Lohn- und Arbeitsbedingungen in Deutschland 1933–1945, Göttingen 1989.

Hockerts, Hans Günter (Hrsg.), Drei Wege deutscher Sozialstaatlichkeit. NS-Diktatur, Bundesrepublik und DDR im Vergleich, München 1998.

König, Wolfgang, Volkswagen, Volksempfänger, Volksgemeinschaft. »Volksprodukte« im Dritten Reich, Paderborn 2004.

Niethammer, Lutz (Hrsg.), Lebensgeschichte und Sozialkultur im
Ruhrgebiet 1930 bis 1960. 3 Bde., Bonn 1983 – 1985.

Peukert, Detlev, Volksgenossen und Gemeinschaftsfremde. Anpassung, Ausmerze und Aufbegehren unter dem Nationalsozialismus, Köln 1982.

Recker, Marie-Luise, Nationalsozialistische Sozialpolitik im Zweiten Weltkrieg, München 1985.

Sachße, Christoph/Tennstedt, Florian, Der Wohlfahrtsstaat im Nationalsozialismus, Stuttgart 1992.

Schoenbaum, David, Die braune Revolution. Eine Sozialgeschichte des Dritten Reiches, Berlin ³1999.

Steiner, André, (Hrsg.), Preispolitik und Lebensstandard. Nationalsozialismus, DDR und Bundesrepublik im Vergleich, Köln
2006.

Süß, Dietmar (Hrsg.), Deutschland im Luftkrieg. Geschichte und
Erinnerung, München 2007.

Süß, Winfried, Der »Volkskörper« im Krieg. Gesundheitspolitik,
Gesundheitsverhältnisse und Krankenmord im nationalsozialistischen Deutschland 1939-1945, München 2003.

Wildt, Michael, Volksgemeinschaft als Selbstermächtigung. Gewalt gegen Juden in der deutschen Provinz 1919 bis 1939,
Hamburg 2007.

Luftschutzhelferin bei einer
Übung, undatiert

Frauen im »Führerstaat«

SYBILLE STEINBACHER

Im Kern geht es in der Frauen- und Geschlechtergeschichte um die Frage, wie Vorstellungen und Bilder von Männern und Frauen entstehen und welche politischen und sozialen Folgen dies hat. Das Verhältnis zwischen den Geschlechtern ist eine wichtige Ursache gesellschaftlicher Dynamik. »Geschlecht« ist nämlich nicht nur ein biologischer Sachverhalt, sondern auch ein sich wandelndes sozialkulturelles Konstrukt.

Die Geschichte des nationalsozialistischen Staates aus geschlechtergeschichtlicher Perspektive zu betrachten, heißt nicht nur zu zeigen, wie mit Hilfe staatlicher Definitionsmacht unterschiedliche Handlungsräume für Männer und Frauen gebildet wurden, sondern auch deutlich zu machen, welche Bedeutung die Vorstellungen von Männlichkeit und Weiblichkeit für das soziale und kulturelle Ordnungskonstrukt der »rassisch« homogenen »Volksgemeinschaft« besaßen. Der geschlechtergeschichtliche Blick konturiert daher sowohl das männerbündische Wesen des »Dritten Reiches« mit seinen ausgeprägten Hierarchien, hegemonialen Strukturen und militärischen Verhaltensformen als auch die Rolle und die Aufgaben, die Frauen in der »Volksgemeinschaft« zu erfüllen hatten, sowie nicht zuletzt das Verhältnis zwischen Männern und Frauen.

Über den gesellschaftlichen Status von Frauen und die soziale Ungleichheit zwischen den Geschlechtern machten sich die Nationalsozialisten keine Gedanken, weder vor noch nach der »Machtergreifung«. Die NSDAP verstand sich als Männerbund; Struktur und Politik der Partei waren daher ganz auf den im Zentrum ihres Weltbildes stehenden Mann ausgerichtet. Dass Frauen in Spitzenämtern und überhaupt an den Schalthebeln der Politik nichts verloren hatten, galt der Partei schon in der »Kampfzeit« als selbstverständlich.

Ungewöhnlich war dies nicht, denn in der Weimarer Republik hielten auch die bürgerlichen Parteien Frauen dezidiert von wichtigen Funktionen fern – und das, obwohl gerade diese Parteien, namentlich das Zentrum, die Deutsche Volkspartei (DVP) und die Deutschnationale Volkspartei (DNVP), vom 1919 eingeführten Frauenwahlrecht profitiert hatten. Das Ende des Ersten Weltkriegs veränderte die hergebrachten Geschlechterrollen zwar nicht grundlegend, aber dass Frauen im Deutschen Reich fortan gesellschaftliches Gewicht besaßen, schlug sich doch nieder. Die Weimarer Verfassung schrieb die Gleichberechtigung als Grundrecht fest und räumte in Artikel 109 Männern und Frauen »grundsätzlich dieselben staatsbürgerlichen Rechte und Pflichten« ein. Die tradierten Geschlechterstereotypen, wonach die Frau in die Familie gehört und der Mann erwerbstätig zu sein hat, blieben jedoch in allen Schichten der Bevölkerung wirksam.

Nationalsozialistische Geschlechterpolitik

Soziale Ungleichheit zwischen Männern und Frauen war durchaus keine Besonderheit des »Dritten Reiches«. Die Geschlechterdifferenz an sich stellte kein Novum dar. So übernahmen die Nationalsozialisten nach ihrer Machtübernahme das hergebrachte Modell polarer Geschlechterrollen und akzentuierten es im Dienste der Volksgemeinschaftsideologie. Neu war aber die konsequente Umsetzung der »Rassenpolitik«. Der Rassismus, der Kerngedanke des NS-Systems, bestimmte auch die Geschlechterordnung – die das Ihre dazu beitrug, um das Ziel vom »rassisch« homogenen völkischen Staat zu verwirklichen.

Hitler verkündete 1934 in seiner Rede auf dem Reichsparteitag in Nürnberg vor der NS-Frauenschaft, wie er sich das Verhältnis der Geschlechter vorstellte: Aufgabe des Mannes sei es, in der »großen Welt« zu agieren und seine »Kraft des Sehens (…) der Härte, der Entschlüsse« und der »Einsatzwilligkeit« zu nutzen. Die Frau hingegen habe sich in ihrer »kleinen Welt« mit ihrer »Kraft des Gemütes« und der »Seele« um Ehemann, Kinder und Heim zu kümmern. Im völkischen Staat, so Hitler, finde die Frau zu ihrer wahren Bestimmung zurück, denn sie dürfe sich zu ihrer Weiblichkeit bekennen.[1]

Dass er die Frauenemanzipation für eine »jüdische« Sache hielt und die Ansätze weiblicher Gleichberechtigung rigoros bekämpfte, bekannte Hitler unverhohlen. Trotz – womöglich auch wegen – der antiemanzipatorischen Stoßrichtung der NSDAP zählten Frauen schon früh zu ihren Anhängern. Auf viele Frauen wirkte die breite gesellschaftliche Diskussion um die Frauenfrage vermutlich irritierend. Die klare Position, die die NSDAP dazu einnahm, vermittelte ihnen Halt und Orientierung. Die Partei legte anfangs allerdings keinen Wert darauf, Nationalsozialistinnen organisatorisch zu erfassen. Daher schlossen sich die vorwiegend jungen Frauen zunächst in örtlichen Initiativen zusammen, die eng mit den Ortsgruppen der Partei kooperierten. Ihre Motive unterschieden sich kaum von denen der Männer: Sie begeisterten sich für den revolutionären nationalen Aufbruch, für den die NSDAP stand.

Die NS-Frauenschaft wurde erst im Oktober 1931 gegründet – und blieb die einzige parteiamtliche Frauenorganisation der NSDAP. Nach Hitlers Niederlage bei der Reichspräsidentenwahl im März 1932 begannen die Nationalsozialisten, um Wählerinnen zu werben. Frauen gaben ihre Stimme der Partei, was allerdings nicht der Grund dafür war, wie Jürgen Falter gezeigt hat, dass die NSDAP schließlich zur stärksten Partei im Weimarer Reichstag aufstieg.

Nach der NS-Machtübernahme änderte sich nichts an der gesellschaftlichen Norm vom Mann als wehrhaftem »Volksgenossen« und der Frau, die ihre Erfüllung in der Mutterschaft finden sollte. Ein Leitgedanke der sozialen und kulturellen Definition des »Männlichen« im »Dritten Reich« war das Ideal der Kameradschaft. Wie groß dessen sinnstiftende Wirkung war, zeigt der Zweite Weltkrieg. Die zum Militär eingezogenen jungen Männer verinnerlichten den bereits in der Zwischenkriegszeit öffentlich gepflegten Mythos der soldatischen Kameradschaft. Im Krieg wurde daraus unmittelbar loyalitätsstiftende soziale Praxis: Gruppenmoral und Zusammenhalt galten als Maxime des Soldatischen, versprachen Identität, Geborgenheit, soziales Prestige – und waren gleichzeitig Antriebskraft zu gemeinschaftlich begangenen Gewalt- und Exzesstaten.

Das Frauenbild im Nationalsozialismus stand ebenfalls im Dienst der Schaffung der »Volksgemeinschaft«, war aber vom Mutterkult geprägt. Entsprechend sahen die Richtlinien der Schul- und Bildungspolitik aus: Säuglingspflege, Hauswirtschaft, Handarbeiten, Hygiene und »Rassenpflege« bildeten den Kanon der Pflichtfächer für Mädchen an den Volks- und höheren Schulen. Zum Abitur wurden Schülerinnen nur zugelassen, wenn sie zuvor eine hauswirtschaftliche Prüfung bestanden hatten. Die »Fächer des Frauenschaffens« – Haushalt, Kochen und Säuglingspflege – ersetzten in der Mädchenbildung nach der Schulreform von 1937 schließlich die geistes- und naturwissenschaftlichen Disziplinen.

Ein zentrales Feld frauen- und geschlechterpolitischer Gestaltung bildete die Bevölkerungs- und Familienpolitik. Bereits 1933 führten die Nationalsozialisten mit dem »Gesetz zur Verhinderung der Arbeitslosigkeit« das Ehestandsdarlehen ein. Mit dem Ziel, Frauen vom Arbeitsmarkt fernzuhalten, förderte der Staat die Heiratswilligkeit »rassisch wertvoller« junger Leute. Die Braut musste sich verpflichten, ihren Arbeitsplatz mit der Eheschließung aufzugeben und keinen neuen anzunehmen, sofern ihr zukünftiger Ehemann ein festes Einkommen bezog. Junge Paare kamen unter dieser Prämisse zu einem einmaligen zinslosen Darlehen in Höhe von bis zu 1000 Reichsmark, was etwa zwei Dritteln des Jahreseinkommens eines abhängig Beschäftigten entsprach. Die Pflicht, das Geld zurückzubezahlen, verringerte sich mit der Geburt eines jeden Kindes um ein Viertel; vierfache Eltern hatten folglich ihre Schulden, wie es hieß, »abgekindert«.

Die Erwerbstätigkeit von Frauen hatte aufgrund der Konjunkturlage in den 1920er Jahren zwar zugenommen, vor allem im expandierenden Dienstleistungssektor waren neue Arbeitsplätze entstanden. Auf massive gesellschaftliche Vorbehalte stießen aber weiterhin insbesondere verheiratete Frauen, die einer außerhäuslichen Beschäftigung nachgingen. Dass die Nationalsozialisten Ehefrauen vom Arbeitsmarkt fernhielten, fand daher breite Zustimmung. Am Ehestandsdarlehen hielt der NS-Staat auch fest, als Vollbeschäftigung die Wirtschaft bestimmte, was deutlich macht, wie sehr die bevölkerungspolitisch (später auch expansionistisch) motivierte Familienpolitik im Zentrum staatlicher Interessen stand. Eine Braut musste ab 1937 ihren Arbeitsplatz aber nicht mehr aufgeben, um in den Genuss der finanziellen Zuwendung zu kommen. Zum Unterstützungsprogramm des NS-Staates zählten nun außerdem Kinderbeihilfen und Freibeträge für kinderreiche Familien bei der Einkommens- und Erbschaftssteuer. Finanziert wurde das aufwendige Beihilfesystem aus der Arbeitslosenversicherung, die aufgrund des rüstungsbedingten Wirtschaftsaufschwungs große Reserven besaß.

Dass Frauen zunehmend einer Berufstätigkeit nachgingen, war ein Trend, den die Nationalsozialisten nicht aufhielten, im Gegenteil: Bis 1939 stieg der Anteil der Arbeiterinnen, weiblichen Angestellten und Beamtinnen an den Erwerbstätigen. Die Gesamtzahl der Frauen, die in einem Arbeitsverhältnis standen, erhöhte sich im Vergleich zum Jahr der Machtübernahme von 4,3 auf 5,9 Millionen. Gerade Ehefrauen ließen sich nicht von der Propaganda gegen die weiblichen »Doppelverdiener« abhalten, die schon während der Weltwirtschaftskrise laut geworden war. Viele Familien konnten es sich angesichts der wirtschaftlichen Lage kaum leisten, auf den Verdienst der Frau zu verzichten. Arbeitgeber schätzten weibliche Arbeitskräfte zudem vor allem, weil sie billig waren, denn sie erhielten nur etwa ein Drittel des Lohns eines männlichen Arbeiters.

Anfangs drängte der NS-Staat darauf, Frauen vom Arbeitsmarkt zu entfernen. Im öffentlichen Dienst beispielsweise konnten keine verheirateten Beamtinnen mehr tätig sein, und per Gesetz wurde festgeschrieben, dass ledige Frauen im Beamtendienst (die vom beruflichen Aufstieg ohnehin ausgenommen blieben) weniger verdienten als ihre männlichen Kollegen. Im Schulwesen, einem klassischen weiblichen Tätigkeitsfeld, wurden Frauen aus allen leitenden Positionen verdrängt. Berufsverbot erhielten ab

1936 die Juristinnen; vom Richteramt, aber auch von der Funktion als Staats- und Rechtsanwältin wurden sie dezidiert ausgeschlossen.

An den Universitäten erließen die Nationalsozialisten kurz nach ihrer Machtübernahme einen Numerus clausus für Frauen. Der Anteil von Studentinnen an den jährlich rund 15 000 zugelassenen Studienanfängern sollte künftig nicht mehr als zehn Prozent betragen. Viele männliche Akademiker hatten wegen des überfüllten Arbeitsmarktes auf diese Regelung gedrängt. Schon 1935 wurde der Numerus clausus aber wieder aufgehoben, nachdem die Zahl der Studenten beiderlei Geschlechts massiv gesunken war. Mit Blick auf die Erfordernisse des Krieges, der militärisch und ökonomisch bereits vorbereitet wurde, zeichnete sich zudem ab, dass akademisch ausgebildete Frauen, vor allem Lehrerinnen und Ärztinnen, dringend gebraucht wurden.

Weibliche Studierende an deutschen Hochschulen[2]

	Universitäten		Technische Hochschulen	
	absolut	in Prozent	absolut	in Prozent
1925	6 779	11,4	398	2,0
1930	17 455	17,5	780	3,5
1935	9 645	16,9	379	3,3
1940/42	7 772	25,6	449	6,3
1943/44	25 338	46,7	1 486	17,4

Geburtenpolitik und »Eugenik«

Schon seit der Jahrhundertwende sank in Deutschland die Geburtenrate. Der NS-Staat setzte neben den materiellen Anreizen zur Familiengründung eine Reihe von Verboten in Kraft, um die Entwicklung aufzuhalten. Mütter- und Sexualberatungsstellen, die zur Weimarer Zeit aufgeblüht waren, wurden geschlossen. Das in den 1920er Jahren heftig debattierte (aber nicht aufgehobene) Abtreibungsverbot sah für »arische« Frauen harte Strafen vor; 1943 waren bevölkerungs- und kriegspolitische Gründe schließlich ausschlaggebend dafür, dass Abtreibung mit der Todesstrafe belegt wurde.

Wenngleich die Geburtenrate nach 1933 stieg, änderte sich nichts an der grundsätzlichen Entwicklung hin zur Zwei-Kinder-Familie. Zwar nahm die Zahl der Eheschließungen zu, aber die Familien blieben klein, womit die staatlich ausgesetzten Prämien ihre Wirkung verfehlten. Dabei inszenierte die NS-Propaganda unablässig den Mutterkult, mit der opferbereiten, selbstlosen und pflichtbewussten Mutter in seinem Zentrum. Der Muttertag, in Deutschland nach amerikanischem Vorbild auf Drängen des Blumenhandels schon 1922 eingeführt, war ab 1934 fester Bestandteil des nationalsozialistischen Feierjahrs. Regelmäßig am Muttertag erhielten Frauen (von 1939 an) das »Ehrenkreuz der deutschen Mutter«. Wer vier oder fünf »arische« und »erbgesunde« Kinder auf die Welt gebracht hatte, bekam eine Medaille aus Bronze, Silber gab es für sechs- und siebenfache Mütter, und wer acht und mehr Kinder geboren hatte, erhielt das Mutterkreuz in Gold.

Professionalisierung, Organisierung und die grundsätzliche soziale und politische Aufwertung der Tätigkeit der Hausfrau und Mutter bildeten die Besonderheiten nationalsozialistischer Frauenpolitik. Nie zuvor war Frauen ähnliche öffentliche Aufmerksamkeit zuteilgeworden. Mutterschaft galt zwar schon in der Weimarer Republik als »höchster Beruf« und wichtigste staatsbürgerliche Aufgabe der Frau. Doch Wertschätzung, soziale Anerkennung und hohes Renommee brachte erst das »Dritte Reich« den Frauen entgegen.

Im Krieg nahm die staatliche Fürsorge zu, um mittels sozialer Maßnahmen Loyalität und Durchhaltevermögen zu stärken. Das neue Mutterschutzgesetz, das im Mai 1942 in Kraft trat, gewährte Arbeiterinnen und weiblichen Angestellten in der Land- und Hauswirtschaft bezahlten Mutterschaftsurlaub von jeweils sechs Wochen vor und nach der Geburt – eine im internationalen Vergleich einmalige Regelung.

Die Politik der Geburtenförderung hatte aber auch eine andere Seite: Sozialfürsorgerische Hilfe blieb all denen vorenthalten, die nicht den Erwartungen des Regimes entsprachen; ihnen nahm der NS-Staat auch das Recht auf selbstbestimmte Fortpflanzung. Genuin antinatalistische Maßnahmen wurden gegen alle Frauen und Männer ergriffen, die im Verdacht standen, an erblichen Krankheiten zu leiden, zudem gegen die, denen Alkoholismus, Prostitution und Kriminalität vorgeworfen wurde.

Das »Gesetz zur Verhütung erbkranken Nachwuchses« vom Juli 1933 hatte zur Folge, dass bis Kriegsende rund 400 000 Personen beiderlei Geschlechts zur Sterilisation gezwungen wurden. Im Dienst der Schaffung der »rassisch« homogenen »Volksgemeinschaft« wurden 1935 außerdem Abtreibungen aus »eugenischen« Gründen erlaubt. Auch andere europäische und außereuropäische Länder debattierten über »Eugenik«, die Nationalsozialisten aber erhoben die »Rassereinheit« zum Staatsziel. Am Nachwuchs von Jüdinnen, »Zigeunerinnen« und Ostarbeiterinnen war der NS-Staat daher nicht interessiert. Ein programmatischer Antinatalismus regulierte die Frauen- und Familienpolitik. Zwangssterilisationen und Zwangsabtreibungen waren für »Nicht-Arierinnen« die Regel.

Die Nürnberger Gesetze verboten 1935 die Eheschließung zwischen »Ariern« und Juden; auch Farbige kamen als Ehepartner für deutsche Reichsbürger bei Androhung von Haft nicht in Frage. Das »Ehegesundheitsgesetz« vom Oktober 1935 verpflichtete Brautpaare zu einer amtsärztlichen Gesundheitsprüfung. Dass 1938 das Scheidungsrecht novelliert wurde und Ehen zwischen »Ariern« künftig ohne Angabe von Gründen geschieden werden konnten, stand ebenfalls im Zeichen der Bevölkerungspolitik. Uneheliche Mutterschaft galt zwar weiterhin als anstößig, wurde von führenden Nationalsozialisten jedoch gefördert. Der Reichsführer SS Heinrich Himmler gründete 1935 den Verein »Lebensborn«, der Heime für »arische« ledige Mütter und Ehefrauen von SS-Männern unterhielt. Neugeborene und Kleinkinder »rassisch minderwertiger« Mütter hingegen kamen in eigens errichtete Lager, wo die meisten von ihnen an gezielter Vernachlässigung starben.

Trotz der Fokussierung auf die Mutterschaft schloss der NS-Staat Frauen nicht von der Teilnahme am öffentlichen politischen Leben aus, im Gegenteil: Massenorganisationen speziell für Frauen entstanden – mit einer Vielzahl von Ämtern und Posten. Die Einrichtungen besaßen hohe Integrationskraft und weitreichende loyalitätsstiftende Wirkung. Auffallend ist die hohe Mobilisierungsfähigkeit der Frauen: Nicht weniger als 12 Millionen gehörten 1939 einem der großen NS-Verbände an, was etwa einem Drittel der weiblichen Bevölkerung des Deutschen Reichs entsprach.

Die NS-Frauenschaft mit insgesamt rund 1,7 Millionen Mitgliedern bildete unter allen Organisationen die Eliteformation, die ab 1936 nur mehr ausgewählte Kandidatinnen aufnahm. Das Deutsche Frauenwerk, im Oktober 1933 gegründet, war anders als die NS-Frauenschaft keine Organisation der NSDAP, sondern (mit insgesamt etwa vier Millionen Mitgliedern) ein aus einer Vielzahl von einst bürgerlichen Splitterorganisationen der Weimarer Frauenbewegung bestehender eingetragener Verein mit eigenem Vermögen. Als »betreuter Verband« war die Organisation allerdings eng an die NSDAP angegliedert.

An der Spitze der gesamten organisierten Frauenarbeit stand seit 1934 Gertrud Scholtz-Klink. Sie leitete sowohl die NS-Frauenschaft als auch das Deutsche Frauenwerk und stand den Frauenabteilungen der Deutschen Arbeitsfront (DAF) und der Nationalsozialistischen Volkswohlfahrt (NSV) sowie dem Frauenbund des Deutschen Roten Kreuzes (DRK) vor. Die »Reichsfrauenführerin« bekleidete das höchste Amt, in das eine Frau im NS-Staat gelangen konnte; einzig auf den Bund Deutscher Mädel (BDM), über den die Reichsjugendführung bestimmte, hatte sie keinen unmittelbaren Einfluss. Viele vor allem junge Frauen machten in den Massenorganisationen des NS-Staates Karriere. Gerade der BDM, dem 1933 rund 600 000 Mitglieder angehörten (erst 1939 wurde die Mitgliedschaft in der Staatsjugend für Mädchen und Jungen zur Pflicht), bot seinen Führerinnen reichlich Profilierungschancen – und den Aufstieg zur Berufsfunktionärin.

An der Frage der Dienstverpflichtung von Frauen (wie sie Großbritannien 1941 einführte) entzündete sich im Krieg ein Streit innerhalb der Regimespitze. Die Mobilisierung deutscher Frauen für die Arbeit in der Kriegswirtschaft war schon während der Kriegsvorbereitungen ein wichtiges Thema der Politik. In der Rüstungswirtschaft und der Landwirtschaft ersetzten nach Kriegsbeginn männliche und weibliche Fremdarbeiter, darunter Kriegsgefangene und deportierte Zivilisten aus den von den Deutschen besetzten und eroberten Ländern, die zum Kriegsdienst einberufenen deutschen Männer. Trotz des Millionenheers ausländischer Zwangsarbeiter – 1944 waren mehr als sieben Millionen im Deutschen Reich beschäftigt, darunter 1,5 Millionen Frauen – bestand im Deutschen Reich akuter Arbeitskräftemangel.

Hermann Göring, als Generalbevollmächtigter für den »Vierjahresplan« zuständig für das Aufrüstungsprogramm, drängte darauf, »arische« Frauen zur Arbeit heranzuziehen. Weitere hohe Funktionäre, darunter der für die Rüstung zuständige Minister Albert Speer, plädierten ebenfalls dafür. Aber Hitler weigerte sich, denn er wollte einen zweiten »November 1918« verhindern. Nach dem Ersten Weltkrieg hatte der Arbeitseinsatz von Frauen die Kriegsmüdigkeit der Bevölkerung verstärkt. Hitler befürchtete deshalb, ein verordneter Fraueneinsatz könne zur Delegitimierung seiner Herrschaft führen.

Krieg und Geschlecht

Mit dem »totalen Krieg« zeichnete sich eine Wende dieser Politik ab. Im Januar 1943, unmittelbar nach der Niederlage von Stalingrad, wurde für Frauen zwischen 17 und 45 Jahren (später erhöht auf 50 Jahre) eine Meldepflicht erlassen, um ihre Arbeits- und Einsatzfähigkeit zu prüfen. Zahlreiche Ausnahmeregelungen und ausbleibende Kontrollen sorgten aber dafür, dass bis Jahresende nicht mehr als etwa eine halbe Million Frauen für den Arbeitseinsatz mobilisiert wurden.

Neue Chancen eröffnete der Krieg vielen jungen Frauen im

eroberten »Osten«. Lehrerinnen, Kindergärtnerinnen, Sekretärinnen und Mitarbeiterinnen der Privatindustrie zogen in das besetzte Polen und in die Sowjetunion, wo sie als reichsdeutsche Frauen ebenso wie die Männer Privilegien und hohes Ansehen genossen. Die sogenannte Volkstumsarbeit, die auf dem Prinzip der gewaltsamen Enteignung und Zwangsvertreibung der einheimischen jüdischen und nicht-jüdischen Bevölkerung beruhte, sorgte für neue Frauenberufe: Aufgabe von »Ansiedlerbetreuerinnen«, »Siedlungshelferinnen« und »Dorfberaterinnen« war es, die in den besetzten Regionen angesiedelten »Volksdeutschen« zu betreuen. Die Frauen, die weitreichende Handlungskompetenz und hohe Autorität besaßen, bereiteten die von den Einheimischen unter Zwang verlassenen Häuser vor, berieten die Siedler bei der Haushaltsführung und unterrichteten ihre Kinder. Im sozialen Rang standen diese Frauen über den »volksdeutschen« Männern; die Rassenhierarchie brach hier die Geschlechterhierarchie.

Die Frauen, die sich von den eigens eingerichteten Rekrutierungsabteilungen der NS-Frauenorganisationen für den »Osteinsatz« anwerben ließen, waren in der Regel zwischen 20 und 30 Jahre alt. Unverheiratet und kinderlos erwiesen sie sich als mobile, anpassungsfähige Kräfte, die sich von Abenteuerlust, Karriereaussichten, Unabhängigkeitsstreben und einem hohen Pflichtgefühl gegenüber der »Volksgemeinschaft« herausfordern ließen. Die »typisch« weiblichen Aufgaben, die sie zu erfüllen hatten, bildeten den sozialpflegerischen und pädagogischen Anteil an der Entfaltung deutscher Gewaltherrschaft. Die Frauen erfüllten dezidiert politische, auf die Diskriminierung und Aussonderung »fremdvölkischer« Bewohner gerichtete Aufgaben im Dienst der Schaffung der »rassischen Neuordnung«. Wenn sich viele nach Kriegsende darauf zurückzogen, ihre Arbeit habe jenseits der »männlichen« Tätigkeitsfelder von Politik und Krieg gelegen, so war dies nichts als eine Entschuldigungsstrategie, für die sie die Geschlechterdifferenz instrumentalisierten.

In das staatliche Terrorsystem waren Frauen umfassend integriert: als Fürsorgerinnen, Schwestern, Hebammen und Ärztinnen in den »Euthanasie«-Anstalten, aber auch als Aufseherinnen in den Konzentrationslagern. Sie bereicherten sich in den eroberten und besetzten Gebieten am geraubten Hab und Gut der einheimischen Bevölkerung; das Herrenmenschengebaren der deutschen Eroberer hatte also auch eine weibliche Seite.

Hitlers Sorge um die Loyalität der Frauen erwies sich im Ergebnis als grundlos. Wegen der miserablen Lebensbedingungen und der immer unpopulärer werdenden Evakuierungsaktionen aus den Großstädten (Millionen von Frauen und Kindern wurden im Zuge der »Kinderlandverschickung« in ländliche Gebiete gebracht) äußerten zwar viele Frauen Missmut und Unzufriedenheit, aber anders als am Ende des Ersten Weltkriegs blieben die – damals vorwiegend von Frauen getragenen – Hungerdemonstrationen und Massenstreiks aus. An der »Heimatfront«, die weiblich geprägt war, regierte bis zuletzt der Durchhaltewille.

Im Krieg verwischten die Geschlechtergrenzen, und die Polarität der separierten Handlungsräume und geschlechtsspezifischen Rollenzuweisungen verschwand nahezu. Dass Frauen beispielsweise im zivilen Luftschutz an der »Heimatfront« klassische Männerarbeit verrichteten, zeigt, wie flexibel die Geschlechtervorstellungen unter dem Vorzeichen des »totalen Krieges« gehandhabt wurden. Zwar blieb der Kampf mit der Waffe Männern vorbehalten, und das Oberkommando der Wehrmacht lehnte die Militarisierung von Frauen ab. Die Kriegsmobilisierung zu militärischen Zwecken erfasste in mehreren Phasen aber auch die weibliche Bevölkerung: In der Zeit der »Blitzsiege« 1939/40 deckten Frauen den administrativen Personalbedarf der Wehrmacht in den eroberten und besetzten Gebieten ab. Nach dem Angriff auf die Sowjetunion im Sommer 1941 leisteten sie Militärhilfe, um Soldaten für die Front »freizumachen«. Im Juli 1943 bedienten sie erstmals Flakgeschütze, und viele erhielten eine Ausbildung an den Waffen. Mit dem »Erlass über den totalen Kriegseinsatz« im Juli 1944 ersetzten Frauen schließlich 100 000 Mann der Luftwaffe. Und im Februar 1945 sollte ein eigenes Frauenbataillon zum Einsatz kommen, was allerdings das nahe Kriegsende verhinderte.

Weibliche Offiziere gab es im Zweiten Weltkrieg kaum, aber eine Vielzahl sogenannter Helferinnen. Die Frauen unterstanden

dem Militärstrafgesetzbuch und der Wehrmachtdisziplinarstraf-
ordnung, sie waren jedoch keine Kombattanten, sondern gehörten
als angestellte Zivilpersonen zum Gefolge. Die Zahl der Kriegshel-
ferinnen war immens. Rund 500 000 setzte die Wehrmacht im
Laufe des Krieges ein: als Nachrichtenhelferinnen (im Volksmund
wegen des Blitz-Symbols auf ihrer Uniform »Blitzmädel« genannt), Stabshelferinnen, Flakhelferinnen und Luftwaffenhelfe-
rinnen.

Wie sehr sich die Geschlechterordnung den Erfordernissen
des Krieges anpasste, zeigen die Flakhelferinnen: Mädchen im Alter zwischen 15 und 17 Jahren besetzten die in Frontnähe platzier-
ten Flakscheinwerfer. Ihre Aufgabe war es, am Himmel feindliche
Flugzeuge aufzuspüren – die meist gleichaltrige männliche Flak-
helfer abzuschießen versuchten.

Entwicklung und Stand der Forschung

Die Frauen- und Geschlechtergeschichte steht in der Forschungs-
tradition der Mitte der 1960er Jahre im Kontext der Frauenbewegung in den USA entstandenen *Women's History*. In die Bundesrepublik gelangte die Forschungsrichtung Anfang der 1970er Jahre
unter der Bezeichnung »Frauengeschichte«. Prägend war anfangs
ihr emanzipatorisch-feministisches, auf positive weibliche Iden-
titätsstiftung ausgerichtetes Selbstverständnis. Unter dem Begriff
Gender History oder »Geschlechtergeschichte« etablierte sich die
Disziplin in Deutschland etwa Mitte der 1980er Jahre auch in der
universitären Forschung. Der Fokus liegt seither nicht mehr vorwiegend auf Frauen, sondern auf dem Verhältnis der Geschlechter.

Die Geschichtswissenschaft hat eine Fülle von Detailstudien
zur Frauen- und Geschlechtergeschichte im Nationalsozialismus
hervorgebracht und viele Diskussionen in Gang gesetzt – gerade
auch durch die amerikanischen Forschung. Die lange Zeit besonders heftig und konfliktreich ausgetragene Forschungsdebatte ver-
läuft seit Ende der 1990er Jahre in ruhigeren Bahnen. Zwei Ansätze
dominierten die Debatte: Ein Teil der feministischen Forschung

der 1970er und frühen 1980er Jahre deutete den Nationalsozialismus als männlich beherrschtes System, das Frauen unterdrückte. Frauen galten nach dieser Interpretation in erster Linie als Objekte und Opfer patriarchalischer Herrschaftsstrukturen.

Der »Historikerinnenstreit« Ende der 1980er Jahre um Rolle und Bedeutung von Frauen im Nationalsozialismus schuf eine Einteilung in zwei Gruppen: in Täterinnen und weibliche Opfer. Protagonistin der überaus scharf geführten Auseinandersetzung war die Berliner Historikerin Gisela Bock, die in ihrer Studie über Zwangssterilisation im Nationalsozialismus nachwies, dass die Politik der aktiven Geburtenförderung und Aufwertung der Mutterschaft von einer im Kern antinatalistischen, rassistisch geprägten Frauen- und Geschlechterpolitik begleitet war; Zwangssterilisation und Zwangsabtreibung wogen, ihr zufolge, letztlich schwerer als die geburtenfördernden Maßnahmen.

Bocks heftigste Kritikerin war die amerikanische Historikerin Claudia Koonz. Sie erhob den Vorwurf, dass die Forschung Frauen entweder als Opfer oder als Heldinnen betrachtete, aber ihre Mitverantwortung für die Verbrechen des Nationalsozialismus übersehe. Koonz stellte die (wiederum von Gisela Bock abgelehnte) These von einer spezifisch weiblichen Form der Täterschaft auf: Durch ihre »emotionale Arbeit« in den Familien, in denen sie aufgingen, weil sie sich in der staatlich forcierten Geschlechterpolarität wohlfühlten, machten sich Hausfrauen und Mütter in ihrer »weiblichen Sphäre« unmittelbar schuldig.[3]

Wie Ehefrauen und Mütter vor allem im Krieg zur Aufrechterhaltung des NS-Staates beitrugen, ist eine wichtige Frage, die im »Historikerinnenstreit« allerdings nicht zum Ausgangspunkt differenzierter Untersuchungen wurde. Überhaupt führte die Dichotomie von »Opfer« und »Täterinnen« historiographisch kaum weiter. Die wahren weiblichen Opfer – die verfolgten Frauen – blieben zudem ausgeblendet. In der Auseinandersetzung kam auch nicht zum Tragen, dass sowohl Bocks als auch Koonz' Interpretation grundlegende Zusammenhänge offenlegten und sich im Kern keineswegs ausschlossen.

Seit Ende der 1990er Jahre stehen die vielfältigen Tätigkeitsfelder, auf denen Frauen im Nationalsozialismus aktiv waren, im Zentrum der Untersuchungen, um sie überall dort als Handelnde »sichtbar« zu machen, wo sie das NS-Regime stützten. Facettenreich ist gezeigt worden, dass Frauen nicht weniger Engagement für den Nationalsozialismus zeigten als Männer.

Neue Akzente setzte die englische Historikerin Elizabeth Harvey mit ihrem Buch über Einsatz und Rolle von Frauen in der NS-»Volkstumspolitik«. Sie untersucht die komplexe Gemengelage von Interessen, Erfahrungen und Handlungen der Frauen, die »im Osten« tätig wurden. Neuere Studien behandeln ferner den Hilfseinsatz von Mädchen und Frauen in Diensten der Wehrmacht während des Krieges, außerdem ihre Rolle im zivilen Luftschutz, ferner das Verhältnis von Differenz und Gleichheit der Geschlechter im Zusammenhang mit dem politischen Widerstand sowie die Politisierung des Privaten am Beispiel der Ehefrauen führender SS-Leute. Zunehmend wichtiger wird mit Blick auf männerbündische Ideale und Rituale sowie auf Körperbilder und -techniken die (in der deutschen Forschung allerdings noch kaum vertretene) Männergeschichte, die sich mit der Historizität von Männlichkeitsvorstellungen befasst, ferner mit geschlechtsspezifischen Erfahrungen von Männern wie überhaupt mit männlicher Lebenspraxis. Thomas Kühne hat hierzu wichtige Studien vorgelegt.

Populärwissenschaftliche Publikationen wie »Die Frauen der Nazis« sorgten in den vergangenen Jahren für einen Verlust an Differenzierung.[4] Insgesamt ist es der historischen Geschlechterforschung – womöglich aufgrund ihrer Tendenz zu Theoretisierung und Methodenvielfalt – noch kaum gelungen, ihre Stärken zur Bereicherung der Forschung zum Nationalsozialismus zu nutzen.

Bock, Gisela, Zwangssterilisation im Nationalsozialismus. Studien zur Rassenpolitik und Frauenpolitik, Opladen 1986.

Frevert, Ute, Frauen, in: Benz, Wolfgang/Graml, Hermann/Weiß, Hermann (Hrsg.), Enzyklopädie des Nationalsozialismus, München [5]2007, S. 242–258.

Frevert, Ute, Frauen-Geschichte. Zwischen Bürgerlicher Verbesserung und Neuer Weiblichkeit, Frankfurt a. M. 1986.

Gravenhorst, Lerke/Tatschmurat, Carmen (Hrsg.), Töchter-Fragen. NS-Frauen-Geschichte, Freiburg i. Br. [2]1995.

Hagemann, Karen/Schüler-Springorum, Stefanie (Hrsg.), Heimat-Front. Militär und Geschlechterverhältnisse im Zeitalter der Weltkriege, Frankfurt a. M. 2002.

Harvey, Elizabeth, Women and the Nazi East. Agents and Witnesses of Germanization, New Haven 2003.

Heinsohn, Kirsten/Vogel, Barbara/Weckel, Ulrike (Hrsg.), Zwischen Karriere und Verfolgung. Handlungsräume von Frauen im nationalsozialistischen Deutschland, Frankfurt a. M. 1997.

Koonz, Claudia, Mütter im Vaterland. Frauen im Dritten Reich, Reinbek bei Hamburg 1994.

Kühne, Thomas, Kameradschaft. Die Soldaten des nationalsozialistischen Krieges und das 20. Jahrhundert, Göttingen 2006.

Kundrus, Birthe, Kriegerfrauen. Familienpolitik und Geschlechterverhältnisse im Ersten und Zweiten Weltkrieg, Göttingen 1995.

Kundrus, Birthe, Widerstreitende Geschichte. Ein Literaturbericht zur Geschlechtergeschichte des Nationalsozialismus, in: Neue Politische Literatur 45 (2000), S. 67–92.

Lisner, Wiebke, »Hüterinnen der Nation«. Hebammen im Nationalsozialismus, Frankfurt a. M. 2006.

Richter, Isabel, Hochverratsprozesse als Herrschaftspraxis im Nationalsozialismus. Männer und Frauen vor dem Volksgerichtshof 1934–1939, Münster 2001.

Schwarz, Gudrun, Eine Frau an seiner Seite. Ehefrauen in der »SS-Sippengemeinschaft«, Berlin [2]2000.

Steinbacher, Sybille (Hrsg.), »Volksgenossinnen«. Frauen in der NS-Volksgemeinschaft, Göttingen ²2007.

Stibbe, Matthew, Women in the Third Reich, London 2003.

Wagner, Leonie, Nationalsozialistische Frauenansichten. Vorstellungen von Weiblichkeit und Politik führender Frauen im Nationalsozialismus, Frankfurt a. M. 1996.

Weckel, Ulrike/Wolfrum, Edgar (Hrsg.), »Bestien« und »Befehlsempfänger«. Frauen und Männer in NS-Prozessen nach 1945, Göttingen 2003.

SA-Angehörige beim Betreten der neu erbauten
evangelischen Kirche am Hohenzollernplatz in
Berlin-Wilmersdorf, März 1933

Christliche Kirchen und nationalsozialistische Diktatur

CHRISTOPH KÖSTERS

Deutschland war am Vorabend der nationalsozialistischen »Machtergreifung« ein christlich geprägtes, konfessionell aber getrenntes und regional zergliedertes Land. Die theologischen und historischen Wurzeln für diesen Zustand reichen bis in das Zeitalter der Reformation zurück. Im Jahr 1933 bekannten sich von 65,2 Millionen Deutschen 62,7 Prozent zur evangelischen und 32,4 Prozent zur katholischen Konfession, 0,8 Prozent gehörten der jüdischen Religion an, knapp 4 Prozent der Bevölkerung waren ohne religiöses Bekenntnis. Im Deutschen Kaiserreich (1871–1918) hatte der Protestantismus eine dominierende Stellung innegehabt. Vor allem die enge Verbundenheit mit dem preußisch-protestantischen Obrigkeitsstaat hatte die 28 konfessionsverschiedenen (lutherisch, uniert, reformiert), organisatorisch selbständigen Landeskirchen innerlich zusammengehalten. Die katholische Kirche dagegen wurde besonders in Preußen, dem mit Abstand größten Land des Deutschen Reiches, als papsthörig (»ultramontan«) und darum als tendenziell reichsfeindlich betrachtet.

Die deutschen Katholiken antworteten auf die protestantische Hegemonie und die als Bedrohung empfundene wirtschaftliche und gesellschaftspolitische Moderne mit einer Politik der Abschottung. Den »Kulturkampf« Bismarcks (1871/72–1886/87) sahen sie als mächtige Demonstration nationalliberalen Geistes gegenüber Kirchenhierarchie und volksfrommer Glaubenspraxis. Sie reagierten darauf, indem sie ein dichtes Netz katholisch geprägter Kultur- und Sozialeinrichtungen, Vereine und Verbände knüpften, das die Lebenswelt des »katholischen Milieus« buchstäblich von der »Wiege bis zur Bahre« prägte. Die Zentrumspartei war der politische Arm des deutschen Katholizismus. Ihre »Hoch-

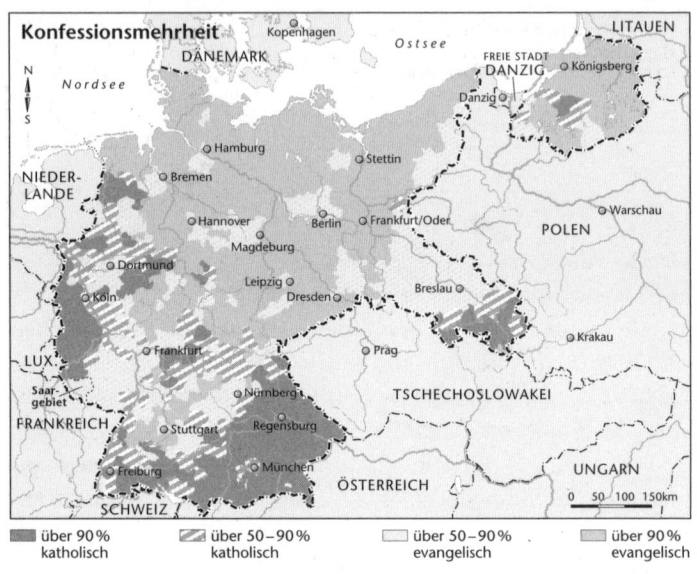

Konfessionsverhältnisse in den Wahlkreisen
des Deutschen Reiches 1932[1]

burgen« waren die katholischen Länder und Provinzen: Bayern,
Baden, Rheinland, Westfalen und (Ober-)Schlesien.

Die Revolution von 1918/19 und die Gründung der Weimarer
Republik markierten einen tiefen Einschnitt: Der neue demokratische Verfassungsstaat verstand sich als religionsneutral und been-
dete alle Formen vormaligen Staatskirchentums. Die Verfassung
verfügte aber keine radikale Trennung von Staat und Kirchen, sondern gewährte ihnen Grund- und Freiheitsrechte, ließ ihre Eigen-
tumsverhältnisse unangetastet und erkannte ihnen mit dem Status
der Körperschaft öffentlichen Rechts Eigenständigkeit und Unabhängigkeit zu. Die Auswirkungen der grundlegenden Neuordnung
regelten Bayern (1924), Preußen (1929) und Baden (1932), indem
sie Kirchenverträge beziehungsweise Konkordate mit den Kirchen
abschlossen.

Die meisten Protestanten erlebten diese kirchenpolitische Zä-

Parteienmehrheiten in den Wahlbezirken
des Deutschen Reiches, Juli 1932[2]

sur als Katastrophe, weil mit der politischen Ordnung des Kaiserreichs auch das landesherrliche Kirchenregiment endgültig untergegangen war. Politisch waren sie nun heimatlos. So dominierten nationalprotestantische Traditionen und eine weitverbreitete Ablehnung der Demokratie gegenüber einer Minderheit der »Vernunftrepublikaner«, die sich den neuen Verhältnissen anpassten. Die katholische Kirche und die Zentrumspartei hingegen nutzten nach 1918 die Chance, aus ihrer bisherigen Isolation herauszutreten und die volle staatsbürgerliche Gleichheit in Anspruch zu nehmen. Die Zentrumspartei wurde zu einem politischen Stabilitätsfaktor der Weimarer Regierungskoalitionen und zu einer tragenden demokratischen Kraft der Republik. Selbst in ihrer Auflösungsphase führte eine nachwirkende Milieubindung dazu, dass sich das katholische Wahlvolk im Vergleich zum protestantischen gegenüber der NSDAP misstrauisch zurückhielt.

Die unterschiedlichen Voraussetzungen, mit denen die Kirchen auf die nationalsozialistische Herausforderung trafen, waren also das Ergebnis eines kulturellen und politischen Vermittlungsprozesses zwischen Religion und Moderne. Beide christlichen Kirchen lebten mehr als alle anderen gesellschaftlichen Kräfte (zum Beispiel Parteien oder Gewerkschaften) aus langen Traditionen. Die Auseinandersetzung mit den rasanten Entwicklungen des Industriezeitalters und seinen gesellschaftlichen wie politischen Verwerfungen verlief stets als nachholender Prozess. Die Kirchen suchten die »Moderne« im Licht ihrer Tradition zu bestimmen und seltener umgekehrt diese der »Moderne« anzupassen.

1933: Christliche Nation und nationale Christen

Mit unterschiedlicher Zuversicht – zurückhaltend die katholische, begeistert die evangelische – begegneten die Kirchen der neuen Regierung »Hitler – von Papen«. Diese verkörperte nunmehr die neue, rechtmäßige staatliche Autorität. Zwar gab es gegenüber dem Nationalsozialismus Vorbehalte und Differenzen, doch an ihrem Gehorsam ließen die Kirchen keinen Zweifel. Der neue Reichskanzler tat zunächst auch einiges, um den kirchlichen Erwartungen zu entsprechen. Hitler folgte damit seiner Strategie, die radikalen religionspolitischen Ziele eines Teils der NSDAP der machtpolitischen Festigung seiner Diktatur unterzuordnen und deren repressive Verwirklichung den verschiedenen kirchenfeindlichen Akteuren seiner Partei zu überlassen.

Der »schöne Schein« des »Tages von Potsdam« (21. März) inszenierte und propagierte das Bild einer »christlichen Nation«. Die Glocken der preußischen Garnisonskirche läuteten eine Woche der kirchenpolitischen Entscheidung ein: Hitler bekannte sich öffentlich zum christlichen Staat (23. März), das Zentrum stimmte dem »Ermächtigungsgesetz« zu (24. März), und schließlich gaben auch die katholischen Bischöfe »kirchenpolitisch ›Entwarnung‹«,[3] indem sie frühere »Verurteilungen bestimmter religiös-sittlicher Irrtümer«[4] des Nationalsozialismus zwar nicht gänzlich aufhoben, die bisherigen allgemeinen Verbote und Warnungen aber als nicht mehr notwendig erachteten (28. März).

Der christlich-nationale Brückenschlag zwischen dem neuen Staat und den traditionsgebundenen Kirchen schien im Sommer 1933 endgültig geglückt: Hitlers Bevollmächtigter, der national-protestantische, den Deutschen Christen angehörende Wehrkreis-pfarrer Ludwig Müller, hatte sich mit Macht gegen alle innerkirch-lichen Widerstände durchgesetzt und stellte sich an die Spitze der neuen, am 14. Juli gesetzlich anerkannten »Deutschen Evangeli-schen Reichskirche«. Diese Zusammenfassung der vielen Landes-kirchen wurde von der nationalsozialistisch gesonnenen Kirchen-fraktion der Deutschen Christen vorangetrieben und neun Tage später sanktioniert, als diese bei den Kirchenwahlen mit massiver Unterstützung der NSDAP fast überall die Mehrheit errungen hatte. Im September 1933 ließ sich Ludwig Müller zum »Reichs-bischof« wählen.

Zeitgleich unterzeichneten das Deutsche Reich und der Hei-lige Stuhl einen schon seit vielen Jahren angestrebten Vertrag, der die Rechte der katholischen Kirche in Deutschland zu garantieren schien. Als Zustimmung zum Nationalsozialismus wollte der Vati-kan den Abschluss des Reichskonkordats aber nicht verstanden wissen. Doch die kleingedruckten Distanzierungen in der Vatikan-zeitung fanden keine Beachtung angesichts von Erfolgsmeldun-gen, die die NS-Presse über das gewachsene Ansehen Deutsch-lands im Ausland verbreitete. Am 20. Juli wurde das Konkordat unterzeichnet, am 10. September 1933 ratifiziert.

Die mit Gottesdiensten feierlich begangene Versöhnung des nationalsozialistischen Staates mit den christlichen Kirchen läu-tete auch die Stunde der geistigen Brückenbauer ein. Vor allem im Protestantismus war die Vorstellung verbreitet, die christliche Tra-dition könne dem Nationalsozialismus angeglichen werden. Pro-testantische »braune« Pfarrer traten in großer Zahl in die NSDAP ein. Mehrere jüngere katholische Universitätstheologen taten sich mit »Reichstheologien« hervor. Die konfessionsüberschreitende Ökumene erlebte in diesen Monaten einen Aufschwung unter falschem Vorzeichen. Und die Deutschen Christen trieben nach der organisatorischen nunmehr noch stärker die inhaltliche Gleichschaltung mit dem nationalsozialistischen Staat voran. Sie alle schwammen auf einer Woge aus nationalprotestantischem Enthusiasmus und katholischer Zustimmung. Die Sympathien galten einer Regierung, deren Kampf gegen den Versailler »Schandfrieden«, den Liberalismus, den »gottlosen« Kommunismus und die laizistische Demokratie ein weitverbreitetes, tiefes Unbehagen auch in weiten Teilen des christlichen Kirchenvolks ansprach. Die klein gewordene Zahl kirchlicher Kritiker, wie Waldemar Gurian, Fritz Gerlich, P. Friedrich Muckermann oder Dietrich Bonhoeffer, wurde übertönt, ging ins Exil, schwieg beredt oder wurde gewaltsam zum Schweigen gebracht.

1934 – 1939: Zerstrittene Bekenntnisse und Bekennende Kirchen

Zum entscheidenden ideologischen Prüfstein für die christlichen Kirchen wurde der nationalsozialistische Rassismus. Er bildete das Zentrum der NS-Weltanschauung und war Ausgangspunkt wie Ziel allen nationalsozialistischen Denkens und Handelns. Bis zum Vorabend des Zweiten Weltkrieges trieben Hitler und seine Gefolgsleute die »Rassenpolitik« in verschiedenen Ausprägungen ganz unterschiedlich weit voran: die selektierende »Rassenhygiene« in Medizin und Gesundheitswesen, den braunen Kult einer germanischen »Blut- und Boden-Religion« und den letztlich auf Vernichtung der Juden gerichteten Antisemitismus.

An der von den Deutschen Christen nachdrücklich geforderten Einführung des »Arierparagraphen« für kirchliche Amtsträger in die landeskirchlichen Verfassungen entzündete sich Ende 1933 die innerprotestantische Auseinandersetzung um das wahre evangelische Bekenntnis. Die massiv bedrängte Opposition zum Kirchenregiment des Reichsbischofs und der deutsch-christlichen Kirchenleitungen formierte sich auf zwei Synoden in Barmen (Ende Mai 1934) und Dahlem (Oktober 1934) zur Bekennenden Kirche. Sie band die kirchliche Lehre zurück an das Evangelium, ohne dass dies im Übrigen die politischen Sympathien ihrer Mitglieder für den »neuen« Staat beeinträchtigt hätte. Faktisch bewirkte dieser sogenannte »Kirchenkampf« eine tiefe innere Kirchenspaltung und den Zerfall des autoritativen Reichskirchenregiments in zunächst zwei, nach 1936 dann sogar drei zerstrittene Fraktionen (Deutsche Christen, Bekennende Kirche und den von ihr abgespaltenen »Lutherrat«).

Virulent wurden Trennungen und Spaltungen der christlichen Kirchen und Konfessionen 1933 noch auf anderen Gebieten: Das »Gesetz zur Verhütung erbkranken Nachwuchses« verdichtete die verschiedenen Impulse eines sozialsanitären Biologismus aus Kaiserzeit und Weimarer Republik zu einer staatlich legitimierten Politik der Auslese durch Zwangssterilisationen und »eugenisch« motivierte Abtreibungen. Für die katholische Kirche und ihren Deutschen Caritasverband hatte Papst Pius XI. bereits 1930 eine klare Grenze gezogen: In einer Ehe-Enzyklika *(Casti conubii)* hatte der Papst der leiblichen Integrität psychisch Kranker den absoluten Vorrang eingeräumt und der Sterilisation als »eugenischem« Mittel eine unmissverständliche Absage erteilt. Auch wenn sich der kompromisslose Standpunkt in der Praxis nicht uneingeschränkt durchhalten ließ, unterschied sich die Einstellung der katholischen Kirche in dieser Frage markant von der »modernitätsoffenen« Haltung der evangelischen Inneren Mission. Allzu »pragmatische Uneindeutigkeiten ihrer Schutzmaßnahmen für die Kranken«[5] und organisatorische Eigenständigkeit entwickelten sich zu Einfallstoren nationalsozialistischer »Eugenik«.

Bemerkenswert einheitlich fiel hingegen die Antwort der christlichen Kirchen auf den propagierten »braunen Kult« der »deutschgläubigen« Bewegungen und insbesondere auf Alfred Rosenbergs »Mythus des 20. Jahrhunderts« aus. Kompromisslos wurden die hasserfüllten Angriffe auf das Christentum und die Versuche, es zugunsten von Rasse, Blut und Volkstum von seinen jüdischen Wurzeln zu befreien, von Beginn an abgelehnt. Mit Ausnahme der Deutschen Christen zogen hier alle am selben Strang. Auf katholischer Seite waren dies vor allem der Münchener Kardinal von Faulhaber mit seinen Adventspredigten vom Dezember

1933 sowie der Münsteraner Bischof von Galen, der einen katholischen Anti-»Mythus« verbreitete (April 1934) und damit zum Motor der öffentlich geführten Auseinandersetzungen mit der NS-Ideologie wurde. Auf evangelischer Seite führte das Mahnwort der altpreußischen Bekenntnissynode an ihre Gemeinden im März 1935 zur kurzzeitigen Verhaftung von circa 700 Geistlichen; knapp ein Jahr später zog im Mai 1936 die Zweite Vorläufige Kirchenleitung in einer an Hitler gerichteten Denkschrift unzweideutig die Grenzen zum nationalsozialistischen Rassenwahn. Die Kirchenproteste gipfelten am 21. März 1937 in der von katholischen Bischöfen Deutschlands mitverfassten päpstlichen Enzyklika »Mit brennender Sorge«, in der Pius XI. unmissverständlich mahnte: »Wer die Rasse oder das Volk oder den Staat oder die Staatsform (...) vergöttert, der verkehrt und fälscht die gottgeschaffene (...) Ordnung der Dinge.«[6] Im katholischen Kirchenvolk erhielten zudem Wallfahrten und Prozessionen in diesen Jahren zunehmend oppositionellen Demonstrationscharakter.

Angesichts solcher massiven Resistenz christlicher Tradition vermied Hitler den offenen Bruch mit den Kirchen. Auch aus außenpolitischen Erwägungen schien es dem Diktator in den Jahren 1935/36 angebracht, in ideologisch zweitrangigen Fragen geschmeidig einen Ausgleich mit den Kirchen zu suchen, ohne dass er einen Grund sah, zu den taktischen Zugeständnissen im Jahr der »Machtergreifung« zurückzukehren. Zwei getrennt angesetzte Hebel dienten diesem Ziel, die christlichen Kirchen und ihren Einfluss auf dem Wege »friedlichen« Arrangements zu verdrängen: zum einen die Errichtung eines »Reichsministeriums für kirchliche Angelegenheiten« unter Minister Hanns Kerrl im Juli 1935, zum anderen eine Unterredung mit dem Münchener Kardinal von Faulhaber auf dem Obersalzberg im November 1936. So ging der Reichskirchenminister daran, die durch die Deutschen Christen letztlich aufgeriebene protestantische Reichskirchenunion zu verwirklichen. Hitlers Gespräch mit dem bayerischen Kirchenführer hingegen zielte auf einen katholischen »Unterwerfungsfrieden auf antibolschewistischer Basis«.[7]

Alle kirchenpolitischen Strategien und Winkelzüge Hitlers

waren allerdings hinfällig, als sie im März 1937 durch die weltweit vernommene päpstliche Kritik schlagartig als kirchenfeindlich entlarvt wurden und sich zeitgleich Kerrls Versuche, NS-Staat und evangelische Kirchen doch noch zu versöhnen, hoffnungslos festgefahren hatten. Zum Zuge kamen nun endgültig jene nationalsozialistischen Akteure, die auf eine »Entkonfessionalisierung des öffentlichen Lebens« drängten. Im Gegensatz zum gescheiterten Reichskirchenminister schlossen dessen Kontrahenten aus Partei und SS – Goebbels und Rosenberg, vor allem aber Bormann, Himmler und Heydrich – einen solchen Brückenschlag zum weltanschaulichen Gegner grundsätzlich aus und forcierten eine radikale Trennung von Staat und Kirchen, die auf die Beseitigung der gesellschaftlichen Wirkungsmöglichkeiten der Kirchen und letztlich des Christentums selbst abzielte. Die Entfesselung der Devisen- und Sittlichkeitsprozesse gegen katholische Ordensmitglieder bildete nur die propagandistisch inszenierte Spitze zahlreicher Angriffe, die sich vor allem gegen die noch verbliebenen organisatorischen Außenwerke des katholischen Milieus richteten. Am Ende, das heißt 1937 bzw. 1939, waren die großen katholischen Verbände weitgehend verboten, die konfessionellen Bekenntnisschulen in Deutsche Gemeinschaftsschulen umgewandelt und der konfessionelle Religionsunterricht an den Rand gedrängt.

In der Auseinandersetzung mit dem Nationalsozialismus sahen sich die christlichen Kirchen implizit mit dem Angriff auf die jüdischen Wurzeln des Christentums konfrontiert. Mit dem christlichen Glauben wurden zwar dessen alttestamentliche Ursprünge verteidigt, Verständnis und Akzeptanz des Judentums als eigenständiger Religion und entsprechende Beziehungen zur jüdischen Minderheit erwuchsen daraus aber nicht. Stimmen wie jene Dietrich Bonhoeffers oder der zum katholischen Glauben übergetretenen Jüdin Edith Stein bildeten die Ausnahme. Die drangsalierten Juden wurden allein durch die Brille christlicher Traditionen samt ihrer volksfrommen Bilder und Gebräuche wahrgenommen. Antijudaistische Vorurteile überlagerten alle kirchlichen Versuche, Positionen zum modernen Antisemitismus zu bestimmen. Mit dem traditionsbesetzten kirchlichen Koordinatensystem blieb das Verhältnis der Christen und ihrer Kirchen zu den Juden und ihrer Religion ambivalent: Den Rassenantisemitismus lehnte man prinzipiell ab, nicht aber die Zurückdrängung des wirtschaftlichen und gesellschaftlichen Einflusses von Juden. Die schleichende gesellschaftliche Ausgrenzung der Juden blieb selbst an ihren markanten Stationen – dem Boykott jüdischer Geschäfte im April 1933, den »Nürnberger Rassegesetzen« 1935 und den reichsweiten Pogromen vom November 1938 – ohne nennenswerten kirchlichen Widerspruch.

Der zur Staatsdoktrin gewordene Antisemitismus griff allerdings auch tief in das persönliche Leben jener Protestanten und Katholiken ein, die vom Judentum zum Christentum übergetreten waren. Wer im Sinne der NS-»Rassengesetze« jüdische Eltern oder Großeltern hatte, galt seit September 1935 ebenfalls als »Nichtarier«. Diese Regelungen ignorierten den Religionsübertritt bis in die Großelterngeneration. Ebenso wie die »Nichtarier« waren jene Juden, die in einer »rassischen Mischehe« mit Christen verheiratet waren, rechtlich und gesellschaftlich diskriminiert. Konfessionell parallel organisierten die Kirchen für die etwa 90 000 evangelischen und 26 000 katholischen »Nichtarier« Hilfen, die schon bald nach 1933 einsetzten und auf katholischer Seite kirchenamtlich gedeckt waren. Sie reihten sich in die stillen Emigrationshilfen jüdischer und nicht-jüdischer Hilfsorganisationen ein. Vom NS-Regime wurden sie so lange hingenommen, wie eine Lösung der »Judenfrage« dadurch erreichbar schien, dass man die Juden auswies.

Die Auseinandersetzungen der christlichen Kirchen mit der nationalsozialistischen Rassenideologie vollzogen sich vor dem Hintergrund hoher Zustimmung zum außenpolitischen Auftreten des Regimes. Die von Hitler betriebene Revision der Versailler Friedensordnung, der Kampf gegen die »gottfeindlichen« bolschewistischen Kräfte und schließlich der »Anschluss« des (katholischen) Österreich lagen auf der Linie nationaler Traditionen beider christlichen Kirchen.

Der Krieg der Nationalsozialisten entfesselte den bislang auf Deutschland begrenzten Terror und Rassenwahn zu Mord und Vernichtung in ganz Europa. Die schrankenlose Gewalt, die die totalitäre Weltanschauungsdiktatur gegen »Staatsfeinde«, »rassisch Minderwertige«, »Bolschewisten« und Juden richtete, forderte die verschiedenen nationalen Kirchen in den okkupierten Ländern und die deutschen Kirchen mehr denn je heraus. In den unterdrückten Ländern, vor allem in Polen, gingen die kirchlichen Positionsbestimmungen mit nationaler Opposition gegen die Deutschen einher. In Deutschland hingegen erschwerten die nationalen Bindungen den christlichen Widerstand gegen eine radikal umgesetzte Rassen- und Religionspolitik.

Die deutschen Kirchen waren Teil der nationalsozialistischen Kriegsgesellschaft. Bei der Frage, ob der im September 1939 vom Zaun gebrochene neue Krieg moralisch gerecht sei, wirkten in beiden christlichen Kirchen weit zurückreichende Traditionslinien so nachhaltig, dass eine Aufforderung, den Kriegsdienst zu verweigern, kaum denkbar erschien. Der Kriegsdienst galt für die christlichen Soldaten als Erfüllung einer prinzipiellen, aber keineswegs bedingungslosen Gehorsamspflicht sowie als persönliche Bewährung. Die Kriegsleiden verstand das gläubige Kirchenvolk als sühnende Opfer für die Sünden des Volkes. Die Wehrmacht nutzte ihrerseits wie im Ersten Weltkrieg die materiellen und immateriellen Ressourcen der Kirchen: Krankenhäuser und deren geschultes (Ordens-)Personal sowie – eingeschränkt – die seelsorgerische Betreuung der Truppe. Christlicher Glaubenshalt und Glaubenstrost sowie pflichtgemäß erbrachter Dienst am Vaterland überschnitten sich partiell mit den politisch-ideologischen Kriegszielen: Der schnelle Sieg über den französischen »Erbfeind« im Juni 1940 stieß bei den Kirchen auf breite, nationalistisch grundierte Sympathien; der im Juni 1941 begonnene Krieg gegen den »gottlosen Bolschewismus« griff verbreitete Feindbilder auf.

Hitlers Religions- und Kirchenpolitik zielte indes weder in Europa noch in Deutschland auf einen »Burgfrieden« mit den Kirchen. Der Existenzkampf, den Kirchen und Christentum in Europa zum Teil führten, wurde zu Recht als Schritt auf dem Weg zur Vernichtung der Kirchen und des Christentums begriffen. Mehr noch als in Österreich, wo der Schutz des Reichskonkordats nicht galt, offenbarte sich im eingegliederten polnischen »Warthegau«, wohin künftig die nationalsozialistische Religions- und Kirchenpolitik führen würde. Die »Zerschlagung des gesamten Christentums« wollte sich der Diktator zwar für die Zeit nach dem »Endsieg« aufsparen, bei seiner taktischen Zurückhaltung aber kalkulierte er durchaus ein, dass Himmler, Heydrich und Bormann den Krieg nutzen würden, um rücksichtslos vor allem gegen die verhasste katholische Kirche einzuschreiten. Im Zuge von Himmlers zwischen 1940 und 1942 entfachtem »Klostersturm« wurden reichsweit etwa 300 Klöster und katholische Einrichtungen entschädigungslos enteignet und weit über zehntausend Ordensleute aus ihren Häusern ausgewiesen. In seit 1940 eigens errichteten Priesterblocks des Konzentrationslagers Dachau wurden 2720 Geistliche interniert, von denen 1780 aus Polen und 447 (davon 411 katholische, 36 evangelische) aus Deutschland stammten; mehr als 40 Prozent von ihnen überlebten Terror und Gewalt der KZ-Haft nicht.

Zugleich waren die kirchlichen Milieus in Deutschland durch die Auswirkungen des Kriegsgeschehens stärker als je zuvor einem erheblichen Veränderungsdruck ausgesetzt. Die Evakuierungs- und Fluchtbewegungen bewirkten eine langfristig folgenreiche Aufweichung der konfessionellen Milieuschranken. Auch wenn das religiös-kirchliche Leben nicht substantiell gefährdet war, schmolz es im nationalsozialistischen Kriegsalltag auf kleine kirchenverbundene, nun überwiegend ältere Gläubige umfassende Kerngemeinden zusammen, die sich um die noch am Ort verbliebenen Pfarrer scharten. Schleichende Erosionen an den Rändern der kirchlichen Milieus waren die Kehrseite der erzwungenen Konzentration auf den kirchlichen Binnenraum. Sie betrafen trotz gestiegener Kirchenaustrittszahlen nicht so sehr die äußere formale, sondern die innere mentale Kirchenbindung der Protestanten und Katholiken. Der Krieg beförderte die schon länger im Gang befindliche Transformation der kirchlichen Milieus.

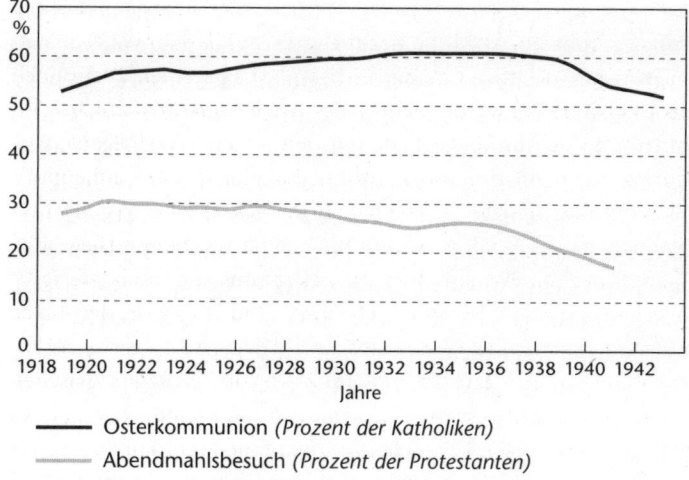

70
%
60
50
40
30
20
10
0
1918 1920 1922 1924 1926 1928 1930 1932 1934 1936 1938 1940 1942
Jahre

———— Osterkommunion *(Prozent der Katholiken)*

·············· Abendmahlsbesuch *(Prozent der Protestanten)*

Religiöse Praxis der Katholiken und Protestanten
im Deutschen Reich 1919–1942[8]

1941 fiel Hitlers Entschluss, sämtliche Juden in Europa zu ermorden. Für die Haltung der christlichen Kirchen zur »Rassenfrage« wurde 1941 gleichfalls zum Schlüsseljahr. Unmittelbar im Vorfeld des Krieges hatte das Regime mit der sogenannten »Euthanasie« kranker und behinderter Kinder begonnen und sie dann seit Kriegsbeginn etappenweise auch auf kranke Erwachsene ausgeweitet. Bereits im Sommer 1940, während noch der Sieg über Frankreich gefeiert wurde, hatten der evangelische Bischof Wurm und der katholische Kardinal Bertram namens ihrer Kirchen getrennte Protestschreiben an die Reichskanzlei gerichtet. Sie waren in der Sache eindeutig, im Ton allerdings verhalten und blieben infolge ihrer Nichtöffentlichkeit vom Regime unbeachtet. Als sich im Sommer des folgenden Jahres, am 13. August 1941, der öffentliche Kanzelprotest des Münsteraner Bischofs von Galen gegen die staatlichen Euthanasiemaßnahmen reichs- und weltweit zu einem »Skandalon«[9] entwickelte, ließ Hitler den größten Teil der Mordaktion, die planmäßige Vergasung erwachsener Psychiatriepatienten im Rahmen der »Aktion T 4«, für rund ein Jahr einstellen. Die Stimmung in der ohnehin durch Russlandkrieg, erste Luftangriffe und die Übergriffe auf kirchliche Einrichtungen beunruhigten Bevölkerung sollte sich nicht endgültig gegen das Regime kehren. Ein Ende der Krankenmorde bedeutete Hitlers Einlenken indes nicht. In den Konzentrationslagern und später auch in zahlreichen Heil- und Pflegeanstalten setzten NS-Ärzte den Patientenmord fort, dem insgesamt mehr als 200 000 Menschen zum Opfer fielen. Dass auch kirchliche Anstalten daran mittelbar durch Patientenverlegungen mitwirkten, zählt zu den lange kaum beachteten Kapiteln der Euthanasiegeschichte.

Der Druck, den das NS-Regime in der »Rassenfrage« auf die Kirchen und ihre zentralen Moralprinzipien ausübte, führte nicht zu einer erfolgreichen konfessionsübergreifenden Politik. Zu tief war die bekenntniskirchliche Zerrissenheit, als dass die Einigungsbemühungen des württembergischen Landesbischofs Wurm die evangelischen Kirchen aus ihrem Dilemma hätten herausführen können. Die Bruchstellen verliefen aber auch entlang innerkatholischer Strategiekonflikte: Anfang Dezember 1941 protestierten die christlichen Kirchen erstmals gemeinsam. Die beiden zeitgleich der Reichskanzlei überreichten Denkschriften richteten sich gegen die antikirchliche Politik, aber auch gegen die Ermordung Geisteskranker und die Deportation der »Nichtarier«. Es sollte jedoch bei diesem bemerkenswerten, aber wirkungslosen ökumenischen Vorgehen beider Kirchenführungen bleiben. Denn innerhalb der katholischen Fuldaer Bischofskonferenz steuerte im Herbst 1941 der schon länger schwelende Streit über die fruchtlose »Eingabenpolitik«[10] ihres Konferenzvorsitzenden, des Breslauer Kardinals Adolf Bertram, auf seinen Höhepunkt zu. Es zählt zu den paradoxen Folgen der einzigen gemeinsamen Aktion beider Kirchen, dass wegen der Übergabe der Denkschriften in letzter Minute ein schon fertiggestellter, das Regime offen anklagender Hirtenbrief der katholischen Bischöfe verschoben wurde.

Die Zuspitzung der »Rassenpolitik« zum Völkermord drängte beide christlichen Kirchen stärker als je zuvor, ihre ambivalenten Positionen eindeutig und entschieden zu bestimmen. Die Wende zum millionenfachen Judenmord zeichnete sich für die Kirchen ab, als Ende Oktober 1941 allen deutschen Juden die Auswanderung endgültig verboten wurde und unmittelbar nach der »Wannsee-Konferenz« vom Januar 1942 Informationen über die europaweite »Endlösung der Judenfrage« durchsickerten, die sich durch Berichte aus den noch arbeitenden katholischen Hilfsstellen weiter verdichteten. »Es besteht wohl der Plan, die Juden auszurotten«, notierte der katholische Bischof von Osnabrück, Hermann Wilhelm Berning, bereits am 5. Februar 1942. »Was kann geschehen? Können die Bischöfe öffentliche Anklage von den Kanzeln dagegen erheben?«[11]

Der katholische Berliner Bischof Konrad Graf von Preysing erfasste wohl als einziger kirchlicher Würdenträger in Deutschland die mörderische und vor allem totalitäre Wirklichkeit des NS-Regimes. Sein aufsehenerregender, sogar im amerikanischen Senat verlesener Adventshirtenbrief über die Grundlagen des Rechts hob im Dezember 1942 die universale Gültigkeit des unverfügbaren göttlichen Rechts und der sich daraus ableitenden natürlichen Menschenrechte klar hervor. Wissend um Deportation und Judenmord sprach Preysing am Scheitelpunkt des europäischen Krieges damit indirekt der staatlichen Obrigkeit ihre Legitimität ab.

Ob die staatliche Führung deshalb auch gewaltsam beseitigt werden dürfe, war im Widerstand des von jungen christlichen Konservativen initiierten »Kreisauer Kreises« durchaus umstritten; die verschüttete christliche Begründung des sittlich gerechtfertigten Tyrannenmordes musste erst mühsam wiederentdeckt werden. An den zwischen 1941 und 1943 erarbeiteten Zukunftsentwürfen zur politischen und sozialen Neuordnung waren Christen beider Kirchen (unter anderem Helmuth James Graf von Moltke, die Theologen Alfred Delp und Eugen Gerstenmaier) maßgeblich beteiligt. Ihre wagemutigen Verbindungen zu den Verschwörern des 20. Juli 1944 bezahlten die führenden Köpfe der »Kreisauer« mit ihrem Leben.

Beide christlichen Kirchen schärften im Herbst 1943 den Gläubigen das grundsätzliche christliche Mordverbot ein. Eindeutig und klar hieß es in dem am 12. September 1943 reichsweit ver-

lesenen Hirtenbrief der katholischen Bischöfe über die Zehn Gebote: »Tötung ist in sich schlecht, auch wenn sie angeblich im
Interesse des Gemeinwohls verübt würde: An schuld- und wehrlosen Geistesschwachen und -kranken, an unheilbar Siechen und
tödlich Verletzten, an erblich Belasteten und lebensuntüchtigen
Neugeborenen, an unschuldigen Geiseln und entwaffneten Kriegs-
oder Strafgefangenen, an Menschen fremder Rassen und Abstammung.«[12] Auch die Obrigkeit könne und dürfe nur wirklich »to-
deswürdige« Verbrechen mit dem Tode bestrafen. Gegen den
Kranken- und Judenmord, aber ebenso gegen den im Februar 1943
von Goebbels beschworenen »totalen Krieg« der Rache und Gewalt war damit eine markante Barriere gezogen worden.

Der 1939 gewählte Papst Pius XII. überantwortete es den Bischöfen der einzelnen Länder zu entscheiden, wie sie jeweils gegen
das nationalsozialistische Unrechtsregime vorgehen wollten. Das
offene Eintreten gerade der deutschen Bischöfe für die Menschenrechte befürwortete er ausdrücklich. Der Papst selbst beschwor bei
zahlreichen Gelegenheiten die Einhaltung von Gottes- und Men-
schenrecht, den im Gang befindlichen Völkermord an den Juden verurteilte er 1942 und 1943 allerdings nur in kurzen Worten.
Der in Genf angesiedelte evangelische »Ökumenische Rat der Kirchen« und das Internationale Rote Kreuz vermieden gleichfalls offene Proteste zugunsten stiller Hilfsaktionen. Pius XII. war indes
ebenso wenig wie sein Vorgänger ein Antisemit. Selbst weniger Ak-
teur als »Spielball der Mächte«[13] und einer traditionellen politischen Neutralität verpflichtet, die der Kriegsverlauf dann in ihrer
Substanz widerlegte, intervenierte der gut unterrichtete Heilige
Stuhl über seine Nuntien in allen Ländern, in denen Juden verfolgt
wurden – mit unterschiedlichem Erfolg. Zugleich beteiligten sich
Pius XII. und der Vatikan an Hilfsaktionen zugunsten der Juden.
Dieser Reflex der alten Schutzfunktion der Päpste rettete schät-
zungsweise 100 000 Juden vor der Deportation und Ermordung.

In den Forschungsdiskussionen über die Kirchen im »Dritten Reich« sind historische, theologisch-konfessionelle und geschichtspolitische Diskurse in eigentümlicher Weise miteinander verschränkt. Im Protestantismus führte die Zersplitterung von Kirchen und Bekenntnis während der NS-Zeit nach 1945 dazu, dass die Auseinandersetzungen mit der eigenen jüngsten Vergangenheit primär das zersprungene Kirchenbild betrafen. Die Diskussionen erhielten geradezu gegensätzlich zur katholischen Kirche theologische Qualität. In der historischen Erforschung der Kirchen im »Dritten Reich« herrscht in Deutschland unter anderem deshalb bis heute eine konfessionelle Trennung vor. In der Protestantismusforschung nehmen sich fast ausschließlich Theologen und Kirchenhistoriker wie Gerhard Besier, Martin Greschat, Jochen-Christoph Kaiser, Kurt Meier, Joachim Mehlhausen, Kurt Nowak und Klaus Scholder des Themas an, während es in der Katholizismusforschung ganz überwiegend Profanhistoriker sind, etwa Ulrich von Hehl, Hans Günter Hockerts, Karl-Joseph Hummel, Heinz Hürten, Rudolf Morsey oder Konrad Repgen.

In der katholischen Kirche bestimmte das Zweite Vatikanische Konzil (1962–1965) das Kirchenverständnis und das Verhältnis zum Judentum neu. Kirchenhistoriker, die sich mit der NS-Zeit befassen, sind seitdem als Theologen auch mit einer radikal neu gestellten Gottes- und Christentumsfrage konfrontiert, wie sie von der Politischen Theologie angesichts des Holocaust formuliert wurde. Überdies wird das »Versagen« der kirchlichen Hierarchie im »Dritten Reich« ins Visier genommen. Das faktengelöste Geschichtsbild vom schuldhaften »Schweigen« des Papstes schließlich, das 1963 der Dramatiker Rolf Hochhuth in seinem Stück »Der Stellvertreter« wirkmächtig inszenierte, scheint weithin als historisches Faktum akzeptiert zu sein. In jedem Fall aber gilt seit Hochhuths Stück der fehlende lautstarke öffentliche Protest als das unumstößliche Kriterium, um kirchliches Verhalten im »Dritten Reich« zu beurteilen.

Diese Eigenart der zugleich historisch-kritisch und theologisch bestimmten und »dramatisch« überformten Forschungsdiskussion wirkt sich auf die Antworten der umstrittenen Fragen nach »Schuld« und »Widerstand« spürbar aus. Je nach methodologischem Zugang und Standpunkt zur jeweiligen Kirche fallen die Urteile über das Verhalten von Kirchen und Christen sehr verschieden aus. Die totalitarismustheoretische Deutung sieht in den christlichen Demokraten der Weimarer Republik sowie in der katholischen und der Bekennenden Kirche die einzigen gesellschaftlichen Kräfte, die sich bis zum Ende dem totalitären Weltanschauungsanspruch des NS-Regimes und seinem radikalen Vernichtungswillen erfolgreich entgegengestemmt haben. Dieser These hat eine sozialgeschichtlich argumentierende Forschung entgegengestellt, die christliche »Resistenz«[14] sei gleichsam »milieuegoistisch«[15] gewesen, weil sie sich nur auf die Verteidigung der eigenen Kirchenmauern beschränkt habe. Allerdings war solcher »Egoismus« für die deutsche Milieugesellschaft insgesamt konstitutiv und wurde gerade mit der kirchlichen Anklage gegen die flagrante Verletzung universaler Menschenrechte zum Teil überwunden.

In weitaus größerer Schärfe durchziehen dieselben Argumente auch die Auseinandersetzungen über den Holocaust und das Verhalten der Kirchen. Der Einschätzung, die fürsorgerischen Hilfen für die todesbedrohten christlichen »Nichtarier« seien als »wesentliche Widerstandshandlung unter dem nationalsozialistischen Totalitarismus zu sehen«,[16] wird mit der zweifelhaften These entgegnet, alle kirchlichen Bemühungen hätten stets nur den »eigenen« Gläubigen, nicht aber dem Schicksal der Juden insgesamt gegolten.[17] Im Brennpunkt aber steht stärker denn je Papst Pius XII. und sein »Schweigen«. Angesichts der ungeheuerlichen Verbrechen an den Juden erscheint aus heutiger Sicht alles andere als ein lautstarker Protest kaum verstehbar, wobei allerdings über die Wirkung einer solchen Haltung nur spekuliert werden kann. Pierre Blet hat zur Erklärung der päpstlichen Gewissensentscheidung auf die Abwägung verwiesen, durch den Verzicht auf öffentlichen Protest größeres Übel zu vermeiden (*»ad maiora mala vitanda«*) und Deportationen stattdessen auf dem Wege stiller Diplomatie und Einzelhilfe zu verhindern. Dagegen hat Saul Friedländer argumentiert, die Furcht des Papstes vor der kommunistischen Bedrohung habe entschiedenes Handeln verhindert, ohne dass sich ein solcher Zusammenhang überzeugend nachweisen ließe.

In diesen Kontroversen erscheint die von Olaf Blaschke in die Diskussion eingeführte und inzwischen häufig verwendete Formulierung vom »katholischen« beziehungsweise »protestantischen« Antisemitismus wenig hilfreich. Sie ebnet begrifflich die Unterschiede zum rassenideologischen Antisemitismus und den unbestrittenen Ambivalenzen im christlich-jüdischen Verhältnis ein, um den Holocaust direkt mit seiner christlichen Vorgeschichte im 19. Jahrhundert verbinden zu können. Schon um so gravierende Fehlschlüsse wie jene Daniel J. Goldhagens (christlich = antisemitisch) künftig zu verhindern, sollte an einer differenzierenden Terminologie festgehalten werden.[18]

Die lange zwischen Klaus Scholder und Konrad Repgen geführte und breit rezipierte Kontroverse darüber, ob der Heilige Stuhl 1933 das Konkordat um den Preis der Auflösung der Zentrumspartei geschlossen hat, ist indes erledigt. »Die Aktenlage gibt eine solche ›Dolchstoßtheorie‹ nicht her«,[19] so jedenfalls lautet ein abschließendes Urteil.

In ihrer Essenz zeigen die Forschungsdebatten, dass sich die vielfältigen Ambivalenzen kirchlich-christlichen Verhaltens einfachen »Täter-Opfer«-Zuschreibungen entziehen. Die schwierige Situation der Kirchen resultierte aus der Mehrdeutigkeit der NS-Ideologie und ihrer auf die Kirchen bezogenen, geschmeidigen Umsetzung durch Hitler. Diese suchten daran zumindest partiell anzuknüpfen, immer zurückblickend auf die je eigenen konfessionellen, gegeneinander abgegrenzten Traditionslinien. Das gelang vor allem, wenn Religion und Politik ineinandergriffen. Der Bezug auf gemeinsame Leitideen, wie die eines Staates, dem man Gehorsam schuldete, auf die »Nation« und den »Antibolschewismus« standen daher nicht im Widerspruch zur Loyalität gegenüber der Kirche, auch die »Treue zum Führer« ließ sich mit dem hierarchischen Ordnungsdenken der christlichen Kirchen vereinbaren. Ein Anknüpfen gelang hingegen nicht, wenn die Umsetzung der NS-Ideologie sich gegen die kirchlichen Traditionen richtete (zum

Beispiel wenn es um Kirchen- und Bekenntnisfreiheit oder die Rassenlehre ging). Mühsame – und insbesondere in den evangelischen Kirchen aufreibende – Klärungsprozesse ergaben sich, wenn sich der Regimedruck auf Probleme richtete, für die innerhalb der Kirchen selbst noch keine einheitliche Linie existierte. Zu nennen wären hier die Stichworte Demokratie, Judentum und Sterilisation.

Die ambivalente christliche Haltung zum Antisemitismus, die eine kirchliche Unterstützung für »Nichtarier« nicht ausschloss, aber Hilfen für Juden eben auch nicht förderte, wurde von der Radikalität des nationalsozialistischen Vernichtungswillens überrollt. Seinen kirchenpolitisch größten Gewinn aber zog das NS-Regime aus der mangelnden Geschlossenheit der christlichen Kirchen. Die innere Zerrissenheit des Protestantismus und der kaum überbrückte Graben zwischen den christlichen Konfessionen trugen zu den mehrstimmigen Positionsbestimmungen der Kirchen gegenüber dem Nationalsozialismus entscheidend bei. Der öffentliche Protest blieb eine Sache weniger deutscher Bischöfe, vor allem der katholischen Minderheit. Zu wirksamen konfessionsübergreifenden Positionen fand das konfessionell getrennte Christentum trotz mancher Übereinstimmungen nicht.

Weiterführende Literatur

Blaschke, Olaf, Katholizismus und Antisemitismus im Deutschen Kaiserreich, Göttingen [2]1999.

Blet, Pierre, Papst Pius XII. und der Zweite Weltkrieg. Aus den Akten des Vatikans, Paderborn [2]2001.

Brechenmacher, Thomas, Der Vatikan und die Juden. Geschichte einer unheiligen Beziehung vom 16. Jahrhundert bis zur Gegenwart, München 2005.

Dierker, Wolfgang, Himmlers Glaubenskrieger. Der Sicherheitsdienst der SS und seine Religionspolitik 1933–1941, Paderborn [2]2003.

Friedländer, Saul, Das Dritte Reich und die Juden. Bd. 2: Die Jahre der Vernichtung, 1939-1945, München [2]2006.

Gailus, Manfred, Protestantismus und Nationalsozialismus. Studien zur nationalsozialistischen Durchdringung des protestantischen Sozialmilieus in Berlin, Köln 2001.

Gotto, Klaus/Repgen, Konrad (Hrsg.), Die Katholiken und das Dritte Reich, Mainz [3]1990.

Gruber, Hubert (Bearb.), Katholische Kirche und Nationalsozialismus 1930–1945. Ein Bericht in Quellen, Paderborn 2006.

Hehl, Ulrich von, u.a. (Bearb.), Priester unter Hitlers Terror. Eine biographische und statistische Erhebung, 2 Bde., Paderborn [4]1998.

Hummel, Karl-Joseph/Kösters, Christoph (Hrsg.), Kirchen im Krieg. Europa 1939–1945, Paderborn 2007.

Hürten, Heinz, Deutsche Katholiken 1918–1945, Paderborn 1992.

Kösters, Christoph, Katholische Kirche im nationalsozialistischen Deutschland. Aktuelle Forschungsergebnisse, Kontroversen und Fragen, in: Ethica. Jahrbuch des Instituts für Religion und Frieden 2003, S. 228–240 (download: www.kfzg.de).

Meier, Kurt, Kreuz und Hakenkreuz. Die evangelische Kirche im Dritten Reich, München [2]2001.

Nowak, Kurt, Geschichte des Christentums in Deutschland. Religion, Politik und Gesellschaft vom Ende der Aufklärung bis zur Mitte des 20. Jahrhunderts, München 1995.

Röhm, Eberhard/Thierfelder, Jörg, Juden, Christen, Deutsche 1933–1945, 4 Bde., Stuttgart 1992–2007.

Scholder, Klaus, Die Kirchen und das Dritte Reich. Bd. 1: Vorgeschichte und Zeit der Illusionen; Bd. 2: Das Jahr der Ernüchterung. 1934. Barmen und Rom, München 2000; fortgesetzt v. Gerhard Besier, Die Kirchen und das Dritte Reich. Spaltungen und Abwehrkämpfe. 1934–1937, Berlin 2001.

Wolf, Hubert (Hrsg.), Ökumenische Kirchengeschichte. Bd. 3: Von der Französischen Revolution bis 1989, Darmstadt 2007.

Julius Leber vor dem
Volksgerichtshof in Berlin,
Oktober 1944

Zwischen Nonkonformität und Widerstand

Abweichendes Verhalten unter nationalsozialistischer Herrschaft

ALFONS KENKMANN

In der heutigen Bundesrepublik gibt es Hunderte von Schulen, die den Namen der Geschwister Scholl tragen, Kasernen, die nach Claus Graf Schenk von Stauffenberg benannt sind, jährlich werden Ehrungen ausgesprochen und Preise verliehen, die an die Widerstandskämpfer gegen das »Dritte Reich« erinnern. Schon die hohe Zahl dieser Widmungsakte unterstreicht, wie sehr die Erinnerung an die Oppositionellen und Widerstandskämpfer gegen das NS-Regime lebendiger Bestandteil der geschichtskulturellen Landschaft im Nachkriegsdeutschland ist.

Dass der sogenannte »Schwur von Buchenwald« zum zentralen Element des antifaschistischen Gründungsmythos der DDR erhoben wurde, verdeutlicht die Funktionalisierung des kommunistischen Widerstands im Sinne des SED-Parteiapparates. In der Bundesrepublik wurden hingegen vor allem der militärische Widerstand des 20. Juli 1944, die Flugblätter der »Weißen Rose« und der Protest des katholischen Bischofs von Galen gegen die »Euthanasie« als Vorbild und Modell eines besseren Deutschlands herangezogen und in das Album staatspolitischer Repräsentation integriert. Die Fokussierung auf ausgewählte Persönlichkeiten nur eines Teils der Opposition gegen das »Dritte Reich« blendete allerdings wichtige Teile des politischen Spektrums wie den kommunistischen Widerstand aus und verstellte für mehrere Jahrzehnte den Blick auf die Nuancen abweichenden Verhaltens unter der nationalsozialistischen Diktatur.

Den Mut zum Widerstand unter den Bedingungen der nationalsozialistischen Diktatur fanden nur sehr wenige. Dies gilt insbesondere dann, wenn man dazu vor allem Aktionen zählt, die auf den Sturz der NS-Diktatur abzielten. Zu sehr war das politische Verhalten im Alltag geprägt von einer Fülle divergierender Handlungsoptionen: Mitmachen stand neben dem Verweigern, Teilnahme neben dem Rückzug, Hinnahme neben dem Protest. Die individuelle Entscheidung zur nonkonformen Handlung, zur Verweigerung oder gar zum Protest war eingebunden in die Formen nationalsozialistischer Herrschaft als sozialer Praxis: Milieuspezifischer Eigensinn paarte sich mit Momenten des Konsenses. Denn mit dem Herstellen der nationalsozialistischen »Volksgemeinschaft« hatte der Nationalsozialismus ein »Mobilisierungskonzept zur Überwindung traditionaler Verkrustungen einer überkommenen bürgerlichen Gesellschaft hin zu einer moralisch freigesetzten, entfesselten Leistungsgesellschaft«[1] in der Hand, das die konsensualen Elemente stärkte. Dissens konnte daher den nationalsozialistischen Herrschaftsanspruch wohl partiell begrenzen, dessen Zielrichtung jedoch kaum wirkungsvoll verändern.

Gleichwohl äußerte sich Dissens in unterschiedlichen Praktiken abweichenden Verhaltens. Sich nur auf die Widerstandsaktivitäten politisch entschiedener Gegner des nationalsozialistischen Regimes zu konzentrieren, hieße daher, große Teile des breiten Spektrums abweichender Verhaltensformen auszublenden, die vom NS-Regime sehr wohl als Begrenzung seines Herrschaftsanspruchs empfunden wurden. Der Horizont solcher Handlungsoptionen entfaltete sich nicht nur aus einer biographischen Zugehörigkeit zu einer bestimmten gesellschaftlichen Gruppe, die wiederum geprägt war durch ihre Zugehörigkeit zu spezifischen sozialmoralischen Milieus. Eine Helfer- und Widerstandskarriere konnte sich durchaus auch situativ entwickeln.

Eine angemessene Beurteilung abweichenden Verhaltens unter den Bedingungen der NS-Herrschaft verlangt nach genauen Kriterien, die den Grad und die Wirkung solcher Handlungen unterscheiden. Hier setzt das von Detlev Peukert entwickelte Modell der Formen nonkonformen Verhaltens unter der NS-Diktatur an. Zu der von ihm gewählten Skala abweichender Verhaltensformen zählen in aufsteigender Reihenfolge Nonkonformität, Verweigerung, Protest und Widerstand.[2]

Nonkonformes Handeln war zumeist im privaten Raum angesiedelt, den auch der nationalsozialistische Verfolgerstaat nicht in Gänze zu durchdringen vermochte. In der Skat-Runde mit Freunden, in der Familie, der Nachbarschaft, auf der Straße oder in der privaten Wandergruppe etc. wurden häufig – auch spontan – einzelne Normenverletzungen begangen: Das konnte ein Goebbels-Witz sein, der zum Besten gegeben wurde, obwohl damit ein Verstoß gegen das sogenannte »Heimtücke-Gesetz« von 1934 verbunden war; das konnte die kritische Bemerkung über die Winterhilfswerk-Sammlung sein, ein ausländischer Sender, der gehört wurde, oder aber auch ein »schwarz« geschlachtetes Schwein. Einzelne Normenverletzungen wie diese wurden hunderttausendfach abseits des öffentlichen Raumes begangen und waren durch eine partielle Kritik am nationalsozialistischen System gekennzeichnet. Die Unzufriedenheit richtete sich gegen Einzelmaßnahmen des nationalsozialistischen Herrschaftsapparates, nicht gegen das System als solches, und erwuchs teilweise aus materieller Not und Engpässen in der Kriegswirtschaft.

Akte der *Verweigerung* erfolgten gezielter, mit mehr systemkritischer Substanz und teilweise mit der Intention öffentlicher Wirkung. Zwar ist auch diese Form abweichenden Verhaltens nur eine Teilkritik am nationalsozialistischen System. Indem sie jedoch öffentlich vollzogen wurde, zum Beispiel durch die demonstrative Verweigerung der Teilnahme an Winterhilfswerk-Sammlungen, durch Ablehnung des Abonnements nationalsozialistischer Zeitungen oder die Entscheidung von Eltern, ihre Töchter trotz mehrmaliger Aufforderung nicht zum Dienst im Bund Deutscher Mädel zu schicken, war ihre Wirkung umso größer. Auch die persönliche Form des Protestes am Arbeitsplatz, sich der 50- bis 60-stündigen Beanspruchung in der Woche trotz bereits erfolgter Maßregelung weiterhin durch gelegentliche »Arbeitsbummelei« zu entziehen, zählen zur individuellen Verweigerung.

Der *Protest* als dritte Stufe abweichenden Verhaltens zeichnete sich dadurch aus, dass er zunehmend öffentlich stattfand und sich an Teilbereichen des Regimes festmachte. Er ist zu unterscheiden von dem Selbstverständnis einzelner Widerstandskämpfer und unterschiedlicher Widerstandsgruppen, die das nationalsozialistische Regime als Ganzes ablehnten. Unterschiedliche Teilgruppen der Gesellschaft haben zwischen 1933 und 1945 spezifische Protesthaltungen hervorgebracht. Drei Beispiele mögen die Breite der Protestanlässe verdeutlichen: das der Kirche während des »Dritten Reichs«, das der Jugendsubkultur der »Edelweißpiraten« und der Fall »Rosenstraße« in Berlin.

Die Verteidigung des kirchlichen Raumes gegen nationalsozialistische Übergriffe bestimmte lange Zeit die Haltung der Kirchenobrigkeiten im »Dritten Reich«. Mit dem Reichskonkordat vom 20. Juli 1933 fand eine erste Phase der Unsicherheit zukünftigen Agierens in den Gemeinden ihr Ende. Auf Basis des Konkordats überwogen in den ersten Jahren der nationalsozialistischen Diktatur Formen der Koexistenz und der Zusammenarbeit zwischen Kirche und NS-Staat. Trotz der Diffamierung katholischer Klöster als »Horte der Homosexualität« und zunehmender staatspolizeilicher Überwachung der kirchlichen Einrichtungen fanden beide Seiten mit Beginn des Zweiten Weltkriegs zu einem erneuten »Burgfrieden«, den die Kirchenführung auch im Angesicht von Himmlers »Klostersturm« und den nationalsozialistischen »Euthanasie«-Morden nur in wenigen Fällen durch grundsätzliche Kritik am NS-Regime infrage stellte. Anders als das Handeln vieler Geistlicher in den Gemeinden, die den religiösen Raum couragiert gegen die Ansprüche der NS-Akteure verteidigten, sind die Handlungen der katholischen Hierarchie – von einzelnen Ausnahmen wie dem Münsteraner Bischof von Galen und dem Berliner Bischof Preysing abgesehen – daher nur selten als grundsätzliche Opposition zu verstehen. Auch die Pfarrer der evangelischen »Bekennenden Kirche« taten sich nach einem 400 Jahre währenden Bündnis von Thron und Altar schwer, die obrigkeitsstaatlichen

Traditionen des deutschen Protestantismus über Bord zu werfen. Widerständler wie Dietrich Bonhoeffer oder Martin Niemöller und einige wenige andere blieben die Ausnahme. Wie bei den großen Kirchen fanden im Übrigen auch unter den Angehörigen kleinerer religiöser Gemeinschaften wie den Zeugen Jehovas nur wenige den Weg zum politischen Widerstand, viele aber den Tod, weil sie nach der Einberufung zum Militärdienst den Kriegsdienst konsequent verweigerten, worauf die Todesstrafe stand. Von 117 Todesurteilen, die das Reichskriegsgericht im ersten Kriegsjahr 1939/40 aussprach, trafen allein 112 junge Angehörige der Zeugen Jehovas. Sie waren – wie es der Landesbischof der Evangelisch-Lutherischen Landeskirche Hannover 1947 feststellte – »die einzigen Kriegsdienstverweigerer großen Stiles (…), die es im Dritten Reich gegeben hat, und zwar offen und um des Gewissens willen«.[3]

Gegen den Alleinvertretungsanspruch der nationalsozialistischen Staatsjugend, der Hitlerjugend (HJ), richtete sich der Protest der »Edelweißpiraten«, einer jugendlichen Subkultur, die sich aus dem traditionellen Arbeitermilieu insbesondere des rheinisch-westfälischen Industriegebiets rekrutierte. Mit eigener Kluft und eigenen Liedern versuchten diese Jugendlichen, die auch körperliche Auseinandersetzungen nicht scheuten, ihr Freizeitterrain gegen die Ansprüche der HJ zu behaupten. Sie zerstörten HJ-Aushängekästen und blieben kollektiv dem Dienst in der HJ unter den Bedingungen des Luftkrieges fern. Bei dieser Form des Jugendprotestes handelte es sich wiederum um eine partielle Ablehnung des NS-Regimes, denn der unter männlichen Facharbeitern stark verbreitete männliche Habitus, die Technikbegeisterung sowie die jugendliche Abenteuerlust ließen die Mitglieder vielfach eine Zugehörigkeit zur Waffen-SS anstreben. Die gegen die sogenannten Rädelsführer erteilten Gefängnisstrafen und vielfach ausgesprochenen Einweisungen in die Fürsorgeerziehungsanstalten unterstreichen, wie sehr die nationalsozialistischen Akteure in der zweiten Hälfte des Krieges ihren Anspruch auf die alleinige Erziehung der Jugend durch die »Edelweißpiraten« gefährdet sahen. Für einen differenzierten Blick fehlte, den drohenden militärischen

Zusammenbruch vor Augen, die Zeit, weshalb den Jugendlichen in den staatspolizeilichen Ermittlungsberichten und den Land- und Sondergerichtsurteilen vorschnell unterstellt wurde, sie führten – nach 1918 – den »zweiten Dolchstoß« im Rücken der Kämpfenden an der Front. Unter einer solchen Prämisse wurde die Aufsässigkeit der »Edelweiß«-Jugendlichen in den Augen der nationalsozialistischen Verfolgungsinstanzen zum politischen Sabotageakt. Die Historiographie kommt aber zu einem anderen Ergebnis: Unter dem Gesichtspunkt einer *longue durée* jugendlicher Renitenz sind die Proteste der Jugendlichen weniger ursächlich in den Besonderheiten der nationalsozialistischen Jugendpolitik begründet als vielmehr in den Kontinuitäten adoleszenter Aufsässigkeit seit der Entdeckung des Jugendlichen in der hochindustrialisierten Gesellschaft Ende des 19. Jahrhunderts.

Einen Sonderfall des Protestes stellt die Widersetzlichkeit Dutzender Angehöriger, meist Ehefrauen, im Februar/März 1943 in der Berliner Rosenstraße dar. Sie protestierten gegen die sogenannte »Fabrik-Aktion« am 27./28. Februar 1943, im Zuge derer 2000 deutsche Juden bei einer kurzfristig angesetzten Razzia inhaftiert wurden. Hierbei handelte es sich um eine Methode, die man zuvor zumeist im Osten eingesetzt hatte, um Juden und später auch Zwangsarbeitern habhaft zu werden. Bei der Razzia wurden die Betreffenden von brutal zuschlagenden SS-Leuten aus Fabriken und Häusern gezerrt und in einem Gebäude der jüdischen Gemeinde Berlins festgehalten. Unter ihnen befanden sich auch viele Juden aus privilegierten »Mischehen«. Deren Frauen und Angehörige protestierten gegen die Zwangsmaßnahmen und die drohende Überstellung in Arbeitslager und forderten ihre Freilassung. Der Protest war schließlich erfolgreich – wie der der katholischen Kirche gegen die »Euthanasie«-Morde. Der Protest der Frauen und Angehörigen im März 1943 erreichte auch deshalb sein Ziel, weil viele Verhaftete den Berliner Eliten angehörten, insbesondere dem künstlerischen Milieu. Diese Eliten verfügten immer noch über einigen Einfluss. Außerdem wurde diesem öffentlichen Aufbegehren trotz der kriegsbedingten Einschränkungen in Berlin ein gewisses Maß an Weltöffentlichkeit zuteil, wie Meldungen in der BBC und eine Depesche der Berner US-Botschaft unterstreichen. Die Proteste in der Rosenstraße sind aus diesen Gründen als Sonderfall anzusehen.

Widerstand als Form abweichenden Verhaltens ist als umfassendster Ausdruck der Systemkritik mit der größten Wirkungsmächtigkeit zu verstehen: Das nationalsozialistische Regime wurde nicht mehr nur partiell, sondern als Ganzes verworfen und konkrete Pläne zur Beseitigung der totalitären Herrschaft entwickelt. Dem NS-Regime wurde mündlich, schriftlich und mit Taten entgegengetreten, sein Fundament durch unterschiedliche Maßnahmen unterhöhlt. Mit ihren auf den Sturz des Regimes gerichteten Zielen finden sich Einzelkämpfer wie Georg Elser, der bereits am 8. November 1939 versucht hatte, Hitler während einer Ansprache im Münchener Bürgerbräukeller anlässlich des Gedenkens an den gescheiterten Putsch von 1923 mit einer Zeitzünder-Bombe zu töten, die Männer des 20. Juli 1944, die »Weiße Rose« und kommunistische Gruppen in einer gemeinsamen Opposition gegen die nationalsozialistische Diktatur – und das, obwohl ihre Ziele kaum unterschiedlicher hätten sein können.

Die nationalsozialistischen Akteure hatten nach der »Machtergreifung« ihren Praxistest bei der Bekämpfung des kommunistischen und sozialdemokratischen Widerstands. Der revolutionäre Umgestaltungsschub von SA und SS – oft im legalen Mantel einer »Hilfspolizei« – offenbarte damals bereits sein gesamtes Arsenal von Einschüchterung bis Mord. Für die Täter brachte die Verfolgung, Drangsalisierung und der Mord an »Feinden« der Bewegung über die Selbstvergewisserung der eigenen Macht die Erhöhung der eigenen Identität.

Institutionell wurden neben der Justiz die Polizei und die »Amtswalter« der vielfältigen NS-Organisationen zum Vollstrecker des nationalsozialistischen Volksgemeinschaftsentwurfes. Die Geheime Staatspolizei wurde zum Symbol einer ungehinderten Repressionsmacht. Im Verselbständigungsprozess der Gestapo während der »Machtergreifungsphase« kam bereits eine qualitative Änderung der polizeilichen Funktion zum Ausdruck. Denn die Verfolgung, Verhaftung und auch Tötung von Kommunisten,

Sozialdemokraten, Linksintellektuellen zielte nicht auf die Ahndung gesetzwidrigen Verhaltens, sondern auf die Ausschaltung sogenannter »Gemeinschaftsfremder«. Charakteristisch für den polizeilichen »Dienst am Volke« wurde der Wandel vom defensiven zum präventiven Staatsorgan sowie zur offensiv operierenden Weltanschauungsexekutive.

Von großer Bedeutung für die Durchschlagskraft des nationalsozialistischen Verfolgungsapparates wurde 1936 die gewünschte Verschmelzung von Polizei und SS unter dem »Reichsführer SS und Chef der deutschen Polizei« Heinrich Himmler, welche dem klassischen Instrument des staatlichen Vollzugs, der Polizei, eine strikt weltanschauliche Ausrichtung implementierte: Geheime Staatspolizei (Gestapo) und Kriminalpolizei (Kripo) firmierten seither unter dem gemeinsamen Dach der Sicherheitspolizei (Sipo). Wirkungsmächtig konnte die Sicherheitspolizei aber nur werden, weil ihrem nur wenige tausend Personen zählenden Apparat durch hunderttausendfache Denunziationen die Vorgänge auf die Schreibtische geschafft wurden.

Im Gegensatz zur Polizei verblieb die für politische Delikte zuständige Strafjustiz bei der staatlichen Verwaltung, wo sie eine große Rolle als Werkzeug der politischen Verfolgung und des Terrors spielte. Nachdem bereits im März 1933 bei den Oberlandesgerichten je ein Sondergericht installiert worden war, fielen die in der »Heimtücke«-Verordnung und »Reichstagsbrandverordnung« bezeichneten »Verbrechen« und Vergehen, die sich vor allem gegen die frühen Gegner-Aktivitäten richteten, in die Zuständigkeit der Sondergerichte. Sie waren damit nichts anderes als politische Staatsschutzkammern der Landesjustizverwaltungen, gegen deren Entscheidung es keine Rechtsmittel gab. Ende 1942 verdeutlichte die Zahl von 72 Sondergerichten nicht nur das Ausmaß der Expansionspolitik des NS-Staates, sondern ebenso den Siegeszug des nationalsozialistischen Maßnahmenstaats. Mit ihren rund 11 000 verhängten Todesurteilen, vor allem wegen Delikten nach der »Heimtücke«- (1933) oder »Kriegssonderstrafrechts-Verordnung« (1938) oft standgerichtsähnlich ausgesprochen, leisteten die Richter an diesen typischen nationalsozialistischen Strafgerichten ebenso ihren Beitrag zur brutalen Unterdrückung oppositionellen Aufbegehrens, wie der im April 1934 eingerichtete Volksgerichtshof mit rund 5300 ausgesprochenen Todesurteilen und mehr als 9000 verhängten Freiheitsstrafen. Zunächst als Sondergericht zur Aburteilung von Hoch- und Landesverratsdelikten installiert, wurde er 1936 zu einem regulären Gericht. Mindestens weitere 25 000 Todesurteile wurden im Reich und in den besetzten Gebieten von den Militärgerichten verhängt.

Verfahren vor dem Volksgerichtshof[4]

	Verfahren	Abgeurteilte Personen
1934	81	300*
1935	216	620*
1936	292	781
1937	264	618
1938	269	614
1939	291	477
1940	552	1094
1941	535	1237
1942	1028	2573
1943	1313	3355
1944	2003	4428
1945	221	603*

* Angaben beruhen auf Schätzungen, da die amtlichen Unterlagen fehlen.

Zielgerichteter *Widerstand* gegen das NS-Regime war das Geschäft einer winzigen Minderheit: In der zweiten Hälfte der 1930er Jahre schätzte die Gestapo den Anteil ihrer »Gegner« unter der deutschen Bevölkerung von rund 70 Millionen auf 0,2 Prozent – umgerechnet etwa 140 000. Treffender lässt sich die begriffliche Zuspitzung »Widerstand ohne Volk« aus den 1950er Jahren kaum begreifbar machen. Den Kern der politisch motivierten Opposition konstituierten die politischen Gruppierungen und Organisationen der Arbeiterbewegung. Die einige Hundert umfassende

Zahl der anderen Widerständigen aus den Reihen der oppositionellen Jugendbünde, der nationalrevolutionären Zusammenschlüsse und der »alten Eliten« fällt demgegenüber kaum ins Gewicht. Vor allem die Mitglieder von KPD und SPD waren es, die in der Herrschaftssicherungsphase des nationalsozialistischen Regimes 1933 bis 1935 Widerstand leisteten. Großzügige Schätzungen gehen von circa 150 000 Kommunisten und einigen Tausend Sozialdemokraten aus, die gemeinsam mit 20- bis 25 000 Personen aus dem Bereich der linken Zwischengruppen Widerstand gegen das NS-Regime leisteten. In der Wahl ihrer Strategien unterschieden sich die beiden großen Parteien der Arbeiterbewegung erheblich, was ein Zusammengehen in einem Zweckbündnis unwahrscheinlich werden ließ.

Die KPD-Leitung – von der Fehleinschätzung eines unmittelbar bevorstehenden Arbeiteraufstandes ausgehend – hielt unverändert an der »Sozialfaschismus-These« fest und beschloss, den Kampf gegen den Nationalsozialismus nicht gemeinsam mit der SPD, sondern gegen diese zu führen. Strukturen und Organisationen der KPD und ihrer Nebenorganisationen sollten trotz der Illegalität beibehalten, personelle Verluste durch Verhaftungen wieder aufgefüllt werden. Mit Streuzetteln, Flugblättern und Zeitungen im Kleinformat sowie Broschüren und waghalsigen Kurz-Demonstrationen sollte sowohl Agitation betrieben als auch das Selbstbewusstsein der Mitkämpfer gestärkt werden. Ziel war es, dem NS-Regime auf allen Ebenen zu widerstehen. Die Strategie erwies sich als falsch und führte schon frühzeitig dazu, dass der kommunistische Widerstand in den ersten beiden Jahren im wahrsten Sinne des Wortes ausblutete. Auch der ab 1935 verfolgte strategische Kurs führte nicht zum Erfolg. Die neue Taktik des »trojanischen Pferdes«, das heißt, sich durch Mitwirkung in den nationalsozialistischen Massenorganisationen Aktionsmöglichkeiten zu verschaffen und dort die Widersprüche zwischen den nationalsozialistischen Versprechungen und deren Umsetzung aufzudecken, musste spätestens mit dem »Hitler-Stalin-Pakt« ad acta gelegt werden. Doch konnte zu diesem Zeitpunkt bereits nicht mehr von einem nennenswerten Widerstand gesprochen werden, zu hoch waren die Opfer bis Ende 1936 gewesen: In Gefängnissen und auch (sogenannten »wilden«) Lagern waren bereits 1933/34 rund 60 000 Kommunisten inhaftiert. 1935 wurden die nationalsozialistischen Verfolgungsinstanzen allein 15 000 Kommunisten habhaft. Gegen mindestens 18 200 Kommunisten wurden zwischen 1933 und Ende 1935 3000 Prozesse wegen »Wiederaufbaus der Illegalen KPD« geführt. Von dem furchtbaren Aderlass während des ersten Drittels der NS-Herrschaft konnte sich die kommunistische Widerstandsarbeit nie wieder erholen. Nur einzelne kleine Gruppen rekonstituierten sich nach dem militärischen Überfall auf die Sowjetunion: Der weltanschaulich begründete Vernichtungskrieg sorgte zu spät für klare Perspektiven des Widerstands. Es waren vor allem Einzelpersonen aus den Reihen der Sozialdemokraten und Kommunisten, die im Chaos der Endphase des Weltkrieges unnützes Blutvergießen durch die Übergabe der Macht an die Alliierten vor Ort in den Kommunen und Städten verhinderten, aber ihren Einsatz auch häufig (wie in Aachen und Düsseldorf) mit dem Leben bezahlten. Sie bildeten wenig später die personelle Basis der Antifa-Ausschüsse, die ein zentrales Bindeglied in der Kommunikation zwischen alliierter Besatzung und deutscher Bevölkerung darstellten.

Anders als die KPD hatte die SPD keine Anstrengungen unternommen, ihre Parteistrukturen in die Illegalität zu überführen. Der sozialdemokratische Parteivorstand hatte bereits im Frühjahr 1933 den Beschluss gefasst, eine Parteizentrale im Ausland aufzubauen – ein Vorhaben, das mit dem Exilvorstand der Sozialdemokratischen Partei Deutschlands (Sopade) in Prag und Paris auch erfolgreich umgesetzt wurde. Die Vorstandsmitglieder zählten zu den circa 10 000 Funktionären und Mitgliedern der SPD sowie der linken Zwischengruppen, die nach der »Machtergreifung« aus Deutschland flüchteten. Die Sopade zeigte sich verantwortlich für die Erstellung von Schriften, die über die Gewaltherrschaft des NS-Regimes informierten. Illegal in das Reichsgebiet geschmuggelt, fanden sie dort jedoch nur Verbreitung in kleinen Zirkeln. Im Reich selbst verzichteten die sozialdemokratischen Regimegegner bis auf wenige Ausnahmen auf den Aufbau größerer Organisationsnetzwerke. Vor Ort vertrauten die Genossen eher auf den lokalen Zusammenhalt in »Laubenpieper-Kolonien«, Gesangsvereinen und Vorständen von aufgelösten Ortsvereinen und Sterbekassen.

War die Herrschaftssicherungsphase des NS-Regimes noch durch sozialistische Widerstandsaktivitäten gekennzeichnet, wurde die zielgerichtete Gegenwehr gegen die Offerten des NS-Regimes während der Konsolidierungsphase der NS-Herrschaft 1936 bis 1941 außerhalb kommunistischer Untergrundaktivitäten zur zumeist einsamen Tat Einzelner. Erst die Dynamisierung und Radikalisierung der nationalsozialistischen Politik durch den Massenmord an den Psychiatriepatienten und den Vernichtungskrieg gegen die Sowjetunion brachte ein Aufleben der Widerstandstätigkeit in unterschiedlichen gesellschaftlichen Bereichen. Mit sechs Flugblättern, in waghalsigen Aktionen zwischen Juni 1942 und Februar 1943 verteilt und verschickt, versuchten die Mitglieder der »Weißen Rose« in München nicht nur eine publizistische Wirkung im In- und Ausland zu erreichen und die Adressaten durch den Appell an abendländisch-christliche Werte aufzurütteln. Gerade die Aktionen der Gruppe um die Geschwister Hans und Sophie Scholl, Christoph Probst, Alexander Schmorell und Willi Graf sowie Professor Kurt Huber zu Beginn des Jahres 1943 unterstreichen letztendlich das verzweifelte Ansinnen, aus eigener Kraft einen Wechsel herbeizuführen. Der Verhaftung von Hans und Sophie Scholl am 18. Februar 1943 in der Münchner Universität folgten weitere Festnahmen von Mitstreitern der Geschwister. Zwischen dem 22. Februar und 13. Oktober 1943 wurden die Hauptbeteiligten verurteilt und hingerichtet, viele aus dem Freundeskreis der »Weißen Rose« zu langjährigen Gefängnisstrafen verurteilt.

Die Radikalisierungsschübe nationalsozialistischer Politik mit ihrer zunehmenden Etablierung des Maßnahmenstaates und der explizit betriebenen systematischen Ermordung der europäischen Juden sowie die sich abzeichnende Niederlage waren verantwortlich für die Rekonstituierung des militärischen Widerstandes, dem die britische und französische *Appeasement*-Politik und die darauf gründenden außenpolitischen Erfolge Hitlers den Boden für einen

1938 vorbereiteten Staatsstreich entzogen hatten. Neben dem oppositionellen Kreis in der militärischen Abwehr, der jedoch bereits im April 1943 aufgedeckt und zerschlagen worden war, bildeten sich bis 1942/43 drei Widerstandszentren innerhalb der Wehrmacht heraus: im Allgemeinen Heeresamt beim Befehlshaber des Ersatzheeres in Berlin, beim Militärbefehlshaber im besetzten Frankreich in Paris und bei der Heeresgruppe Mitte in Russland. Die Widerständler um die Protagonisten Olbricht, von Stülpnagel und von Tresckow erklärten die Beseitigung Hitlers zur Voraussetzung eines politischen Neuanfangs, dessen inhaltliches Format sie aber den mit ihnen in Kontakt stehenden Angehörigen des »Kreisauer Kreises« überließen. Benannt nach dem niederschlesischen Familiengut Kreisau der Grafen Moltke, hatten sich in diesem Diskussionszirkel schon zur Zwischenkriegszeit 20 bis 40 Angehörige u. a. aus der katholischen Jugendbewegung Neu-Deutschland (zum Beispiel Alfred Delp), der im Sozialen engagierten Arbeitsgemeinschaft Löwenberg (Peter Yorck von Wartenburg, Helmuth James von Moltke, Adolf Reichwein u.a.) und des Hofgeismarkreises der Jungsozialisten (Carlo Mierendorff, Theo Haubach u. a.) zusammengefunden. Vorrangiges Ziel des »Kreisauer Kreises«, das ergaben die Diskussionen auf selbst organisierten Arbeitstreffen Anfang der 1940er Jahre, war die Erneuerung des Staates und seines Verhältnisses zum Individuum, zu den Kirchen sowie zu Wirtschaft und Arbeitswelt. Auf dem Fundament des Christentums sollte darüber hinaus durch die verstärkte Wahrnehmung der Elternrechte und die Bestätigung des kirchlichen Erziehungsauftrags der staatliche Einfluss auf die nachwachsende Generation zurückgedrängt werden. Vor allem diejenigen Mitglieder des »Kreisauer Kreises«, die über kontinuierliche Auslandserfahrungen verfügten, hatten schon seit Kriegsbeginn die Kontaktaufnahme zu den Alliierten gesucht, um Möglichkeiten der Zusammenarbeit zum Sturz Hitlers auszutarieren. Andere, wie Peter Yorck von Wartenburg, Adam von Trott zu Solz und Hans-Bernd von Haeften schlossen sich den Männern des 20. Juli an. Bis auf wenige Ausnahmen wurden die exponierten Vertreter dieses Widerstandszirkels Opfer des Hitlerschen Rachefeldzugs.

Der gescheiterte Stauffenberg-Anschlag am 20. Juli 1944 auf Hitler war der Schlusspunkt der auf den Sturz Hitlers ausgerichteten Widerstandsaktivitäten des Militärs, die gekennzeichnet waren von vielen Verschiebungen und misslungenen Anläufen. Er sollte ein Zeichen für den vollzogenen Bruch mit dem NS-Staat nach innen und außen setzen und hätte bei Gelingen das Leben hunderttausender Zivilisten und Militärangehöriger gerettet.

Bei der besonderen Gruppe der Rettungswiderständler, ihre Zahl wird auf 100 000 Menschen geschätzt, gaben soziale Beziehungen, die Erwartungen des familiären und freundschaftlichen Umfeldes beziehungsweise die Nähe zu den Opfern den Ausschlag zur Rettungstat. Ebenso gab es sehr wohl ungewollte Helferkarrieren, die sich nach einer spontanen Entscheidung sukzessive zur Fortsetzung der Hilfsleistungen durchrangen. Mit dieser Forschungsperspektive hat sich innerhalb der geschichtswissenschaftlichen Diskussion die Ablösung von der kollektiven Resistenz hin zur individuell vollzogenen Handlung durchgesetzt. Die spezifische Form des Rettungswiderstandes ist kaum quantifizierbar. Unter 19 Millionen Wehrmachtsangehörigen wurden bisher etwa 100 Fälle geortet. In der israelischen Gedenkstätte Yad Vashem finden sich unter den 17 500 »Gerechten der Völker« circa 40 Wehrmachtssoldaten. Bei diesen Zahlen ist der Rettungswiderstand nur als Ausnahmefall zu charakterisieren.

Widerstand, Resistenz, Dissens –
Aspekte des wissenschaftlichen Zugriffs

In der frühen deutschen Nachkriegsgeschichte wurde der Blick auf die Opposition zwischen 1933 und 1945 geprägt von der zeitlichen Nähe zur NS-Herrschaft. Die alliierten Besatzungskräfte interessierten sich für diejenigen Personen, die sich noch vor der militärischen Niederlage vom Nationalsozialismus distanziert und das totalitäre System bekämpft hatten. Alle Formen des Protestes und des Widerstandes – ob die Akteure nun Adenauer, von Galen, Stauffenberg, Scholl oder Schink hießen – fanden die Beachtung

der Besatzungsmächte, suchten diese doch nach Anknüpfungs-
punkten für ein zukünftiges demokratisches Deutschland. Hinzu
kamen die gegen die NS-Täter vor Ort angestrengten Prozesse und
das Wissen der Mitlebenden um die Protesthaltungen und Widerstandshandlungen im Freundeskreis und in der Nachbarschaft.

Mit dem »kommunikativen Beschweigen«[5] der NS-Vergangenheit in den 1950er Jahren veränderte sich auch die Haltung innerhalb der deutschen Gesellschaft zu den Kräften des nationalsozialistischen Widerstands. Während sich in der DDR Geschichtswissenschaft und Öffentlichkeit nur einseitig auf den Widerstand
der KPD und ihrer Organisationen bezogen, widmete sich die zeithistorische Forschung im Westen bis in die 1960er Jahre nahezu
ausschließlich den Widerstandskreisen um den 20. Juli, der kirchlichen Opposition und der »Weißen Rose«. Wenn der Widerstand
aus der Arbeiterbewegung Erwähnung fand, dann nur am Beispiel
weniger Sozialdemokraten und Gewerkschaftsführer, die mit dem
militärischen Widerstand kooperiert hatten. Reichswehroffiziere,
Bischöfe und Studenten prägten das Bild vom Widerstand, nicht
jedoch Akte nonkonformer Verhaltensweisen, durch die versucht
wurde, sich dem NS-Regime durch individuelle Verweigerung zu
entziehen. Die Angehörigen der ermordeten und hingerichteten
Widerstandskämpfer befanden sich in der paradoxen Situation,
geschichtspolitisch benutzt, ansonsten aber von breiten Kreisen
der Bevölkerung ausgegrenzt zu werden.

Einen neuen Zugriff auf die Erforschung der deutschen Ge-
sellschaft unter der nationalsozialistischen Diktatur fand eine
Forschergruppe unter Martin Broszat am Münchner Institut für
Zeitgeschichte im Rahmen des Projekts »Bayern in der NS-Zeit.
Herrschaft und Gesellschaft im Konflikt« in den 1970er Jahren.
Ziel war eine NS-Geschichte »von unten«, die insbesondere das
Verhalten der Bevölkerung untersuchte und damit den Blick auf
die vielfältigen Kräfte gegen das NS-Regime auch jenseits des in-
tendierten politischen Widerstands oder der kollektiven Opposi-
tion richtete. Diese abweichenden Haltungen wurden unter dem
Begriff der »Resistenz« zusammengefasst, einer sprachlichen Ent-
lehnung aus dem Reich der Medizin. Der Siegeszug der Geschichte

»von unten« hatte zur Folge, dass allerorten von den Geschichts-
initiativen in vorgeblich resistenten Milieus Tausende von »roten
Großvätern« und »schwarzen Standhaften« entdeckt wurden. Ihre
Lebensgeschichten finden sich in der Fülle von Veröffentlichungen, die Ende der 1970er und in den 1980er Jahren unter den zumeist paradigmatischen Losungen – wobei die Reihenfolge der
Wortwahl die Prämissensetzung des Forschungsansatzes unterstreicht – »Widerstand und Verfolgung in …« erschienen sind. So
innovativ der Resistenz-Zugriff auch war, so problematisch er-
weist er sich im Rückblick, weil vielfach die analytische Trennschärfe verloren ging und damit der Eindruck entstand, als seien
alle katholischen Teile Bayerns und auch die Arbeiterschaft gleichsam immun gegenüber den Offerten des NS-Regimes gewesen.

Das groß angelegte Forschungsvorhaben »Lebensgeschichte
und Sozialkultur im Ruhrgebiet 1930–1960« (LUSIR) unter Lutz
Niethammer entwickelte mit Hilfe der Methoden der *Oral History*,
der lebensgeschichtlichen Befragung, die »Geschichte von unten«
weiter, indem der sozialgeschichtliche Zugriff um die erfahrungs-
geschichtliche Dimension erweitert wurde. Damit entstand ein
wichtiges Korrektiv zur Diagnose einer weitverbreiteten Resistenz
und »Volksopposition« in der nationalsozialistischen Gesellschaft
1933 bis 1945. Die Suche nach dem subjektiven Faktor in der Geschichte am Beispiel der Ruhrarbeiterschaft zeigte, wie sehr sich
auch das regionale Arbeitermilieu von den Angeboten des Nationalsozialismus hatte vereinnahmen lassen und damit keineswegs
so resistent war, wie viele Funktionsträger der Arbeiterbewegung
in der Nachkriegszeit lange glaubten.

An den Ansatz der Essener Forschungsgruppe knüpften zehn
Jahre später Klaus-Michael Mallmann und Gerhard Paul an, die in
Anlehnung an Ian Kershaw und Alf Lüdtke den normativen Oberbegriff »Dissens« betonten, der von der »punktuellen Unzufriedenheit mit einer Maßnahme des Regimes über die Beharrungs-
kraft traditioneller Milieus bis hin zur geringen Eindringtiefe und
Durchsetzungskraft der NS-Herrschaft im Alltag«[6] reichte. Die bei
diesem Forschungskonzept unternommene Differenzierung in
»ideologischen«, »kulturellen«, »sozioökonomischen« sowie »sol-

datischen« Dissens suggeriert eine methodologische Trennschärfe, die historisch-kulturwissenschaftlich eher fragwürdig erscheint. Im Grunde handelt es sich um eine Wiederaufnahme früherer Ansätze von Detlev Peukert, ohne dessen Betonung der aufsteigenden Skalierung von Nonkonformität, Verweigerung, Protest und Widerstand.

Damit verbunden war ein weiterer Perspektivenwechsel auf den Alltag der NS-Gesellschaft, in der Täter nicht mehr ausschließlich als Täter und zumindest ein Teil der Opfer nicht länger nur als Opfer erscheinen. Diese Erweiterung öffnete den Blick auf den sogenannten »Rettungswiderstand«, der seit Ende der 1990er Jahre eine zusätzliche Facette abweichenden Verhaltens in den Blick nimmt. Anstelle kollektiver Verweigerung werden die Handlungsoptionen Einzelner in konkreten Situationen in den Vordergrund gestellt. Mehr als 50 Jahre nach Kriegsende wurde damit ein öffentliches Interesse an jenen »stillen Helden« erkennbar, die mit mutigen individuellen Hilfsleistungen – mit Zivilcourage – Verfolgte retteten. Bemerkenswert ist dabei, dass die Rettungswiderständler nicht bei den Nachbarn und Freunden der Verfolgten zu suchen sind, vielmehr handelt es sich vor allem um »Empörte, Helfer und Retter aus Wehrmacht, Polizei und SS«.[7] Gesucht wurde der Mensch in Uniform, der sich unter dem Eindruck der zunehmenden Radikalisierung der nationalsozialistischen Politik in der zweiten Hälfte der NS-Herrschaft über den rassistischen Weltanschauungskrieg empörte, der die Teilnahme an Exekutionen verweigerte oder Hilfe für Juden, Kriegsgefangene und andere Verfolgtengruppen leistete. Er bildete ein winziges Korrektiv zum allgegenwärtigen »Täter in Uniform«, wie er im Zuge der Diskussion um die Ausstellung »Verbrechen der Wehrmacht« gezeichnet wurde.

Protestaktionen und Widerstandshandlungen gegen das NS-Regime sind Taten weniger Zivilcouragierter. Erheblich höher war die Zahl der Nonkonformen und Verweigerer. Mannigfaltige »Kritik und ›Meckerei‹ vertrug sich durchaus mit der partiellen Anerkennung des Regimes oder zumindest mit einer passiven Hinnahme der Obrigkeit«.[8] Die Stabilität des Hitler-Staates gefährdeten diese kleinen Unbotmäßigkeiten und Verweigerungsformen kaum. Nicht eine vitale Volksopposition war das Signum der NS-Gesellschaft, sondern eine weiter durchaus anhaltende Konsensbekundung zu »Führer« und »Volksgemeinschaft«. Letztendlich lag es im Ermessen der einzelnen Persönlichkeit, ob er oder sie sich unter den totalitären Bedingungen der NS-Diktatur nonkonform verhielt oder sich einzelnen Inanspruchnahmen verweigerte, oder aber einen Karriereweg vom Verweigerer über den Protestler zum Widerstandskämpfer vollzog. Wie graduell unterschiedlich sich die Form abweichenden Verhaltens auch ausdrückte, sie war nicht unerheblich begründet in den bisherigen Lebenswegen der Betreffenden. Trotz aller konsensualen Teilzustimmungen zu den Offerten nationalsozialistischer Politik entschied die Zugehörigkeit zu einem bestimmten sozialmoralischen Milieu über den Grad des Konsenses wie auch des Dissenses zum NS-System. Das protestantische ländliche und kleinbürgerliche Milieu war diesen Offerten eher zugänglich als das ländliche katholische und das großstädtische Arbeitermilieu. Ein Sachverhalt, der nicht zuletzt auch durch die Analyse der Wahlergebnisse bis März 1933 unterstrichen wird. Nicht zuletzt deshalb trug der kommunistische und mit Abstrichen der sozialdemokratisch-sozialistische Widerstand die Hauptlast der oppositionellen Gegenmaßnahmen in der ersten Hälfte der NS-Herrschaft. Erst mit der Radikalisierung der nationalsozialistischen Politik zum Mord an geistig Behinderten und Juden entwickelte sich ein ethisch und moralisch abgeleiteter Protest und Widerstand. Neben dem 20. Juli, dem »Kreisauer Kreis« und der »Weißen Rose« zählten hierzu einzelne sozialistisch-kommunistische Melangegruppen und vor allem Einzelpersonen. Der Blick war bisher auf die bekannten Persönlichkeiten gerichtet, auf den Theologen Dietrich Bonhoeffer, den Offizier Claus Schenk Graf von Stauffenberg oder den Sozialdemokraten Julius Leber, deren »Aufstand des Gewissens« sie um ihr Leben brachte. In Zukunft wird sich die Geschichtswissenschaft verstärkt den »unbesungenen Helden« zuwenden, deren Rettungstaten in der Öffentlichkeit bis heute jedoch immer noch wenig wahrgenommen werden. Der deutschen Gesellschaft steht eine Fülle basisdemokratischer Widmungsakte bevor, die den »kleinen«, aber durch ihr Handeln wirklich »großen« Männern und Frauen, den Rettungswiderständlern, die Ehre zuteilwerden lässt, die ihnen schon längst gebührt hätte.

Weiterführende Literatur

Broszat, Martin, Resistenz und Widerstand. Eine Zwischenbilanz des Forschungsprojekts, in: Ders./Fröhlich, Elke/Grossmann, Anton (Hrsg.), Bayern in der NS-Zeit, Bd. 4: Herrschaft und Gesellschaft im Konflikt, München 1981, S. 691 – 709.

Dipper, Christof, Schwierigkeiten mit der Resistenz, in: Geschichte und Gesellschaft 22 (1996), S. 409 – 416.

Gruner, Wolf, Widerstand in der Rosenstraße. Die Fabrik-Aktion und die Verfolgung der »Mischehen« 1943, Frankfurt a. M. 2005.

Hoffmann, Peter, Widerstand, Staatsstreich, Attentat. Der Kampf der Opposition gegen Hitler, München [4]1985.

Kenkmann, Alfons, Wilde Jugend. Lebenswelt großstädtischer Jugendlicher zwischen Weltwirtschaftskrise, Nationalsozialismus und Währungsreform, Essen 1996.

Löwenthal, Richard/von zur Mühlen, Patrik, Widerstand und Verweigerung in Deutschland 1933 bis 1945, Bonn 1984.

Mallmann, Klaus-Michael/Paul, Gerhard, Resistenz oder loyale Widerwilligkeit? Anmerkungen zu einem umstrittenen Begriff, in: Zeitschrift für Geschichtswissenschaft 41 (1993), S. 99 bis 116.

Mehringer, Hartmut, Widerstand und Emigration. Das NS-Regime und seine Gegner, München ²1998.

Peukert, Detlev, Volksgenossen und Gemeinschaftsfremde. Anpassung, Ausmerze und Aufbegehren unter dem Nationalsozialismus, Köln 1982.

Riffel, Dennis, Unbesungene Helden. Die Ehreninitiative des Berliner Senats 1958 bis 1966, Berlin 2007.

Roon, Ger van, Widerstand im Dritten Reich, München ⁷1998.

Rusinek, Bernd-A., Gesellschaft in der Katastrophe. Terror, Illegalität, Widerstand. Köln 1944/45, Essen 1989.

Steinbach, Peter/Tuchel, Johannes (Hrsg.), Widerstand gegen die nationalsozialistische Diktatur 1933 – 1945, Bonn 2004.

Ueberschär, Gerd R., Der 20. Juli 1944. Bewertung und Rezeption des deutschen Widerstandes gegen das NS-Regime, Köln 1994.

Werbung für Hitlers Buch
»Mein Kampf«, 1938

Die Gleichschaltung der Wörter
Sprache im Nationalsozialismus

WALTRAUD SENNEBOGEN

Am Ende der nationalsozialistischen Herrschaft herrschte Schweigen. Mit den Waffen waren auch die Sprachrohre des Regimes verstummt. Presse- und Meinungsfreiheit, grundlegende Werte einer demokratischen Gesellschaft, mussten nach 1945 erst langsam wieder etabliert werden. Die nationalsozialistischen Machthaber hatten sie rasch und zielgerichtet ausgeschaltet. Gerade die Politik der Sprachbeherrschung und Sprachlenkung hat erheblich dazu beigetragen, jenes lange nachwirkende Bild eines geschlossenen Systems zu erzeugen, in dem jeder begeistert mitgemacht oder doch zumindest schweigend zugestimmt hatte. Doch Sprache im »Dritten Reich« beschränkte sich keineswegs auf die offizielle, vom Regime gesteuerte Ebene. Erst in den vergangenen beiden Jahrzehnten setzte sich in der Forschung die Erkenntnis durch, dass weniger von einer Sprache *des* Nationalsozialismus als vielmehr von einer Sprache *im* Nationalsozialismus gesprochen werden sollte. Während die Sprachwissenschaft dabei zunächst vor allem den Sprachgebrauch und die Analyse sprachlicher Zeugnisse vor Augen hatte, erweiterten historische und interdisziplinäre Ansätze den Blick auf die Bedingungen, den Kontext und die Folgen von Sprache und Sprechen im »Dritten Reich«. Damit wurde deutlich, dass Kommunikation in der Diktatur mehr war als die Summe propagandistischen Trommelwirbels und großflächiger Inszenierungen. Die Sprachwirklichkeit des »Dritten Reiches« reichte weit über den vom Regime beeinflussbaren und kontrollierbaren Bereich hinaus. Wie in anderen Diktaturen kannte auch der Nationalsozialismus diesen alltäglichen und oft von der verordneten Linie abweichenden Sprachgebrauch. Im Gegensatz zur klassischen Propagandageschichte, die sich besonders auf die Steuerung der Massen durch die nationalsozialistischen Medien konzentrierte, richten neuere Untersuchungen den Blick auf die Kommunikationsstrukturen der Diktatur, auf die Verwandlung der Begriffe, die Prägekraft und Reichweite nationalsozialistischer Sprachpolitik sowie das Wechselverhältnis von Sender und Empfänger propagandistischer Botschaften. Damit wird deutlich, wie lange auch noch die Forschung, die sich vor allem auf das von der Propaganda hinterlassene Bildmaterial und die oftmals übertriebenen Selbsteinschätzungen der Propagandisten stützte, dem nationalsozialistischen »Propaganda-Mythos«[1] erlag, der die Allmacht der NS-Propaganda unterstellte.

Vier Aspekte verdienen besondere Beachtung: erstens die Formen der Kommunikationslenkung, zweitens der offizielle Sprachgebrauch, also die Selbstdarstellung des NS-Regimes, seine Propaganda für die »Volksgemeinschaft« und Kriegführung sowie die Tarnung von Misserfolgen, Gegnerverfolgung und Massenmord; drittens die allgemeine Sprachpraxis sowie viertens Formen der Distanz und Verweigerung, mit denen sich unterschiedliche Gruppen dem Herrschaftsanspruch der Diktatur zu entziehen versuchten.

Presselenkung und Kommunikationspolitik

Sprache im Nationalsozialismus war Teil einer zunehmend diktatorisch überformten Öffentlichkeit und damit ein wichtiger Baustein der Diktatur. Sprachbeherrschung, Kommunikationskontrolle und Meinungslenkung gehörten zu einem Politikfeld, dem die Nationalsozialisten besondere Bedeutung beimaßen, weil mit dessen Hilfe Verhaltensmaßstäbe und soziale Normen gesetzt wurden. Nichts passte weniger in die Vorstellung der Diktatur als eine pluralistische Öffentlichkeit, in der der Widerstreit an Meinungen ein Wert an sich und deshalb besonders schützenswert ist. In modernen Gesellschaften wird Öffentlichkeit vor allem durch Massenmedien hergestellt. Das NS-Regime zielte von Beginn an darauf ab, alle Kommunikationswege zu monopolisieren und für seine Propaganda zu nutzen. Um die ideologischen Vorstellungen des Regimes in den Köpfen der Bevölkerung zu verankern, bedurfte es des Zugriffs auf Presse, Rundfunk und Film. Nach dem Brand des Reichstages am Abend des 27. Februar 1933 setzte die sogenannte Reichstagsbrandverordnung wichtige Grundrechte der Weimarer Verfassung außer Kraft – darunter auch die Pressefreiheit. Als erstes wurde die kommunistische Parteipresse verboten. Später verschwanden auch sozialdemokratische Blätter wie der »Vorwärts«. Katholische Zeitungen und die bürgerliche Presse, etwa das »Berliner Tagblatt« oder die »Frankfurter Zeitung«, konnten zunächst weiterhin erscheinen. Sie wurden aber in ihren Inhalten einer umfassenden Kontrolle unterworfen und im Laufe der Zeit durch Verbote, Enteignungen und erzwungene Stilllegungen marginalisiert, so dass die Presseorgane der Nationalsozialisten Ende 1944 mehr als 80 Prozent der Gesamtauflage kontrollierten.

Mit dem Reichsministerium für Volksaufklärung und Propaganda schuf sich das Regime im März 1933 ein staatlich institutionalisiertes Sprachrohr, das über umfassende Kompetenzen in der Kommunikationspolitik verfügte, um die pluralistische Kommunikationskultur der Weimarer Republik »gleichzuschalten«. Zugleich gehörte es zu den Aufgaben des Ministeriums, das gesamte kulturelle Leben im Sinne des Nationalsozialismus zu beeinflussen. Über die im September 1933 errichtete Reichskulturkammer mit ihren Unterorganisationen für verschiedene künstlerische Berufe und Journalisten konnte gezielt Einfluss auf den Kulturbereich ausgeübt werden. Die Berufsausübung war an die Mitgliedschaft in einer dieser Kammern gebunden. Durch Verbote einzelner publizistischer Erzeugnisse und den Ausschluss von missliebigen Autoren und Journalisten aus der Reichsschrifttumskammer und der Reichspressekammer brachte das Propagandaministerium unerwünschte Stimmen zum Schweigen. Die wichtigsten Medien des Landes, allen voran auch der als besonders modern geltende Rundfunk und die als Vorprogramm in den Kinos gezeigten Wochenschauen, sprachen bald mit einer Stimme und in einer Sprache.

Als nationalsozialistisch gesinnte Studenten am 10. Mai 1933 eine großangelegte Bücherverbrennung initiierten – diese symbolisierte auf drastische Weise die Ablehnung des Rechts auf freie Meinungsäußerung –, war dies durchaus als Signal zu deuten. Die Situation hatte sich grundlegend geändert. Das »Schriftleitergesetz« vom 4. Oktober 1933 stärkte zwar die professionelle Stellung von Journalisten, machte ihre Tätigkeit aber auch zu einer öffentlichen Aufgabe, die von Partei und Staat kontrolliert wurde. Redakteure hießen nunmehr »Schriftleiter« und konnten nur dann tätig sein, wenn sie »arischer« Abstammung waren, die deutsche Staatsbürgerschaft besaßen und als politisch »zuverlässig« galten. Zusätzlich sorgten die »Presseanweisungen« und »Tagesparolen« des Reichspressechefs Dietrich sowie regelmäßige Pressekonferenzen des Reichspropagandaministeriums für eine einheitliche Berichterstattung. Sie schrieben genau vor, worüber und in welcher Form zu berichten oder eben nicht zu berichten war. Kritische Recherchen unabhängiger Journalisten wurden unter diesen Umständen unmöglich. Die Journalisten des »Dritten Reichs« erfüllten ihre Rolle nicht für eine kritische Öffentlichkeit, sondern agierten als Vermittler zwischen Regime und nationalsozialistischer »Volksgemeinschaft«.

Schon im ersten Jahr des NS-Regimes waren also die Voraussetzungen für eine gelenkte Öffentlichkeit und für eine weitgehend einheitliche, monopolisierte Kommunikation des Regimes mit der Bevölkerung geschaffen worden. Doch die nach 1945 häufig als geschlossene Struktur wahrgenommene NS-Propaganda stellt sich bei näherer Betrachtung wesentlich uneinheitlicher dar, als es späteren Beobachtern erschien. Wenngleich mit Joseph Goebbels, dem Reichspropagandaleiter der NSDAP und Gauleiter von Berlin, ein prominentes Sprachrohr der Partei das Amt des Propagandaministers innehatte und dadurch über einen Apparat gebot, in dem sich staatliche und parteiamtliche Kompetenzen vermengten, so spielte er zwar die erste, aber keineswegs die einzige Geige im Konzert der NS-Propaganda. Rivalisierende Kräfte in der Partei und im Staatsapparat gab es viele. Zu den wichtigsten Konkurrenten auf dem Gebiet der Propaganda zählten neben dem Stellvertreter des Führers, Rudolf Heß, und dem Chefideologen der NSDAP, Alfred Rosenberg, vor allem der Reichspressechef Otto Dietrich, sowie der Chef des Franz-Eher-Verlags Max Amann. Eigentlich als Staatssekretär im Propagandaministerium Goebbels formal unterstellt, verdankte Dietrich seine Machtbasis vor allem guten persönlichen Beziehungen zu Hitler. Er vertrat die Reichsregierung gegenüber der Presse, und ihm unterstand mit den Nachrichtenagenturen ein zentrales Medium der Informationsverbreitung. Max Amann, ein alter Weggefährte Hitlers, kontrollierte als Leiter des expandierenden parteieigenen Verlagsimperiums, Chef der Reichspressekammer und Vorsitzender des Reichsverbands der Deutschen Zeitungsverleger erhebliche Teile des Verlagswesens.

Anzahl und Auflagen nationalsozialistischer Tageszeitungen[2]

	Anzahl	Auflage
1927	3	17 800
1930	19	253 925
1933	86	3 197 964
1936	100	4 328 140
1939 (einschl. Sudetenland)	200	6 120 057

In den Kriegsjahren wurde die Vorrangstellung des Propagandaministeriums auch durch die Propagandaabteilung des Oberkommandos der Wehrmacht eingeschränkt, die bei militärisch bedeutsamen Nachrichten eine Vorzensur ausübte. Zudem beanspruchte das Auswärtige Amt die Kontrolle über die im Ausland betriebene Propaganda. Vor allem seit 1939 wuchs damit die Konkurrenz um die Befehlsgewalt und die Zuständigkeiten auf dem Gebiet der Kommunikationspolitik.

Hier lassen sich insgesamt vier Phasen unterscheiden: In einer ersten Phase, die sich auf die Jahre 1933 bis 1936 erstreckte, wurden die institutionellen Voraussetzungen für die diktatorische Überformung der Öffentlichkeit geschaffen. Kommunikationspolitik half, das neue System zu etablieren und die NS-Herrschaft zu konsolidieren. Eine zweite Phase zwischen 1936 und 1939 stand im

Zeichen wachsender Herrschaftsintegration durch den Rückgang der Massenarbeitslosigkeit und die Revision der Versailler Friedensordnung. Beides wurde von der nationalsozialistischen Propaganda dem »Genie« Hitlers zugeschrieben, um dessen Person sich ein regelrechter Führerkult entfaltete. Diese Phase war durch große Ambivalenzen gekennzeichnet: Einerseits bestimmten konsolidierende und integrierende Aspekte die Kommunikation des Regimes, andererseits forcierten die nationalsozialistischen Machthaber die propagandistische Ausgrenzung derjenigen Bevölkerungsgruppen, die sie als nicht zur »Volksgemeinschaft« gehörend betrachtete. Der Kriegsbeginn 1939 stellte zwar einen Einschnitt dar, doch konnten bis 1941, als das Hitler-Regime nach den Siegen im Westen den Höhepunkt seiner Popularität erreicht hatte, weiterhin Erfolge bejubelt werden. Dies kennzeichnete die Kommunikationspolitik der dritten Phase. Seit 1942, vor allem jedoch nach den verheerenden Niederlagen der Wehrmacht in Stalingrad und Nordafrika Anfang 1943, griffen die bewährten Rezepte aber immer weniger. Das Regime geriet in die Defensive, die Lücke zwischen der in den Medien dargebotenen »Ersatzrealität«[3] und der alltäglich erfahrenen Wirklichkeit wurde größer und größer.

Sprache, »Volksgemeinschaft« und Krieg

Betrachtet man den offiziellen Sprachgebrauch im Nationalsozialismus – also das, was lange Jahre als die »Sprache des Nationalsozialismus« galt –, so sticht ihr ideologisierter und polarisierender Charakter ins Auge. Offizielle Äußerungen des Regimes waren durchdrungen von Propaganda. Die Sprache sollte »volkstümlich« sein und sich auf das »geistige Niveau« der Masse einstellen, hatte Hitler in seiner Programmschrift »Mein Kampf« gefordert. Ihre Inhalte waren auf einfache Aussagen zu reduzieren, die sich durch ständige Wiederholung auch den schlichtesten Gemütern einprägen würden. Anstelle einer rationalen und sachlichen Argumentation setzte Hitler auf den emotionalen Appell und bediente sich dabei eines einfachen Stimulus-Response-Modells, dem zufolge das gewünschte Verhalten durch Konditionierung der Empfänger zu erreichen war. Dementsprechend einfach ließ sich die Welt in diesem Sinne erklären – erst recht nachdem der entscheidende Schritt zur nationalsozialistischen Herrschaft getan worden war: Der 30. Januar 1933 galt als Tag der »Machtübernahme« und des revolutionären Neubeginns nach der »liberalistischen Systemzeit« der Weimarer Republik. Damit ist zugleich eine wichtige Funktion der Sprache im Nationalsozialismus benannt: Die Abgrenzung des Eigenen vom Fremden; die sprachliche Inklusion, die zugleich Exklusion bedeutete, weil sie viele Gruppen aus der Sprachgemeinschaft ausschloss, und die grundsätzliche Aufteilung der Gesellschaft in unvereinbare Gegensätze, wie zum Beispiel »Arier« und »Juden« oder auch »Volksgenossen« und »Gemeinschaftsfremde«. Der »Volksgemeinschaft« konnte nur angehören, wer die entsprechenden »rassischen« Voraussetzungen mitbrachte und sich gegenüber den braunen Machthabern politisch loyal verhielt. An der Spitze dieser »Volksgemeinschaft« stand der »Führer«, der von Sabine Behrenbeck treffend als »politische[r] Markenartikel«[4] charakterisiert worden ist. Diese Bezeichnung für Adolf Hitler, der in der ersten Zeit meist noch »Führer und Reichskanzler« genannt wurde, grub sich durch permanente Wiederholung so tief ins Bewusstsein der Bevölkerung ein, dass sie schließlich zum Synonym für eine einzige Person und das von ihr getragene politische System wurde. Damit ist ein wichtiges Instrument der Sprachpolitik benannt: die Beschränkung des Bezeichnungsgehalts von Wörtern und Wortgruppen. Anfangs noch für jede Art von Leitungstätigkeit verwendet, wurde der Gebrauch des Begriffs »Führer« auf politische Spitzenämter (Reichsarbeitsführer, Reichsärzteführer etc.) beschränkt, langfristig sollte er ganz der Person Adolf Hitlers vorbehalten sein. Ein zweites Instrument der Sprachpolitik war die gezielte Eliminierung einzelner Wörter aus dem Sprachgebrauch. Dabei ging es nur vordergründig um eine Eindeutschung der Begriffe, meist verband sich damit eine entscheidende Akzentveränderung. So wurde der Jurist zum »Rechtswahrer« unter Aufsicht der Partei, der Partisan zum »Banditen«, der feindliche Pilot zum

»Mordbrenner«. Ein weiteres wichtiges Instrument der nationalsozialistischen Sprachpolitik bestand darin, den Bedeutungsgehalt
von Begriffen zu verändern. Ausgehend von Hitlers Selbstbeschreibung als »fanatischer Antisemit« erfuhren zum Beispiel die
negativ konnotierten Ausdrücke »fanatisch«, »Fanatismus« und
»Fanatiker« eine tiefgreifende Umwertung ins Positive, was sich
mit Kriegsbeginn noch weiter steigerte, verstand man darunter
doch die »unbedingte, rücksichtslose« Einsatzbereitschaft für die
Ziele der Nationalsozialisten. In den von Goebbels verfassten Leit-
artikeln der auf ein bürgerliches Publikum zielenden Wochen-
zeitung »Das Reich« war ab 1944 immer häufiger vom »heißen«,
»wilden«, »trotzigen« oder schließlich sogar »heiligen Fanatismus« die Rede. Solche Veränderungen auf der Bedeutungsebene
prägten die Sprache der Nationalsozialisten stärker als die in der
späteren Forschung herausgearbeitete Neigung, neue Worte in den
Sprachgebrauch einzuführen.

Vieles an der Sprache des Nationalsozialismus wirkte dennoch neu und bemerkenswert anders, zum Beispiel ihre Militarisierung, die aus Dingen des täglichen Lebens kriegerische Ent-
scheidungssituationen machte. Auf diese Weise wurde die landwirtschaftliche Produktion zur »Erzeugungsschlacht«, die Geburt
eines Kindes zum »Schlachtfeld der Fortpflanzung«. Zeitgenossen
schien die Sprache des Nationalsozialismus oftmals einfach und
deutlich. Sie war lexikalisch und stilistisch ohne große Schnörkel,
ihr Satzbau basierte vor allem auf Hauptsätzen. Auch die Tendenz
zu Dopplungen und zur häufigen Verwendung des Superlativs erschien vielen eher attraktiv als abschreckend. Selbst ein kritischer
Zeitgenosse wie der als Jude verfolgte Romanist Victor Klemperer
bewertete die NS-Sprache in seiner »Lingua Tertii Imperii« als etwas Neuartiges. Doch neu war die nationalsozialistische Sprache
kaum. Denn der vorherrschende Nominalstil war ebenso zeit-
typisch wie viele ihrer biologistischen und nationalistischen Begriffe, die auf den zeitgenössischen Sprachgebrauch zurückgriffen.
Die Gegensatzpaare »arteigen« und »artfremd«, die »Aufartung«
und die »Ausmerze«, die »Erbgesundheit« und der »Rassege-
danke« finden sich in vielen Fällen schon vor der Wende vom 19.

zum 20. Jahrhundert, spätestens jedoch seit dem Ende des Ersten Weltkrieges im Schrifttum der Zeit.

Sprache hatte eine wichtige Funktion bei der Manipulation der Wahrnehmung. Während die nationalsozialistischen Machthaber die Schauseite des »Dritten Reiches« vor allem durch imposante Bilder aufpolierten, diente ihnen Sprache auch als Mittel der Tarnung, Täuschung und Verschleierung unerwünschter Informationen. Die politischen Gegner der Nationalsozialisten verschwanden in »Schutzhaft« und in den eigens errichteten »Konzentrationslagern« – damals meistens mit KL und nicht mit KZ abgekürzt. Den Aspekt der Tarnung als Merkmal des Sprechens im »Dritten Reich«, den diese Formulierungen beinhalten, verdeutlicht eine Definition von »Konzentrationslager« aus einem zeitgenössischen Lexikon: »im Dt. Reich seit 1933 Sicherungs- und Erziehungslager für Gegner des nat.-soz. Staates, bes. für Kommunisten, die dem Aufbauwerk der Regierung Widerstand geleistet oder sich sonst schwer gegen die Volksgemeinschaft vergangen haben.«[5] Allzu oft verlief dieser sogenannte »Umerziehungsprozess« indes tödlich, die Insassen starben an »Herzschwäche« oder wurden »auf der Flucht erschossen« – was nichts anderes besagte, als dass sie misshandelt oder exekutiert worden waren. In den Mitteilungen an Angehörige und auf dem Totenschein erschienen dann diese scheinbar natürlichen oder vom Opfer selbst verantworteten Todesursachen.

Auch für die Außenpolitik des NS-Regimes und ihre sprachlichen Äußerungen bis Kriegsbeginn war dieser Aspekt der Tarnung prägend: Wohl selten hat ein Politiker so unablässig seine friedlichen Absichten und seinen Friedenswillen betont wie Adolf Hitler, und wohl selten meinte es jemand so wenig ernst damit. Die unablässigen Verletzungen des Versailler Vertrages, sprachlich als Tilgung der »Schmach von Versailles« verbrämt und innenpolitisch als überfällige Wiederkehr nationaler Stärke vermarktet, verhinderten nicht, dass sich selbst das Ausland lange Zeit von Hitlers Wortgewandtheit blenden ließ.

Im Laufe des Zweiten Weltkriegs veränderten sich der Stil der Propaganda und der nationalsozialistische Sprachgebrauch. Der

Aspekt der Tarnung wurde dabei immer wichtiger. Eine typische Ausprägung dieser »Tarnsprache« waren die Wehrmachtberichte, deren Verfassern es seit der Jahreswende 1942/43 zunehmend schwerer fiel, den tatsächlichen Kriegsverlauf mit positiven Worten zu beschreiben. Nach der Phase der erfolgreichen »Blitzkriege« folgten bald erste militärische Rückschläge und schließlich die verheerende Niederlage der Deutschen bei Stalingrad. Die Berichterstattung musste sich jedoch den Forderungen Alfred Jodls, des Chefs des Wehrmachtsführungsstabes anpassen, der gefordert hatte, dass der Bericht die Wahrheit zwar des Öfteren verschweigen, sie aber nicht einfach durch direkte Lügen ersetzen dürfe. So kam es, dass die Texte durch gezielte Auslassungen und willkürliche Hervorhebungen sowie durch mehr oder weniger beschönigende Umschreibungen in ihrem Charakter verändert wurden. »Absetzbewegungen«, »Frontverkürzungen«, »Frontbegradigungen« und »heldenhafter Widerstand« konnten es jedoch nicht verhindern, dass die militärische Niederlage immer näher rückte – und dies im wahrsten Sinne des Wortes.

Eine Tarnsprache mit stark beschönigenden Formulierungen prägte auch den Umgang mit dem Massenmord an der jüdischen Bevölkerung. So wurden jüdische Bürger durch verpflichtende Vornamen, die ihre »Rassezugehörigkeit« in stigmatisierender Weise kenntlich machten, mit sprachlichen Mitteln gezielt aus der »Volksgemeinschaft« verdrängt. Was mit Slogans wie »Kauft nicht bei Juden« begonnen und in den als »Reichskristallnacht« verharmlosten Pogromen des 9. November 1938 fortgesetzt worden war, steigerte sich nach dem Beginn des Zweiten Weltkriegs zum systematischen Massenmord an den europäischen Juden. Dessen Durchführung sollte durch einen Tarnschleier aus euphemistischen Bezeichnungen verborgen werden, wurde aber dennoch bald zum mehr oder weniger offenen Geheimnis. Die »Evakuierung« bezeichnete von der Reichsbahn nach Fahrplan betriebene Transporte in den Tod, das Codewort »Sonderbehandlung« tarnte den industriemäßig betriebenen Massenmord, der »Arbeitseinsatz« bedeutete für Millionen europäischer Juden einen grausamen Tod in den Vernichtungslagern. Charakteristisch für den verharmlosenden Sprachgebrauch deutscher Behörden, die an der Judenverfolgung mitwirkten, ist das Protokoll der Wannsee-Konferenz. In diesem zentralen Dokument, das einen wichtigen Zwischenschritt auf dem Weg zur angestrebten »Endlösung der Judenfrage« darstellt, wurde das Ungeheuerliche nicht direkt angesprochen, sondern lediglich als rein technisch zu lösende – und auch lösbare – Organisationsaufgabe behandelt.

Dieser Radikalisierung des Handelns entsprach eine zunehmende Radikalisierung des öffentlichen Sprechens nationalsozialistischer Funktionäre. Dies gilt gleichermaßen für Ansprachen im kleineren Kreis wie für große und publikumswirksame Auftritte. Ein hervorstechendes Beispiel dafür ist die sogenannte Sportpalastrede von Joseph Goebbels unmittelbar nach dem Bekanntwerden der deutschen Niederlage in Stalingrad. Am 18. Februar 1943 versammelten sich im Berliner Sportpalast Tausende, um eine Rede des »Propagandaministers« zu hören. In dieser Situation hob Goebbels vor einem ausgesuchten, zumeist aus NSDAP-Angehörigen bestehenden Publikum zu einer Ansprache an, die bis heute als Höhepunkt nationalsozialistischer Propaganda gilt. Seine Rede gipfelte in der rhetorischen Frage: »Wollt ihr den totalen Krieg? Wollt ihr ihn, wenn nötig, totaler und radikaler, als wir ihn uns heute überhaupt noch vorstellen können?« – beantwortet von einem frenetischen »Sieg Heil« aller Anwesenden.[6] Diese genau berechnete Inszenierung des Propagandaministers zielte nicht nur auf die emotionale Vergemeinschaftung des Saalpublikums ab, sondern ließ sich auch als Moraldemonstration für alle lesen, die bei diesem Ereignis nicht live dabei sein konnten. Weil erst lange nach 1945 bestätigt wurde, dass es sich bei den in Jubelstürme ausbrechenden Mitspielern dieser Inszenierung um ein handverlesenes Publikum gehandelt hatte, galt die Sportpalastrede lange Zeit als besonderes Beispiel für die Wirksamkeit und Überzeugungskraft der NS-Propaganda und ganz besonders für die Fähigkeiten des Propagandaministers Goebbels.

Das Propagandamodell der Nationalsozialisten ignorierte weitgehend die Tatsache, dass sie trotz ihrer Herrschaft über die Medien keine absolute Kontrolle über die Meinung und die Stimmung der Bevölkerung hatten. Direkte Fälle oppositionellen Verhaltens von Journalisten wie ein Nachruf auf den als »entartet« verfemten Bildhauer Ernst Barlach oder die Verweigerung von antisemitischen Artikeln nach dem Novemberpogrom 1938 durch die »Frankfurter Zeitung« blieben zwar seltene Ausnahmen, doch gaben Rivalitäten in der NS-Führung oder unklar formulierte Presseanweisungen manchmal Raum für eine offenere Berichterstattung. Kritische Journalisten konnten zudem versuchen, sich der gewaltsamen Homogenisierung der publizistischen Öffentlichkeit zu entziehen, indem sie auf unpolitische Themen auswichen, bewusst sprachliche Distanz zum NS-Jargon hielten oder ihre Botschaften in verschlüsselter Form, etwa durch historische Parabeln, an die Leser brachten. Diese Form der »Camouflage«[7] setzte aufmerksame, mitdenkende und oft auch sehr gebildete Leser voraus, so dass ihre Wirkung begrenzt blieb.

Wo Meinungen nicht frei geäußert werden durften, entstanden alternative Formen von Öffentlichkeit, die jenseits der Zugriffsmöglichkeiten des Regimes lagen. Ein Beispiel für diese teilautonomen Öffentlichkeiten waren Teile der christlichen Kirchen, die mit Hilfe ihrer Milieustrukturen Zonen von begrenzter Reichweite aufrechterhielten, in denen die Kommunikation vom Regime nur schwer kontrolliert werden konnte. Vielfach gehörten zu diesen teilautonomen Öffentlichkeiten jedoch auch jene Gruppen, denen das Regime keine andere Wahl ließ, da es sie in die feindliche Gruppe der »Fremdvölkischen«, »Kommunisten«, »Minderwertigen«, »Asozialen«, »Juden« und so weiter einordnete. Schon allein deswegen konnten sie sich nicht der offiziellen Sprachwirklichkeit anpassen und wollten dies auch gar nicht. Zudem veränderte der Krieg die Bedingungen nationalsozialistischer Kommunikationskontrolle, weil durch die Berichte heimkehrender Frontsoldaten, später auch Evakuierter, mündliche Erzählstrukturen und situative Öffentlichkeiten mit eigener Reichweite und Dynamik entstanden, die nicht nur Wissen über Krieg und Verbrechen transportierten, sondern den offiziellen Lesarten des Regimes alternative Wirklichkeitsdeutungen an die Seite stellten. Je länger die NS-Herrschaft andauerte und sich deren Versprechen von wiedererlangter nationaler Größe, volksgemeinschaftlicher Integration und besseren Lebensverhältnissen als Illusion erwiesen, umso mehr Enttäuschte gab es. Ihre Sprache unterschied sich mitunter erheblich vom offiziellen NS-Sprachgebrauch. So entstanden weitere Teilöffentlichkeiten, in denen der Nationalsozialismus und seine Sprache zwar nach wie vor ein zentraler Bezugspunkt blieben – allerdings als etwas, von dem man sich bewusst distanzierte und abgrenzte.

Denn Sprache im Nationalsozialismus ist eben nicht nur die Sprache des Nationalsozialismus, also vor allem des Regimes und seiner Anhänger. Worüber sich die Menschen in ihren Wohnzimmern und an den Stammtischen unterhielten, dafür interessierte sich das Regime so sehr, dass ganze Heerscharen von Spitzeln des Sicherheitsdienstes der SS regelmäßig damit beschäftigt waren, Informationen für die Berichte über die Stimmung in der Bevölkerung zu sammeln. Als Quelle sind diese Berichte nicht unproblematisch, da die Berichterstatter mit der Weitergabe von Informationen oft eigene Absichten verbanden. Dennoch verweist dieses Beispiel darauf, dass Kommunikation auch in einer diktatorisch verformten Öffentlichkeit keine Einbahnstraße war, sondern dass das Regime durchaus sensibel auf Stimmungen achtete und seine Kommunikationspolitik in erheblichem Umfang daran orientierte.

Sosehr sich das Regime mit seiner Sprache auch durchzusetzen versuchte, es war damit längst nicht überall erfolgreich. Das begann schon bei den abweichenden Lesarten, einem Risiko jeder Propaganda. Nicht immer wurden die Botschaften des Regimes in der gewünschten Weise verstanden. So reagierte beispielsweise ein Teil des weiblichen Publikums auf das Auftreten des Filmstars Ferdinand Marian im antisemitischen Hetzfilm »Jud Süß« durchaus positiv auf die von ihm verkörperte, abschreckend intendierte

Filmfigur. Marian, der den Juden Joseph Süß Oppenheimer spielte, wurde von seinen Fans eher als gute Besetzung eines Schurken und nicht so sehr als Prototyp des »Juden« wahrgenommen. Während es sich dabei noch um ein »Missverständnis« – also um eine unbewusste Fehlinterpretation – handelte, entwickelten sich vor allem mit zunehmender Kriegsdauer bewusst abweichende Lesarten der Botschaften des Regimes. Dies betraf unter anderem die Wehrmachtsberichte, deren Tarncharakter allzu offensichtlich war. Die sorgfältige Kunst des Lesens zwischen den Zeilen ermöglichte es dem geübten »Volksgenossen«, sich zumindest ansatzweise über den wahren Stand der Dinge zu informieren. Eine weitere Präzisierung dieses Wissens war vom Empfang ausländischer Sender zu erwarten, zum Beispiel des Deutschen Dienstes der BBC, der 1937 eigens dazu eingerichtet worden war, den Deutschen in ihrer eigenen Sprache andere Wahrheiten über das NS-Regime zu vermitteln als jene, die aus den Sendern des Deutschen Reiches zu hören waren. Obwohl das »Hören von Feindsendern« als »Rundfunkverbrechen« streng bestraft wurde, nutzten besonders während des Krieges immer mehr Menschen ausländische Radiosendungen, um unzensierte Informationen zu erhalten. In einer Umfrage, die amerikanische Sozialwissenschaftler im April 1945 in Marburg durchgeführt hatten, gab mehr als die Hälfte der Befragten an, ausländische Sender gehört zu haben; rund ein Viertel war zudem in der Lage, detaillierte Angaben zu den Programminhalten zu machen. Auch dies lässt sich als Signal für die abnehmende Überzeugungskraft nationalsozialistischer Kommunikationspolitik werten.

Zudem zeigen die SD-Berichte, dass nicht alle Aktionen der Nationalsozialisten widerspruchslos hingenommen wurden. Ein Beispiel dafür, dass die sprachlichen Täuschungsmanöver des Regimes bereits von Zeitgenossen durchaus durchschaut werden konnten, stellen die Reaktionen auf das »Euthanasieprogramm« der Nationalsozialisten dar. Die planmäßige Tötung von Patienten aus psychiatrischen Anstalten wurde von eigens dafür geschaffenen Tarnorganisationen organisiert, zum Beispiel der Gekrat (Gemeinnützige Krankentransport GmbH), die für den Transport der

Patienten in die Tötungsanstalten verantwortlich war. Diese »planwirtschaftlichen Verlegungen« endeten mit der entsprechenden »Behandlung« beziehungsweise »Desinfektion« der Patienten, wobei ersteres die Tötung allgemein, letzteres speziell die Ermordung in der Gaskammer beschrieb. Dennoch drangen die wahren Abläufe, die hinter den Verschleierungen steckten, zur Bevölkerung durch, und es zeigte sich, dass es möglich war, den Taten des Regimes mit Worten entgegenzuwirken. In seinen Protestpredigten prangerte der Münsteraner Bischof von Galen den Massenmord an geistig Behinderten an und machte damit öffentlich, was ein Geheimnis bleiben sollte. Seine Predigten verbreiteten sich vor allem über die Nachrichtennetze des katholischen Milieus und bewirkten einen einjährigen Stopp von großen Teilen des Mordprogramms. Eine andere, noch viel elementarere Opposition zum NS-Regime entwickelte sich ab 1942 in Münchner Studentenkreisen. Auch sie trat in Form von sprachlichen Äußerungen an die Öffentlichkeit, jedoch mit anderen Mitteln. Nicht von einer Kanzel erhob sich mündlicher Protest, sondern per Flugblatt, das zunächst per Post sorgfältig ausgewählte Empfänger, später zudem auch größere Bevölkerungskreise in Süddeutschland erreichte. Die Flugblätter der »Weißen Rose« zeugen davon, dass nicht überall im »Dritten Reich« die Sprache des Nationalsozialismus gesprochen wurde – auch und gerade nicht unter jungen Menschen. Die Gruppe um die Geschwister Sophie und Hans Scholl beschwor ein anderes Deutschland, und sie tat dies vielfach mit den Mitteln der Poesie und des Zitats literarischer Klassiker: Schiller, Goethe, Novalis, Aristoteles und die Bibel dienten als Gegenbild zur Sprachwelt des Nationalsozialismus. Andere Deutungen dessen, was »deutsch« sei, sprechen aus diesen Flugblättern, deren Verfasser dafür mit ihrem Leben bezahlen mussten.

Nur Wenige hatten den Mut zum lautstark artikulierten, offenen Protest – sei es mündlich oder schriftlich. Stattdessen benutzten viele Menschen ein scheinbar unverfänglicheres sprachliches Ventil, um den angestauten Druck abzulassen: den Witz. Obwohl die Verbreitung von regimekritischen Witzen als Verstoß gegen das sogenannte Heimtückegesetz vom Dezember 1934 oder gar als

»Wehrkraftzersetzung« mit strengen Strafen bis hin zur Todesstrafe geahndet werden konnte, erfreuten sie sich großer Beliebtheit. Ungeachtet der nach wie vor andauernden Diskussion, ob man die Witze im Nationalsozialismus tendenziell als vom Regime toleriertes Ventil oder doch stärker als Artikulation unterdrückten Protests bewerten soll, besteht die sprachliche Bedeutung der Witze in ihrer Brechung der pathetisch überhöhten Sprachwirklichkeit des Regimes. Gerne parodiert wurde dabei der allgegenwärtige Abkürzungswahn, durchaus auch in Zusammenhang mit Hitler, dem sogenannten »Gröfaz« (»größter Feldherr aller Zeiten«). Da sich aufgrund ihrer nicht zu übersehenden Unzulänglichkeiten nahezu alle prominenten Persönlichkeiten des NS-Regimes als Zielscheiben des Spotts anboten, entwickelte sich ein umfangreiches zeitgenössisches Repertoire an Witzen, vor allem über Hitler, Göring und Goebbels. Neben dieser personellen Ebene kursierten Witze über die NSDAP und diverse NS-Organisationen, den Alltag im »Dritten Reich«, die Wehrmachtberichte, den Kriegsverlauf – und auch über den Völkermord. Man kann durchaus bezweifeln, dass solche Witze nur in SS-Kreisen erzählt wurden – ein weiteres Indiz dafür, wie verbreitet die Kenntnis vom Massenmord an den Juden war.

Die Allgegenwart der NS-Propaganda hat lange den Blick darauf verstellt, dass Sprache im Nationalsozialismus nicht nur die Sprache der Nationalsozialisten war, sondern auch die ihrer Opfer. Trotz herausragender Ausnahmen wie den Tagebüchern Anne Franks oder Victor Klemperers ist dieser Aspekt in den Quellen oft nur schwer zu greifen. Selbstzeugnisse von Überlebenden entstanden oft erst Jahrzehnte nach den eigentlichen Geschehnissen und sind daher von umkämpften Erinnerungen überformt, so dass sie mit besonderer Sorgfalt analysiert werden müssen. Hinzu kommt, dass Forschungen über die Sprache im Nationalsozialismus lange in einer täterzentrierten Perspektive verhaftet blieben. Dabei wurde übersehen, dass Deutsch zwar zumeist die Sprache der Täter, jedoch keineswegs immer auch die Sprache der Opfer war. So verschwand mit der jüdischen Bevölkerung auch das Jiddische fast vollständig aus Mittel- und Osteuropa. In Konzentrationslagern wie Dachau waren Häftlinge aus mehr als 30 Staaten inhaftiert. Die Deutschkenntnisse vieler Konzentrationslager-Insassen beschränkten sich oft auf die Kenntnis der Befehle ihrer Peiniger und erfüllten so die Funktion einer Überlebensstrategie. Noch nach Jahrzehnten haben die Überlebenden dieses Deutsch so sehr verinnerlicht, dass kein aufmerksamer Beobachter eines *Oral History* Interviews das unheimliche Echo der einstigen Aufseher überhören könnte. Nach wie vor ist jedoch wenig bekannt darüber, wie die zusammengewürfelten Insassen eines Konzentrationslagers überhaupt miteinander kommunizierten. Soweit als möglich schlossen sie sich dazu in einer Gruppe von Muttersprachlern zusammen, was neben der aufgezwungenen, immer gleichen Einteilung durch die Lagerleitung ein wichtiges identitätsstiftendes Moment darstellte. Die eigene Sprache bot manchmal sogar eine Gelegenheit zum Protest, etwa in Form von Gesang, den die Bewacher nicht verstanden. So mancher SS-Aufseher ließ sich mit fremdsprachigem Chorgesang beglücken und ahnte nicht, dass er Spottlieder oder kommunistische Arbeiterlieder hörte.

Dieses Beispiel zeigt, dass auf dem Gebiet der Sprache und der Kommunikationsgeschichte des »Dritten Reichs« weiterhin große Forschungslücken bestehen. Zwar sind die Presse- und Propagandapolitik des NS-Regimes schon lange etablierte Themen zeithistorischer Forschung, doch die Nutzbarmachung dieser Ergebnisse im Sinne einer umfassenderen Kommunikationsgeschichte der NS-Herrschaft erfolgt erst seit einiger Zeit. Zudem stehen die Bereiche außerhalb der offiziellen Sprachwirklichkeit erst seit kurzem im Fokus der Historiker. Gerade in der Verbindung von Fragestellungen der klassischen Propagandageschichte mit Ansätzen der Kommunikationswissenschaft und der historischen Sprachwissenschaft liegen daher große Chancen, Anspruch und Wirklichkeit des nationalsozialistischen Totalitätsanspruches genauer zu vermessen.

Abel, Karl-Dietrich, Presselenkung im NS-Staat. Eine Studie zur Geschichte der Publizistik in der nationalsozialistischen Zeit, Berlin 1968.

Behrenbeck, Sabine, Der Führer. Die Einführung eines politischen Markenartikels, in: Diesener, Gerald/Gries, Rainer (Hrsg.), Propaganda in Deutschland. Zur Geschichte der politischen Massenbeeinflussung im 20. Jahrhundert, Darmstadt 1996, S. 51–78.

Bussemer, Thymian, Propaganda und Populärkultur. Konstruierte Erlebniswelten im Nationalsozialismus, Wiesbaden 2000.

Ehlich, Konrad, »…, LTI, LQI, …« Von der Unschuld der Sprache und der Schuld der Sprechenden, in: Kämper, Heidrun/Schmidt, Hartmut (Hrsg.), Das 20. Jahrhundert. Sprachgeschichte – Zeitgeschichte, Berlin 1998, S. 275–303.

Fetscher, Iring, Joseph Goebbels im Berliner Sportpalast 1943: »Wollt ihr den totalen Krieg?«, Hamburg 1998.

Fischer-Hupe, Kristine, Victor Klemperers »LTI. Notizbuch eines Philologen«. Ein Kommentar, Hildesheim 2001.

Frei, Norbert/Schmitz, Johannes, Journalismus im Dritten Reich, München [3]1999.

Greule, Albrecht/Sennebogen, Waltraud (Hrsg.), Tarnung – Leistung – Werbung. Untersuchungen zur Sprache im Nationalsozialismus, Frankfurt a. M. 2004.

Kinne, Michael/Schwitalla, Johannes, Sprache im Nationalsozialismus, Heidelberg 1994.

Klemperer, Victor, LTI. Notizbuch eines Philologen, Leipzig [22]2007.

Kohlmann-Viand, Doris H., NS-Pressepolitik im Zweiten Weltkrieg. Die »vertraulichen Informationen« als Mittel der Presselenkung, München 1991.

Kundrus, Birthe, Totale Unterhaltung? Die kulturelle Kriegführung 1939 bis 1945 in Film, Rundfunk und Theater, in: Echternkamp, Jörg (Hrsg.), Das Deutsche Reich und der Zweite Weltkrieg, Bd. 9/2: Die Deutsche Kriegsgesellschaft 1939 bis

1945. Ausbeutung, Deutungen, Ausgrenzung, München 2005, S. 93–157.

Reiter, Raimond, Eine Geheimsprache des Tötens? Zum Sprachgebrauch der Nationalsozialisten bei den Euthanasie-Morden, in: Muttersprache 105 (1995), S. 24–30.

Riecke, Jörg, An den Randzonen der Sprache. »Lagersprache« und »Gettosprache« zur Zeit des Nationalsozialismus, in: Siewert, Klaus (Hrsg.), Aspekte und Ergebnisse der Sondersprachenforschung II., Wiesbaden 2002, S. 23–33.

Schmitz-Berning, Cornelia, Vokabular des Nationalsozialismus, Berlin 2007.

Sabrow, Martin (Hrsg.), Skandal und Diktatur. Formen öffentlicher Empörung im NS-Staat und in der DDR, Göttingen 2004.

Wöhlert, Meike, Der politische Witz in der NS-Zeit am Beispiel ausgesuchter SD-Berichte und Gestapo-Akten, Frankfurt a. M. 1997.

Zimmermann, Clemens, Medien im Nationalsozialismus. Deutschland, Italien und Spanien in den 1930er und 1940er Jahren. Wien 2007.

Fertigung von Bombenflugzeugen
des Typs Junkers Ju 88, 1941

Rüstung, »Arisierung«, Expansion
Wirtschaft und Unternehmen

MICHAEL C. SCHNEIDER

Die Überwindung der Weltwirtschaftskrise war für das NS-Regime in zweifacher Hinsicht von entscheidender Bedeutung. Erstens ließ sich nur auf diese Weise die Zustimmung weiter Bevölkerungskreise zu seiner auf Terror beruhenden Macht gewinnen und absichern. Zweitens benötigte das Regime eine stabile ökonomische Basis für seine Expansionspläne. Beide Ziele suchte die Regimeführung auf verschiedenen Ebenen zu erreichen: Einmal auf der Ebene der Gesamtwirtschaft, indem sie die Waren- und Finanzströme mit Hilfe einer Vielzahl von Eingriffen vom Konsum- in den Rüstungssektor lenkte. Diese Eingriffe betrafen sowohl das Verhältnis des Reiches zum Ausland und damit die Zusammensetzung der Importe und Exporte, als auch die Versuche, Investitionen, Produktion und Konsum im Inland im Sinne der Regimeziele zu lenken. Ob solche Interventionen in ihrer Summe darauf hinausliefen, den Charakter des Wirtschaftssystems von einem prinzipiell kapitalistischen hin zu einem planwirtschaftlichen System zu verändern, wird strittig diskutiert. Um diese Frage zu beantworten, kann ein Blick auf die zweite Ebene helfen, auf der das Regime ansetzte, wenn es seine Ziele verwirklichen wollte: die Ebene der einzelnen Unternehmen. Hier eröffnet ein seit bald 15 Jahren anhaltender Boom der Forschung neue Möglichkeiten, Handlungsspielräume der Unternehmen realistischer als zuvor zu umreißen und damit auch zur Antwort auf die Frage beizutragen, wie die Partizipation vieler Unternehmen an den Verbrechen des Regimes zu erklären ist.

Die Gesamtwirtschaft:
»Wirtschaftswunder« oder »deformiertes Wachstum«?

Zu den weit über die NS-Zeit hinausreichenden Erfolgen der nationalsozialistischen Propaganda gehört die Auffassung, dem NS-Staat sei es gelungen, die von der Weltwirtschaftskrise schwer getroffene deutsche Volkswirtschaft rasch wieder auf einen Wachstumskurs zu bringen und auf diese Weise auch die Arbeitslosigkeit innerhalb weniger Jahre fast vollständig abzubauen. Manche Beobachter gingen (und gehen) so weit, in den nationalsozialistischen Arbeitsbeschaffungsprogrammen eine frühe Anwendung keynesianischer Wirtschaftspolitik zu sehen, wonach mit Hilfe umfangreicher Staatsausgaben einem mit Unterbeschäftigung einhergehenden ökonomischen Gleichgewicht Wachstumsimpulse verliehen werden können.

Eine solche Sichtweise verkennt, dass Staatsausgaben in keynesianischer Sicht alleine nicht ausreichend sind, sondern Multiplikatoreffekte hinzutreten müssen, um ein selbsttragendes Wachstum zu ermöglichen. Konkret bedeutet dies, dass die Staatsausgaben auf eine solche Weise in den Wirtschaftskreislauf gelenkt werden müssen, dass der Stimulus für den Konsum möglichst groß ist. Gerade dies war aber in den Jahren nach der nationalsozialistischen »Machtergreifung« nicht der Fall.

Neuere Untersuchungen zeigen, wie gering der Beitrag des privaten Konsums für den wirtschaftlichen Aufschwung nach 1932/33 war; ja der Konsum litt vielmehr darunter, dass die Qualität der Produkte und damit der Lebensstandard tendenziell sank. Dies lag vor allem daran, dass ein Großteil der zur Verfügung stehenden Ressourcen in den Rüstungssektor umgelenkt wurde, etwa über das zunehmend dichter gewobene Netz von Außenhandelskontrollen, die angesichts knapper Devisen den Import von für die Rüstung relevanten Rohstoffen gegenüber solchen für den privaten Konsum förderten.

Besonders deutlich lässt sich dies an der Entwicklung der Textilindustrie erkennen: Hier beschränkte eine Reihe von Gesetzen und Verordnungen (»Faserstoffverordnung« 1934, »Spinnstoffgesetz« 1935) die Möglichkeiten, Rohstoffe aus dem Ausland zu beziehen; zugleich verschlechterte die Verwendung von »Ersatzrohstoffen« (zum Beispiel auf Zellwollebasis) die Qualität der Textilien. Indikatoren wie die Versorgung mit Nahrungsmitteln zeigen ebenfalls ein Zurückbleiben des Lebensstandards hinter dem des benachbarten europäischen Auslands an.

Die chronische Devisenknappheit wie auch das Bestreben, für einen anstehenden Krieg wirtschaftlich vom Ausland möglichst unabhängig zu werden, ließ das Regime zudem nach Wegen suchen, für die Rüstung relevante Rohstoffe in Deutschland herzustellen. Technisch war dies auf einer Reihe von Feldern (Benzin, Kautschuk, Kunstfasern) auch durchaus möglich, wenngleich diese Güter nicht rentabel zu produzieren waren. Aus diesem Grund waren die meisten Unternehmen auch zunächst nicht bereit, in entsprechende Produktionsanlagen zu investieren.

Das Instrument, Unternehmen dennoch zu solchen Investitionen zu bewegen, war in den wenigsten Fällen direkter Zwang, sondern bestand häufig in Preis- und Abnahmegarantien des Staates, der schließlich das Risiko im Falle eines ökonomischen Fehlschlages trug. 1936 konzentrierte das Regime diese Autarkiebestrebungen in einer eigenen »Vierjahresplanbehörde«, benannt nach dem Ziel, die Wirtschaft binnen vier Jahren »kriegsfähig« zu machen. Am ehesten noch lässt sich der von dieser Behörde erfasste Wirtschaftsbereich als ein von der Politik gelenkter Sektor auffassen, wenn auch nach wie vor umstritten ist, ob Enteignungen, wie sie sich im Vorfeld der Gründung der »Hermann Göring Werke« ereigneten, eher als Ausnahmen von einer grundsätzlich das kapitalistische Wirtschaftssystem nicht in Frage stellenden Wirtschaftspolitik zu bewerten sind, oder ob diese Fälle auch dazu dienten, die weitreichenden Möglichkeiten des Regimes jenen Firmen gegenüber zu demonstrieren, die sich den Zielen der Regierung noch widersetzten.

Produktionsindex rüstungsrelevanter Rohstoffe (1929 = 100)[1]

	Industrie-produktion gesamt	Kohle (Anthrazit)	Roh-stahl	Alumi-nium	Kohlehydrie-rung, Erdöl-bohrungen und Benzol	Zellwolle und Kunst-seide
1933	67	67	47	54	117	118
1934	83	76	73	109	138	164
1935	97	88	101	208	199	221
1936	107	97	118	285	259	314
1937	119	113	122	374	325	557
1938	132	114	139	486	368	786
1939	140	115	139	585	470	1000
1940	135	113	118	620	665	1132
1941	138	114	128	686	791	1368
1942	140	115	126	774	932	1468
1943	157	117	128	733	1032	1468
1944	154	102	113	716	805	1389

Weil es in den außenpolitisch noch riskanten Anfangsjahren darauf ankam, möglichst unauffällig aufzurüsten, griff die Regierung zu einigen Methoden, die eine »geräuschlose« Finanzierung der Rüstung unterstützten. Hierzu gehörten die »Mefo-Wechsel« (die Funktion der 1933 gegründeten »Metallurgischen Forschungsgesellschaft mbH – »Mefo« – bestand darin, Wechsel von Rüstungslieferanten mit ihrer Unterschrift zu versehen, so dass sie bei den Geschäftsbanken und letztlich der Reichsbank gegen Bargeld eingereicht werden konnten) oder auch die gängige Praxis von Banken, Sparkassen und Versicherungen, ihnen anvertraute Spargelder in Reichsanleihen und damit letztlich für Rüstungsprojekte anzulegen, ohne dass die Sparer selbst hiervon wussten.

Insgesamt übte das NS-Regime auf die private Wirtschaft also nicht so sehr direkten Zwang aus, um die Vorbereitung und Umsetzung seines Expansionskurses sicherzustellen; vielmehr bediente es sich der Mechanismen der kapitalistischen Wirtschaftsordnung, insbesondere des unternehmerischen Strebens nach Erhalt des Unternehmens und nach Gewinn. Unternehmen wurden eher durch Anreize dazu bewogen, in riskante Bereiche zu investieren, als dass sie dazu gezwungen worden wären. Nur in einigen Ausnahmefällen griff das Regime zu Enteignungen oder nötigte Unternehmen zu Zusammenschlüssen für die Ersatzstoffproduktion. Überholt ist die ältere Annahme, wonach Unternehmen die treibende Kraft hinter Aufrüstung und militärischer Expansion gewesen seien, weil sie sich hiervon wirtschaftlichen Erfolg versprochen hätten. Die Entscheidung von Unternehmensleitungen, sich etwa an der Aufrüstungswirtschaft zu beteiligen, hing immer auch von den Erwartungen ab, die das jeweilige Unternehmen mit der künftigen Entwicklung verband. Viele Firmen erwarteten vom Aufrüstungsboom zunächst, dass es sich um einen vorübergehenden Prozess handelte, der bald in eine Rückkehr zur Normalität münden würde. Diese Erwartung ließ es als unklug erscheinen, allzu ausschließlich auf das Militär als Kunden zu setzen – was nicht ausschloss, attraktive Gelegenheiten wahrzunehmen.

Mythos Speer – kein »Rüstungswunder« im Krieg?

Viele Jahre galt in der Forschung eine fast unangefochtene Einteilung der kriegswirtschaftlichen Entwicklung in zwei Phasen: von 1938/39 bis Anfang 1942 und von 1942 bis 1945. Den ersten Zeitraum kennzeichnete in dieser Perspektive eine Politik, die – um einer stabilen Lage an der »Heimatfront« willen – nur zögerlich die Produktionspotentiale der deutschen Wirtschaft ausschöpfte und beispielsweise darauf verzichtete, Frauen in großem Umfang zur Arbeit in der Rüstungsproduktion zu verpflichten. Auch die Ernennung Fritz Todts zum Reichsminister für Bewaffnung und Munition im März 1940 habe an dieser Zurückhaltung grundsätzlich nichts ändern können, wenngleich Todt bereits einige Instrumente der unternehmerischen Selbststeuerung entwarf, auf die sein Nachfolger Albert Speer zurückgreifen konnte. Mit dessen

Amtsantritt nach dem Tod Todts im Februar 1942 begann in dieser herkömmlichen Sicht die zweite, vor allem durch eine grundlegende Neuorganisation der Rüstung und einen sehr rasch ansteigenden Rüstungsausstoß geprägte Phase. Der Neuorganisation der Rüstungsbetriebe in »Ausschüssen« und »Ringen« und deren weiteren Untergliederungen, die jeweils die Produktion bestimmter Rüstungsgüter beziehungsweise die Zulieferfertigungen koordinierten, wurde ebenso ein hoher Anteil an der Steigerung der Rüstungsproduktion zugeschrieben wie einer weitreichenden Rationalisierung der Fertigung.

Neuere Untersuchungen haben hingegen für einzelne Unternehmen gezeigt, dass sich Rüstungsfirmen zur Einführung von Rationalisierungsmaßnahmen oft nur dann bereitfanden, wenn dies ihren eigenen Interessen entsprach (im Maschinenbau war dies beispielsweise nur bedingt der Fall), zudem haben Automobil- und Rüstungsproduzenten wie Daimler-Benz Rationalisierungsmaßnahmen bereits vor Speers Amtsantritt eingeleitet, so dass ein Produktionsanstieg kaum auf die Initiativen von Hitlers Rüstungsminister zurückgeführt werden kann. Schließlich geriet ein zentraler Bereich der Rüstung – die Luftrüstung – erst 1944 unter die Ägide des Speerschen Rüstungsministeriums. Und auch in diesem Sektor beruhte der unbestreitbare rasche Anstieg der Produktion in den letzten Kriegsjahren nicht so sehr auf einer durchgreifenden Rationalisierung der Produktion, sondern auf einer in großem Stil betriebenen menschenverachtenden Ausbeutung von Zwangsarbeitern. Aber auch mit Bezug auf die gesamtwirtschaftliche Ebene werden in jüngster Zeit Zweifel vor allem an der Verlässlichkeit der Datenbasis laut, auf der die Deutung vom seit 1942 zunehmend massiven Rüstungsausstoß beruht.

Handlungsspielräume der Unternehmen

Unternehmen sind in einer kapitalistisch verfassten Wirtschaftsordnung zunächst soziale Organisationen, die für ihr zentrales Ziel, ihr Fortbestehen, darauf angewiesen sind, dauerhaft Gewinne zu erwirtschaften. Dies war im »Dritten Reich« nicht anders. So kann es auch nicht überraschen, dass die Führung des Regimes vorrangig auf den Anreiz des Gewinns setzte, wenn sie Unternehmen zur Produktion rüstungsrelevanter Güter motivieren wollte. In der Tat bewegte sich die Eigenkapitalrentabilität deutscher Industrieaktiengesellschaften in den Jahren der NS-Diktatur immer dann in höheren Regionen, wenn sie Güter herstellten, die für die Rüstung von Bedeutung waren. Diese Mechanismen sind natürlich nur für Privatunternehmen relevant, nicht für faktische Staatsunternehmen wie die 1937 gegründeten »Reichswerke Hermann Göring«: Diese wirtschafteten nach Maßgabe der Regimeführung, so dass sich für sie die Frage nach der Entscheidungsfindung in anderer Weise stellt.

Schon die Darstellung der gesamtwirtschaftlichen Entwicklung hat deutlich gemacht, dass Unternehmen vor ganz unterschiedliche Anforderungen gestellt waren. Wie sich diese auswirkten, war wesentlich von drei Parametern bestimmt: der Größe und Rechtsform des Unternehmens, seiner Branchenzugehörigkeit und schließlich der nach NS-Kriterien definierten »Rasse«-Zugehörigkeit seiner Inhaber.

Die Fragen jedoch, zu welchen Entscheidungen Unternehmensleitungen unter den sich während der NS-Diktatur immer rascher verändernden Bedingungen gelangten und aus welchen Gründen, mit welchen Erwartungen sie ihre Entscheidungen trafen, standen lange Zeit vor allem aus zwei Gründen nicht im Zentrum des Forschungsinteresses: Zum einen war der Zugang zu unternehmensinternen Unterlagen schwierig und meist nicht möglich, und zum anderen schien häufig schon jenseits konkreter Untersuchungen evident, dass Unternehmen aus Profitgier alle Maßstäbe der Menschlichkeit außer Acht lassen würden, ja, in neomarxistischer Perspektive, dass sich in der Partizipation von Unternehmen an den Verbrechen des »Dritten Reiches« der wahre Charakter des Kapitalismus offenbart habe. Diese Debatte hat seit den 1990er Jahren an Schärfe verloren, nachdem nun immer mehr Unternehmen auf archivalischer Quellenbasis untersucht werden. Dabei hat es sich bewährt, Unternehmen zunächst als nach ökonomischen Organisationsprinzipien verfasste Einheiten zu verstehen und für die Erklärung ihres Verhaltens erst dann, wenn die Erklärungskraft ökonomischer Kategorien erschöpft ist, nach anderen Beweggründen (etwa der ideologischen Überzeugung führender Manager) zu suchen, um nicht eine erkenntnishemmende Vermengung der Bewertungsmaßstäbe vorzunehmen.

Aufrüstung, Expansion und Krieg: unternehmerische
Interessen vor dem Hintergrund der NS-Politik

Lange Zeit hat sich das historisch-politische Interesse auf die politische Haltung deutscher Unternehmer zum erstarkenden und seine Macht ausbauenden Nationalsozialismus konzentriert. Auf der einen Seite wurde Unternehmern – vor allem in den 1960er und 1970er Jahren – pauschal eine besondere Nähe zur NSDAP unterstellt, nicht selten auch eine direkte Finanzierung der Partei vor der »Machtergreifung« (eine Legende, die heute als widerlegt gelten kann), während auf der anderen Seite Unternehmer in erster Linie als Opfer eines staatlichen Dirigismus dargestellt wurden. Beide Perspektiven sind heute einer differenzierten Sichtweise gewichen, die auf der Basis archivgestützter Forschung die je nach Branche und Unternehmensgröße unterschiedlichen Handlungsspielräume von Unternehmensleitungen auszumessen versucht.

Dabei wurde bald deutlich, dass für eine Vielzahl von Unternehmen die rüstungsbasierte Staatskonjunktur willkommene Gelegenheit bot, die Auftragsbücher zu füllen und die zum Teil erheblichen Gewinnchancen, die sich auf diesem Feld boten, zu ergreifen. Selbst bei Unternehmen jedoch, die zum zentralen Bereich der Rüstung zählten und an deren grundsätzlicher Regimetreue nicht zu zweifeln ist, blieb eine Skepsis bestehen, wie lange der Aufrüstungsboom wohl anhalten werde. Das ambivalente Verhältnis vieler Unternehmen zu dem bald absehbaren Kernelement nationalsozialistischer Politik, der kriegerischen Expansion, ist für einige Branchen im Zusammenhang mit der Autarkiepolitik der Vorkriegszeit skizziert worden. Dort wurde bereits das häufig erfolgreiche Streben der Unternehmensleitungen nach einer vertraglichen Absicherung der Rentabilität deutlich, wenn man sich denn schon auf derartige Projekte einließ. Wie aber verhielten sich Unternehmen gegenüber den Chancen, die die nationalsozialistische Wirtschaftspolitik als Ganzes bereithielt, und gegenüber den Restriktionen, die sie den Unternehmen auferlegte? Wenn die Vielfalt neuerer Forschungen eines gezeigt hat, dann die Notwendigkeit, deutlich nach Branchen und Unternehmensgröße als zwei wichtigen Faktoren unter mehreren Unterscheidungsmerkmalen zu differenzieren, durch welche die jeweilige unternehmerische Strategie beeinflusst worden ist. Bei allen Unterschieden zwischen den Branchen lassen sich jedoch immer deutlicher auch gemeinsame Züge unternehmerischer Interessen und strategischer Entscheidungen erkennen.

Eine erste Unterscheidung lässt sich nach Unternehmen der Konsumgüterindustrie und der Investitionsgüterindustrie treffen. Zweifellos unterlagen Unternehmen verschiedener Konsumgüterbranchen stärkeren Restriktionen, was beispielsweise die Versorgung mit Rohstoffen oder, während des Krieges, mit Arbeitskräften anbelangte. Unternehmen der Textilindustrie, deren Zugang zu importierten Rohstoffen schon früh reglementiert worden war, waren dennoch in der Lage, auf derartige Restriktionen zu reagieren: etwa indem sie ihre Exportanstrengungen verstärkten oder zusätzlich auf das Militär als Abnehmer setzten. Keineswegs waren solche Adaptionsstrategien erfolglos, wie die nicht selten beträchtlichen Gewinne auch in dieser Branche vor 1939 zeigen.

Die Investitionsgüterindustrie, beispielsweise viele Maschinenbauunternehmen, setzte häufig strategisch trotz zahlreicher Reglementierungen des Außenhandels auf den Export in alle Welt. Eine solche Schwerpunktsetzung lässt erkennen, dass diese Firmen die in vorangegangenen Jahrzehnten mühsam erarbeiteten Weltmarktanteile nicht ohne weiteres preiszugeben bereit waren, auch nicht um lukrativer Rüstungsaufträge willen. Dieser Entscheidung lag häufig die Erwartung zugrunde, dass beides, Restriktionen des Außenhandels wie auch der Aufrüstungsboom, nur vorübergehende Erscheinungen sein würden. Hierfür eingespielte Exportnetzwerke aufzugeben und ausschließlich in die Produktion etwa von Heeresbedarf zu investieren, erschien vielen Firmen zu riskant, wenngleich auch ein vollständiges Umschwenken auf die Rüstungsproduktion durchaus vorkam, etwa im Fall der Leipziger Hugo Schneider AG, eines Lampenherstellers, der schon 1934 sein Produktionsprofil fast vollständig auf den Heeresbedarf hin ausrichtete. Ungeachtet dessen profitierten natürlich zum Beispiel Werkzeugmaschinenhersteller, deren Produkte wiederum für die Rüstungsproduktion wichtig waren, unverkennbar vom Aufrüstungsboom.

Während des Krieges stieg jedoch der Druck auch auf solche Firmen, direkt für die Rüstung relevante Güter herzustellen, immer stärker an. Wenn eine Einschränkung ihrer Handlungsautonomie damit auf der Hand liegt, so bedeutete dies jedoch nicht, dass etwa Maschinenbauunternehmen generell ihre Entscheidungsmöglichkeiten eingebüßt hätten. Zum einen hing es sehr stark vom jeweiligen Produktionsprofil des einzelnen Unternehmens ab, in welchem Ausmaß es sich für direkte Rüstungsproduktion entscheiden musste, um nicht bei der Zuweisung von Arbeitskräften und Rohstoffen benachteiligt zu werden und letztlich Gefahr zu laufen, ganz stillgelegt zu werden. Zum anderen ergab sich aus der Konkurrenz der verschiedenen Beschaffungsämter der Wehrmacht für die Unternehmen bisweilen die Möglichkeit, solche Aufträge anzunehmen, die noch Verwandtschaft zum bisherigen Produktionsprofil aufwiesen oder gar neue Perspektiven für die Nachkriegszeit boten. Denn nicht nur erwarteten viele Unternehmensleitungen vor Kriegsbeginn das baldige Ende der Aufrüstung, sondern es stand für sie ab dem Herbst 1939 auch das Ende des Krieges am Horizont – zunächst durch einen deutschen Sieg, dann immer unverkennbarer durch eine deutsche Niederlage.

Diese Erwartungshaltung und die je nach Branche unterschiedlich ausgeprägte Nähe zu Fertigungstechniken der Massenproduktion waren es auch, die eine flächendeckende Durchsetzung der Rationalisierung der Produktion durch Typenverringerung, Normierung und Fließbandfertigung erschwerten. Dort, wo die

Produktionszahlen in den letzten Kriegsjahren tatsächlich deutlich gesteigert werden konnten, lag dies – wie in der Flugzeugherstellung – nicht immer an Rationalisierungsfortschritten, sondern vielmehr häufig an der brutalen Ausbeutung erzwungener Arbeit.

Blickt man abschließend auf die Finanzbranche, so sticht im Fall der großen Banken ins Auge, dass ihre Geschäftsentwicklung während der Vorkriegsjahre durchgängig hinter der gesamtwirtschaftlichen Erholung zurückblieb. Dies hing mit der Reduzierung des Außenhandelsvolumens (eines traditionellen Geschäftsfeldes der deutschen Banken) ebenso zusammen wie mit der steigenden Liquidität in der produzierenden Industrie, gerade auch der Rüstungsindustrie, die dadurch immer weniger auf Kredite zurückgreifen musste. Eine Folge dieser Entwicklung war es, dass Großbanken wie die Dresdner Bank begierig nach Gelegenheiten griffen, die das Geschäftsvolumen wieder zu steigern versprachen: Sei es die Vermittlerrolle bei »Arisierungen«, sei es insbesondere die ökonomische Partizipation an der militärischen Expansion.

»Arisierung« und unternehmerisches Interesse

Der Rassismus des Regimes und der rassistische Antisemitismus als dessen Kernelement wirkten sich auf die Wirtschaft in zweierlei Hinsicht aus: Einmal in der Verdrängung jüdischer Deutscher aus Beschäftigungsverhältnissen mit »arischen« Arbeitgebern und dann immer deutlicher in der Eliminierung wirtschaftlicher Betätigung von Juden überhaupt. Dieses zweite Ziel des Regimes, das schon vor dem Beginn des Zweiten Weltkrieges durchgesetzt wurde, hatte zur Folge, dass sich in den 1930er Jahren jüdische Firmeninhaber ungeachtet einiger trügerischer Phasen der Ruhe gezwungen sahen, ihre Unternehmen zu verkaufen, da sie in ihrer wirtschaftlichen Tätigkeit immer stärker behindert wurden. Unter dem NS-Begriff »Arisierung«, der trotz seiner rassistischen Implikationen Eingang in die historische Forschung gefunden hat, wird gemeinhin dieser erzwungene Transfer jüdischen Besitzes in nichtjüdische Hände verstanden. Das Interesse der Erwerber musste sich dabei nicht auf die Weiterführung der Firma richten, sondern konnte auch die Ausschaltung der Konkurrenz oder die Übernahme begehrter Rohstoffkontingente zum Ziel haben.

Die Formen, die dieser Besitztransfer annahm, waren außerordentlich vielgestaltig und wiederum abhängig von der Branche, dem Umfeld der Konkurrenz und schließlich dem Zeitpunkt, zu dem die Eigentumsübertragung zustande kam: Je später, desto schlechter waren im Allgemeinen die Konditionen für die jüdischen Verkäufer. Betrachtet man die Erwerber jüdischer Firmen, so lassen sich diese nach Frank Bajohr drei groben Kategorien zuordnen:

Eine erste Gruppe der »aktiven und skrupellosen Profiteure« umfasste demnach circa 40 Prozent der Erwerber jüdischer Firmen, die alles daransetzten, »den Kaufpreis nochmals zu drücken und die Zwangssituation der Besitzer rücksichtslos zum eigenen Vorteil zu nutzen«.[2] Eine zweite Gruppe, die Bajohr ebenfalls auf etwa 40 Prozent der Fälle schätzt, lässt sich als »stille Teilhaber« bezeichnen. Diese Erwerber bemühten sich, ungeachtet ihres persönlichen Vorteils »die Eigentumsübertragung in äußerlich korrekten Formen abzuwickeln«, und verzichteten darauf, sich Machtmittel des Staates zunutze zu machen. Nur wenige Erwerber – in Hamburg etwa 20 Prozent – erwiesen sich als »gutwillige und verständnisvolle Geschäftsleute«, oft Freunde der betroffenen jüdischen Firmeninhaber, die versuchten, deren Interessen bei der erzwungenen Eigentumsübertragung mit zu berücksichtigen.

Am Ende der 1930er Jahre bildete sich eine regelrechte »Arisierungsindustrie« heraus, an der zu partizipieren auch die großen Berliner Banken Interesse zeigten – ihnen kam es vor allem darauf an, Alternativen zum herkömmlichen, aber zurückgegangenen Emissions- und Kreditgeschäft zu erschließen. Im Zentrum des Bankeninteresses bei der Vermittlung von »Arisierungs-Geschäften« stand dabei nicht so sehr die Erzielung möglichst hoher Provisionen, sondern die Aufrechterhaltung, wenn möglich die Intensivierung der Beziehung zum nun »arischen« Kunden. Eine ähnliche Maxime verfolgten die Banken bei den »Arisierungen« in den im Kriegsverlauf besetzten und eingegliederten Gebieten.

Auch hier lag der Schwerpunkt des Interesses auf solchen indirekten Gewinnen, wenngleich diese auf der Basis der vorhandenen Quellen kaum zu quantifizieren sind. Insgesamt lässt sich beispielsweise für die Dresdner Bank konstatieren, dass bei der »Entjudung« der deutschen Wirtschaft eher Ziele wie die Sicherung von Depotstimmrechten oder die Erhaltung der Marktposition gegenüber den Konkurrenzbanken Vorrang vor der reinen Gewinnerzielung hatten. Ähnliches wurde auch für die Commerzbank festgestellt, deren Haltung gegenüber der Verdrängung der Juden vor allem von dem Bestreben bestimmt war, den mit verschiedenen Risiken behafteten Prozess der erzwungenen Eigentumsübertragung mit einem für die Bank möglichst positiven Ergebnis zu bewerkstelligen.

Partizipation an der Besatzungspolitik – Radikalisierung in der »Großraumwirtschaft« und Unternehmenslogik

Mit der militärischen Expansion erhielt das NS-Regime Zugriff auf die Ressourcen der besetzten Volkswirtschaften, auf die es zugleich auch angewiesen war, wollte es den Krieg weiterführen. Stand in allen besetzten Gebieten am Anfang eine Phase der Ausplünderung, so wurde diese Politik bald durch eine systematische Ausnutzung von vorhandenen industriellen Kapazitäten und Ressourcen abgelöst, um so die Leistungsfähigkeit der deutschen Kriegswirtschaft dauerhaft zu steigern.

Dass Unternehmen aktiv auf die militärische Expansion hingearbeitet und entsprechend Einfluss auf die politische Sphäre ausgeübt hätten, um ihre ökonomischen Interessen zu verfolgen, gehört zu den schon länger widerlegten Legenden der NS-Wirtschaftsgeschichte. Richtig bleibt jedoch, dass die militärisch untermauerte Expansionspolitik und die Errichtung einer europäischen »Großraumwirtschaft« in einer Wechselwirkung zu den unternehmerischen Strategien stand. Unternehmen lösten diese Politik zwar nicht aus (und hätten dies angesichts der Herrschaftsstruktur des NS-Regimes auch nicht bewerkstelligen können), ergriffen aber sehr wohl die ökonomischen Chancen, die sich für sie aus der nationalsozialistischen Expansionspolitik ergaben.

Nachdem das NS-Regime große Teile Europas seiner Herrschaft unterworfen hatte, errichtete es in den verschiedenen Ländern sehr unterschiedliche Besatzungsregime. Diese reichten von der rechtlichen Einverleibung in das Deutsche Reich über verschiedene Formen der Besatzungsherrschaft bis hin zur Gewährung einer Teilsouveränität. Die verschiedenen Formen der Besatzungsherrschaft und die Funktion, die das Regime dem jeweils besetzten Land zudachte, bestimmten weitgehend auch die Handlungsspielräume, die deutsche Unternehmen vorfanden, wenn sie an den ökonomischen Chancen der Besatzungspolitik partizipieren wollten. Und so verwundert es nicht, wenn sich die unternehmerischen Strategien an diesen unterschiedlichen Formen der Besatzungsherrschaft ausrichteten. Während für Osteuropa eine längerfristige industriewirtschaftliche Kooperation gar nicht erst vorgesehen war, eröffnete die Politik der »Kollaboration« mit westeuropäischen Staaten, besonders in Frankreich, den Unternehmen andere Freiräume, (ungleiche) Partnerschaften mit einheimischen Unternehmen einzugehen, beispielsweise in der weitgehend für Rüstungszwecke herangezogenen Automobilindustrie.

Das zweite Faktorenbündel, das Strategien deutscher Unternehmen beeinflusste, bestand, wie schon in den Jahren zuvor, in der Branchenzugehörigkeit des Unternehmens, seiner Größe und schließlich seinem Zugang zur politischen Sphäre. Während beispielsweise Banken an neuen Industrie- und Privatkunden interessiert waren, kam es etwa Automobilherstellern auf den Zugriff auf Produktionsstätten an. Weil die Zusammenarbeit mit deutschen Unternehmen vor allem französischen Firmen zumindest in gewissem Umfang die Versorgung mit Rohstoffen und Arbeitskräften und damit ihr Fortbestehen sicherte, lag hier deren Interesse an der Kooperation begründet. Durchgängig strebten jedoch deutsche Unternehmen aller Branchen, wenn sie die Möglichkeiten, die sich durch die gewaltsame Expansion des »Dritten Reiches« ergaben, wahrnahmen, nach der künftigen Vergrößerung von Marktanteilen und insgesamt einer Verbesserung ihrer Situation gegenüber der deutschen und europäischen Konkurrenz. Dieses Ziel vor Augen, vergaßen Unternehmen zumal im Osten sämtliche humanen Standards und begaben sich mitunter nicht nur in die Randbereiche der nationalsozialistischen Vernichtungspolitik.

Drittens waren die Möglichkeiten der Unternehmen, an der Besatzungspolitik zu partizipieren, abhängig vom Zeitpunkt ihres Engagements: Da sich die Rolle eines Besatzungsgebietes in der Rüstungswirtschaft im Verlauf der Zeit ändern konnte, determinierte dieser Wandel auch die Möglichkeiten der deutschen Unternehmen vor Ort. Für alle besetzten Gebiete änderten sich beispielsweise in der zweiten Kriegshälfte die Rahmenbedingungen, weil das Rüstungsministerium ab dem Herbst 1943 den Druck auf die Firmen erhöhte, ihre zivile Produktion ins Ausland zu verlagern – eine Vorgabe, die von vielen Unternehmen mit unterschiedlichem Erfolg aufgegriffen wurde. Vermuten lässt sich auf der Grundlage bisher vorliegender Studien, dass im Fall der besetzten Westgebiete in den Unternehmensleitungen die Perspektive überwog, einen kooperativen Ausgleich mit den Partner-Unternehmen anzustreben (auch hier wieder mit Unterschieden von Branche zu Branche), während deutsche Unternehmen im Osten Europas nicht vor brutaler Ausbeutung zurückschreckten – wie etwa die Chemnitzer Astrawerke AG, die im Warschauer Ghetto die dort internierten Juden unter katastrophalen Bedingungen Rechenmaschinen zusammensetzen ließen.

Mitwirkung und Nutznießerschaft an den
Verbrechen des NS-Regimes

Unternehmen gerieten während des Krieges unterschiedlich nahe an die Kernbereiche nationalsozialistischer Vernichtungspolitik. Der häufig verwendete Begriff der »Verstrickung« beschreibt diesen Vorgang nur unzureichend, legt er doch eine Zwangsläufigkeit, verbunden mit aufgehobener Entscheidungsfähigkeit nahe, die so nie gegeben war. Die Unternehmensleitung entschied letztlich über die Unternehmenspolitik und darüber, wie weit man Rassismus und räuberische Expansionspolitik mittragen wollte.

Diese Entscheidungsfähigkeit wird bereits in dem Bereich der nationalsozialistischen Politik deutlich, mit dem die meisten Unternehmen in irgendeiner Form konfrontiert waren: der massenhaften Beschäftigung von Zwangsarbeitern aus ganz Europa. Dabei lag nicht so sehr die Beschäftigung von Zwangsarbeitern als solche im Ermessensspielraum von Unternehmen, wenn sie denn nicht Gefahr laufen wollten, aufgrund von Arbeitskräftemangel ganz aus der Rüstungswirtschaft auszuscheiden, sondern deren Behandlung. Hier sind die Unterschiede unverkennbar und lassen auf erhebliche Entscheidungsspielräume schließen, die es Unternehmensleitungen erlaubten, den ihnen zugewiesenen Zwangsarbeitern entweder ein menschenwürdiges Leben zu ermöglichen, oder aber (was die Regel war) sich die Rassenideologie des Regimes zu eigen zu machen und die Zwangsarbeiter gemäß der rassistischen Wertigkeitsskala zu behandeln – und das hieß im Extremfall: ihre »Vernichtung durch Arbeit« zu betreiben. Ihren Kulminationspunkt fand diese Politik im Rückgriff auf von der SS zur Verfügung gestellte KZ-Häftlinge, die etwa für die Untertageverlagerung besonders kriegswichtiger Rüstungswerke unter mörderischen Bedingungen herangezogen wurden.

Einige Unternehmen ermöglichten indirekt oder direkt auch die Ermordung der Juden in den Vernichtungslagern: Sei es durch die in Erwartung eines größeren Arbeitskräftereservoirs vorgenommene Errichtung von Produktionsstätten in der Nähe des entstehenden Konzentrationslagers Auschwitz durch die I.G. Farben AG, sei es durch die Errichtung der Anlagen zur Verbrennung der Ermordeten, sei es die Produktion des Giftes »Zyklon B« durch die Degesch, einer Tochterfirma der Degussa, sei es schließlich durch die Finanzierung mancher dieser Vorhaben durch Berliner Großbanken. Ebenfalls in diesen Zusammenhang gehören die pharmakologischen Versuche, die in Zusammenarbeit mit Firmen wie etwa dem Hoechster Werk der I.G. Farben AG entgegen allem ärztlichen Ethos an KZ-Häftlingen vorgenommen wurden, häufig mit tödlichem Ausgang.

In den ersten Jahrzehnten nach dem Zweiten Weltkrieg hat sich die wirtschaftshistorische Forschung in erster Linie für die gesamtwirtschaftliche Entwicklung im »Dritten Reich« interessiert. Dabei standen Fragen im Vordergrund wie die nach der »Kriegsfähigmachung« Deutschlands und die Frage, wie das NS-Regime in wirtschaftlicher Hinsicht in der Lage war, sechs Jahre lang Krieg zu führen. In den 1980er Jahren rückte dann zunehmend auch die Rolle der Unternehmen in den Blick der Forschung, ein Interesse, das jedoch bis in die 1990er Jahre auf fast durchweg fest verschlossene Archivtüren stieß. Wohl auch damit hing es zusammen, dass die Debatte zur Rolle der Unternehmen im »Dritten Reich«, die unter dem Gegensatzpaar »Primat der Politik« und »Primat der Ökonomie« geführt wurde, rasch ideologisch aufgeladen wurde und entsprechend wenig historiographischen Ertrag bot. Die Situation änderte sich seit Mitte der 1990er Jahre, als immer mehr Unternehmen dazu übergingen, ihre Archive unabhängigen Historikern zu öffnen; die Ergebnisse dieser Forschungen liegen nun zu einem großen Teil bereits in Veröffentlichungen vor. Diese Bereitschaft der Unternehmen hing auch mit den Debatten um die Entschädigungen für die Zwangsarbeiter zusammen, die in die Errichtung einer Stiftungsinitiative mündeten, welche nach über 50 Jahren die Zahlungen an vor allem osteuropäische ehemalige Zwangsarbeiter übernahm.

Weiterführende Literatur

Abelshauser, Werner, Kriegswirtschaft und Wirtschaftswunder. Deutschlands wirtschaftliche Mobilisierung für den Zweiten Weltkrieg und die Folgen für die Nachkriegszeit, in: Vierteljahrshefte für Zeitgeschichte 47 (1999), S. 503–538.

Abelshauser, Werner/Hesse, Jan-Otmar/Plumpe, Werner (Hrsg.), Wirtschaftsordnung, Staat und Unternehmen. Neue Forschungen zur Wirtschaftsgeschichte des Nationalsozialismus.

Festschrift für Dietmar Petzina zum 65. Geburtstag, Essen 2003.

Bähr, Johannes/Banken, Ralf (Hrsg.), Wirtschaftssteuerung durch Recht im Nationalsozialismus. Studien zur Entwicklung des Wirtschaftsrechts im Interventionsstaat des »Dritten Reichs«, Frankfurt a. M. 2006.

Bajohr, Frank, »Arisierung« in Hamburg. Die Verdrängung der jüdischen Unternehmer 1933–1945, Hamburg 1997.

Buchheim, Christoph, Die Wirtschaftsentwicklung im Dritten Reich – mehr Desaster als Wunder. Eine Erwiderung auf Werner Abelshauser, in: Vierteljahrshefte für Zeitgeschichte 49 (2001), S. 653–664.

Budraß, Lutz, Flugzeugindustrie und Luftrüstung in Deutschland 1918–1945, Düsseldorf 1998.

Feldman, Gerald D., Die Allianz und die deutsche Versicherungswirtschaft 1933–1945, München 2001.

Gregor, Neil, Stern und Hakenkreuz. Daimler-Benz im Dritten Reich, Berlin 1997.

Hayes, Peter, Die Degussa im Dritten Reich. Von der Zusammenarbeit zur Mittäterschaft, München ²2005.

Henke, Klaus-Dietmar (Hrsg.), Die Dresdner Bank im »Dritten Reich«, 4 Bde., München 2006.

Herbst, Ludolf/Weihe, Thomas (Hrsg.), Die Commerzbank und die Juden 1933–1945, München 2004.

Höschle, Gerd, Die deutsche Textilindustrie zwischen 1933 und 1939. Staatsinterventionismus und ökonomische Rationalität, Stuttgart 2004.

James, Harold, Die Deutsche Bank im Dritten Reich, München 2003.

Lindner, Stephan H., Hoechst. Ein I.G. Farben Werk im Dritten Reich, München ²2005.

Overy, Richard J., War and Economy in the Third Reich, Oxford 1995.

Schneider, Michael C., Unternehmensstrategien zwischen Weltwirtschaftskrise und Kriegswirtschaft. Chemnitzer Maschinenbauindustrie in der NS-Zeit 1933–1945, Essen 2005.

Spoerer, Mark, Von Scheingewinnen zum Rüstungsboom. Die Eigenkapitalrentabilität der deutschen Industrieaktiengesellschaften 1925–1941, Stuttgart 1996.

Spoerer, Mark, Zwangsarbeit unter dem Hakenkreuz. Ausländische Zivilarbeiter, Kriegsgefangene und Häftlinge im Deutschen Reich und im besetzten Europa 1939–1945, Stuttgart 2001.

Tooze, Adam, Ökonomie der Zerstörung. Die Geschichte der Wirtschaft im Nationalsozialismus, München 2007.

Test einer V 2-Rakete in der
Heeresversuchsanstalt Peenemünde,
Juni 1943

Forschen für Volk und »Führer«
Wissenschaft und Technik

RÜDIGER HACHTMANN

Spätestens mit der zweiten industriellen Revolution seit dem Ende des 19. Jahrhunderts, in der die Chemie- und die Elektroindustrie zu Leitsektoren wurden, rückten die Wissenschaften ins Zentrum von Wirtschaft und Gesellschaft. Im Laufe des 20. Jahrhunderts verstärkte sich dieser Trend. Während der NS-Zeit blieb das Deutsche Reich eine hochindustrielle Gesellschaft, die auf moderne Wissenschaften und Techniken existentiell angewiesen war. Die historische Forschung zur Wissenschafts- und Technikgeschichte im Nationalsozialismus hat sich dennoch auf vielen Feldern lange Zeit von Klischees und Vorurteilen leiten lassen, die diesem an sich trivialen Befund entgegenstehen. Die überkommene Lesart der Wissenschaftsentwicklung in den Jahren des »Dritten Reiches« lässt sich auf acht Thesen zuspitzen, die sich in unterschiedlichen Variationen in vielen älteren Arbeiten finden:

1. Die Hitler-Diktatur sei wissenschaftsfeindlich gewesen.
2. Es habe im barbarischen NS-Regime keine »echte« Wissenschaft gegeben, sondern nur »Pseudo-Wissenschaft«.
3. Sofern eingeräumt wurde, dass es doch ernsthafte Forschung gegeben habe, die das Attribut »wissenschaftlich« verdiene, wurde in der älteren Historiographie gern behauptet: Die Forschung von 1933 bis 1945 sei keine »reine Wissenschaft« gewesen, sondern lediglich »angewandte Forschung«. Die vorgeblich anwendungsferne Grundlagenforschung sei systematisch eingeschnürt worden, da man von ihr keine militärisch oder ökonomisch relevanten Ergebnisse erwartet habe.
4. Das NS-Regime habe sich nach außen abgekapselt. Die deutschen Wissenschaften seien deshalb international isoliert gewesen; sie hätten sich in einem »Käfig« (Ulrich Wengenroth)

befunden und infolgedessen den Anschluss an die internationale Spitzenforschung verpasst.

5. Da sich die Hitler-Diktatur in einem »Prozeß der fortschreitenden Staatsauflösung«[1] befunden habe, sei eine wirkungsvolle Koordination von Wissenschaft und Forschung unmöglich gewesen. Das für das NS-Regime charakteristische Institutionenchaos und die polykratische Konkurrenz um Kompetenzen habe sich im Wildwuchs von Forschungsinstitutionen, die sich heftig befehdeten und ihre Projekte nicht miteinander koordinierten, fortgesetzt. Die Konkurrenz der Herrschaftsträger sowie eine fehlende Koordination zwischen Wissenschaftlern und Forschungseinrichtungen wiederum habe zu einer unfruchtbaren »Doppelarbeit« geführt; viele wissenschaftliche Ressourcen seien dadurch »verschleudert« worden.

6. Der Antisemitismus des Hitler-Regimes habe zu einem Aderlass an wissenschaftlichem Potential geführt, von dem sich die deutsche Forschung nicht mehr habe erholen können.

7. Die Wissenschaftler, die nach 1933 in Deutschland blieben, seien drangsaliert und in ihrer Arbeit fremdbestimmt gewesen. Wenn Forscher während des »Dritten Reiches« weiterhin auf ihren Arbeitsfeldern tätig geblieben seien, dann sei dies in aller Regel widerwillig oder aus Vaterlandsliebe geschehen.

8. Für die Förderung von Forschungsprojekten hätten vor allem politische Kriterien gegolten, nicht wissenschaftliche. Viele Forscher hätten allerdings die angeblich fachlich inkompetenten Nationalsozialisten, die über die für Projekte notwendigen Gelder und sonstigen Ressourcen verfügten, gleichsam »übers Ohr gehauen« und sich des Prinzips der Antragslyrik bedient. Um die nötige materielle Unterstützung zu erhalten, habe man eine militärische Relevanz der beantragten Projekte vorgetäuscht; tatsächlich jedoch habe man immer im Dienst des Wohles der Menschheit geforscht. Dafür, dass die Nationalsozialisten die Ergebnisse dieser Forschungen für eigene Zwecke ausgenutzt hätten, könne man nicht die Forscher verantwortlich machen.

Viele dieser Thesen sind in den letzten Jahren von der NS-Historiographie neu bewertet worden. Bevor auf die hier stichwortartig zugespitzten Fehlurteile der älteren wissenschaftshistorischen Forschung eingegangen wird, ist zunächst festzuhalten: Wissenschaft ist nicht gleich Wissenschaft, Technik nicht gleich Technik. Es war – ähnlich wie heute – ein erheblicher Unterschied, ob man auf die Geistes- und Sozialwissenschaften, auf die biologisch-medizinischen Disziplinen, auf die Ersatzstoffforschung und die Technikwissenschaften oder schließlich die naturwissenschaftliche Grundlagenforschung blickte. Vor allem die natur- und technikwissenschaftlichen Institute expandierten während des »Dritten Reiches« in überdurchschnittlichem Maße. Von den dort angesiedelten Forschungsprojekten erwartete sich das Regime rüstungsrelevante, wenn möglich sogar kriegsentscheidende Resultate.

Ähnlich großzügig wurden agrarwissenschaftliche Forschungseinrichtungen materiell gefördert; sie waren für die Autarkiepolitik von zentraler Bedeutung und sollten nach Kriegsbeginn die wissenschaftlichen Grundlagen für die Agrarwirtschaft in einem nationalsozialistisch beherrschten Europa legen. Biologisch-medizinische Forschungseinrichtungen waren bis ungefähr 1938 finanziell auf der Gewinnerseite; während des Krieges scheinen die Zuwendungen hingegen stagniert zu haben oder zurückgegangen zu sein.

Verlierer der nationalsozialistischen Wissenschaftskonjunktur waren die Geistes-, Sozial- und Rechtswissenschaften. Die Förderung der älteren, auf diesen relativ ideologienahen Wissenschaftsfeldern tätigen Institutionen befand sich sowohl bei Kriegsbeginn als auch in den letzten Kriegsjahren zumeist deutlich unter dem Niveau von 1929.

Nationalsozialistische Wissenschaftspolitik

1. War das NS-Regime wissenschaftsfeindlich?

Die Nationalsozialisten waren gewiss antiintellektualistisch; sie waren deshalb jedoch keineswegs wissenschaftsfeindlich. Unerwünscht waren Intellektuelle, die die politisch-ideologischen Ziele der Nationalsozialisten und ihr Handeln kommentierten. Das richtete sich vor allem gegen die linken Intellektuellen der Weimarer Republik, aber durchaus auch gegen die Repräsentanten der »Konservativen Revolution«, einer in den 1920er Jahren einflussreichen rechtskonservativ-antidemokratischen Strömung, deren Repräsentanten die Politik der Nationalsozialisten schulterklopfend begleiteten und die NS-Bewegung für ihre eigenen Ziele einzuspannen versuchten, bevor viele von ihnen politisch kaltgestellt oder im Verlauf des sogenannten Röhmputschs im Juli 1934 ermordet wurden. Die führenden Nationalsozialisten waren jedoch nicht gewillt, ihr Tun von diesen Intellektuellen, die in vielen der ideologienahen Wissenschaften bis 1934 (und manchmal darüber hinaus) tonangebend waren, kommentieren zu lassen und sich einer konservativen »Rationalität« zu unterwerfen, auch wenn diese »konstruktiv« und wohlwollend gemeint war. Deshalb wurden Persönlichkeiten wie Carl Schmitt, der den Nationalsozialisten verfassungsrechtlich den Boden bereitet und sich nach 1933 bereitwillig in den Dienst der neuen Machthaber gestellt hatte, oft marginalisiert. Mit Wissenschaftsfeindlichkeit hat diese Aversion gegen Intellektuelle jedoch wenig zu tun. Denn auch ideologisch radikalisierte Nationalsozialisten wussten, dass man moderne Wissenschaften und technologische Innovationen benötigte, um erfolgreich Kriege führen zu können.

Vor allem ab Herbst 1936, als der sogenannte Vierjahresplan die Phase forcierter Aufrüstung einleitete, wurden wissenschaftliche Experten regelrecht hofiert. Es ist kein Zufall, dass Johannes Stark als der bekannteste Vertreter der ideologisierten »Deutschen Physik« bereits ab 1934 kontinuierlich an Einfluss verlor: 1936 musste er erst seine Stellung als Präsident der Deutschen Forschungsgemeinschaft (DFG) und dann 1938 als Leiter der Physikalisch-Technischen Reichsanstalt abgeben. Spätestens seit den Vorkriegsjahren wurden die Erkenntnisse der modernen Physik zunehmend akzeptiert.

Wie wichtig den Nationalsozialisten eine international konkurrenzfähige Wissenschaft war, illustriert der Fall Werner Heisenberg, der zeitweilig von den »Deutschen Physikern«, dem NS-Studentenbund und der SS als »Gesinnungsjude« angefeindet worden war, weil er Albert Einsteins Relativitätstheorie verteidigt hatte. Himmler, bei dem Heisenberg sich 1938 über diese Angriffe beschwert hatte, untersagte jegliche Kritik an dem Nobelpreisträger von 1932. Der Reichsführer SS, der noch im August 1944 betonte, dass der Grundlagenforschung keine Zügel angelegt werden dürften, war nicht der Einzige, der sich gegen eine kontraproduktive Ideologisierung der Natur- und Technikwissenschaften wandte. Auch der für die Wissenschaften zuständige Reichserziehungsminister Bernhard Rust betonte 1937, als der Reichsforschungsrat als Koordinationsinstanz deutscher Forschung in Anwesenheit von Hitler, Göring und anderen NS-Spitzenfunktionären feierlich gegründet wurde, dass das NS-Regime »nicht nach einer Wissenschaft [verlange], die nur nachredet, was die politische Führung für richtig erkannt hat«;[2] der Forschung würde zwar die Richtung vorgegeben – das zielte auf Autarkie, Aufrüstung und Krieg – , nicht jedoch Theorien und Methoden.

Dies waren keine leeren Worte. Wie sehr die Wissenschaften seit Beginn der forcierten Aufrüstung gefördert wurden, zeigt etwa die Entwicklung des Etats der DFG; er stieg in den zehn Jahren von 1933 bis 1943 etwa um das Dreieinhalbfache und lag im vorletzten Kriegsjahr fast doppelt so hoch wie vor Beginn der Weltwirtschaftskrise (1929).

In ähnlichen Dimensionen wuchsen die finanziellen Zuwendungen an die wissenschaftliche Spitzenorganisation des Deutschen Reiches, die Kaiser-Wilhelm-Gesellschaft (Vorläufer der heutigen Max-Planck-Gesellschaft), und andere Wissenschaftsverbände, die in erster Linie an wirtschaftlich oder militärisch wichtigen Forschungsprojekten arbeiteten, beziehungsweise als Fördereinrichtungen diese materiell unterstützten. Die altehrwür-

Etatentwicklung ausgewählter Wissenschaftsinstitutionen 1929 bis 1944[3]

	1930		1932	
	absolut*	Index	absolut	Index
Kaiser-Wilhelm-Gesellschaft	7 978	*155,5*	5 128	*100,0*
Preußische Akademie der Wissenschaften	596	*114,6*	520	*100,0*
Notgemeinschaft Deutscher Wissenschaften/ bzw. Deutsche Forschungsgemeinschaft	7 272	*145,1*	5 010	*100,0*
Helmholtz-Gesellschaft***	148	*160,9*	92	*100,0*
Chemisch-Technische Reichsanstalt****	1 015	*115,7*	877	*100,0*

* absolut = in 1000 RM, Preußische Akademie der Wissenschaften 1936;
** Spendenaufkommen von industrieller Seite;
*** die Chemisch-Technische Reichsanstalt ging aus der ehemaligen Militärischen Versuchsanstalt hervor. Ihr überdurchschnittliches Etatwachstum

dige Preußische Akademie der Wissenschaften dagegen, die sich in ihrer Forschungstätigkeit vor allem geisteswissenschaftlichen Großprojekten widmete, hatte in der zweiten Kriegshälfte schrumpfende Einnahmen zu verzeichnen; ihr Etat erreichte 1942 nicht einmal mehr das Niveau von 1930.

2. »Echte« oder »Pseudo«-Wissenschaft?

Der These, dass es während der NS-Diktatur keine »echte« Wissenschaft habe geben können, liegt die Meinung zugrunde, dass Wissenschaft »an sich« positiv sei. In der Bundesrepublik wurde diese Vorstellung wesentlich von Personen genährt, die in Lehre und Forschung vor 1945 eine wichtige Rolle gespielt hatten. Das verstellte den Blick dafür, dass die Wissenschaften über keine immanenten Mechanismen verfügen, die sie vor den Zumutungen eines verbrecherischen Regimes schützen. Besonders markant zeigen dies die medizinischen Menschenversuche in Konzentrationslagern. Jüngere Untersuchungen haben deutlich gemacht, dass diese in ihren Zielsetzungen und der Durchführung extrem barbarisch waren und dennoch gleichzeitig Forschungsdesigns folgten, die den damaligen wissenschaftlichen Standards genügten (zum Beispiel Mengeles Zwillingsforschung). Darüber hinaus konnte

1935**		1938		1941		1943	
absolut	Index	absolut	Index	absolut	Index	absolut	Index
5654	110,3	9649	188,2	10394	202,7	14701	286,7
544	104,6	546	105,0	680	130,8	560	107,7
4828	96,4	8066	161,0	6053	120,8	14079	281,0
98	106,5	131	142,4	k.A.	k.A.	k.A.	k.A.
1591	181,4	6777	772,7	k.A.	k.A.	k.A.	k.A.

kam dadurch zustande, dass ab 1933 die Bestimmungen des Versailler Vertrages offen ignoriert wurden;
**** Angaben für die CTR einschließlich einmalige Haushaltsmittel und Zuschüsse des Reichskriegsministeriums.

die im Nationalsozialismus entgrenzte Medizinalwissenschaft an fatale ältere Traditionen anknüpfen, etwa an die biologistische Utopie, dass es der Medizin grundsätzlich möglich sei, alle Krankheiten zu beseitigen. Die Konsequenz: Alle Unheilbaren und vermeintlich »biologisch Degenerierten« sollten systematisch »ausgemerzt« werden. Diese Utopie einer krankheitsfreien Gesellschaft, die die frühe »Rassenhygiene« und »Eugenik« bereits vor dem Ersten Weltkrieg aus Angst vor erblich bedingter »völkischer Degeneration« ausgebildet hatten, wurde ab 1933 zum handlungsbestimmenden Leitbild der medizinischen und biologischen Wissenschaften. Damit veränderte sich auch die medizinalwissenschaftliche Praxis. Die vor allem in den Konzentrationslagern durchgeführten Versuche folgten drei Zielsetzungen: Sie waren erstens Teil der militärmedizinischen Forschung. Mit den Unterdruck- und Unterkühlungsversuchen, die zwischen August 1942 und Frühjahr 1943 an 200 Häftlingen im Konzentrationslager Dachau durchgeführt wurden (von denen 70 bis 80 dabei starben), wollte die Luftwaffe die Grenzen menschlicher Lebensfähigkeit in großen Höhen experimentell erforschen. Andere Versuche, bei denen 300 Häftlingen systematisch Erfrierungen zugefügt wurden, dienten dem Zweck herauszufinden, wie man Soldaten mit starken Unterkühlungen möglichst schnell wieder auf normale Körpertemperatur bringen konnte. Die gleichfalls in Dachau im Auftrag der Marine an wehrlosen Konzentrationslager-Insassen durchgeführten Versuche mit Meerwasser sollten die Überlebenschancen von Menschen in Seenot erhöhen. Dem Ziel, wirkungsvolle Immunisierungsstrategien zu finden, diente die Infizierung zahlreicher Häftlinge mit Malariaerregern (in Dachau) und mit Fleckfieber- sowie Gelbfiebererregern (in Buchenwald). Zweitens bezweckten Menschenversuche in Konzentrationslagern, die für die nationalsozialistische Ideologie und ihre Ziele zentralen rassistisch-eugenischen Konzepte wissenschaftlich zu fundieren. In diese Kategorie fallen zum Beispiel die »Blutproben von über 200 Personen verschiedener rassischer Zugehörigkeit«,[4] die sich der Direktor des renommierten Kaiser-Wilhelm-Instituts für Anthropologie, menschliche Erblehre und Eugenik, Ottmar Freiherr von Verschuer, von seinem Schüler Josef Mengele aus Auschwitz schicken ließ; Verschuer wollte mit diesen Blutproben »Rassezugehörigkeiten« und die vorgeblichen Verwandtschaftsgrade zwischen den »Rassen« biochemisch ermitteln. Drittens schließlich sollten die Biologie- und Medizinalwissenschaften die Basis für eine nach rassistischen Kriterien geplante »Ausmerze« und »Neuordnung« der Millionen Menschen schaffen, die in Osteuropa und vor allem in den von der Wehrmacht okkupierten Regionen der Sowjetunion lebten. Die Zielsetzung, weibliche Angehörige vorgeblich »minderwertiger« Völker schnell und massenhaft unfruchtbar zu machen, verfolgte etwa Carl Clauberg, als er zahlreiche jüdische Frauen in Auschwitz auf bestialische Weise sterilisieren ließ. Sein Kollege Horst Schumann experimentierte dort mit der Massensterilisierung durch Röntgenstrahlen, die den Opfern extrem schmerzhafte Verbrennungen zufügten. Beide Beispiele zeigen, wie sehr Ehrgeiz und Konkurrenzverhalten von Medizinern die barbarische Entgrenzung der Wissenschaften forcierten. Die insbesondere mit den Namen Mengele und Verschuer verknüpften Menschenexperimente von Auschwitz stehen symbolhaft für die menschenverachtende Wissenschaft im Nationalsozialismus. Dabei darf nicht vergessen werden, dass die dem zugrunde liegende »paternalistische Ethik«[5] von Medizinern, die nicht danach fragten, ob die Patienten mit Versuchen, die an ihnen vorgenommen werden sollten, einverstanden oder auch nur darüber informiert waren, auf eine lange Tradition zurückblickte. Im ersten Drittel des 20. Jahrhunderts entwickelte sich zwar ein breiter Diskurs über die Ethik von Humanexperimenten. Dieser veränderte jedoch die Haltung der Ärzte gegenüber Patienten und Versuchspersonen nicht grundsätzlich. Das NS-Regime stellte dann grenzenlose Experimentierfelder zur Verfügung, die von vielen Medizinern und Biowissenschaftlern skrupellos genutzt wurden. Und auch ein entgrenzter Biologismus begann nicht erst 1933. Bereits in den 1920er Jahren setzte sich zunehmend ein Denken durch, das Genen auch dort eine dominante Rolle zuwies, wo ganz offensichtlich Umweltfaktoren entscheidend waren. Mit den rassenpolitischen Zielsetzungen der Diktatur radikalisierten sich auch die »rassenhygienischen« Konzepte in den Wissenschaften.

3. Eine Trennlinie zwischen angewandter und »reiner« Wissenschaft?

Lange galt es als sicher, dass der Nationalsozialismus die Grundlagenforschung zugunsten einer anwendungsorientierten Forschung eingeschnürt habe. Im Gegensatz zu den in der Nachkriegszeit verbreiteten Ansichten hatten jedoch bedeutende Wissenschaftler wie zum Beispiel Max Planck und ebenso Wissenschaftspolitiker im »Dritten Reich« immer wieder betont, dass Grundlagenforschung unmittelbar praxisrelevant und nicht zuletzt für die kriegswissenschaftliche Forschung unabdingbar sei. Abgesehen davon, dass sich eine strikte Trennlinie zwischen angewandter und »reiner« Wissenschaft ohnehin kaum ziehen lässt, haben Wissenschaftshistoriker der jüngeren Generation wie Helmut Maier, Moritz Epple und Susanne Heim in den letzten Jahren für verschiedene Wissenschaftsfelder wie die Aerodynamik, die Ersatzstoffforschung und die Agrarwissenschaften nachgewiesen, dass Ergebnisse der Grundlagenforschung oft unmittelbar kriegswichtig wurden. Wie sehr gerade auch die Grundlagenforschung – ein Terminus, der nicht zufällig erst nach dem Ende des NS-Regimes vermehrt Anwendung gefunden hat – während der Diktatur gedieh, lässt sich u. a. an den Nobelpreisen ablesen, die deutschen Wissenschaftlern verliehen wurden, etwa Richard Kuhn (Chemie 1938), Adolf Butenandt (Chemie 1939) und Otto Hahn (Chemie 1944).

4. Isolierte deutsche Wissenschaft?

Deutsche Wissenschaftler waren international keineswegs abgekapselt. Für die Zeit zwischen 1934 und Herbst 1938 lässt sich sogar im Vergleich zu den Jahren zuvor ein deutlicher Aufschwung ihrer Auslandskontakte feststellen. Erst mit dem Novemberpogrom von 1938 trübten sich diese Beziehungen. Bis dahin besuchten deutsche Forscher viele internationale Kongresse und wurden dort als Repräsentanten der deutschen Wissenschaft freundlich empfangen. Zugleich fungierten sie als Aushängeschilder einer auf die internationale Öffentlichkeit gerichteten Imagepolitik. Denn das NS-Regime wollte die Welt mit Erfolgen im eigenen Land beeindrucken und schickte ganz gezielt deutsche Forscher auf Konferenzen ins Ausland, damit diese dort mit Ergebnissen deutscher Wissenschaft renommieren konnten.

Nach 1939 waren Besuche in den meisten westlichen Industrieländern nicht mehr möglich. Das heißt allerdings nicht, dass es keine wissenschaftlichen Kontakte in andere Länder mehr gegeben hätte. Es kam vielmehr zu einer Wende in den wissenschaftlichen Außenbeziehungen des Deutschen Reiches. Gegenüber den vom nationalsozialistischen Deutschland abhängigen Staaten betrieb man eine Art wissenschaftliche Entwicklungspolitik mit paternalistischen Zügen. In den von angeblich »rassisch minderwertigen« Völkern bewohnten, von Deutschland besetzten Gebieten Osteuropas scheute man sich nicht, die dort vorhandenen wissenschaftlichen Ressourcen unverhohlen auszuplündern. Zuerst kam die Wehrmacht, dann folgten deutsche Wissenschaftler und Wissenschaftspolitiker. Hinter dieser Praxis stand die Vorstellung, dass man die Spitzenstellung der deutschen Natur- und Technikwissenschaften ausbauen könne, wenn man sich gleichsam auf dem Rücken der Wehrmacht wissenschaftliche Ressourcen räuberisch oder durch ungleiche »Kooperation« aneignete; umgekehrt würde die wissenschaftliche und technologische Spitzenstellung Deutschlands dann wieder einen Vorsprung deutscher Waffentechnologie etc. garantieren und perpetuieren, der die Herrschaft des NS-Regimes über Europa dauerhaft absichere.

5. Wissenschaftsplanung im polykratischen Staat

Historiker wie Hans Mommsen und Dieter Rebentisch haben einen »fortschreitenden Effizienzverlust des Regimes«, »fehlende Koordination« und überhaupt einen allgemeinen »Systemverfall« der NS-Herrschaft behauptet.[6] Dem ist entgegenzuhalten, dass sich der Staat nach 1933 nicht auflöste. Es bildeten sich vielmehr neue Formen von Staatlichkeit aus, die mit den Kategorien des »liberalen Rechtsstaates« oder des »bürokratischen Anstaltsstaates« nicht zu fassen sind. Zudem war Macht während der NS-Zeit kein Nullsummenspiel, bei dem einer lediglich erhielt, was anderen zuvor genommen worden war. Das Bild von einem Zerfall des NS-Herrschaftssystems ist deshalb irreführend. Allerdings fand Politik an anderen Orten statt als vorher; zudem wurde sie auf anderen Foren koordiniert, zum Beispiel auf den Tagungen der NSDAP-Gauleiter oder durch neu ernannte Sonderkommissare, denen Hitler die Gesamtverantwortung für wichtige Politikfelder übertrug. Im Blick zu behalten ist überdies, dass die wissenschaftliche Landschaft des Deutschen Reiches auch in den Jahrzehnten vor 1933 durch eine schwer überschaubare Institutionenvielfalt und heftige Kompetenzkonkurrenzen gekennzeichnet war. Nach 1933 wurden mehrere, keineswegs erfolglose Versuche unternommen, die vielfältig zersplitterte deutsche Forschung zu zentralisieren: Die Einrichtung des Reichsministeriums für Erziehung, Wissenschaft und Volksbildung unter Bernhard Rust war der erste Versuch seit der Reichsgründung 1871, Forschung und Lehre länder- und institutionenübergreifend zu koordinieren. Hinter der Gründung des »Reichsforschungsrats« im März 1937 und seiner Reorganisation im Juli 1942 stand das Motiv, die Forschung aufeinander abzustimmen und wirkungsvoll fördern zu können. Dieses Ziel wurde zwar nicht vollständig erreicht, weil mit den

Forschungseinrichtungen und Industriebeiräten der Wehrmachts-
teile, den Luftfahrtforschungsanstalten des Göring-Ministeriums,
dem Reichsamt für Wirtschaftsausbau, dem »Ahnenerbe« der SS
und anderen weitere große Forschungsverbände entstanden. Ein
Chaos hatte dies jedoch nicht zur Folge. Denn unterhalb dieser
Verbände koordinierten sich die maßgeblichen Forscher fachdiszi-
plinär innerhalb zahlreicher interinstitutioneller Koordinations-
gremien. Obwohl der Reichsforschungsrat nicht die gesamte deutsche Forschung koordinierte, spielte er als Einrichtung, die den
kriegswichtigen Wissenschaften die benötigten Ressourcen über
die ihm de facto angegliederte DFG zur Verfügung stellte, eine
wichtige Rolle. Und auch das Reichserziehungsministerium mit
seinem agilen »Amt Wissenschaft« war in seinen Koordinations-
bemühungen erfolgreicher, als die ältere NS-Forschung glauben
machen will. Schließlich kann man in der Konkurrenz um wissenschaftliche Ressourcen nicht nur ein dysfunktionales, sondern
auch ein unter bestimmten Umständen produktivitätsförderndes
Element sehen, das nicht unwesentlich zur Dynamik deutscher
Forschung während der NS-Zeit beigetragen hat.

6. Der Antisemitismus und die deutsche Wissenschaft

Der Antisemitismus an deutschen Hochschulen hatte auch während des wilhelminischen Kaiserreichs zahlreichen jüdischen For-
schern den Zugang in zentrale Wissenschaftsfelder und auf Hoch-
schullehrerstellen versperrt. Daher wichen viele von ihnen auf
scheinbare Randbereiche vor allem der naturwissenschaftlichen
Forschung aus. Infolge der (zweiten) wissenschaftlich-technischen
Revolution rückten viele dieser ehemals peripheren Wissenschaftsfelder (Biochemie, theoretische Physik, Zellphysiologie etc.) in das
Zentrum des Interesses. Nicht zuletzt deshalb fanden sich viele
Wissenschaftler, die nach den rassistischen Kriterien des NS-Regimes als »jüdisch« stigmatisiert wurden, bereits vor dem Ersten
Weltkrieg und verstärkt dann in den 1920er Jahren in einer inner-
wissenschaftlich zentralen Position wieder.

Nach der NS-»Machtergreifung« waren jüdische Forscher zunehmender Diskriminierung und Schikane ausgesetzt, viele wur-

den entlassen und verließen Deutschland in der Folge, so dass es ab 1933 in der Tat zu einem erheblichen »wissenschaftlichen Aderlass« kam – ein zwar gängiger, aber nicht unproblematischer Ausdruck, der vor allem den Verlust für die deutschen Wissenschaften, kaum jedoch das Schicksal der betroffenen Menschen im Blick hat. Manche Hochschullehrer und stärker noch viele Wissenschaftler, die in außeruniversitären Forschungseinrichtungen beschäftigt wurden, empfanden den Ausschluss ihrer jüdischen Kollegen als Bruch mit den traditionellen meritokratischen Kriterien, also der Berufung allein nach wissenschaftlichem Verdienst. Wichtig ist in diesem Zusammenhang, dass die Vertreibung jüdischer Wissenschaftler keineswegs zwangsläufig eine vollständige Aufhebung meritokratischer Kriterien als Grundlage akademischer Karrieren bedeutete. Die nationalsozialistische Berufungs- und Beförderungspraxis glich eher dem Einbau eines rassistischen Filters, hinter dem die klassischen meritokratischen Kriterien weiter zur Anwendung kamen. Hinzu kommt, dass die Entlassung jüdischer Hochschullehrer und Forscher aus außeruniversitären Einrichtungen bis etwa 1935/36 weitgehend abgeschlossen war. In der Perspektive der nichtjüdischen Wissenschaftler machte sich ab Mitte der 1930er Jahre so etwas wie »Normalität« breit. Die anfänglichen Irritationen, die die antisemitische Entlassungspraxis bei vielen zunächst ausgelöst haben mag, traten in den Hintergrund. So sie nicht, wie insbesondere viele Hochschullehrer, ohnehin überzeugte Antisemiten waren, war die weit überwiegende Mehrheit der Wissenschaftler aufgrund eines ausgeprägten Nationalismus und einer tiefen Sehnsucht nach einem starken Staat bereit, den Antisemitismus als »kleineres Übel« hinzunehmen. Zudem sank das »Dritte Reich« trotz der Vertreibung einer großen Zahl renommierter jüdischer Forscher nicht zu einem wissenschaftlichen Entwicklungsland herab. Zwar wurden auch einige dezidiert nationalsozialistische Pseudowissenschaftler berufen, zum Beispiel Karl Kötschau auf den Lehrstuhl für »Biologische Medizin« in Jena oder Hans Alfred Grunsky auf den Lehrstuhl für Philosophie in München, doch in der Regel rückten auf die freigewordenen Stellen junge, gut ausgebildete Forscher, die dem NS-Regime voller

Enthusiasmus zuarbeiteten und nach den damals international geltenden Kriterien oft hochproduktiv waren. Erst die teils freiwillige, teils erzwungene Abwanderung vieler führender Forscher in die Vereinigten Staaten und in die Sowjetunion nach Kriegsende führte dazu, dass das – nun zweigeteilte – Deutschland sich allmählich im Mittelfeld der Wissenschaftsnationen wiederfand.

7. Fremdbestimmte Wissenschaft?

Lange Zeit dominierte in der historischen Forschung die Annahme, nach 1933 seien die Wissenschaften »fremdbestimmt« gewesen, und die meisten Forscher hätten eher widerwillig weitergearbeitet. Vor allem autobiographische Darstellungen namhafter Wissenschaftler aus der unmittelbaren Nachkriegszeit hatten dieses Bild der »unterjochten« Wissenschaft gezeichnet. Neuere Forschungen haben allerdings gezeigt, dass die in ihrer Mehrheit nationalkonservativ und anti-demokratisch eingestellten Wissenschaftler die Machtübernahme des »Kabinetts der nationalen Einheit« begeistert begrüßten. Nationalbewusstsein ist eine mächtige politische Kraft, zumal wenn sie mit einer nostalgisch aufgeladenen Sehnsucht nach vergangener deutscher Größe gekoppelt ist. Viele der im Wilhelminismus sozialisierten Wissenschaftler und Techniker waren von einer solchen Sehnsucht erfüllt, die zusätzlich vom Hass auf die »Novemberverbrecher« der Weimarer »Massenherrschaft« genährt wurde. In extremen Situationen – wie einem Weltkrieg – kann Nationalismus ungeahnte Energien freisetzen. Die meisten Wissenschaftler und Techniker arbeiteten überdies ihrem subjektiven Verständnis zufolge nicht allein für einen Diktator, sondern mindestens ebenso sehr für ihr Vaterland. Das Regime profitierte von diesem Nationalismus und zudem von persönlichem Ehrgeiz, Karrieredenken und einem – 1933 nicht schlagartig verschwundenen – genuinen Erkenntnisinteresse. Mit der »Machtergreifung« verschwanden traditionelle moralische Instanzen, oder sie verloren an Wirkungskraft; zahllose Schranken fielen. Der Nationalsozialismus installierte in den Köpfen breiter Bevölkerungsschichten ein Wertesystem, das schließlich auch rassistische Barbarei legitimierte. Es existierten keine demokratischen Einrichtungen und keine kritische Öffentlichkeit mehr, die auf der formellen Ebene (Parlamente) oder im informellen Raum (politisch plurale Medienlandschaft) als Kontrollinstanz fungieren konnten. Bereits in den ersten Monaten nach der NS-»Machtergreifung« wurden die Barrieren abgeräumt, die einem Abgleiten in die Inhumanität hätten entgegenstehen können. Für die Entwicklung der Wissenschaften hatte dies gravierende Folgen. Die medizinisch-biologischen Fachdisziplinen und die dort beschäftigten Wissenschaftler stellten mit ihrer Skrupellosigkeit, menschliches Leben zu Versuchszwecken zu nutzen und dem Regime in der »Eugenik« sowie auf vielen anderen Feldern zuzuarbeiten, nur die sichtbarste Spitze eines Eisberges dar.

8. Forschungsförderung

»Kriegswichtigkeit« war kein Etikett, das man der »freien«, das heißt einer »eigentlich unpolitischen« Forschung beliebig anheften konnte, um zum Beispiel vom Reichsforschungsrat Gelder zu erhalten. Denn wissenschaftlich kompetente Fachspartenleiter beriefen einschlägig qualifizierte Gutachter, die nach dem in der Notgemeinschaft Deutscher Wissenschaft/DFG eingespielten Verfahren Projektanträge zu evaluieren und deren Kriegsrelevanz systematisch zu prüfen hatten. Für »Antragslyrik« war hier, entgegen einem nach 1945 verbreiteten Diktum, wenig Raum.

Technik

In der Technikgeschichte wurden die Akzente in der traditionellen NS-Forschung etwas anders gesetzt, da sich die Affinitäten, die Angehörige der technischen Intelligenz bereits vor 1933 zum Nationalsozialismus entwickelt hatten, nur schwer leugnen ließen. Dass Technik und Ingenieurswesen während des »Dritten Reiches« eine zentrale Funktion innehatten, war allein aufgrund der herausragenden ideologischen und politischen Rolle, die zunächst Gottfried Feder, dann Fritz Todt und schließlich Albert Speer innerhalb des NS-Regimes spielten, kaum zu ignorieren. Allerdings war auch die Grundtendenz der älteren Technikgeschichte apologetisch, denn die Technikentwicklung und die Rolle der Ingenieure wurden von ihr entpolitisiert. Die meisten Techniker hätten, wenn sie zwischen 1933 und 1945 Erfindungen machten, nicht gewusst oder mindestens verdrängt, dass sie damit den verbrecherischen Zielen eines barbarischen Regimes dienten. Diese These von den »unpolitischen Technikern« lief darauf hinaus, dass selbst höchste Repräsentanten der Ingenieure zu Akteuren gemacht wurden, denen es letztlich nur um die »technische Sache« und nicht um »Politik« gegangen sei. Diese Unterstellung wurde in der Forschung zeitweilig so weit getrieben, dass zum Beispiel Fritz Todt – einer der einflussreichsten Funktionsträger des NS-Regimes, der nach 1933 eine steile Karriere gemacht hatte – vor dem Hintergrund der ungeklärten Umstände seines Todes im Februar 1942 beinahe zum Widerstandskämpfer stilisiert wurde. Albert Speer entwarf von sich während des Nürnberger Prozesses das Bild eines unpolitischen Experten, der von der Menschenverachtung und den mörderischen Praktiken des Regimes nichts geahnt und sich so lediglich unabsichtlich schuldig gemacht habe. Teile der Nachkriegshistoriographie griffen diesen fehlleitenden Selbstentwurf ungeprüft auf. Nachhaltige Wirkung erzielte hier vor allem Joachim Fest, der Speer bei der Niederschrift seiner Erinnerungen journalistisch zur Seite gestanden hatte. Legenden wie solche, die um Speer gewoben wurden, waren ein fruchtbarer Boden für den Mythos vom »unpolitischen Experten«, für den Speer paradigmatisch stand und der bis heute Eingang in populäre Fernseh- und Kinoproduktionen findet.

Hinzu kommt, dass – ähnlich wie viele Ergebnisse wissenschaftlicher Forschungen – auch technische Innovationen und technologische Entwicklungen ein Janusgesicht besitzen. Viele Erfindungen, die die Kriegsführung erleichterten, ließen sich auch zivil nutzen – und umgekehrt. Den apologetischen Mythos des ausschließlich der Sache verpflichteten Experten hat dieser Tatbestand der Janusgesichtigkeit technischer und wissenschaftlicher Entwicklung kräftig genährt.

Ähnlich zahlreich wie die wissenschaftlichen Fachdisziplinen waren die Felder, auf denen moderne Techniken zur Anwendung gelangten und technologische Innovationen gravierende Veränderungen nach sich zogen. Sie reichten vom Werkzeugmaschinenbau – ein Bereich, in dem das Deutsche Reich auch nach 1933 international führend blieb – über die Entwicklung von Automobilen, unter denen der von Ferdinand Porsche entworfene KdF-Wagen und spätere VW-Käfer nur der bekannteste war, und weiterer auch konsumtiver Produkte wie dem Fernseher, dem »Volksempfänger« oder dem »Volkskühlschrank« bis hin zur Raketentechnik, dem Düsenjäger und sonstiger Waffentechnologie, die allerdings in vielen Fällen nur begrenzt zum Einsatz kamen, weil die Inkubationszeit – also der Weg von der Erfindung zur Anwendung – zumeist lang war.

In welchem Ausmaß die breite Nutzung bereits bekannter moderner Techniken die Strukturen zentraler gesellschaftlicher Bereiche revolutionierte, sei an einem Beispiel skizziert, das zudem zeigt, wie wichtig die seit 1933 veränderten Rahmenbedingungen waren: Während der Weimarer Republik entbrannte eine heftige Rationalisierungsdiskussion. Allerorten wurden Überlegungen angestellt, wie der industrielle Produktionsprozess durch eine effizientere Arbeitsorganisation und die Einführung neuer Fertigungstechniken, die aufgrund der Anlehnung an US-amerikanische Vorbilder mit den Attributen »tayloristisch« und »fordistisch« gekennzeichnet wurden, profitabler gestaltet werden könne. Praktisch waren einer betrieblichen Rationalisierung jedoch Grenzen gesetzt, da namentlich die Einführung von Fließbandsystemen Massenfertigung voraussetzt, es bis 1933 jedoch an entsprechend großen Absatzmärkten fehlte. Das änderte sich mit dem Einsetzen der Rüstungskonjunktur ab 1934, durch die ein neuer Massenmarkt entstand, sowie einer in vielen Bereichen durch das NS-Regime erzwungenen Typenbeschränkung und einer weiter forcierten Normung. Im November 1936 entstand mit dem Opel-Werk in Brandenburg der erste Betrieb in Deutschland, der vollständig auf dem Prinzip der Fließbandfertigung basierte; bis dahin hatte es selbst in »fortgeschrittenen« Unternehmen lediglich wenige Produktionsinseln mit Bändern gegeben. Wichtiger noch war, dass sich die Existenz von Fließbandfertigungssystemen nicht mehr nur auf wenige Branchen wie die Elektro-, die Automobil- oder die Schuhindustrie beschränkte, sondern – erzwungen durch eine gravierende Arbeitskräfteknappheit – fordistische Produktionsprinzipien gleichsam flächendeckend weite Teile der verarbeitenden Industrie prägten. Die zahlreichen fertigungstechnischen und arbeitsorganisatorischen Veränderungen führten bereits während der Vorkriegsjahre in vielen Bereichen zu zahlreichen neuen Berufsfeldern und grundlegend gewandelten Arbeitsplatzstrukturen.

Technik, Wissenschaft und Alltagspraxis sind eng miteinander verkoppelt. So war es folgerichtig, dass die mit der innerbetrieblichen Rationalisierungsbewegung eng verbundenen Wissenschaftsfelder systematisch gefördert wurden. Zu ihnen zählten maßgeblich die Arbeitsphysiologie und die Ernährungsphysiologie, die sich erst allmählich als eigenständige Disziplin von der Arbeitsphysiologie separierte. Dies ist auch ein Beispiel dafür, wie eng Wissenschaft und die Interessen des Regimes sowie der Industrie miteinander verflochten waren: Ab 1942, nachdem sich die Lage auf den Kriegsschauplätzen zunehmend gegen die NS-Diktatur gewendet hatte, verschärfte sich der Mangel an Lebensmitteln genauso wie jener an Arbeitskräften – und das trotz mehrerer Millionen »Fremdarbeiter«, die in der Industrie des »Altreiches« zum »Arbeitseinsatz« gezwungen wurden. Die ernährungsphysiologische Abteilung des Kaiser-Wilhelm-Instituts für Arbeitsphysiologie begann vor diesem Hintergrund 1943 in enger Kooperation mit der Großindustrie des Ruhrreviers einen Versuch mit mehreren zehntausend »Fremd-«, vor allem »Ostarbeitern«, bei dem ein möglichst »optimales« Verhältnis von Arbeitsleistung und verbrauchten Nahrungsmitteln ermittelt werden sollte. Dieser nach seinem Leiter Heinrich Kraut auch »Kraut-Aktion« genannte Großversuch, de facto ein Hungern nach dem Leistungsprinzip, zahlte sich für die maßgeblichen Wissenschaftler aus. Dass Kraut nach 1945 Direktor des angesehenen Max-Planck-Instituts für Ernährungsphysiologie wurde, ist nur ein Beispiel für die auf zahlreichen Wissenschafts- und Technikfeldern ausgeprägte Elitenkontinuität.

Die Prämisse der älteren NS-Geschichtsschreibung, Technik und Wissenschaft seien grundsätzlich »gut«, ihre Existenz unter der Hitler-Diktatur prekär gewesen, lässt sich nicht aufrechterhalten. Das »Dritte Reich« ist vielmehr ein Beispiel dafür, dass Wissenschaften und Technik über keine immanenten Mechanismen verfügen, die gegen Anfechtungen durch diktatorische Regime immunisieren. Wenn das Diktum von der »unschuldigen« (Grundlagen-) Forschung und der »unpolitischen« Technik im deutschen Raum so lange akzeptiert wurde, dann lag dies auch an der hohen Elitenkontinuität in diesem Bereich. In den letzten Jahren hat die Forschung zunehmend herausgearbeitet, dass in den ersten Nachkriegsjahrzehnten Historiker, Sozialwissenschaftler, Juristen, Mediziner und Naturwissenschaftler, die bereits während des »Dritten Reiches« Rang und Einfluss besaßen oder dort ihre Karriere begannen, auf ihren jeweiligen Wissenschaftsfeldern den Ton angaben. Durch diese Kontinuität der wissenschaftlichen Eliten wurde eine kritische Aufarbeitung der NS-Vergangenheit behindert.

Hinzu kommt, dass die historische Forschung in Ost und West lange Zeit auf herausragende Fachvertreter fixiert war und die Analyse von Alltagspraxen und strukturellen Bedingungen zumeist vernachlässigte. In der bundesdeutschen Historiographie dominierte darüber hinaus die These vom Primat der Politik. Sie wurde zudem oft personalistisch verkürzt: Hitler und seine Satrapen hätten Wissenschaft und Technik am Gängelband gehalten; wenige führende Funktionäre, so dieses Diktum, bestimmten, wohin »die Reise« ging. Die Unterstellung eines Primats der Politik auch in der Wissenschafts- und Technikgeschichte schloss vielfach die Frage aus, ob es nicht ebenso eine Selbstmobilisierung der technischen und wissenschaftlichen Eliten gegeben habe, wie dies neuere Arbeiten zunehmend herausarbeiten. Nur selten wurde überhaupt ernsthaft gefragt, wie weit die Übereinstimmung mit »dem« Nationalsozialismus ging. Der »echte« Nationalsozialist wurde meist auf den Typus des ungehobelten, antibürgerlichen

SA-Rabauken reduziert – verdrängt wurde dabei, dass diese bis spätestens Mitte 1934 ihren Einfluss verloren hatten und durch einen bürgerlich sozialisierten Typus eines NS-Funktionärs ersetzt wurden, dem der Kontakt zu Wissenschaftlern, Technikern und anderen Gruppen der Funktionseliten leichtfiel. Kein Zufall ist, dass auch die allgemeine Historiographie trotz einer entwickelten, spätestens 1933 freilich meist abbrechenden Bürgertumsforschung der Frage einer sukzessiven Verbürgerlichung der nationalsozialistischen Eliten bisher kaum nachgegangen ist.

Weiterführende Literatur

Bruch, Rüdiger vom/Kaderas, Brigitte (Hrsg.), Wissenschaften und Wissenschaftspolitik. Bestandsaufnahmen zu Formationen, Brüchen und Kontinuitäten im Deutschland des 20. Jahrhunderts, Stuttgart 2002.

Eckart, Wolfgang U. (Hrsg.), Medizin im Zweiten Weltkrieg. Militärmedizinische Praxis und medizinische Wissenschaft im »Totalen Krieg«, Paderborn 2006.

Flachowsky, Sören, Von der Notgemeinschaft zum Reichsforschungsrat. Wissenschaftspolitik im Kontext von Autarkie, Aufrüstung und Krieg, Stuttgart 2008.

Freyberg, Thomas von/Siegel, Tilla, Industrielle Rationalisierung unter dem Nationalsozialismus, Frankfurt a. M. 1991.

Grüttner, Michael, Studenten im Dritten Reich, Paderborn 1995.

Hachtmann, Rüdiger, Wissenschaftsmanagement im »Dritten Reich«. Geschichte der Generalverwaltung der Kaiser-Wilhelm-Gesellschaft, 2 Bde., Göttingen 2007.

Hausmann, Frank-Rutger, »Deutsche Geisteswissenschaft« im Zweiten Weltkrieg. Die »Aktion Ritterbusch« (1940–1945), Heidelberg [3]2007.

Heim, Susanne, Kalorien, Kautschuk, Karrieren. Pflanzenzüchtung und landwirtschaftliche Forschung in Kaiser-Wilhelm-Instituten 1933 bis 1945, Göttingen 2003.

Herf, Jeffrey, Reactionary Modernism. Technology, Culture and Politics in Weimar and the Third Reich, Cambridge 1993.

Lange, Thomas H., Peenemünde. Analyse einer Technologieentwicklung im Dritten Reich, Düsseldorf 2006.

Lorenz, Werner/Meyer, Torsten (Hrsg.), Technik und Verantwortung im Nationalsozialismus, Münster 2004.

Maier, Helmut (Hrsg.), Gemeinschaftsforschung, Bevollmächtigte und der Wissenstransfer. Die Organisation kriegsrelevanter Forschung und die Kaiser-Wilhelm-Gesellschaft im NS-System, Göttingen 2007.

Sachse, Carola (Hrsg.), Die Verbindung nach Auschwitz. Biowissenschaften und Menschenversuche an Kaiser-Wilhelm-Instituten. Dokumentation eines Symposiums, Göttingen 2003.

Schmuhl, Hans-Walter, Grenzüberschreitungen. Das Kaiser-Wilhelm-Institut für Anthropologie, menschliche Erblehre und Eugenik 1927–1945, Göttingen 2005.

Schöttler, Peter (Hrsg.), Geschichtsschreibung als Legitimationswissenschaft 1918–1945, Frankfurt a. M. 1997.

Szöllösi-Janze, Margit (Hrsg.), Science in the Third Reich, Oxford 2001.

Walker, Mark, Die Uranmaschine. Mythos und Wirklichkeit der deutschen Atombombe, München 1992.

Einweihung einer Hitler-Büste
im Finanzamt München/Ottostraße,
Juni 1934

»Kämpfende Verwaltung«
Bürokratie im NS-Staat

CHRISTIANE KULLER

»Zehntausende teils versteckter, teils lethargischer Gegner« des NS-Staates vermutete Hitler unter den Beamten. Schon lange hegte der spätere Diktator eine tiefe Abneigung gegen die Staatsdiener, in denen seiner Ansicht nach »der Jude den willfährigen Förderer seiner Zerstörungsarbeit« gefunden hatte. Bis durch einen Generationenwechsel eine Bürokratie geschaffen sei, die »auch wirklich mitgehen« wolle, würden noch zehn bis 15 Jahre ins Land gehen, meinte Hitler 1934.[1] Waren die Beamten also Sand im Getriebe des Regimes, die staatlichen Behörden womöglich ein Hort des Widerstands? So hätte es wohl auch mancher Staatsdiener nach 1945 gerne gesehen. Die zeithistorische Forschung hat diese These jedoch nicht bestätigt, im Gegenteil: Hans Mommsen hielt das Beamtentum für einen der stärksten Stabilisierungsfaktoren im Herrschaftsgefüge des »Dritten Reiches«, Ian Kershaw beobachtete ein ganzes Heer von Staatsdienern, die bereitwillig »dem Führer entgegen arbeiteten«, und nach Ansicht von Michael Ruck ließ sich die öffentliche Verwaltung vom NS-Regime nahezu widerstandslos in den Dienst der Unrechtspolitik nehmen.

Der Soziologe Max Weber hat in seiner berühmten Definition der bürokratischen Herrschaft »die objektive Unentbehrlichkeit des einmal bestehenden Apparats« konstatiert, gleichzeitig jedoch gewarnt, »dass er (…) sich sehr leicht bereit findet, für jeden zu arbeiten, der sich der Herrschaft über ihn einmal zu bemächtigen gewusst hat«.[2] Auch im Deutschland des Jahres 1933 war ohne die Beamtenschaft kein Staat zu machen, mussten Steuern erhoben, Straßen gebaut und Sozialleistungen verwaltet, Schulen, Theater, Krankenhäuser und Gerichte unterhalten werden. In der Führungsgruppe des NS-Regimes war die Rolle, die der Beamtenapparat im »Dritten Reich« künftig spielen sollte, allerdings umstritten. Die neuen Machthaber hatten 1933 kein einheitliches Konzept für den Umgang mit der Verwaltung, vielmehr prägten widersprüchliche Ansätze ihre Politik auf diesem Feld.

Ein Teil der führenden Nationalsozialisten – an ihrer Spitze Reichsinnenminister Wilhelm Frick – sah gute Chancen dafür, die mehrheitlich autoritär geprägte Beamtenschaft mit dem nationalsozialistischen Führerprinzip zu verbinden. Frick wollte der Verwaltung eine mächtige »schöpferische« Rolle zuweisen und sie zu einem Grundpfeiler des NS-Staates machen. Eine andere Gruppe, die sich vor allem aus »Alten Kämpfern« und Funktionären der NSDAP zusammensetzte und zu der auch Hitler zu zählen ist, hatte ein grundsätzliches Misstrauen gegenüber den Beamten. In ihren Augen musste die Beamtenschaft durch die NSDAP scharf kontrolliert und infiltriert werden.

Diese Beamtenschaft und die Behörden, in denen sie agierten, waren äußerst heterogen. Große Unterschiede bestanden etwa zwischen alteingesessenen Verwaltungen wie der Innen- und Justizverwaltung, solchen Zweigen, die erst kurz vor dem Beginn der NS-Herrschaft vereinheitlicht und professionalisiert worden waren – die Finanzverwaltung zählt dazu –, und den neuen Institutionen des NS-Regimes wie etwa dem Reichsministerium für Volksaufklärung und Propaganda. Auch lassen sich so unterschiedliche Beamtentypen wie ein politischer Beamter in einer ministerialen Leitungsposition, ein Landrat und ein Sachbearbeiter in einer kommunalen Behörde kaum in ein einheitliches Interpretationsmuster zwängen. Wichtige Teilbereiche – insbesondere Polizei und Justiz – radikalisierten sich zudem in besonderer Geschwindigkeit.

Was also kann man überhaupt über die generelle Entwicklung der staatlichen Verwaltung in der NS-Zeit sagen? Wie kam es zur Kooperation zwischen den neuen Machthabern und den Mitarbeitern der staatlichen Verwaltung, und wie funktionierte sie? Fand eine grundlegende Umstrukturierung der Behörden statt? Wurde Personal ausgetauscht? Zog mit der neuen Politik auch ein neuer Verwaltungsstil in die Amtsstuben ein? Oder galt der Satz, den der Jurist Otto Mayer schon für den Übergang von der Monarchie zur Weimarer Demokratie geprägt hatte: »Verfassungsrecht vergeht, Verwaltungsrecht besteht«?[3]

Ministerien, Kommissare und NSDAP-Ämter – Die institutionelle Ordnung

»Eine einmal voll durchgeführte Bürokratie gehört zu den am schwersten zu zertrümmernden sozialen Gebilden«, heißt es bei Max Weber. »Wo die Bürokratisierung der Verwaltung einmal restlos durchgeführt ist, da ist eine praktisch so gut wie unzerbrechliche Form der Herrschaftsbeziehungen geschaffen.«[4] Zum Zeitpunkt der Machtübernahme der Nationalsozialisten existierte im Deutschen Reich ein weit verzweigter Verwaltungsapparat, in dem einige Bereiche besonders wichtig waren: das Auswärtige Amt, die Justizverwaltung, die Innen- und Wirtschaftsverwaltung, das Arbeitsministerium mit seinen verschiedenen Arbeits- und Sozialverwaltungen, die Kommunalverwaltungen, die Finanzverwaltung, das Landwirtschaftsministerium, die Bauverwaltung, das Post- und Verkehrswesen, der Kultur- und Bildungsbereich und schließlich auch die im »Dritten Reich« zunehmend wichtigen militärischen Verwaltungsorgane.

Zunächst blieben die Ministerien, abgesehen von kleineren Umstrukturierungen, nach der Ernennung Hitlers zum Reichskanzler weiter bestehen, und es wurde eine Reihe neuer Ministerien gegründet. Darunter waren solche, die vorrangigen politischen Zielen der neuen Machthaber zur Durchsetzung verhelfen sollten, wie das Reichspropagandaministerium unter Joseph Goebbels und das Reichsluftfahrtministerium unter Hermann Göring. Hinzu kamen Ressorts, deren Kompetenzen durch die Entmachtung der Länderregierungen 1934 auf die Reichsebene übertragen worden waren, wie das Reichsministerium für Wissenschaft, Erziehung und Volksbildung.

Finanziell gesehen konnten sich die Verwaltungsbehörden anfangs als Gewinner des Regimewechsels fühlen. Die Budgetkosten der Ministerien stiegen von 1934 bis 1939 durchschnittlich um 170 Prozent an, was vor allem auf die Vermehrung ihres Personals zurückzuführen war. Neben den neu errichteten Ministerien profitierten besonders das Innen- und das Justizressort sowie das Militär von diesem Zuwachs. Die Haushaltszuweisungen an den Militärsektor stiegen um das Zehnfache, die an das Innenministerium um das Zwanzigfache und die an das Justizministerium sogar um das Sechsunddreißigfache an. Auch machtpolitisch schienen die Ministerialverwaltungen auf den ersten Blick gestärkt aus der Phase der nationalsozialistischen Herrschaftskonsolidierung hervorzugehen. Die Ministerrunde war, nachdem das Parlament durch das »Ermächtigungsgesetz« ausgeschaltet worden war, die einzige noch verbliebene verfassungsmäßige Gesetzgebungsinstanz.

De facto aber veränderte sich das Gesetzgebungsverfahren. Das Kabinett trat immer seltener zusammen, 1935 endeten die bis dahin noch aufrechterhaltenen ein- bis zweimaligen Besprechungen pro Monat, 1936 fanden lediglich vier, 1937 sechs Sitzungen statt, nach dem 5. Februar 1938 dann trat das Kabinett bis Kriegsende überhaupt nicht mehr zusammen. Gesetze wurden im Umlaufverfahren oder von Hitler selbst als »Führergesetz« oder »Führerverordnung« erlassen. Wer Einfluss nehmen wollte, musste Zugang zum Diktator suchen und ihn persönlich von seinen Vorhaben überzeugen. Manche einst mächtige Institution verlor dadurch ihre frühere Macht. Der Reichsfinanzminister etwa, in der Weimarer Regierung noch eine der einflussreichsten Personen, gehörte zu den Politikern, die jahrelang überhaupt keinen Kontakt mit Hitler hatten, ihm also nicht »Vortrag halten« konnten. Gleichwohl zeigt gerade das Beispiel des Reichsfinanzministers, dass das NS-Herrschaftssystem auch Möglichkeiten bot, am Diktator vorbei zu regieren: Da die Ministerien im »Dritten Reich« selbst Verordnungen mit Gesetzeskraft erlassen konnten, wurde nach dem Inkrafttreten des »Reichsermächtigungsgesetzes« kein einziges Steuergesetz mehr im Kabinett beschlossen. Stattdessen verkündete das Reichsfinanzministerium Ausführungsbestimmungen. Die Verwaltung hatte damit auf dem Gebiet der Rechtsetzung umfangreiche Vollmachten übernommen.

Der Blick auf die Ministerien zeigt allerdings nur einen Teil der Verwaltungswirklichkeit im »Dritten Reich«. Denn kennzeichnend für Hitlers Herrschaftsstil war auch die Einsetzung von Kommissaren und Sonderbevollmächtigten, die parallel, außerhalb und quer stehend zu den staatlichen Verwaltungszweigen angesiedelt waren. Vom Kleinstkommissar für das Schornsteinfegerwesen bis zum Sonderbeauftragten für den Vierjahresplan, der als »Superminister« für die Aufrüstung allen anderen Ressortleitern übergeordnet war, findet sich eine Vielzahl solcher Kommissare. Manche übten ihr Amt als Einzelperson aus, einige bedienten sich der Mitarbeiter aus den staatlichen Parallelbehörden, andere unterhielten eigene große Verwaltungsstäbe. Eine ganze Reihe bekannter nationalsozialistischer Großprojekte wurde von solchen Sonderbevollmächtigten organisiert. So war beispielsweise Fritz Todt als Inspekteur für das Straßenwesen auch für den Autobahnbau zuständig und Albert Speer plante als Generalbauinspektor für die Reichshauptstadt den Umbau Berlins zur Hauptstadt eines germanischen Großreichs.

Der Kriegsbeginn bedeutete dann für das Kommissarswesen eine weitere Zäsur, denn nahezu alle Reichsministerien mussten nun Kernbereiche ihrer Zuständigkeit an Kommissare abgeben. Sonderbeauftragte koordinierten die Verteilung knapper Ressourcen und organisierten kriegswichtige Bau- und Produktionsbereiche an der »Heimatfront« und in den besetzten Gebieten. Das galt auch für die Planung und Organisation des Rassen- und Vernichtungskriegs. Heinrich Himmler beispielsweise nutzte sein Amt als Reichskommissar für die Festigung des deutschen Volkstums als Instrument der Germanisierungs-, Plünderungs- und Vernichtungspolitik im Osten, und die Organisation Todt koordinierte die gigantomanen Bauprojekte in den besetzten Gebieten einschließlich des dafür notwendigen massenhaften Zwangsarbeitereinsatzes.

Gemeinsam war den neuen Bevollmächtigten dreierlei: Erstens waren sie zur Lösung eines begrenzten Sonderproblems eingesetzt, das durch ihre Ernennung politische Priorität erhielt. Zweitens waren die neuen Institutionen mit speziellen Vollmachten ausgestattet, die sich daraus ableiteten, dass die Kommissare von Hitler persönlich eingesetzt waren. Unter Berufung auf einen »Führerauftrag« war es ihnen und ihren Mitarbeitern möglich, sich aus den strengen Regeln bürokratischer Verfahren zu lösen. Drittens schließlich betrafen die Kommissarsaufträge meist auch die Zuständigkeit bereits bestehender Ministerien. Dadurch entstanden Kompetenzrivalitäten zwischen den traditionellen Verwaltungen und den neuen Institutionen, die nicht selten zu schweren Machtkämpfen führten. Auch wenn umstritten ist, inwieweit Hitler dies absichtlich herbeiführte und inwieweit er mit der Herrschaftsorganisation schlicht überfordert war, scheint der Diktator die Auseinandersetzungen zu seinen Gunsten genutzt zu haben: Im Sinne des Prinzips »divide et impera« behielt er sich persönlich die alleinige Schiedsgewalt für Konflikte vor. Oft griff er in Streitigkeiten so lange nicht ein, bis sich ein Ergebnis abzeichnete, um sich dann am Ende auf die Seite des Gewinners der Ämterrivalitäten zu schlagen.

Neben den herkömmlichen Verwaltungsinstitutionen und den neuen Sonderbehörden bildeten die NSDAP und ihre Einrichtungen, die einen Führungsanspruch gegenüber den staatlichen Institutionen erhoben, ein drittes Element der Verwaltungsstruktur des NS-Staates. Die gesetzlich verordnete Einheit von Partei und Staat wurde nie vollständig realisiert. Jenseits von Personalunionen und Ämterhäufung war der NS-Staat vielmehr gekennzeichnet durch einen spannungsreichen Dualismus zwischen NSDAP und staatlichen Institutionen, der sich erst in den Kriegsjahren allmählich auflöste. Nur in wenigen Bereichen gab es klare Regelungen wie beispielsweise bei der Einsetzung der Hitlerjugend als staatlicher Jugendorganisation. Daneben kam es zur Verschmelzung von Partei- und Staatsinstitutionen. Wichtigstes Beispiel hierfür ist das Reichssicherheitshauptamt, in dem 1939 SS und staatliche Polizei zu einer Zwitterorganisation zusammengeführt wurden. Während des Kriegs gab es eine solche Zusammenführung von Kompetenzen auch bei den NSDAP-Gauleitern, die als Reichsverteidigungskommissare die Aufgabe erhielten, alle staatlichen Maßnahmen zur Bekämpfung von Kriegsfolgen an der

»Heimatfront« zu koordinieren. Je weiter der Krieg fortschritt, umso weniger ließ sich eine klare Trennlinie zwischen NSDAP und Staatsapparat ziehen.

Unter den Zeitgenossen stieß die geradezu inflationäre Einsetzung von Sonderbeauftragten nicht nur auf Zustimmung. Als Wortführer der Kritiker warnte insbesondere Reichsinnenminister Frick vor den Gefahren einer Aufsplitterung der Kompetenzen. Die unklar und doppelt verteilten Zuständigkeiten führten in seinen Augen zwangsläufig zu Effizienz- und Kontrollverlusten. Diese zeitgenössische Perspektive haben die Historiker zunächst übernommen. Ernst Fraenkel beispielsweise spitzte den Ansatz 1941 auf die berühmte These vom »Doppelstaat« zu, auf dessen einer Seite der »Normenstaat«, auf der anderen der »Maßnahmenstaat« stehe. Den »Normenstaat« sah Fraenkel durch die traditionelle Beamtenschaft in den herkömmlichen Staatsbehörden verkörpert, hinter dem »Maßnahmenstaat« mit seinen Sonderbehörden und Kommissaren stand nach seiner Ansicht als treibende Kraft die NSDAP mit der dort herrschenden Willkür und Anarchie. Eine Schlussfolgerung dieser Doppelstaat-Theorie bestand darin, dass der NS-Staat durch die Einsetzung von neuen Institutionen letztlich innerlich gesprengt worden sei. Fehlende Koordination und »Atomisierung« der Verwaltung hätten erheblich dazu beigetragen, dass das »Dritte Reich« am Ende kaum mehr funktionsfähig gewesen sei.

Das Bild einer polykratischen, nicht aufeinander abgestimmten Herrschaft von vielen muss jedoch dahingehend modifiziert werden, dass Hitler das unbestrittene Machtzentrum dieses Verwaltungschaos bildete. Auf ihn waren alle staatlichen und parteiamtlichen Institutionen ausgerichtet, und alle Macht leitete sich ausschließlich von ihm ab. Hitler bildete den absoluten, uneingeschränkten Herrschaftsmittelpunkt in einem konfliktreichen Ämterdarwinismus. Kurz gesagt: das polykratische System hatte eine monokratische Spitze. Die Beobachtung dieser Ambivalenz von polykratischen und monokratischen Elementen ist fundamental für eine Beschreibung der nationalsozialistischen Herrschaft.

Darüber hinaus hat die neuere historische Forschung auch die integrativen und Macht erhaltenden Aspekte dieser Institutionenordnung hervorgehoben. Untersuchungen auf kommunaler und regionaler Ebene zeigen, dass das Kompetenzchaos nicht zwangsläufig in Ineffizienz und Anarchie münden musste. Vor allem wenn Staats- und Kommissars- beziehungsweise Parteiämter in Personalunion besetzt waren, konnte ein Herrschaftsbereich mittlerer Reichweite straff organisiert werden. Zudem lösten die Sonderkommissare manche drängende Sachfrage durchaus effizient und trugen damit mitunter sogar zur Stabilisierung und zum Ansehensgewinn des Regimes bei. Nicht das Ämterchaos brach dem Regime das Genick, sondern die militärische Überlegenheit der Alliierten.

Alte Eliten im neuen Staat?
Das Personal der staatlichen Verwaltung

Vom Außenministerium bis zur Zollbehörde und von den Spitzen der Ministerialbürokratie bis hinab in die lokalen Ämter und Behörden arbeiteten Anfang der 1930er Jahre in der staatlichen Verwaltung rund 1,5 Millionen Reichs-, Landes- oder Kommunalbeamte. Das Berufsbeamtentum bildete neben der Reichswehr in der Weimarer Republik die zweite mächtige Säule obrigkeitsstaatlicher Tradition in der deutschen Gesellschaft. Geprägt durch Herkunft und Erziehung, stand der größte Teil der Beamtenschaft der Weimarer Verfassung kritisch gegenüber. Die meisten Beamten sahen sich eher als »Staatsdiener« im Sinne einer abstrakten Staatsautorität und standen keineswegs hinter der Republik mit ihrer Parteiendemokratie.

Diese elitäre und autoritätsorientierte Mentalität, die den Nährboden für eine grundsätzliche Sympathie mit der nationalen politischen Rechten bot, verstärkte sich in der Endphase der Weimarer Republik, wofür vor allem zwei Faktoren ausschlaggebend waren: Zum einen erlebte die Ministerialbürokratie in der Zeit der Präsidialkabinette einen Machtzuwachs. Da die Notverordnungspolitik das Parlament nahezu vollständig ausschaltete, waren es in der Regel die hohen Mitarbeiter in den Ministerien, die Gesetzesentwürfe formulierten und zur Verabschiedung vorlegten. Diese Entwicklung stärkte die Position der Ministerialbürokratie erheblich, machte sie quasi zu einem Legislativorgan. Vor allem die höheren Beamten gewöhnten sich dadurch bereits während der Endphase der Weimarer Republik an eine parlamentarisch nicht kontrollierte Verordnungspolitik. Von hier war der Schritt zur Akzeptanz der Diktatur nicht mehr weit.

Zum anderen hatte die Spar- und Personalabbaupolitik der letzten Weimarer Regierungen für einen Stimmungswandel gesorgt. Standen die eher elitär eingestellten Beamten der nationalsozialistischen Massenbewegung anfangs durchaus kritisch gegenüber, so wandten sich vor allem die jüngeren Beamten zu Beginn der 1930er Jahre verstärkt der NSDAP zu. Die Tatsache, dass nach der nationalsozialistischen Machtübernahme rund 300 000 Beamte um die Aufnahme in die NSDAP ersuchten, deutet darauf hin, dass die Anhängerschaft der Nationalsozialisten unter den Beamten in der Weimarer Zeit noch weitaus größer gewesen ist, als die Mitgliedszahlen das vermuten lassen, aber viele Sympathisanten bis 1933 nicht in die NSDAP eintreten konnten.

Die Frage, wie sich die Staatsbediensteten bei der »Machtergreifung« verhielten, war schon früh Gegenstand historischer Untersuchungen, und die Antwort ist kaum strittig: Ein großer Teil der Beamtenschaft stand dem NS-Regime und dessen Politik nahe. Davon auszunehmen sind jedoch die Spitzenbeamten der Ministerialbürokratie, die als »politische Beamte« überwiegend loyal hinter der Weimarer Verfassung standen. Auch die gewählten Kommunalbeamten waren teilweise Anhänger der Weimarer Parteien. Vor allem diese beiden Gruppen waren es letztlich, gegen die die Nationalsozialisten am heftigsten polemisierten.

Um sich der missliebigen Beamten zu entledigen, führte das NS-Regime schon wenige Wochen nach der Machtübernahme eine gesetzlich geregelte, breit angelegte »Säuberung« der öffentlichen Verwaltung durch. Mit Hilfe des »Gesetzes zur Wiederherstellung des Berufsbeamtentums« vom 7. April 1933 sollten »politisch Unzuverlässige«, »Parteibuchbeamte« und »Nichtarier«

entlassen werden. Vor allem gegenüber Kommunisten und Juden wurde das Gesetz angewandt. In den einzelnen Verwaltungen zeigte es sehr unterschiedliche Wirkungen. Besonders hoch lagen die Entlassungsquoten bei der Reichsanstalt für Arbeitsvermittlung und Arbeitslosenversicherung, in der viele Sozialdemokraten beschäftigt gewesen waren. Relativ stark war die »Nazifizierung« auch auf den regionalen und lokalen Ebenen der inneren Verwaltung. Die Reichsfinanzverwaltung hingegen, bei der man eine besonders starke »Säuberung« hätte erwarten können, weil sie erst in der Weimarer Zeit aufgebaut worden war und daher besonders viele »Parteibuchbeamte« hätte beschäftigen müssen, wies verhältnismäßig geringe Entlassungszahlen auf. Das hatte mit der großen Bedeutung fachlicher Professionalisierung zu tun, denn Finanzbeamte konnten nicht einfach entlassen werden, da ihr Spezialwissen schwer zu ersetzen war. Letztlich fehlte der NSDAP hier wie in vielen anderen Ressorts das Personal, um die freien Posten nach der »Säuberung« mit eigenen Leuten zu besetzen. Auch in den gehobeneren Positionen der Ministerien konnten die Nationalsozialisten anfangs nicht sehr viele ihrer Parteimitglieder einschleusen. Grund hierfür waren zum einen Rücksichtnahme auf die nichtnationalsozialistischen Minister, zum anderen fehlende fachliche Fähigkeiten der eigenen Leute. Das neue Regime konzentrierte sich daher zunächst auf das strategische Ziel, die Personalabteilungen mit »zuverlässigen Nationalsozialisten« zu besetzen. Insgesamt gesehen hat sich die Zusammensetzung der Beamtenschaft durch das sogenannte Berufsbeamtengesetz nur geringfügig verändert. Wesentlich höher ist allerdings die Wirkung durch Druck und Einschüchterung zu bewerten. Auch diente das »Berufsbeamtengesetz« als Leitbild für personelle »Säuberungen« in Verbänden. Für Beamte war die Parteimitgliedschaft trotz teilweise erheblichen Drucks während der gesamten NS-Zeit nicht zwingend vorgeschrieben, dennoch waren 1937 in Preußen 86 Prozent, im übrigen Reich 63 Prozent der Beamten der NSDAP beigetreten.

Neben den personellen »Säuberungen« durch das Berufsbeamtengesetz untergruben die nationalsozialistischen Machthaber die bisherigen Prinzipien der staatlichen Ämterlaufbahn. Anstelle von fachlicher Qualifikation und Dienstalter wurde politische Zuverlässigkeit im Sinne der NS-Ideologie als Karrierefaktor immer wichtiger. Durch die Politisierung von Karrieren und aufgrund der Expansion des bürokratischen Apparates erhöhten sich die Aufstiegschancen im öffentlichen Dienst enorm. Im Reichsluftfahrtministerium etwa reduzierte sich die Frist für den Aufstieg vom Oberregierungsrat zum Ministerialrat von den regulär vorgesehenen vier Jahren zuweilen auf vier Monate. Seit 1935 hatte Rudolf Heß als »Stellvertreter des Führers« ein Mitspracherecht bei der Ernennung und Beförderung aller Beamten, deren Ernennung sich Hitler persönlich vorbehalten hatte. Ein Höhepunkt dieser Entwicklung war 1942 erreicht, als Hitler vor dem Reichstag erklärte, er könne jeden Beamten entlassen ohne Rücksicht auf die Person und deren Rechte. Auch wenn die Parteigutachter bei ihren politischen Beurteilungen immer wieder Lippenbekenntnisse der Beamten beklagten, entfaltete das Verfahren doch eine verhaltenssteuernde Wirkung.

»Dem Führer entgegen arbeiten« – die Verwaltungspraxis

Hitler verachtete bürokratische Vorgehensweisen. Kollegiale Willensbildung nach rationalen und standardisierten Verfahren war ihm ebenso zuwider wie das Lesen von Akten. Die Orientierung an allgemeingültigen Normen sowie die Abwicklung von Verfahren »ohne Ansehen der Person« – beides zentrale Leitprinzipien der modernen Bürokratie – mussten wie Sand im Getriebe des »Führerstaates« wirken. Beschwerliches Aktenstudium langweilte den Diktator. Persönlich und mündlich Führung beweisen – so wollte Hitler regieren.

Um die Beamtenschaft auf die Ziele der NS-Bewegung auszurichten, entwickelten die Vordenker der NSDAP neue Prinzipien für die Organisation des bürokratischen Alltags. Im Sinne einer nationalsozialistischen »Menschenführung« wurden »Führerprinzip« und »Persönlichkeitsprinzip« zu neuen Leitbildern erhoben. Das »Führerprinzip« bedeutete uneingeschränkte Autorität nach

237

unten und absolute Verantwortlichkeit nach oben. Verbunden mit dem »Persönlichkeitsprinzip«, wonach politische Aufgaben an Einzelpersonen gebunden werden sollten, bildete es ein Leitbild für eine Verwaltung nach nationalsozialistischer Vorstellung, das mit herkömmlichen bürokratischen Prinzipien wie Amtsautorität und genau definierten Beschlussverfahren kollidieren musste.

In der Zeitgeschichtsforschung gehörte der funktionale Widerspruch zwischen den ursprünglichen Organisationsmechanismen des Verwaltungsapparats und dem Regierungsstil des nationalsozialistischen Regimes lange Zeit zu den gängigen Interpretationsmustern. Schon durch ihre traditionellen Verwaltungsprinzipien hätten die Beamten die Willkürmaßnahmen des nationalsozialistischen Terrorregimes in Grenzen gewiesen, so lautete die Argumentation. Empirische Untersuchungen zeichnen jedoch ein wesentlich differenzierteres Bild. Vor allem in solchen Verwaltungszweigen, die in die Verbrechen des NS-Staates involviert waren, kann man eine zunehmende Durchdringung der Verwaltungstätigkeit mit ideologischen und willkürlichen Elementen beobachten. Die an sich einer ideologischen Aufladung unverdächtig erscheinenden Finanzbehörden beispielsweise erhoben schon 1934 als erste staatliche Verwaltung folgenden Grundsatz zum Leitprinzip: »Die Steuergesetze sind nach nationalsozialistischer Weltanschauung auszulegen.«[5] Steuererleichterungen für Warenhäuser fielen dieser ideologisch ausgerichteten Fiskalpolitik ebenso zum Opfer wie etwa Kinderfreibeträge für jüdische Steuerzahler. Zugleich etablierte sich in vielen großen Organisationen der NSDAP eine bürokratische Verwaltungspraxis, die sich vom Alltag in herkömmlichen Behörden in ihrer Regulierung wenig unterschied.

An der Spitze der Verwaltung stand Hitler mit seinem personalisierten Führungsstil. Ganz im Sinne des »Führerprinzips« wurden die Beamten auf ihn persönlich vereidigt. Schon früh entzog sich der Diktator jedoch dem politischen Alltagsgeschäft. Dem NS-Staat mit einem von der Regierungsmaschinerie weitgehend losgelösten Regierungschef fehlte die Instanz, die bei Konflikten zwischen den Anforderungen unterschiedlicher gesellschaftlicher Funktionsbereiche letztgültige Entscheidungen treffen konnte.

Die Beamten reagierten darauf teilweise mit eigenmächtigen Aktivitäten, die der Staatssekretär im preußischen Landwirtschaftsministerium mit dem Begriff »dem Führer entgegen arbeiten«[6] umschrieb. Gemeint war damit, Hitler eigenmächtig zuzuarbeiten: Die Beamten ergriffen selbst die Initiative und fädelten Gesetze ein, indem sie den Willen Hitlers antizipierten. Diese Interpretation, die auch von einigen Historikern übernommen wurde, bietet eine Möglichkeit, scheinbar widersprüchliche Befunde zusammenzuführen. So ging die ursprüngliche Definition bürokratischer Herrschaft davon aus, dass diese stets »von oben« gelenkt sein müsse. Der NS-Staat aber war ein Staat ohne zentrale Koordination. Durch das Modell »dem Führer entgegen arbeiten« wird beides integriert: Auch Initiativen »von unten« können demnach als Ausfluss einer verhaltensprägenden hierarchischen Orientierung interpretiert werden.

Allerdings gibt es auch Kritik an dieser Deutung. Zum einen lässt sie sich nur schwer empirisch belegen. Dazu müsste man die »Verwaltung in Aktion« untersuchen. Hier besteht aber ein Quellenproblem: In den Unterlagen der Behörden kommen in der Regel nur systemkonforme Aspekte zur Sprache – in ideologischer wie in sachlicher Hinsicht. Mögliche Gegentendenzen bleiben in diesen Akten hingegen unsichtbar. Zudem haben neuere Untersuchungen die Frage aufgeworfen, ob tatsächlich die Person Hitler über die verschiedenen Verwaltungsebenen hinweg die behauptete zentrale Funktion hatte oder ob man auf mittlerer und unterer Stufe den Leitsatz nicht eher durch ein weniger spektakuläres »dem Gauleiter entgegen arbeiten« ersetzen müsste.

Nicht zuletzt durch die Aufweichung ihrer Leitprinzipien büßte die staatliche Verwaltung im »Dritten Reich« an Ansehen in der Bevölkerung ein. Auch wenn sie immer noch einen relativen Vorschuss an Amtsautorität gegenüber den Institutionen der NSDAP genoss, da man den Beamten größere Sachlichkeit und politische Neutralität zutraute, gehört der partielle Vertrauensverlust bei der Bevölkerung zu den Kennzeichen der bürokratischen Entwicklung im »Dritten Reich«. Als beispielsweise die öffentlichen Gesundheitsbehörden Röntgenreihenuntersuchungen zur Früherkennung von Tuberkulose durchführen wollten, weigerten sich nicht wenige Menschen, daran teilzunehmen, da sie fürchteten, im Falle eines Krankheitsbefundes nicht geheilt, sondern ausgesondert und verfolgt zu werden.

Für den Ansehensverlust spielte auch die massive Korruption eine wichtige Rolle. In großem Umfang gab es sowohl offene Patronage, wie sie beispielsweise »Alte Kämpfer« bei der Versorgung mit Beamtenposten genossen, als auch verdeckte Bereicherungen, die teilweise Element einer systematischen Dotationspolitik waren. Vorteilsnahme und Bestechung, Unterschlagungen und die Vermischung von Privat- und Amtsgeschäften gab und gibt es zu allen Zeiten und in allen politischen Systemen. Im NS-Staat fanden diese Phänomene jedoch einen besonderen Nährboden, und sie fielen nach ihrem Bekanntwerden besonders ins Auge, da das Regime in dieser Hinsicht hohe Ansprüche der »Anständigkeit« an sich selbst formuliert hatte.

Der »verwaltete Mensch« im Unrechtsstaat –
Bürokratie und Staatsverbrechen

Für den »verwalteten Menschen«[7] bedeutet die bürokratische Herrschaft als Idealtypus ein vergleichsweise hohes Maß an Sicherheit und Berechenbarkeit. Im Gegensatz zu anderen staatlichen Verwaltungsformen wie charismatischer und patriarchalischer Herrschaft folgt die Bürokratie – formal gesehen – festen, allgemein bekannten Regeln nach sachlichen Prinzipien und wird ohne Ansehen der Person durchgeführt. Im nationalsozialistischen Unrechtsstaat entfaltete die bürokratische Herrschaft jedoch ein hohes Unterdrückungspotential. Staatsverbrechen wie die Verfolgung und Ermordung politischer Gegner, die Tötung von Geisteskranken und die Vernichtung der europäischen Juden waren eben auch das Werk eines ausgedehnten administrativen Apparats. Die Verbrechen des »Dritten Reiches« sind nicht nur auf individuelle Exzesstäter zurückzuführen. In der »Vernichtungsmaschinerie« wirkten »ganz normale Beamte« mit, indem sie ihre

»unbestechliche planerische und verwalterische Gründlichkeit« in ihren jeweiligen Zuständigkeitsbereich einbrachten.[8] Dass der professionelle Beamte in »entmenschlichten« Verfahren agierte, entpuppte sich im Kontext der nationalsozialistischen Diktatur als menschenverachtendes Prinzip. Mit kühler Emotionslosigkeit degradierten Behördenmitarbeiter Menschen zu Nummern und bearbeiteten Schicksale, in denen es um Leben und Tod ging, als »Fälle« ihrer Amtskartei. Der bürokratische Apparat häufte in kurzer Zeit eine enorme Menge an Information über seine Bürger an. Durch die Verknüpfung umfassender statistischer Erhebungen mit individuellen Daten stellte die Verwaltung die Grundlage für eine systematische und engmaschige Verfolgung zur Verfügung. Gleichzeitig spielte die charakteristische Aufteilung von Zuständigkeiten und die Arbeitsteilung eine zentrale Rolle bei der Entwicklung einer mörderischen Dynamik. Der einzelne Beamte konnte sich als kleines Rädchen einer überindividuellen Maschinerie mit geringer eigener Verantwortlichkeit fühlen. In der Bilanz trugen die Funktionsmechanismen bürokratischer Herrschaft maßgeblich zu jener »kumulativen Radikalisierung«[9] (Hans Mommsen) bei, die als treibender Faktor auf dem Weg zum Völkermord zu sehen ist.

Zu den Verwaltungen, die im Dienste der politischen und rassistischen Gegnerverfolgung besonders hervortraten, sind insbesondere das Reichssicherheitshauptamt und die Justizverwaltung zu rechnen. Die Errichtung des Reichssicherheitshauptamtes stand 1939 am Ende einer jahrelangen Entwicklung, in der SS und staatliche Polizei zu einer Institution verschmolzen wurden. Durch diese Zusammenführung wurden auf der einen Seite staatliche Hoheitsaufgaben auf die paramilitärische Parteiformation der SS übertragen, gleichzeitig entfernte sich die Polizei ein Stück weit aus dem Staatsapparat. Das Reichssicherheitshauptamt zeigte die charakteristischen Züge einer »kämpfenden Verwaltung« im Sinne des NS-Regimes.[10] Die Gestapo verfolgte als »Weltanschauungsexekutive« nicht nur konkrete regimefeindliche Handlungen oder deren Planung, sondern »präventiv« jede staatsfeindliche Gesinnung, die in ihren Augen später einmal zur Tat führen konnte.

Dabei begründete der Mythos von der Allgegenwart der Gestapo, der vom NS-Regime zwar gezielt propagiert wurde, aber zu keinem Zeitpunkt der Realität entsprach, einen großen Teil ihrer Wirkungsmacht.

Ähnlich wie das Reichssicherheitshauptamt gehörte auch die Justiz zu den Bereichen, die sich immer weiter aus der regulären Staatsverwaltung lösten. Auf der einen Seite fand eine Ideologisierung des herkömmlichen Strafrechts und eine Verschärfung von Sanktionen bis hin zur Todesstrafe statt. Neu geschaffene Tatbestände und Tätergruppen wie zum Beispiel »gefährliche Gewohnheitsverbrecher«, »Volksschädlinge« oder »Wirtschaftssaboteure« erweiterten die normative Grundlage für Verfolgung. Gezielt diskriminierende Gesetze wurden erlassen, am wichtigsten wohl die »Nürnberger Gesetze«, die Juden zu Staatsbürgern zweiter Klasse degradierten und neue Straftatbestände schufen, an die die physische Verfolgung anknüpfen konnte. Zugleich schufen NS-Juristen wachsende Zonen rechtlicher Unsicherheit und Willkür, in denen sich die Grenzen zwischen Partei und Staat immer mehr verwischten. Symbol hierfür war die im Februar 1933 eingeführte sogenannte Schutzhaft, die ohne rechtliche Grundlage und auch von Parteifunktionären verhängt werden konnte. Zugleich urteilten Richter in Sondergerichten aufgrund gelockerter Rechtsnormen und verfügten über erhebliche Freiräume jenseits des traditionellen Strafrechts. Insgesamt wurden während der NS-Zeit rund 16 650 Todesurteile verhängt, davon die meisten von den neuen Instanzen, den Sondergerichten und dem Volksgerichtshof. Hinzu kamen rund 25 000 Todesurteile von Militärgerichten.

Aber auch vermeintlich unpolitische Verwaltungsbehörden wie beispielsweise Gesundheitsämter, kommunale Wohlfahrtsämter und Finanzämter konnten im Kontext der rassistischen »Volkskörperideologie« eine allgegenwärtige Verfolgungsbedrohung entwickeln. Im Gegensatz etwa zur Polizei standen diese Verwaltungsbehörden mit nahezu jedem erwachsenen Einwohner Deutschlands in ständigem Kontakt und besaßen zudem in der Regel bereits detaillierte Informationen über ihre Verfolgungsopfer, etwa in Form von alten Steuer- oder Gesundheitsunterlagen.

Dieser Umstand erhöhte das Verfolgungspotential erheblich. Im Vergleich zur Polizei, die ganz gezielt eine Abschreckungspolitik betrieb, bewahrten die Verwaltungen auch lange ihre Amtsautorität bei der Bevölkerung. Sie wickelten ihre Verfahren im Stillen ab, was die ideologische Ausrichtung ihrer Tätigkeit lange Zeit verschleiern konnte. Mit Selbstverständlichkeit kamen Verfolgungsopfer den Forderungen der Verwaltungsbehörden nach. Im Vertrauen auf die traditionell hohe Bedeutung von bürokratischen Vorgängen füllten sogar die Deportationsopfer noch unmittelbar vor ihrem Abtransport vielseitige Formulare wie etwa Vermögensverzeichnisse für die NS-Behörden aus.

Bürokratische Herrschaft im »Führerstaat«

Das »Dritte Reich« war als moderner Staat auf eine effiziente Staatsverwaltung angewiesen. Dass das nationalsozialistische Herrschafts- und Terrorsystem bis in die letzten Kriegstage funktionierte, war maßgeblich darauf zurückzuführen, dass die alltägliche Verwaltungstätigkeit den Staatsapparat in Funktion hielt und es dem Regime lange Zeit ermöglichte, eine Fassade der Normalität aufrechtzuerhalten. Der Blick in die Amtsstuben der deutschen Behörden macht aber auch den besonderen Charakter der nationalsozialistischen Staatsverbrechen deutlich, die nur mit loyaler Unterstützung einer großen Zahl »ganz normaler Beamter« durchgeführt werden konnten.

Im »Dritten Reich« entfaltete die bürokratische Herrschaft ein hohes Verfolgungspotential. Es ist kennzeichnend für den Charakter der NS-Staatsverbrechen, dass sie bürokratisch verwaltet und organisiert wurden und ein großer Beamtenapparat an der »kumulativen Radikalisierung« der Verfolgung mitwirkte, die am Ende im Völkermord gipfelte. Einige Elemente bürokratischer Verwaltungsorganisation wie Arbeitsteilung, Hierarchie und Abwicklung von Verfahren auf Anweisung »ohne Ansehen der Person« begünstigten die Einbindung des Beamtenapparats in die Staatsverbrechen des NS-Regimes. Auf der anderen Seite traten an die Stelle von Gehorsam und Disziplin nicht selten auch individuelle Eigenmächtigkeit und persönliche Initiative. Diese Ambivalenz zeigt sich beispielsweise bei Adolf Eichmann, der im Reichssicherheitshauptamt für die Organisation der Transporte in die Vernichtungslager zuständig war. Eichmann, der durch Hannah Arendts Studie über die »Banalität des Bösen« zum Inbegriff des Schreibtischtäters wurde, war nicht jener bürokratische Befehlsempfänger, als der er sich später gerne stilisierte, sondern hat ein großes Maß an Eigeninitiative entfaltet, wenn dies in seinen Augen zu größerer Effizienz bei den Transporten in den Tod führte.

Weiterführende Literatur

Arendt, Hannah, Eichmann in Jerusalem. Ein Bericht von der Banalität des Bösen, München [15]2006.

Bajohr, Frank, Parvenüs und Profiteure. Korruption in der NS-Zeit, Frankfurt a. M. 2004.

Caplan, Jane, Government Without Administration. State and Civil Service in Weimar and Nazi Germany, Oxford 1988.

Fraenkel, Ernst, Der Doppelstaat. Recht und Justiz im Dritten Reich, Hamburg [2]2001.

Gruner, Wolf/Nolzen, Armin (Hrsg.), Bürokratien. Initiative und Effizienz, Berlin 2001.

Hachtmann, Rüdiger/Süß, Winfried (Hrsg.), Hitlers Kommissare. Sondergewalten in der nationalsozialistischen Diktatur, Göttingen 2006.

Jeserich, Kurt G. A./Pohl, Hans/Unruh, Georg-Christoph von (Hrsg.), Deutsche Verwaltungsgeschichte. Band IV: Das Reich als Republik und in der Zeit des Nationalsozialismus, Stuttgart 1985.

Kershaw, Ian, Hitlers Macht. Das Profil der NS-Herrschaft, München [2]2000.

Kißener, Michael, Zwischen Diktatur und Demokratie. Badische Richter 1919–1952, Konstanz 2003.

Mecking, Sabine/Wirsching, Andreas (Hrsg.), Stadtverwaltung im Nationalsozialismus. Systemstabilisierende Dimensionen kommunaler Herrschaft, Paderborn 2005.

Mommsen, Hans, Beamtentum im Dritten Reich. Mit ausgewählten Quellen zur nationalsozialistischen Beamtenpolitik, Stuttgart 1966.

Mühl-Benninghaus, Sigrun, Das Beamtentum in der NS-Diktatur bis zum Ausbruch des Zweiten Weltkrieges. Zu Entstehung, Inhalt und Durchführung der einschlägigen Beamtengesetze, Düsseldorf 1996.

Rebentisch, Dieter, Führerstaat und Verwaltung im Zweiten Weltkrieg. Verfassungsentwicklung und Verwaltungspolitik 1939–1945, Stuttgart 1989.

Rebentisch, Dieter/Teppe, Karl (Hrsg.), Verwaltung contra Menschenführung im Staat Hitlers. Studien zum politisch-administrativen System, Göttingen 1986.

Ruck, Michael, Korpsgeist und Staatsbewußtsein. Beamte im deutschen Südwesten 1928–1972, München 1996.

Ruck, Michael, Beharrung im Wandel. Neuere Forschungen zur deutschen Verwaltung im 20. Jahrhundert, in: Neue Politische Literatur 42 (1997), S. 200–256 u. 43 (1998), S. 67–112.

Stolleis, Michael, Recht im Unrecht. Studien zur Rechtsgeschichte des Nationalsozialismus, Frankfurt a. M. [2]2006.

Wildt, Michael, Generation des Unbedingten. Das Führungskorps des Reichssicherheitshauptamtes, Hamburg [2]2003.

Rekrutenvereidigung vor
der Feldherrnhalle, München
November 1935

Das Schwert des »Führers«
Die Wehrmacht

THOMAS SCHLEMMER

In den frühen Morgenstunden des 9. März 1999 explodierte in Saarbrücken eine Bombe. Ziel des Anschlags war das Zentrum der städtischen Volkshochschule, wo gerade eine historische Ausstellung gezeigt wurde. Diese Ausstellung war jedoch keine gewöhnliche. Es handelte sich vielmehr um die Wanderausstellung »Vernichtungskrieg – Verbrechen der Wehrmacht 1941 bis 1944«, die bereits im fünften Jahr durch die deutschen Städte zog und die öffentliche Meinung in hohem Maße polarisierte. Dass die Ausstellung provozieren wollte, ließ bereits der Prolog ihres Katalogs erkennen, der alle Reizworte enthielt, von denen die immer hitzigere Diskussion geprägt sein sollte: Die Behauptung, es gebe nach wie vor so etwas wie eine herrschende Lehre vom »unbefleckten Ehrenschild der Wehrmacht« – eine Lüge, die man endlich als solche entlarven müsse; den Angriff auf die Geschichtswissenschaft, die ihrer Verpflichtung zur Zerstörung solcher Mythen nicht nachgekommen sei und das unbequeme Thema Vernichtungskrieg nur halbherzig behandelt habe; die direkte Verknüpfung der Verschleierungsstrategie hoher Offiziere mit der deutschen Vergangenheitspolitik nach 1945 und den damit verbundenen impliziten Hinweis auf die braunen Wurzeln der Bundesrepublik; und schließlich den als pauschales Verdikt zu verstehenden Satz, die Wehrmacht sei »an allen Verbrechen« des NS-Regimes »aktiv und als Gesamtorganisation beteiligt« gewesen.[1]

Die Zunft der Historiker wurde von der leidenschaftlichen öffentlichen Auseinandersetzung überrascht. Das lag nicht zuletzt an der Überzeugung, dass die in der Wissenschaft seit langem gesicherte Erkenntnis, der Krieg im Osten sei ein Raub- und Vernichtungskrieg unter rassenideologischen Vorzeichen gewesen, auch in der Mitte der Gesellschaft angekommen sei. Tatsächlich hatte es seit 1945 immer wieder Diskussionen um die Rolle der Wehrmacht und ihrer Führung gegeben. Dabei kam zunächst den Juristen eine wichtige Rolle zu, die sowohl im Nürnberger Prozess gegen die Hauptkriegsverbrecher als auch in den Nachfolgeprozessen keinen Zweifel an individueller Schuld, moralischer Verantwortung und professionellem Versagen der Wehrmachtführung ließen.

Nicht wenige hohe Offiziere konterten die Vorwürfe der frühen Jahre durch tendenziöse autobiografische Schriften, in denen Heer, Kriegsmarine und Luftwaffe von allen Vorwürfen freigesprochen, Hitler und die SS dagegen schwer belastet wurden. Im vergangenheitspolitischen Treibhaus der 1950er Jahre gediehen diese Gespinste aus Dichtung und Wahrheit prächtig, so dass man nicht zu Unrecht bemerkt hat, Generäle wie Franz Halder, Erich von Manstein und Heinz Guderian hätten ihre größten Siege nach 1945 erschrieben. Die Legende von der »sauberen« Wehrmacht, die nicht zuletzt hier ihre Wurzeln hat, konnte sich auch deshalb im Bewusstsein der Öffentlichkeit festsetzen, weil die Historiografie zunächst wenig dagegenzusetzen hatte. Das lag zum einen daran, dass sich die Geschichtswissenschaft nach 1945 in einem schwierigen Prozess der Selbstfindung befand, und war zum anderen darauf zurückzuführen, dass die meisten relevanten Aktenbestände zunächst von den Alliierten beschlagnahmt worden waren.

Die wissenschaftlich-kritische Militärgeschichtsschreibung etablierte sich erst in den 1960er Jahren und ist untrennbar mit den Studien von Andreas Hillgruber und Manfred Messerschmidt verbunden. Zur zentralen Institution der Forschung über die Wehrmacht entwickelte sich das Militärgeschichtliche Forschungsamt, während sich die Militärhistoriker in der akademischen Geschichtswissenschaft mit einer dunklen Nische begnügen mussten. Diese Außenseiterposition führte letztlich dazu, dass die deutsche Militärgeschichte den Anschluss an die internationale Forschung zu verlieren drohte. Die Wehrmachtsausstellung konnte auch deshalb eine solche Sprengkraft entfalten, weil sich die Militärhistoriker zwar ausführlich mit der Verantwortung der obersten Führungsebene für einen verbrecherischen Krieg befasst, die Implementierung des Vernichtungskriegs aber ebenso wenig systematisch erforscht hatten wie das gesellschaftsgeschichtliche Umfeld der Streitkräfte in den Jahren zwischen 1939 und 1945. Die Geschichtswissenschaft reagierte jedoch rasch auf das große öffentliche Interesse an der Wehrmachtsausstellung, und noch Ende der 1990er Jahre wurde eine Neuausrichtung der Militärgeschichte sichtbar, die sich zunehmend anderen Teildisziplinen wie der Sozial-, Geschlechter-, Kultur- und Alltagsgeschichte öffnete.

Wehrmacht und NS-Staat zwischen »Machtergreifung« und Kriegsausbruch

Die Streitkräfte spielten im Prozess der »Machtergreifung« und Diktaturdurchsetzung eine besondere Rolle. Zum einen stellten sie einen Machtfaktor dar, auf den das neue Regime zwingend Rücksicht nehmen musste, zum anderen war eine starke Wehrmacht die unabdingbare Voraussetzung für die aggressive Außenpolitik Adolf Hitlers. Obwohl man das Verhältnis zwischen den Streitkräften und der NS-Bewegung keinesfalls spannungsfrei nennen konnte, vollzog sich der Übergang von der Weimarer Republik zum »Dritten Reich« weitgehend reibungslos. Nach den Jahren der negativen Integration zwischen 1919 und 1933, in denen die Reichswehr zu einem Staat im Staate herangewachsen war, sah man nun die Zeit für einen neuen Aufbruch gekommen, um durch eine autoritäre Ordnungspolitik nach innen und die gezielte Wiederwehrhaftmachung des Deutschen Reiches die »Fesseln von Versailles« abzustreifen und die Voraussetzung für den nationalen Wiederaufstieg zu schaffen – einen Wiederaufstieg, der auch die Armee wieder zu der privilegierten sozialen Gruppe machen würde, die sie vor 1918 gewesen war. Diese »Teilidentität der Ziele«[2] bestimmte das Verhältnis von bewaffneter Macht und NSDAP, wobei die Reichswehrführung den Totalitätsanspruch der nationalsozialistischen Bewegung und die Dynamik des Regimes gleichermaßen unterschätzte. Allerdings schien die Sonderstellung der Streitkräfte zunächst tatsächlich nicht ernsthaft gefährdet zu sein, versicherte doch Adolf Hitler selbst wiederholt, der neue Staat werde »von zwei Säulen« getragen: »politisch von der in der nationalsozialistischen Bewegung organisierten Volksgemeinschaft, militärisch von der Wehrmacht«.[3] Zudem galt Reichspräsident Paul von Hindenburg, eine Ikone des kaiserlichen Heeres, als Garant des Status quo, wie sich etwa beim feierlichen Staatsakt zur Eröffnung des Reichstags am 21. März 1933 zeigte. Die Botschaft, welche die nationalsozialistische Propaganda über den »Tag von Potsdam« verbreitete, als Hitler dem greisen Feldmarschall geradezu demütig die Hand reichte, war freilich eine andere: Adolf Hitler übernimmt von Hindenburg das Erbe des preußisch-deutschen Kaiserreichs.

Die Hoffnung der militärischen Führung auf die Wahrung der institutionellen Autonomie bei gleichzeitiger politischer Teilhabe der Streitkräfte erwies sich jedoch als trügerisch. Zwar überstand die Reichswehr die Gleichschaltungswellen des Jahres 1933 größtenteils unbeschadet, doch die ideologische Öffnung und die weltanschauliche Annäherung zwischen der bewaffneten Macht und der nationalsozialistischen Bewegung waren unübersehbar. Diese Entwicklung resultierte einerseits aus gemeinsamen Interessen und der Bewunderung zahlreicher hoher Offiziere für Hitler, andererseits aus der Überzeugung, taktisch bedingte Zugeständnisse seien nötig, um die eigene Loyalität zu beweisen und weitergehenden Zumutungen zuvorzukommen. Schließlich fürchtete die Reichswehrführung die Konkurrenz der SA Ernst Röhms, der mit den Worten zitiert wurde, der »graue Fels« müsse in der »braunen Flut« untergehen.[4] Dass Hitler Ende Juni 1934 entschied, die SA-Führung zu »liquidieren«, kam den Entscheidungsträgern in den Führungsstäben der Reichswehr entgegen. Sie entschlossen sich daher, den Enthauptungsschlag gegen die SA materiell zu unterstützen – und sie protestierten nicht, als die »Säuberungswelle« im Zuge des sogenannten Röhm-Putsches mit Kurt von Schleicher und Ferdinand von Bredow auch zwei ehemalige Generäle der Reichswehr das Leben kostete. Die schiefe Ebene, welche die Reichswehr 1933 betreten hatte, indem sie Hitler unterstützte, wurde immer abschüssiger, nachdem sie sich in diese Mordaktionen hatte verstricken lassen.

Die fortschreitende Degeneration der Streitkräfte von einem eigenständigen Machtfaktor zum scharfen Schwert des »Führers« zwischen 1934 und 1939 war vor allem durch drei folgenschwere Ereignisse gekennzeichnet: Nach dem Tod Hindenburgs am 2. August 1934, als Hitler neben der Funktion des Reichskanzlers auch die Kompetenzen des Reichspräsidenten okkupierte, wurden die Soldaten auf den »Führer« persönlich vereidigt. Außerdem gelang es Hitler, Anfang 1938 nach persönlichen Diffamierungen, mit Reichskriegsminister Werner von Blomberg und Generaloberst Werner Freiherr von Fritsch, Oberbefehlshaber des Heeres, zwei der profiliertesten Vertreter der alten Reichswehr in der neuen Wehrmacht auszuschalten. Hitler selbst übernahm den Oberbefehl über die Streitkräfte und machte rasch klar, dass er nicht gedachte, diesen nur pro forma auszuüben. Die Wehrmacht wurde im Gegenteil auf einen künftigen Angriffskrieg ausgerichtet und Zug um Zug in das nationalsozialistische Herrschaftssystem eingepasst. Im Jahr 1938 war sie jedoch noch nicht vollständig nazifiziert. Verschiedentlich führte das Festhalten an tradierten Wertvorstellungen und die Ablehnung einer rücksichtslosen Gewaltpolitik um jeden Preis auch bei hohen Offizieren zu Kritik und Opposition gegen das Regime. So lehnte beispielsweise der Chef des Generalstabs des Heeres, General der Artillerie Ludwig Beck, nicht die militärisch gestützte Machtpolitik klassischen Zuschnitts, wohl aber die immer riskanteren Schachzüge seines Oberbefehlshabers ab. Als er mit seinen Bedenken kein Gehör fand, nahm er 1938 im Zuge der Sudetenkrise seinen Abschied und avancierte zu einer Schlüsselfigur der Militäropposition gegen das NS-Regime.

Ein zentraler Aspekt beim Umbau der Reichswehr zur Wehrmacht des »Dritten Reiches« war der gewaltige zahlenmäßige Zuwachs. Mit der gegen die Bestimmungen des Versailler Vertrags verstoßenden Einführung der allgemeinen Wehrpflicht im März 1935 gehörte das 100 000-Mann-Heer der Weimarer Republik endgültig der Vergangenheit an. Aus einer kleinen Armee von Berufs- und langdienenden Zeitsoldaten wurde binnen kurzer Zeit eine imposante Wehrpflichtarmee – Ende 1936 betrug die Heeresstärke bereits 520 000 Mann –, die nicht nur als militärische, sondern auch als weltanschauliche Schule der Nation im Geiste Adolf Hitlers dienen sollte. Die politische Führung betrieb dabei die gesellschaftliche Öffnung der bewaffneten Macht. Sie zielte auf die Ablösung der auf Herkunft, Bildung und Besitz basierenden Rekrutierungsmuster durch ein rassisch konnotiertes Leistungsprinzip, um so »die sozialen Grundlagen der traditionellen Normenwelt der Militärelite schrittweise« aufzulösen »und die Wehrmacht in besonderer Weise zur Schnittstelle von nationaler Volksgemeinschaft und Nationalsozialismus« zu machen.[5]

Derartige Überlegungen mussten ein Offizierkorps in besonderer Weise betreffen, das sich als militärisch professionelle, politisch homogene und sozial exklusive Elite verstand. Der Reichswehrführung war es nach 1919 gelungen, die Geschlossenheit des Offizierkorps durch strikte Auswahlkriterien zu sichern. 1930 kamen fast 88 Prozent des Offiziernachwuchses aus Familien, die schon im kaiserlichen Heer als »erwünscht« gegolten hatten, das heißt, die Väter der Aspiranten besaßen selbst das Offizierspatent, dienten dem Staat als höhere Beamte und Akademiker oder gehörten zur schmalen, aber einflussreichen Schicht der Gutsbesitzer. Da sich die Zahl der aktiven Offiziere des Heeres von 3858 am 1. Mai 1935 auf 21 793 am 1. Oktober 1938 vervielfachte, erwiesen sich die überkommenen Mechanismen zur Nachwuchsrekrutierung als nicht mehr ausreichend, um den rasch wachsenden Bedarf an neuen Offizieren zu befriedigen. Der Personalbedarf wirkte als Motor für den sozialen Wandel des Offizierkorps, das trotz der fortbestehenden Hegemonie der altgedienten Führergeneration seine gesellschaftliche Exklusivität ebenso zu verlieren begann wie seine politisch-kulturelle Homogenität. Diese Entwicklung war ganz im Sinne der Nationalsozialisten, denen sich dadurch neue Ansatzpunkte boten, um in der Wehrmacht Fuß zu fassen. Ungeahnte Beförderungschancen taten ein Übriges, um vor allem jüngere Offiziere an das Regime zu binden. Der personelle Aufwuchs hatte freilich nicht nur eine gesellschaftspolitische und eine weltanschauliche, sondern auch eine militärfachlich-professionelle Komponente. Die qualitativen Standards sanken, weil es weder genügend geeignete Bewerber gab noch ausreichend Zeit für eine gründliche Ausbildung zur Verfügung stand.

Die forcierte Aufrüstung warf auch die Frage nach der Koordination ziviler und militärischer Belange auf der einen und die Frage nach der Struktur der Wehrmachtführung auf der anderen Seite auf. Überzeugende Antworten fand man bis 1939 nicht, so dass eine Schaltstelle des Ausgleichs widerstreitender Interessen fehlte. Auch die Bemühungen des Reichskriegsministeriums beziehungsweise des Oberkommandos der Wehrmacht (OKW) um eine zentralisierte Spitzengliederung auf Kosten von Heer, Marine und Luftwaffe blieben Stückwerk. Als Chef des OKW avancierte Wilhelm Keitel zwar zum ersten militärischen Berater Hitlers und war den Oberbefehlshabern der Teilstreitkräfte protokollarisch gleichgestellt, aber Befehlsgewalt hatte er über seinen eigentlichen Bereich hinaus keine. Keitel fungierte somit gleichsam als militärischer »Sekretär« des Diktators, der fest entschlossen war, wichtige Entscheidungen selbst zu treffen. Das OKW als schwache zentrale Führungsinstanz bei weitgehender Autonomie der um Einfluss und Ressourcen konkurrierenden Teilstreitkräfte unterstand Hitler direkt, bei dem alle politischen und militärischen Fäden zusammenliefen. Diese Konstruktion erwies sich der Kommandostruktur wichtiger Kriegsgegner wie Großbritannien und den Vereinigten Staaten als unterlegen, aber sie entsprach dem Herrschaftssystem des »Dritten Reiches«, das von einer eigentümlichen Mischung aus polykratischen und monokratischen Strukturelementen gekennzeichnet war.

Rüstungsstand und operative Konzeption

Die Aufrüstung stellte für die Wirtschafts- und Finanzpolitik des Deutschen Reiches eine enorme Belastung dar. Dies schlug sich nicht zuletzt in den Rüstungsausgaben nieder, die zwischen 1934 und 1936 von 3,3 Milliarden auf neun Milliarden Reichsmark stiegen. Insbesondere nachdem Hitler im Sommer 1936 gefordert hatte, die Wehrmacht müsse in vier Jahren einsatz- und die Wirtschaft im selben Zeitraum kriegsbereit sein, erreichte die Aufrüstung ein geradezu schwindelerregendes Tempo und wurde ohne Rücksicht auf das wachsende volkswirtschaftliche Ungleichgewicht vorangetrieben, das in einer verdeckten Staatsverschuldung, einem chronischen Mangel an Devisen sowie einem wachsenden Außenhandelsdefizit seinen Ausdruck fand. Die Folgen dieser Politik waren gravierend, und Ende der 1930er Jahre begann die Situation so bedrohlich zu werden, dass es zur Vermeidung einer schweren Krise nur zwei Alternativen zu geben schien: das Abstoppen der ambitionierten Rüstungsprogramme oder kriegerische Expansion, um mit der erhofften reichen Beute die ökonomische Basis des NS-Staates zu stärken.

Hitler agierte dabei zunächst aus einer Position der Schwäche. Der Versailler Vertrag hatte dem Deutschen Reich weitreichende militärische Beschränkungen auferlegt und etwa den Verzicht auf moderne Waffensysteme wie Panzer, Flugzeuge oder Unterseeboote erzwungen. Die Tatsache, dass die Reichswehr schon vor 1933 nichts unversucht gelassen hatte, um diese Beschränkungen zu unterlaufen, darf nicht darüber hinwegtäuschen, dass es bei Forschung und Entwicklung große Lücken gab. Ebenso reichten die industriellen Fertigungskapazitäten für hochwertige Rüstungsgüter bei weitem noch nicht aus. Dennoch sollten möglichst große Kontingente in möglichst kurzer Zeit aufgebaut werden, und dies konnte nur gelingen, wenn man unbefriedigende Kompromisse in Kauf nahm. So wurde darauf verzichtet, die neuen Streitkräfte materiell auf einen langen Krieg vorzubereiten. Anstelle einer sogenannten Tiefenrüstung »fand eine ›Breitenrüstung‹ statt, die alle Anstrengungen auf die ›stehenden‹ Truppen konzentrierte, hingegen Reserven und Vorratshaltung völlig vernachlässigte, so dass nur kurze Feldzüge durchgestanden werden konnten.«[6]

Taktisch-operativ setzte man dabei insbesondere bei der Heeresführung auf Lehren aus dem Ersten Weltkrieg. Dem Dogma der Bewegung folgend, sollte ein künftiger Krieg unter Ausnutzung des Überraschungsmoments durch schnelle Offensiven tief in das Land des Feindes getragen und möglichst rasch entschieden werden. Offiziere wie der spätere Generaloberst Heinz Guderian hatten bereits vor 1933 Überlegungen angestellt, das Patt des Stellungskriegs dadurch zu überwinden, dass gepanzerte Gefechtsfahrzeuge nicht mehr als bloße Infanterieunterstützungswaffen eingesetzt, sondern im Gegenteil vom Geschwindigkeitsdiktat langsamer Fußtruppen gelöst und zur Durchführung selbständiger Angriffsoperationen befähigt werden sollten. Auf diesen Konzepten basierte die Aufstellung von Panzer- und motorisierten Infanteriedivisionen, die – zu Panzerkorps und Panzergruppen zusammengefasst – die Speerspitze der Wehrmacht bildeten. Die Fähigkeit dieser Verbände zu weitreichenden Operationen beruhte auf der gelungenen Verbindung von Feuerkraft und Schnelligkeit sowie auf einer vergleichsweise modernen Fernmeldetechnik und auf Ausbildungsrichtlinien, die auf die Eigeninitiative und das Urteilsvermögen des Führungspersonals setzten. Idealtypisch sollten die eigenen Streitkräfte im Zusammenwirken verschiedener Waffengattungen an einem geeigneten Frontabschnitt ihre Feuerkraft so gezielt einsetzen, dass ein operativer Durchbruch erzielt werden konnte.

In diesem Zusammenhang spielte auch die Luftwaffe eine entscheidende Rolle, die unter dem Oberbefehl von Hermann Göring 1935 als selbständige Teilstreitkraft neben Heer und Marine getreten war. In nur wenigen Jahren entwickelte sich die Fliegertruppe des »Dritten Reiches« zu einem gewichtigen militärischen Instrument, das mit seinen Mittelstrecken- und Sturzkampfbombern bestens dazu geeignet war, die Operationen der Bodentruppen als »fliegende Artillerie« zu unterstützen. Andererseits verfügte die Luftwaffe nicht über die Flugzeugtypen – etwa viermotorige Bomber oder Langstreckenjäger –, um einen strategischen Luftkrieg mit einiger Aussicht auf Erfolg führen zu können. Die anfängliche Stärke der Luftwaffe erwies sich so schließlich auch als ihr wundester Punkt.

Als die Wehrmacht am 1. September 1939 zum Angriff auf Polen antrat, zählte die Luftwaffe 4220 Flugzeuge, von denen 3790 zumeist moderne Maschinen einsatzbereit waren. Das Feldheer erreichte eine Stärke von 2 758 000 Mann und gehörte weltweit zu den modernsten Armeen. Allerdings darf dieser Befund ebenso wenig wie die nationalsozialistische Bildpropaganda, die noch heute zahlreiche Fernsehdokumentationen und Bildbände über den Zweiten Weltkrieg dominiert, darüber hinwegtäuschen, dass diese Armee gleichsam ein hybrider Organismus aus überkommenen und zukunftsweisenden Komponenten war. Die Wehrmacht schickte ein Heer in die Schlacht, das überwiegend aus klassischen Infanteriedivisionen und nur zu einem kleinen Teil aus modernen Panzer- und motorisierten Divisionen bestand. Am Vorabend des Angriffs auf die Sowjetunion im Juni 1941 befanden sich unter den 210 Divisionen des Feldheeres lediglich 36 schnelle Divisionen, die über insgesamt 3648 Panzerkampfwagen verfügten. Andererseits – und dies zeigt, wie stark die deutsche Armee tatsächlich noch in der Vergangenheit verhaftet war – musste das Heer noch immer in großem Stil auf Pferde für den Transport zurückgreifen (im Juni 1941 zählte man an der Ostfront mehr als 600 000), da die Produktionskapazitäten nicht ausreichten, um den Bedarf der Streitkräfte an Kraftfahrzeugen zu decken.

Während es der politischen und militärischen Führung des »Dritten Reiches« gelungen war, Heer und Luftwaffe binnen weniger Jahre für kriegerische Auseinandersetzungen zu rüsten, befand sich die Marine im Sommer 1939 in einer schwierigen Lage. Zwar gab es hochfliegende Pläne für den Aufbau einer großen Flotte, doch zum Zeitpunkt des deutschen Überfalls auf Polen war das Bauprogramm noch nicht über die erste Stufe hinausgekommen. Insgesamt verfügte die Marine über eine Gesamttonnage von rund 254 000 Tonnen und kam damit auf etwa ein Fünftel der Kriegsschifftonnage Großbritanniens. Da man seit dem deutsch-britischen Flottenabkommen von 1935 aber vor allem darum bemüht war, die festgelegten Tonnagegrenzen bei den einzelnen Schiffsklassen auszuschöpfen, kam es zu keiner echten Schwerpunktsetzung. Die Kriegsmarine konnte bei Kriegsbeginn nicht genügend schwere Seestreitkräfte aufbieten, um die britische Home Fleet zu bedrohen, hatte aber auch zu wenige schnelle Panzerschiffe und Unterseeboote für einen effektiven Handelskrieg gegen die maritimen Lebensadern des Empire. Fehleinschätzungen hinsichtlich des strategischen Potentials von Flugzeugträgern und Unterwasserstreitkräften taten ein Übriges, dass der Griff nach der Seemacht misslang. Während des Krieges ließen sich die verfehlten Weichenstellungen nur ansatzweise korrigieren, und selbst wo dies schließlich mit Nachdruck versucht wurde, wie bei den U-Booten, erwies sich der Zeitverlust als schwerwiegendes Handicap.

Die Erfolge der Wehrmacht in den ersten Kriegsjahren waren somit vor allem dem Heer und der Luftwaffe zuzuschreiben, die zum einen von einem – freilich zeitlich begrenzten – Rüstungs- und Erfahrungsvorsprung, zum anderen aber vom durchschlagenden Erfolg neuer operativer Ideen profitierten. Dabei war der schnelle Sieg gegen Frankreich im Mai/Juni 1940 nicht das Resultat eines geplanten »Blitzkriegs«, sondern erwuchs vielmehr aus der Dialektik von Entscheidungen deutscher Truppenführer, die auch vor Improvisation und Intuition nicht zurückschreckten, und von strategisch-operativen Missgriffen ihrer Gegenspieler. Der Krieg gegen die UdSSR, der von Anfang an als »Blitzkrieg« konzipiert war, scheiterte dagegen spätestens im Dezember 1941 vor den Toren Moskaus. Die Wehrmacht sollte sich von den gravierenden Verlusten, die sie in den ersten acht Monaten des deutsch-sowjetischen Krieges erlitt, nie wieder vollständig erholen. Besonders die Verbände an der Ostfront waren einem folgenschweren Prozess der Auszehrung und Entmodernisierung ausgesetzt, der nur phasenweise und an ausgewählten Frontabschnitten gestoppt oder gar umgekehrt werden konnte. Zwar gelang es vor allem 1943/44, die Produktion qualitativ hochwertiger Waffen erheblich zu steigern, doch dieses mit dem Blut und Schweiß unzähliger Zwangsarbeiter aus allen Teilen Europas erkaufte »Rüstungswunder« vermochte angesichts des wehrwirtschaftlichen Potentials der Anti-Hitler-Koalition das Blatt nicht zu wenden. Das Deutsche Reich geriet im Gegenteil immer stärker ins Hintertreffen; allein die USA produzierten zwischen 1942 und 1944 mehr als doppelt so viele Kampfflugzeuge, und die Sowjetunion schickte für jedes Panzerfahrzeug der deutschen Streitkräfte zwei eigene ins Gefecht. Gegen diese zahlenmäßige Unterlegenheit, die mit zunehmender Dauer des Krieges immer stärker ins Gewicht fiel, halfen auch technische Innovationen wie neuartige Düsenflugzeuge oder Raketen nichts, die in der Durchhaltepropaganda des Regimes als »Wunderwaffen« oder »Vergeltungswaffen« eine größere Rolle spielten als auf dem Schlachtfeld.

Rüstungsproduktion der wichtigsten kriegführenden Mächte 1942 bis 1944[7]

	Maschinen-gewehre	Geschütze	Granat-werfer	Panzer-fahrzeuge	Flug-zeuge
Deutsches Reich	889 000	262 000	66 000	35 200	65 000
Japan	341 000	126 000	4 300	2 400	40 700
Großbritannien	610 000	317 000	65 300	20 700	61 600
USA	2 291 000	512 000	61 600	86 000	153 100
Sowjetunion	1 254 000	380 000	306 500	77 500	84 800

Die Erfolge der ersten Kriegsjahre und die unnachgiebig geführten Verteidigungsschlachten in den langen Monaten der politisch wie militärisch ausweglosen strategischen Defensive seit 1943 brachten der Wehrmacht nach dem Urteil des Militärhistorikers Martin von Creveld den Ruf einer »vorzügliche[n] Kampforganisation« ein, der im »Hinblick auf Moral, Elan, Truppenzusammenhalt und Elastizität (…) wahrscheinlich unter den Armeen des zwanzigsten Jahrhunderts keine ebenbürtig« gewesen sei.[8] Es war allerdings ebendiese Wehrmacht, die durch ihre Siege zunächst die Voraussetzungen für die nationalsozialistische Vernichtungspolitik schuf, und dann nach der Kriegswende nicht nur die eroberten Territorien und schließlich das eigene Land, sondern auch die Gaskammern und Krematorien in den Todeslagern des »Dritten Reiches« mit aller Zähigkeit verteidigte.

Der enge Zusammenhang von Krieg und Verbrechen in einer bis dahin unbekannten Dimension konstituierte nicht nur die Sonderstellung des Zweiten Weltkriegs unter den militärischen Konflikten des 20. Jahrhunderts, sondern bestimmte auch zunehmend die Forschungen über die Geschichte und Struktur der deutschen Wehrmacht. Dabei ließ sich schon während des kurzen Feldzugs gegen Polen erkennen, dass dieser Krieg einen anderen Charakter haben würde als der Erste Weltkrieg und dass die Streitkräfte des »Dritten Reiches« eine andere Rolle spielen würden als das kaiserliche Heer der Jahre 1914 bis 1918. Kennzeichnend für eine neue Qualität der Kriegführung war die Entgrenzung der Gewalt, die sich im Zeichen eines Weltanschauungskriegs insbesondere gegen aus ideologischen oder rassistischen Motiven stigmatisierte Bevölkerungsgruppen richtete.

Freilich hatten in Polen einige hohe Offiziere ihre Stimme gegen Mordaktionen der SS und Ausschreitungen eigener Soldaten gegen Kriegsgefangene und Zivilisten erhoben, ohne jedoch viel Gehör zu finden. Im Hochgefühl der militärischen Siege, das sich nach der unerwartet schnellen Niederwerfung Frankreichs im Sommer 1940 zu einer wahren Euphorie steigerte, blieb wenig Zeit für Bedenken gegen den Kurs des NS-Regimes und seines »Führers«, der unaufhaltsam auf der Straße des Erfolgs zu marschieren schien. So wurde auch kein Widerspruch laut, als Hitler am 30. März 1941 vor zahlreichen Kommandeuren des künftigen Ostheeres erklärte, der geplante Krieg gegen die Sowjetunion sei der »Kampf zweier Weltanschauungen gegeneinander«. Der Bolschewismus sei »asoziales Verbrechertum« und eine »ungeheure Gefahr für die Zukunft. Wir müssen von dem Standpunkt des soldatischen Kameradentums abrücken. Der Kommunist ist vorher kein Kamerad und nachher kein Kamerad. Es handelt sich um einen Vernichtungskampf.«[9] Die militärische Führung setzte die ideologischen Prämissen Hitlers in Weisungen für die Truppe um. Diese gipfelten in verbrecherischen Befehlen, mit denen die Er-

mordung der politischen Kommissare der Roten Armee ange-
ordnet, härteste Maßnahmen gegen »Freischärler« und unbot-
mäßige Zivilpersonen befohlen und der Verfolgungszwang der
Militärjustiz bei Übergriffen deutscher Soldaten gegen die sowjetische Zivilbevölkerung außer Kraft gesetzt wurden. Diese vorbeu-
gende Amnestie ging Hand in Hand mit der Aufforderung an die
Soldaten, gegen »bolschewistische Hetzer, Freischärler, Saboteure,
Juden« ebenso rücksichtslos wie energisch durchzugreifen und jeden aktiven oder passiven Widerstand restlos zu beseitigen.[10]

Die Wehrmacht nahm die ihr zugedachte Rolle im Krieg gegen die Sowjetunion an: Fronttruppen wie Sicherungsverbände
beteiligten sich an der Erschießung von Politoffizieren, Rotarmis-
ten und Zivilisten; die rücksichtslose Ausplünderung der besetzten
Gebiete beschwor eine Hungersnot herauf, die von der politisch-
militärischen Führung einkalkuliert worden war; die unmensch-
liche Behandlung der Kriegsgefangenen im Gewahrsam der Wehrmacht führte insbesondere im Winter 1941/42 zu einem Massen-
sterben in den Lagern; und als sich die deutschen Divisionen seit
1943 immer weiter zurückziehen mussten, hinterließen sie vielfach
nur noch verbrannte Erde. Viele Opfer forderte auch die Bekämpfung der Partisanen, wobei die deutsche Besatzungspolitik auf ein
System der eskalierenden Repression setzte, also von Beginn an
den Weg des Terrors beschritt, dessen rassenideologische Prämissen die Grenzen zwischen Partisanenkrieg und organisierter Ermordung der Juden verschwimmen ließen. Die Angehörigen der
Wehrmacht waren auch bei anderen Gelegenheiten in den Holocaust involviert. Die Massaker der Einsatzgruppen der Sicherheitspolizei und des Sicherheitsdiensts der SS, deren Kompetenzen im
Operationsgebiet nach Verhandlungen zwischen Generalquartier-
meister Eduard Wagner und dem Chef des Reichssicherheitshauptamts, Reinhard Heydrich, formell geregelt waren, konnten
den zuständigen Stäben ebenso wenig verborgen bleiben wie den
in der Nähe liegenden Truppenteilen. Die Ermordung der sowjetischen Juden ging vorwiegend auf das Konto der SS und der Poli-
zeiverbände, stützte sich jedoch auf die Duldung und die Mithilfe
der Wehrmacht.

Die Motive der Soldaten, die sich aktiv an Verbrechen beteiligten oder in den Vernichtungskrieg verstrickt wurden, lassen sich nur schwer auf einen Nenner bringen. Die konkrete Entscheidungssituation spielte dabei ebenso eine Rolle wie das Bedürfnis nach Rache oder die brutalisierende Abstumpfung in einem Krieg, der an der Ostfront von beiden Seiten mit äußerster Härte geführt wurde. Dazu kam die weltanschauliche Disposition vieler Soldaten, deren überkommene antikommunistische, antislawische und antisemitische Ressentiments durch die Propaganda des Regimes immer wieder neu aufgeladen und gezielt verstärkt wurden, um die gewünschten Reaktionen zu erreichen. Im »Verhalten der Wehrmacht zur Realisierung von nationalsozialistischen Zielen verquickten sich Lebensraumprogrammatik, rassischer Hochmut, Führer-Glaube, Unsicherheit und ein unbegrenztes Vertrauen in die Methoden der Gewalt. Die Truppe handelte in einem Geflecht von Vorgaben von oben, Reaktion des Gegners, Nachsteuern von oben und Eigeninitiativen.«[11] Die subjektive Dimension des Krieges, die hier anklingt, wurde von der Forschung lange Zeit vernachlässigt. Erst in den letzten Jahren machte man sich verstärkt auf die Suche nach kollektiven Wahrnehmungs- und Handlungsmustern, um mit dem methodischen Instrumentarium der Erfahrungsgeschichte und gestützt auf Quellen wie Feldpostbriefe oder Tagebücher dem Zusammenhang von politisch-kulturellen Prägungen, eigenen Erlebnissen und der Implementierung des nationalsozialistischen Krieges auf die Spur zu kommen. Diese Perspektive erwies sich als durchaus fruchtbar und lenkte die Aufmerksamkeit auf die Frage nach Handlungsspielräumen, der Praxis der Gewalt sowie nach dem Verhältnis von Individuum und Struktur unter extremen Bedingungen. Dabei ging es auch um die Bedeutung von Gruppenzusammenhalt, männlicher Kameraderie und Kriegssituation. Die Repräsentativität dieser Studien ist dabei in der Regel begrenzt, und man muss sich davor hüten, die Soldaten der Wehrmacht unter Generalverdacht zu stellen. Die feldgraue Kriegsmaschinerie, die sich über fast ganz Europa und Teile Nordafrikas erstreckte, hielt genügend Positionen bereit, die es nicht eben wahrscheinlich machten, dass man mit verbrecherischen Machenschaften konfrontiert wurde. Von einer »Normalität des Außergewöhnlichen«,[12] wie sie Omer Bartov für die Ostfront konstatierte, konnte an vielen anderen Kriegsschauplätzen keine Rede sein.

Auch was den Grad der Ideologisierung angeht, so verbieten sich vorschnelle Urteile; dafür war die Wehrmacht als Gesamtorganisation zu komplex und zu heterogen. Aus der Perspektive der politischen Führung ging die Nazifizierung der Streitkräfte jedenfalls nicht weit genug. Adolf Hitler misstraute insbesondere seinen Generälen und hohen Generalstabsoffizieren, die er nicht selten mit demütigender Herablassung behandelte – allen Ergebenheitsbezeugungen zum Trotz, die ihm aus den Reihen der ideologisch infiltrierten und durch Dotationen des »Führers« korrumpierten militärischen Elite immer wieder entgegengebracht wurden. Auf Konflikte reagierte Hitler damit, die Zügel – auch diejenigen der Operationsführung – noch fester in die Hand zu nehmen, sowie mit verstärkten Anstrengungen, durch einen Ausbau der »wehrgeistigen Führung« und eine gezielte, an nationalsozialistischen Prämissen ausgerichtete Personalpolitik insbesondere das Heer nach seinen Vorstellungen weiter umzubauen. Dabei hatten schwere militärisch-politische Krisen wiederholt einen katalytischen Effekt. Dies zeigte sich etwa, als Hitler nach der erfolgreichen sowjetischen Gegenoffensive im Dezember 1941 Generalfeldmarschall Walther von Brauchitsch entließ und den Oberbefehl über das Heer selbst übernahm, ähnlich im September 1942, als der Chef des Generalstabs des Heeres, Generaloberst Franz Halder, nach anhaltenden Auseinandersetzungen abgelöst wurde, und auch nach dem gescheiterten Attentat vom 20. Juli 1944, als Hitler nicht nur seinem Rachebedürfnis freien Lauf ließ, sondern auch weitgehende Maßnahmen ergriff, um die Restbestände der Autonomie des Heeres möglichst vollständig zu beseitigen. Besonders folgenreich war dabei Hitlers Entscheidung, seinen Paladin Heinrich Himmler, der bereits über die immer weiter expandierende Waffen-SS gebot, mit weitreichenden Kompetenzen auszustatten, um die Wehrmacht endgültig im Sinne der nationalsozialistischen Weltanschauung umzugestalten.

262

Das Ziel, überkommene Rekrutierungsmuster und Mentalitätsstrukturen aufzubrechen, galt insbesondere für das Offizierkorps, das Erscheinungsbild und innere Verfassung der Streitkräfte entscheidend prägte. Dabei fiel es den Verfechtern einer solchen Neuordnung innerhalb und außerhalb der Wehrmacht umso leichter, ihre Vorstellungen durchzusetzen, je stärker die Verluste von Heer, Luftwaffe und Marine seit 1939 stiegen. Als wahre »Schädelstätte«[13] der Wehrmacht erwies sich die Ostfront, die einen immer höheren Tribut an Gefallenen, Verwundeten und Gefangenen forderte. Besonders schwer wogen dabei die Verluste an Offizieren bei der fechtenden Truppe, die eine soziale Öffnung des Offizierkorps in der zweiten Hälfte des Krieges geradezu erzwangen.

Hitlers Vorstellungen von einem jungen, dynamischen, weltanschaulich durchgebildeten und nach »rassischen« Kriterien gemusterten »Volksoffizierkorps« als Spiegel der nationalsozialistischen »Volksgemeinschaft« wurden über das Heerespersonalamt vor allem von den Generälen Rudolf Schmundt und Wilhelm Burgdorf umgesetzt. Als wichtigste Hebel standen die Beförderungskriterien und die Auswahl der Offiziersbewerber zu Gebote. Was die Beförderungskriterien anging, so wurde das angestammte Anciennitätsprinzip zunehmend durch das Leistungs- und Bewährungsprinzip ersetzt, wobei man weniger den militärtheoretisch gut ausgebildeten Generalstabsoffizier als den harten Frontkämpfer im Auge hatte, so dass sich unter den Regiments- oder gar Divisionskommandeuren nicht selten junge Offiziere fanden, denen sowohl die Ausbildung als auch die Führungserfahrung fehlte, um ihren Aufgaben gerecht zu werden. Im Prinzip sollte nun jeder junge Mann den Beruf des Offiziers ergreifen können, sofern er den nationalsozialistisch deformierten Vorstellungen von »Rasse« und Persönlichkeit entsprach. Herkunft, soziale Stellung und die Orientierung an tradierten Verhaltensnormen spielten dagegen als Auslesekriterien eine immer geringere Rolle, zumal auch höhere Bildungsabschlüsse, die bisher die Standesprivilegien flankiert hatten, als Einstellungsvoraussetzungen nicht mehr unabdingbar waren. Entsprechend veränderte sich die soziale Struktur des Offizierkorps nachhaltig: Ende 1942 stammten von den Bewerbern für die Laufbahn des aktiven beziehungsweise des Reserveoffiziers (Heer) nur noch 25,5 Prozent aus sozial gehobenen Schichten, die traditionell als »offiziersfähig« galten, aber bereits 54,3 Prozent aus der Mittelschicht und immerhin 20,2 Prozent aus der Unterschicht; nur noch 59,9 Prozent der Bewerber hatten das Abitur abgelegt, während 11,8 Prozent lediglich die Volksschule besucht hatten. Zugleich sank der Anteil adeliger Offiziere in Schlüsselstellungen signifikant.

Der Strukturwandel des Heeresoffizierkorps ist ein weiteres Indiz für den Funktionswandel der bewaffneten Macht im NS-Staat. Vom unverzichtbaren Kooperationspartner mit dem Vorrecht einer inneren Teilautonomie degenerierten die Streitkräfte im Zuge eines komplexen Wechselspiels von Selbstanpassung und politischen Interventionen zum Schwert des »Führers«, das Tod und Verderben über Europa brachte und erst nach Hitlers Selbstmord endgültig zerbrach. Zu diesem Zeitpunkt waren auch die überkommenen Traditionen des preußisch-deutschen Heeres weitgehend entwertet. Als die Wehrmacht im Mai 1945 kapitulierte, hatte der vom Deutschen Reich entfesselte Zweite Weltkrieg 5,3 Millionen deutsche Soldaten das Leben gekostet – Soldaten, die einer verbrecherischen Sache gedient hatten und ihr letztlich selbst zum Opfer gefallen waren.

Weiterführende Literatur

Bartov, Omer, Hitlers Wehrmacht. Soldaten, Fanatismus und die Brutalisierung des Krieges, Reinbek bei Hamburg [2]2001.

Förster, Jürgen, Die Wehrmacht im NS-Staat. Eine strukturgeschichtliche Analyse, München 2007.

Hartmann, Christian/Hürter, Johannes/Jureit, Ulrike (Hrsg.), Verbrechen der Wehrmacht. Bilanz einer Debatte, München 2005.

Hillgruber, Andreas, Der Zweite Weltkrieg 1939–1945. Kriegsziele und Strategie der großen Mächte, Stuttgart [6]1996.

Hürter, Johannes, Hitlers Heerführer. Die deutschen Oberbefehlshaber im Krieg gegen die Sowjetunion 1941/42, München [2]2007.

Kühne, Thomas, Kameradschaft. Die Soldaten des nationalsozialistischen Krieges und das 20. Jahrhundert, Göttingen 2006.

Latzel, Klaus, Deutsche Soldaten – nationalsozialistischer Krieg? Kriegserlebnis – Kriegserfahrung 1939 – 1945, Paderborn [2]2000.

Michalka, Wolfgang (Hrsg.), Der Zweite Weltkrieg. Analysen, Grundzüge, Forschungsbilanz, Weyarn [3]1997.

Müller, Klaus-Jürgen, Armee und Drittes Reich 1933 – 1939. Darstellung und Dokumentation, Paderborn [2]1989.

Müller, Rolf-Dieter, Der letzte deutsche Krieg 1939 – 1945, Stuttgart 2005.

Müller, Rolf-Dieter/Ueberschär, Gerd R., Hitlers Krieg im Osten 1941 – 1945. Ein Forschungsbericht, Darmstadt 2000.

Müller, Rolf-Dieter/Volkmann, Hans-Erich (Hrsg.), Die Wehrmacht. Mythos und Realität, München 1999.

Overmans, Rüdiger, Deutsche militärische Verluste im Zweiten Weltkrieg, München [2]2004.

Overy, Richard J., Die Wurzeln des Sieges. Warum die Alliierten den Zweiten Weltkrieg gewannen, Reinbek bei Hamburg [2]2002.

Pietrow-Ennker, Bianka (Hrsg.), Präventivkrieg? Der deutsche Angriff auf die Sowjetunion, Frankfurt a. M. [3]2000.

Rass, Christoph, »Menschenmaterial«: Deutsche Soldaten an der Ostfront. Innenansichten einer Infanteriedivision 1939 – 1945, Paderborn 2003.

Salewski, Michael, Deutschland und der Zweite Weltkrieg, Paderborn 2005.

Ueberschär, Gerd R./Vogel, Winfried (Hrsg.), Dienen und Verdienen. Hitlers Geschenke an seine Eliten, Frankfurt a. M. [2]1999.

Weinberg, Gerhard L., Eine Welt in Waffen. Die globale Geschichte des Zweiten Weltkriegs, Stuttgart 1995.

Heinrich Himmler (3. v. links)
und Rudolf Heß (2. v. links) bei der
Besichtigung der Ausstellung
»Planung und Aufbau im deutschen
Osten« in Berlin, März 1941

Herrscher und Unterworfene
Die deutsche Besatzung und die Gesellschaften Europas

DIETER POHL

Die nationalsozialistische Herrschaft war von Anfang an auf Expansion ausgerichtet. Hitler strebte nicht nur, wie seine konservativen Koalitionspartner, die Rückgewinnung der 1919 verlorenen Gebiete an, sondern die Unterwerfung des Kontinents und eine Ausdehnung des deutschen »Lebensraumes« nach Osteuropa. Die deutsche Besatzungspolitik im Zweiten Weltkrieg zielte neben einer politischen auch auf eine »rassische« Neuordnung des Kontinents ab. Zieht man den Vergleich zum Ersten Weltkrieg, so zeigt sich eine ähnliche räumliche Ausdehnung im Osten (vor allem 1918), aber strukturelle Ähnlichkeiten bestehen eher in der Politik in den (kleineren) westlichen Besatzungsgebieten in Belgien und Nordfrankreich. Qualitativ neu war vor allem die ideologische Aufladung der Besatzungspolitik, insbesondere die europaweite Ermordung der Juden und die extremen Herrschaftsformen in Polen und der Sowjetunion.

Die Besetzung Europas

Die Geschichte der nationalsozialistischen Besatzungspolitik reicht vom Herbst 1938 bis in die ersten Monate des Jahres 1945. Die Annexion Österreichs im März 1938 stellte zwar staatsrechtlich eine Besatzung dar, wird aber wegen des hohen »Anschluss«-Konsenses der österreichischen Bevölkerung im Allgemeinen nicht mehr der Besatzungsgeschichte zugerechnet. Hingegen erfolgte der Einmarsch ins Sudetenland ab dem 1. Oktober 1938 bereits als Amputation der Tschechoslowakischen Republik, die am 14./15. März 1939 dann durch die Errichtung des »Protektorats Böhmen und Mähren« völlig zerstört wurde. Damit gelangte nicht nur eine staatsrechtlich ausländische, sondern auch eine ethnisch andere Bevölkerung unter die Herrschaft des »Dritten Reichs«. Als letzte dieser ohne Kriegshandlungen durchgesetzten Annexionen erfolgte unmittelbar danach, am 23. März 1939, die Abtrennung des Memelgebiets vom litauischen Staat. Die Härte der nationalsozialistischen Besatzungspolitik bekamen bis zu diesem Zeitpunkt vor allem die nichtdeutschen Bevölkerungsteile zu spüren, also in erster Linie die Tschechen.

Mit dem Angriff auf Polen erreichte die Besatzungspolitik eine dramatische Radikalisierung. Nach den Absprachen im deutsch-sowjetischen Grenz- und Freundschaftsvertrag vom 28. September 1939 kam die Westhälfte Polens dauerhaft unter deutsche Herrschaft; die Annexion Westpolens mit der Bildung der Reichsgaue Danzig-Westpreußen und Wartheland sowie die Annexion des polnischen Schlesien ging über die Gebiete hinaus, die im Versailler Vertrag von Deutschland abgetrennt worden waren. Das gleichzeitig geschaffene »Generalgouvernement« in Zentral- und Südpolen fungierte offiziell als »Nebenland des Reiches« und wurde faktisch als eine Art Kolonie verwaltet. In Polen war die Besatzungspolitik vom ersten Tag an mit Massenmorden, nach einigen Wochen auch mit groß angelegten Vertreibungen verbunden. Rassismus und Gewalt kennzeichneten die deutsche Herrschaft von Beginn an bis zum weitgehenden Rückzug deutscher Behörden aus Polen im Januar 1945.

Diese Gewalttätigkeit war bei den folgenden Eroberungszügen gegen vermeintlich »germanische« Länder anfangs weit weniger ausgeprägt. Nach dem Überfall vom 9. April 1940 konnte Dänemark, das sich kaum mit militärischen Mitteln zur Wehr setzte, eine gewisse Autonomie unter deutscher Oberhoheit bewahren, während Norwegen nach deutlich größerem Widerstand einer rigiden deutschen Zivilverwaltung unterworfen und in das Reichskommissariat Norwegen umgewandelt wurde. Auch auf den deutschen Krieg gegen Westeuropa seit Mai 1940 folgte eine recht unterschiedliche Besatzungsstruktur. Elsass-Lothringen und kleine belgische Grenzgebiete wurden annektiert, Belgien selbst jedoch, wie völkerrechtlich üblich, einer Militärverwaltung unterstellt.

Eine solche etablierte sich auch in West- und Nordfrankreich, während der Süden des Landes unbesetzt blieb und der Auftragsverwaltung der Vichy-Regierung unterstellt wurde. Erst im November 1942 besetzte die Wehrmacht auch den Süden Frankreichs. Die Niederlande hingegen erhielten – nach kurzer Militärverwaltung – die rigideste Form der Okkupation, das Reichskommissariat.

Die Feldzüge in Südosteuropa im April 1941 wurden als Koalitionskriege der »Achse« Berlin-Rom geführt und bewirkten eine komplizierte internationale Besatzungsstruktur. Deutschland errichtete eine Militärverwaltung in Serbien beziehungsweise im Raum Saloniki-Ägäis und teilte sich die Obergewalt im scheinbar »Unabhängigen Staat Kroatien« mit Italien; letzteres wiederum beherrschte Teile Sloweniens und Westgriechenland. Ungarn annektierte ebenfalls Gebiete im Norden Jugoslawiens, während Bulgarien beide Teile Makedoniens und Thrakien an sich riss.

Die deutsche Besatzung in der Sowjetunion war in vielerlei Hinsicht exzeptionell, und zwar nicht nur wegen der ideologischen Aufladung und der extremen Gewaltausübung. Allein in der Sowjetunion wurde eine Besatzungsherrschaft eingerichtet, ohne dass es gelungen war, die militärische Auseinandersetzung zu beenden. Dies hatte zur Folge, dass die Territorien des Reichsministers für die besetzten Ostgebiete nicht wie geplant über die Reichskommissariate Ostland (Baltikum und der Westen Weißrusslands) und Ukraine (ukrainische Gebiete bis zum Dnjepr und der Süden Weißrusslands) hinauskamen. Vielmehr blieb etwa die Hälfte des besetzten Gebietes dauerhaft unter Militärherrschaft. Diese gestaltete sich allerdings nicht so zentralisiert wie in Westeuropa, sondern es waren die einzelnen Armeen und Heeresgruppen, denen die Regionen unterstellt wurden, wobei auch den Verbündeten des NS-Regimes eine wichtige Rolle zukam. Rumänien holte sich das 1940 von der Sowjetunion annektierte Bessarabien-Nordbukowina zurück und richtete eine Besatzung im Großraum Odessa ein – genannt »Transnistrien« –, Finnland beherrschte Ostkarelien.

Ende 1942 war zunächst die maximale Ausdehnung der deutschen Besatzung erreicht. Nach der Wende von Stalingrad schonte

Hitler jedoch seine ehemaligen Verbündeten nicht mehr und unterwarf sie beziehungsweise deren Besatzungsgebiete direktem deutschen Zugriff: Nach dem Sturz Mussolinis 1943 marschierte die Wehrmacht in Italien ein, Südtirol und Teile Sloweniens wurden de facto annektiert und Norditalien einer Marionettenregierung in Salò unterstellt. Die italienischen Besatzungsgebiete in Südosteuropa kamen – samt Albanien – in deutsche Hand. Ungarn fiel nach dem deutschen Einmarsch vom März 1944 unter eine Art indirekte Herrschaft mit sehr wenig deutschem Personal, und die Slowakei wurde nach dem Nationalaufstand vom August 1944 erobert und damit dauerhaft zu einem Kampfgebiet.

Formen der Besatzung

Die Besatzungspolitik wurde in Berlin durch die NS-Führung zusammengehalten, eine spezifische zentrale Steuerungsinstanz fehlte jedoch. Stattdessen gab es eine große Fülle an Institutionen, die jeweils unter pragmatischen Gesichtspunkten eingerichtet wurden und typisch für das politische System des Nationalsozialismus insgesamt waren.

Diese verwirrende Vielfalt an Besatzungen verdeckt den Blick darauf, dass der hohe ideologische Konsens der Besatzer und die Steuerung all dieser Verwaltungen durch Berlin grundlegend ähnliche Strukturen und politische Praktiken hervorgebracht hat. Eine Typologie kann mit Czesław Madajczyk zunächst einmal bei der Konstruktion der Besatzungen ansetzen:[1] Erstens ist die Militärverwaltung zu nennen, die als die reguläre Besatzungsstruktur bis zum Abschluss eines Friedensvertrages anzusehen ist. Zwar hatte diese Form der Besatzung die Tendenz, weniger ausgeprägt spezifisch nationalsozialistische Ziele zu verfolgen, doch insgesamt kooperierte sie mit der nationalsozialistischen Führung in erheblichem Ausmaß. Das zeigte sich nicht nur beim extrem gewalttätigen Vorgehen gegen die Zivilbevölkerung im sowjetischen Operationsgebiet, sondern auch bei der reibungslosen Mitwirkung der Militärverwaltungen beim Mord an den Juden.

In Abgrenzung dazu kann man zweitens die Zivilverwaltung als spezifisch nationalsozialistische Besatzungsform betrachten, womit vor allem die Reichskommissariate, aber auch das »Generalgouvernement« mit einem hohen Anteil nationalsozialistischer Funktionsträger gemeint sind. Allerdings waren die Unterschiede zwischen Militär- und Zivilverwaltung doch geringer als jene der Besatzungspraxis in Ost und West. Die Form der Annexion, ein dritter Besatzungstyp, orientierte sich zwar an den Grenzziehungen aus der Zeit vor dem Ersten Weltkrieg, ging jedoch darüber hinaus. Ihr Ziel war die »Germanisierung« der eroberten Gebiete, das heißt letztlich die Vertreibung nichtdeutscher Einwohner. Ebenso war hier die Verwaltungsdichte und die Übernahme von Reichsregelungen deutlich höher als bei anderen Besatzungstypen. Einen Sondertypus stellt viertens das Protektorat dar, eine Art Mischung aus Annexion und Zivilverwaltung. Schließlich sind fünftens die Auftragsverwaltungen in Dänemark bis August 1943, in Griechenland und in Ungarn ab März 1944 zu nennen. Hier sollte deutsches Personal gespart werden, und die Eingriffe beschränkten sich auf bestimmte Schwerpunkte, vor allem Wirtschaftslieferungen und die Judenverfolgung. Ähnliche Strukturen zeigte die französische Regierung in Vichy, und bis zu einem gewissen Grade auch Kroatien.

Die Besatzungsverwaltungen verfügten insgesamt über einen parallelen Aufbau. Neben der zentralen Verwaltung stand der SS- und Polizeiapparat, der besonders in Polen und der Sowjetunion relativ autonom blieb und seinen Einfluss auf die Besatzungspolitik ständig auszuweiten versuchte. Die Wehrmacht bestimmte die Militärverwaltungen, war jedoch darüber hinaus überall für Sicherheitsfragen zuständig. Über erhebliche Kompetenzen verfügten Wirtschaftsdienststellen, zunächst die Vierjahresplan-Behörde, später vor allem der »Generalbevollmächtigte für den Arbeitseinsatz«. In den meisten Besatzungsgebieten wurde eine komplette Infrastruktur für die deutschen Besatzer aufgebaut, und nicht wenige führten fern der Front ein Leben im Luxus; Korruption grassierte allerorten. Angesichts der Vielzahl von Institutionen, der oftmals ungeklärten Zuständigkeiten und Befugnisse sowie

der Einsatz von unqualifiziertem Personal waren interne Streitigkeiten an der Tagesordnung – wobei es hierbei meist um Kompetenzen und Ressourcen ging, weniger um Fragen der Behandlung
von Einheimischen und oder gar die Verfolgung der Juden.

Gravierender als diese formale Struktur wirkte sich die rassistische Prägung der Besatzungspolitik aus. Sie unterschied nach
einer Hierarchie, die auch politischen Prämissen unterworfen war.
So wurden die Flamen, Niederländer und die Nordeuropäer als
»Germanen« angesehen, die auf lange Sicht als Verbündete ein-
zustufen waren – zwar nicht mit eigenen Armeen, aber doch mit
kleineren Kontingenten. Gegenüber den osteuropäischen Ländern
zeigte sich eine erhebliche Bandbreite an Antislawismus: Sieht
man von den Juden und den Roma ab, galten die Russen als besonders niedrig stehend; danach folgten Weißrussen und Litauer. Als
etwas »höherwertig« galten Ukrainer und Letten, ähnlich wie die
Polen und Serben. Esten und Kroaten hingegen erschienen bereits
als »bündnisfähig«. Rassistisch besetzt war auch die Einstufung
der Griechen und schließlich der Italiener, wie sich nach 1943 erweisen sollte, als aus Verbündeten Gegner wurden.

An diesen Grundmustern orientierte sich die gesamte Besatzungspolitik. Polen und die Sowjetunion galten als kolonialer
Raum, in dem die Zusammensetzung der Bevölkerung grundlegend verändert werden sollte. Zu sehen ist das sehr deutlich an den
utopischen Umbauplanungen für diese Gebiete, die bereits vor
Kriegsbeginn seit 1937 für Polen entworfen wurden und im Herbst
1941 in den »Generalplan Ost« mündeten, der die Deportation von
31 Millionen Menschen und die Errichtung deutscher »Siedlungs-
inseln« vorsah. Dank des für das Deutsche Reich zunehmend
schwierigeren Kriegsverlaufs gelangten viele Projekte nur ansatzweise zur Verwirklichung: Aus dem eingegliederten Westpolen wurden etwa 365 000 Menschen ins »Generalgouvernement« deportiert,
weitere 600 000 mussten bei Binnenumsiedlungen ihre Heimat verlassen. Dabei wurden über 110 000 Polen gewaltsam aus dem Raum
Zamość südlich von Lublin vertrieben, um Platz für deutschsprä-
chige Siedler zu machen. Auch aus dem annektierten Slowenien
und aus Elsass-Lothringen wurden Zehntausende vertrieben.

Mit Ausnahme solcher Gebiete, die später besiedelt werden sollten, galt der gesamte östliche Raum als Ausbeutungsregion. Die verbliebenen Einheimischen sollten als Reservoir an billigen Arbeitskräften für das Deutsche Reich dienen, die Wirtschaft deindustrialisiert und so viele Versorgungsgüter wie möglich abgezogen werden. Besonders in den russischen Teilen der besetzten Sowjetunion wurde zudem ein Hungerkalkül wirksam, das deutsche Wirtschaftsplaner vor dem Feldzug 1941 entwickelt hatten: Um die Wehrmacht aus dem Lande zu ernähren, sollten bestimmte Teile der Bevölkerung nicht mehr ausreichend versorgt werden.

Für West- und Nordeuropa spielten die demographischen Umgestaltungsvorstellungen eine geringere Rolle. Hier stand – nach der Bildung willfähriger einheimischer Verwaltungen – vor allem ein reibungsloses Funktionieren der örtlichen Wirtschaft im Dienste des deutschen Kriegspotentials im Vordergrund. Die wirtschaftliche Ausbeutung war allerdings nur ein Motiv unter vielen für die Eroberung der Länder. Vielfach wäre es profitabler gewesen, die Volkswirtschaften durch indirekte Penetration dem Reich unterzuordnen. Allein schon die Kosten der Besatzung lasteten schwer auf den Ländern. Meist schwankte die Besatzungswirtschaftspolitik zwischen kurzfristiger Ausbeutung und dem Bestreben nach maximaler Produktivitätssteigerung. Insgesamt gesehen hielt sich das Regime deshalb in industrialisierten Gebieten wie dem »Protektorat« mit Repressionen noch eher zurück.

Die größten Profite holte die deutsche Kriegswirtschaft aus Westeuropa und aus den tschechischen Gebieten, wo eine entwickelte Industrie- und Gewerbestruktur genutzt werden konnte. In Osteuropa erlangte dagegen in erster Linie die Ausbeutung von Rohstoffen größere Bedeutung, so vor allem die Plünderung der Kohlevorkommen in Oberschlesien und im Donezbecken. Die zwangsweise Eintreibung landwirtschaftlicher Güter machte etwa zehn Prozent des gesamten Aufkommens im Reich aus; diese kamen vor allem aus Polen, der Sowjetunion und Frankreich. In allen besetzten Ländern raubten deutsche Kommandos zudem kulturelle Güter, insbesondere wenn sie sich in jüdischem Besitz befanden.

Zur Kriegsbeute zählten aber nicht nur Ressourcen und Eigentum, sondern auch die Arbeitskraft. Schon frühzeitig begann die Anwerbung in den besetzten Gebieten für das Reich. Nachdem die mehr oder weniger freiwillige Werbung stagnierte, griffen die Besatzungsbehörden zunächst in Polen, dann in der Sowjetunion und schließlich auch in Westeuropa zum Mittel der Zwangsrekrutierung. Im Sommer 1942 erreichte die Deportation von Arbeitskräften ihren Höhepunkt. Während des ganzen Krieges kamen auf diese Weise etwa 8,5 Millionen ausländische Zivilisten zur Arbeit ins Deutsche Reich, darunter etwa 17 Prozent Frauen. Die sogenannten »Ostarbeiter« – so nannte man die zumeist jungen Frauen aus den (alt-)sowjetischen Gebieten und teilweise auch die polnischen Zwangsarbeiter – erfuhren die schlechteste Behandlung. Etwa 200 000 der Zwangsarbeiter starben im Reich.

Besatzungspolitik und Gewalt

Die extreme Gewalt in den Besatzungsgebieten entfaltete sich in drei Richtungen: zunächst in der Vernichtung osteuropäischer Eliten, dann im Völkermord an den Juden und schließlich in der brutalen Reaktion auf den Widerstand der einheimischen Bevölkerung. Die nationalsozialistische Eroberungs- und Besatzungspolitik beschränkte sich nie allein auf die militärische Okkupation, sondern war immer von »innerer Gegnerbekämpfung« begleitet. Diese Aufgabe übernahm zumeist die Sicherheitspolizei, die bei nahezu allen Expansionen seit 1938 (bis auf Westeuropa 1940) mit sogenannten »Einsatzgruppen« vertreten war. Auf brutale Weise wurde versucht, die politischen Eliten der Vorkriegszeit, sofern sie nicht ausgesprochen rechtsorientiert eingestellt waren, zu inhaftieren. Bereits der Krieg gegen Polen 1939 war von systematischen Massenmorden an polnischen Politikern, Priestern und Lehrern begleitet, die später in Wellen immer wieder fortgesetzt wurden. Nach dem Angriff auf die Sowjetunion weitete sich dieses Vorgehen auf Funktionäre der Kommunistischen Partei, des Staatsapparates und der Roten Armee aus, insbesondere wenn sie jüdischer

Herkunft waren. Der Übergang zum Völkermord war hier fließend.

Die Ermordung der europäischen Juden stand in einem engen Zusammenhang mit der Besatzungspolitik. Die allermeisten Juden lebten in besetzten Gebieten, und es waren die Besatzungsverwaltungen, von denen wichtige Initiativen zu diesen Verbrechen ausgingen. Die Juden wurden sofort auf die unterste Stufe der rassistischen Hierarchie gestellt, wirtschaftliche Engpässe oder Schwierigkeiten gedachte man auf ihre Kosten zu lösen. Letztlich stellten sie die Mehrzahl der Mordopfer aller Besatzungen. Eindeutig rassistisch motiviert waren ebenso die Morde an den Sinti, Roma und anderen als »Zigeuner« verfolgten Gruppen in Europa, die vom nationalsozialistischen Deutschland und – weitgehend autonom – von seinen radikalen Verbündeten Rumänien und Kroatien vorangetrieben wurden.

Die nichtjüdische Bevölkerung war am schwersten durch die extremen »Vergeltungs«-Aktionen der Besatzungsmacht gefährdet, wenn sie in bestimmten »Partisanengebieten« wohnte. War schon die Besatzung an sich völkerrechtswidrig, so lässt sich dies noch eindeutiger in Bezug auf die Repressalpraxis gegenüber (echten oder vermuteten) Widerstandsregungen konstatieren. Bereits im Mai 1941 wurde im besetzten Serbien eine Exekutionsquote von 1 : 100 Personen proklamiert und ab Oktober 1941 praktiziert, meist mit Juden oder Roma als Opfern. Schon im Juli 1941 begann sich eine ähnlich brutale Praxis in den besetzten sowjetischen Gebieten auszubreiten, wenn auch regional in unterschiedlichem Ausmaß. Die großen »Anti-Partisanenaktionen« seit Herbst 1942, vor allem in Weißrussland, waren fast regelmäßig von Massenmord und Deportationen begleitet. Insgesamt wurden so in der Sowjetunion fast eine halbe Million Menschen umgebracht; die wenigsten von ihnen sind tatsächlich als Partisanen anzusehen. Ab Herbst 1943 galt die extreme Vorgehensweise auch für das besetzte Polen, punktuell dann für Griechenland und Italien, 1944 schließlich für Frankreich und für die Slowakei. Als Widerständler beschuldigte Personen füllten seit 1942 die stetig wachsende Zahl der Konzentrationslager. In den besetzten Ländern, besonders in Osteuropa, entstand zudem ein Netz von anderen Haftstätten, vor allem Arbeitslagern. Man schätzt, dass in ganz Europa über 15 000 Lager und Nebenlager errichtet wurden.

Alltag und Besatzungsherrschaft

Für die Mehrheit der etwa 200 Millionen Einwohner in den 16 besetzten Staaten war das Leben vom täglichen Existenzkampf bestimmt. Die Zusammensetzung der Bevölkerung hatte sich durch den Krieg deutlich verändert, sie bestand inzwischen hauptsächlich aus Frauen, Alten und Kindern. Viele der Männer saßen entweder in Gefangenschaft oder kamen zur Zwangsarbeit ins Deutsche Reich. Die Versorgung war schwierig geworden, der Arbeitsmarkt vor allem in Osteuropa zeitweise zusammengebrochen. Die Aushöhlung der einheimischen Währungen und die Rationierung von Gütern ließen den Schwarzmarkt aufblühen, der für die Masse der Bevölkerung jedoch nicht erreichbar war. In der Regel verschlechterte sich die Situation der Stadtbevölkerung eher als auf dem Lande. Besonders in Osteuropa sank der Standard von Ernährung und gesundheitlicher Versorgung deutlich. Die Rate der Säuglingssterblichkeit schnellte dramatisch in die Höhe, und viele Schulkinder litten an chronischen Krankheiten. In weiten Teilen der von den Deutschen besetzten Sowjetunion, besonders in den russischsprachigen Regionen, hungerte die Bevölkerung, ähnlich im italienisch besetzten Griechenland und in Nordholland 1944. Selbst in Italien und Frankreich war die Lebensmittelversorgung bei weitem nicht ausreichend.

Man musste sich mit den Besatzern arrangieren, denn bis 1942 sah es so aus, als hätte sich das »Dritte Reich« auf unabsehbare Dauer in ganz Europa etabliert. Nicht wenige Frauen gingen Verhältnisse mit Besatzungspersonal ein. Vielfach bestimmte Korruption das Verhältnis der Einheimischen zu den Fremden. Angesichts der gleichgeschalteten öffentlichen Sphären gewannen autoritäre und rassistische Einstellungen, die schon vor dem Krieg angewachsen waren, vielerorts die Oberhand, und seit 1941 dominierte der Antisemitismus in ganz Europa. Zahlreiche Einheimische profitierten von der Ausplünderung der Juden, wenn auch – im Vergleich mit den Besatzern – auf niedrigem Niveau. Deutliche Vorteile von der Besatzungsherrschaft hatten lediglich die deutschsprachigen Minderheiten, besonders in Polen, in der Sowjetunion und in Jugoslawien. Sie konnten Stellen in der einheimischen Verwaltung übernehmen und wurden besser versorgt. Allerdings betrachteten sie die Besatzungsfunktionäre meist dennoch nur als »Deutsche zweiter Klasse«.

Bereits bestehende ethnische Spannungen verschärften sich oftmals unter deutscher Hoheit. Besonders deutlich ist dies am Vorgehen der kroatischen Funktionäre gegen Serben zum Teil auch am Verhalten der nationalserbischen »*Tschetniki*« zu sehen, welche mit den Tito-Partisanen im Untergrund konkurrierten. Ungarische Besatzer unterdrückten Rumänen und Serben, und bulgarische Okkupanten die griechische Bevölkerung. Ukrainische nationalistische Untergrundgruppen führten 1943/44 regelrechte ethnische Säuberungen gegen die polnische Minderheit in der Westukraine durch.

Moralisch eindeutig negativ konnotiert ist der Begriff der Kollaboration, der Zusammenarbeit mit der deutschen Besatzungsmacht. Die historische Rückschau nach mehr als sechs Jahrzehnten zeigt jedoch, wie schwierig und differenziert diese Frage zu beantworten ist. Der Kollaborations-Begriff enthält die Vorstellung einer Loyalitätsverpflichtung. Wie ließ sich aber beispielsweise von den Balten eine Loyalität gegenüber der sowjetischen Besatzungsmacht einfordern? Deshalb ist es wichtig, die vielfältigen Varianten der Zusammenarbeit zu unterscheiden: auf der einen Seite Kollaborationsregierungen à la Vichy, auf der anderen Seite Einrichtungen bis hin zu einheimischen Verwaltungs- und Fürsorgeinstitutionen, die dafür sorgten, dass die Menschen Wohnung und Essen bekamen. Es ist auffällig, dass die deutsche Herrschaft zumeist gerade nicht auf die einheimischen Nationalsozialisten und Faschisten der Vorkriegszeit setzte, sondern vielmehr auf konservativ-autoritär ausgerichtete Fachleute. Lediglich in Norwegen kam der *Nasjonal Samling* und im halb-besetzten Kroatien die extremistischen *Ustasche* an die (eingeschränkte) Macht; in Ungarn nahmen die rechtsextremen »Pfeilkreuzler« erst sehr spät, im Oktober 1944, das Heft in die Hand.

Somit hielt sich die Kollaboration zu *politischen* Zwecken insbesondere in Osteuropa in engen Grenzen. Die rechtsextremen Untergrundbewegungen in der Sowjetunion kamen im Sommer 1941 nicht zum Zuge, und in Polen beschränkte sich die Kollaboration ohnehin auf das Gebiet des »Generalgouvernements« mit seinen Lokalverwaltungen und der Hilfspolizei. Weit wichtiger war jedoch die funktionale Bedeutung der Einheimischen für die lokale Herrschaft. Ein gigantisches Gebiet wie die besetzte Sowjetunion wäre ohne die weit über 1,2 Millionen Männer, die in deutschen Diensten standen, nicht flächendeckend beherrschbar gewesen. Ein großer Teil der Sicherungstruppen und damit der Partisanen-Bekämpfer waren Einheimische. Auf jeden deutschen Polizisten kamen mindestens zehn nicht-deutsche Sicherheitskräfte. Deshalb war gerade die Hilfspolizei in erheblichem Ausmaß an den NS-Verbrechen beteiligt, in der Sowjetunion direkt an den Morden, in Westeuropa und im besetzten Italien an der Jagd nach Juden und politischen Gegnern. Sicher hat in der Sowjetunion die Erfahrung des Stalinismus eine wichtige Rolle für die Bereitschaft zur Kollaboration gespielt. Die Motive mehrerer Millionen einheimischer Männer in Ost und West lagen anscheinend nur begrenzt in ihrer Affinität zum Nationalsozialismus. Vielmehr versprach der Eintritt in deutsche Dienste oftmals ein Entkommen aus den kärglichen Lebensverhältnissen unter deutscher Besatzung; darüber hinaus bot die Zusammenarbeit mit den Deutschen einen Schutz davor, als Zwangsarbeiter ins Reich deportiert zu werden. Dabei übernahmen die Hilfskräfte fast durchweg die Logik des Besatzers und sahen die meisten der getroffenen Maßnahmen – im Rahmen der Besatzungsgegebenheiten – als sinnvoll an. Erst als sich 1943 ein Ende der deutschen Herrschaft abzeichnete, begann man sich heimlich oder durch Desertion abzusetzen.

Die einzigen Instanzen, die auch unter Besatzung einigermaßen autonom blieben, waren die Kirchen und die Untergrundbewegungen. Freilich mussten sich auch sie an den Vorgaben der Besatzung orientieren. In Polen wurde der Klerus als Teil der nationalen Elite verfolgt, in der Sowjetunion war er weitgehend vom Stalinismus vernichtet worden. Obwohl hier autoritäre Tendenzen begrüßt wurden, stellte sich offensichtlich nur die katholische Kirche in Kroatien massiv in den Dienst der »neuen Ordnung«. Viele Kleriker boten einen gewissen Freiraum und unternahmen zahlreiche Rettungsaktionen für Verfolgte.

Die Geschichte des Widerstandes gegen die deutsche Besatzung ist weniger einheitlich, als man dies lange Zeit angenommen hat. Es fehlte bis Ende 1941 an der Aussicht, dass der deutschen Expansion Grenzen gesetzt seien, und damit am Rückhalt in der Bevölkerung. Zudem waren als Reaktion auf bewaffnete Aktionen immer extreme Repressalien zu befürchten. Daher entwickelten sich im besetzten Europa zunächst Formen eines »zivilen Widerstands«. Damit sind vor allem Untergrundpublikationen, die Umgehung der Zensur, aber auch geheime Bildungs- und Kulturaktivitäten gemeint, also der Versuch, eine Art Gegenöffentlichkeit zu bilden. Die Exilregierungen in London sammelten systematisch Informationen aus ihren Ländern und unterstützten diese Aktivitäten, die besonders in Polen große Bedeutung erlangten. Aktionen zivilen Ungehorsams konnten sich nur in Westeuropa entfalten, da die Gefahr mörderischer Repressionen dort nicht so ausgeprägt war. Doch schon auf den Streik in den Niederlanden im Februar 1941 folgte brutale Unterdrückung. Erfolgreicher waren die Streiks in Belgien 1943 und der Eisenbahnerstreik von 1944 in den Niederlanden.

Auch wenn es keinen einheitlich organisierten europäischen Widerstand gab, existierten doch einige zentrale Anlaufpunkte, etwa der – eigens für die Hinterlandarbeit eingerichtete – britische Geheimdienst SOE *(Special Operations Executive)* und die Kommunistische Internationale, später auch der amerikanische Geheimdienst OSS (*Office of Strategic Services*) und die Kommunistische Partei der Sowjetunion (KPdSU). Bis zum Sommer 1941 war der Widerstand weitgehend gelähmt: Dafür ist zum einen die deutsche Terrorpolitik in Osteuropa verantwortlich, zum anderen das Stillhalten kommunistischer Gruppen im Zeichen des »Hitler-Stalin-Pakts«. Danach traten in Serbien und einigen sowjetischen Gebieten bewaffnete Gruppen in größerer Zahl auf, zumeist organisierte Kommunisten. 1942 verlagerte sich der intensive Partisanenkrieg Titos auf Bosnien, während sich im Mittelabschnitt der Ostfront eine zentralisierte sowjetische Partisanenbewegung etablierte. Der polnische Widerstand, von der bürgerlichen Heimatarmee getragen, konzentrierte sich auf die Errichtung eines Untergrundstaates und vermied – im Gegensatz zu kommunistischen Gruppen – bis 1944 die Konfrontation mit der Besatzungsmacht.

Erst nach der Schlacht von Stalingrad änderte sich die Zukunftsperspektive für den Widerstand. Nun bildeten sich in vielen Ländern bewaffnete Gruppen, vor allem in Griechenland und Frankreich, später auch im besetzten Italien. Den Höhepunkt des bewaffneten Widerstandes in Europa markierte der Warschauer Aufstand ab dem 1. August 1944: ein riskantes Unternehmen der polnischen Heimatarmee (*Armia Krajowa*), die eigene Hauptstadt noch vor dem Einmarsch der Roten Armee selbst zu befreien, das jedoch scheiterte und in einem Blutbad mit mindestens 160 000 Toten endete.

Die Gruppen im Untergrund blieben politisch sehr unterschiedlich ausgerichtet. Das Spektrum reichte von kommunistischen bis nationalistisch-rechtsextremen Organisationen. Diese bekämpften nicht nur die Besatzungsmacht, sondern auch andere Widerstandsorganisationen, und gingen dabei nicht selten taktische Bündnisse mit den Deutschen ein. Mit dem politischen und bald auch militärischen Übergewicht der Sowjetunion in Osteuropa erhielten zunehmend die kommunistischen Gruppen die Oberhand: zuallererst in der Sowjetunion, später in Jugoslawien, bei Kriegsende auch andernorts. Lediglich in Griechenland, wo diese Konfrontation in einen Bürgerkrieg mündete, konnten sich die bürgerlichen Kräfte durchsetzen.

Der Effekt des Widerstandes ist nur schwer genau zu bestimmen. Natürlich handelte es sich auch um die nationale Selbstbehauptung gegen den fremden Aggressor; die kommunistischen Gruppen strebten jedoch damit zugleich eine staatliche Umwälzung und die Ausrichtung auf die Sowjetunion an. Eine ernsthafte Störung der Besatzungsherrschaft gelang nur den Tito-Partisanen, die zeitweise ganze Landstriche unregierbar machten, und den sowjetischen Partisanen, die die landwirtschaftliche Ausbeutung empfindlich störten und mit dem »Schienenkrieg« 1943/44 die deutsche Logistik an der mittleren Ostfront kurzfristig zum Kollabieren brachten. Eine Folge, die die Widerstandsgruppen einkalkulieren mussten, waren die extremen Repressalien, das heißt die Massaker, die auf Anschläge folgten. Seit Mitte 1943 nahm der Besatzungsterror neue Dimensionen an.

Um dem Widerstand entgegenzuwirken, aber vor allem zur Effektivierung der Besatzungswirtschaften kursierten in den Besatzungsapparaten seit Ende 1941 immer wieder Vorschläge, die Einheimischen stärker zu mobilisieren und die Politik gegenüber der nichtjüdischen Bevölkerung weniger radikal zu gestalten. Zunächst bezogen sich diese Ideen auf einzelne Regionen wie etwa den Nordkaukasus, der im Sommer 1942 erobert wurde, oder Danzig-Westpreußen, wo ein erheblicher Teil der polnischen Einwohner einen »germanisierten« Status erhielten. Mit der Stalingrad-Krise forderten dann immer mehr deutsche Instanzen vor allem in Polen und den besetzten sowjetischen Gebieten eine propagandistische Offensive zur Integration der Bevölkerung. Eine Wende der Politik bedeutete dies jedoch nicht; vielmehr beschränkte man sich auf die antibolschewistische Propaganda, die seit Frühjahr 1943 um die Verbrechen in Katyn kreiste, wo Tausende von polnischen Offizieren von der sowjetischen Geheimpolizei exekutiert worden waren. Daneben verstärkte die Waffen-SS ihre Bemühungen, Ausländer zu rekrutieren. Ab Frühjahr 1943 wurden in deren Divisionen nicht mehr nur »germanische Freiwillige« und Auslandsdeutsche geschickt, sondern auch andere Nicht-Deutsche, schließlich sogar Russen.

Selbst im Baltikum und in Weißrussland wurden nun zaghafte Bemühungen unternommen, Kollaborationsregierungen zu installieren. Diese Integrationsversuche dienten allerdings ausschließlich dem Ziel, die Kriegsanstrengung zu verstärken. Dass das Entgegenkommen 'bald ein Ende fand, wird am gewaltsamen Rückzug der deutschen Besatzungsherrschaft deutlich. In Osteuropa wurden nicht selten Häftlinge vor dem Abzug der deutschen Besatzung erschossen und zugleich Millionen Einwohner zwangsweise Richtung Westen getrieben. Die komplette Infrastruktur, oft samt der Wohngebäude, fiel in der Politik der »verbrannten Erde« der Zerstörung anheim.

Folgen der Besatzungspolitik

Die deutsche Besatzungsherrschaft hat das Gesicht Europas verändert. Zwar sind die extremen gesellschaftlichen Wandlungen zunächst vor allem dem nationalsozialistischen Krieg zuzuschreiben, ihre Ausformung haben sie aber zu einem erheblichen Teil durch die Besatzungsjahre erhalten. Der Krieg forderte in Europa etwa 35 Millionen Todesopfer, davon sind 12 bis 14 Millionen der Besatzungs- und Gewaltherrschaft zuzurechnen, allen voran die Juden, aber auch die Opfer der Antipartisanenaktionen sowie die in Lagern und Gefängnissen gestorbenen Ausländer und viele andere. Auf die Befreiung folgte eine blutige Abrechnung mit den Kollaborateuren, die in Osteuropa zur Beseitigung jeglichen antikommunistischen Einflusses missbraucht wurde.

Die Machtergreifung des Kommunismus in Osteuropa ging zum größten Teil auf das Konto des sowjetischen Vormarsches. Jugoslawien und Albanien wurden allein von den kommunistischen Partisanen revolutioniert, in Polen und teilweise in der Tschechoslowakei kamen die Kader der Untergrund-KP ans Ruder. Ein erheblicher Teil der Dynamik dieser Nachkriegsentwicklung resultierte in diesen Ländern auch aus dem Verschwinden der alten Eliten und der Radikalisierung der politischen Kräfte im Krieg. Die ostmitteleuropäischen Länder vertrieben ihre deutschsprachigen Minderheiten in erster Linie wegen der vorangegangenen deutschen Gewaltherrschaft, Polen vollzog dies auch in seinen neuen Westgebieten.

Die Sowjetunion wiederum bezog einen erheblichen Teil ihrer Legitimation aus dem Sieg von 1945; der Partisanenmythos erlebte seinen Aufstieg freilich erst in den 1960ern und 1970ern unter Leonid Breschnew. Aber auch in anderen Ländern beherrschten die ehemaligen Widerständler zu dieser Zeit die Nachkriegsszenerie. Der Rechtsextremismus, der während der Weltwirtschaftskrise der 1930er Jahre in Europa einen kometenhaften Aufstieg erlebt hatte, war auch außerhalb Deutschlands für Jahrzehnte delegitimiert. Von den 1960er Jahren bis in die 1980er dominierte in allen ehemals besetzten Ländern der Mythos, dass ein beträchtlicher Teil der Bevölkerung auf Seiten der Résistance gestanden habe und die Hauptopfer unter den Einheimischen nicht die Juden, sondern politisch Verfolgte oder Zwangsarbeiter gewesen seien. Erst in den 1980er Jahren erhielt dieses Bild Risse. Fragen nach der Kollaboration und nach der Ermordung der Juden drängten nun in den Vordergrund und führten zu einer Intensivierung der Forschung über das Verhältnis von Besatzungspolitik und Massenmord.

Die Jahre der deutschen Besatzung haben die Nachkriegszeit auf lange Zeit geprägt: durch die Verluste an Menschenleben und materiellen Zerstörungen, durch die kommunistische Machtübernahme in Osteuropa und schließlich durch die Rolle, die die Kriegszeit für die Identitätsbildung der Gesellschaften bis in die 1970er Jahre spielte. Erst mit dem Abtreten der Kriegsgeneration aus öffentlichen Funktionen und mit dem Zusammenbruch des Kommunismus hat sich dies geändert.

Weiterführende Literatur

Bähr, Johannes/Banken, Ralf (Hrsg.), Das Europa des »Dritten Reichs«. Recht, Wirtschaft, Besatzung, Frankfurt a. M. 2005.
Bennett, Rab, Under the Shadow of the Swastika. The Moral Dilemmas of Resistance and Collaboration in Hitler's Europe, Basingstoke 2002.

Benz, Wolfgang/Houwink ten Cate, Johannes/Otto, Gerhard (Hrsg.), Nationalsozialistische Besatzungspolitik in Europa 1939–1945, bisher 10 Bde., Berlin 1996–2001.

Berkhoff, Karel C., Harvest of Despair. Life and Death in Ukraine Under Nazi Rule, Cambridge, Mass. 2004.

Blood, Philip W., Hitler's Bandit Hunters. The SS and the Nazi Occupation of Europe, Washington, D.C., 2006.

Buchheim, Christoph (Hrsg.), Europäische Volkswirtschaften unter deutscher Hegemonie 1938–1945, Mümchen 2008.

Burrin, Philippe, France Under the Germans. Collaboration and Compromise, New York 1996.

De Wever, Bruno/Goethem, Herman van/Wouters, Nico (Hrsg.), Local Government in Occupied Europe (1939–1945), Gent 2006.

Gerlach, Christian, Kalkulierte Morde. Die deutsche Wirtschafts- und Vernichtungspolitik in Weißrußland 1941–1944, Hamburg 2000.

Gildea, Robert/Wieviorka, Olivier/Warring, Anette (Hrsg.) Surviving Hitler and Mussolini. Daily Life in Occupied Europe, Oxford 2006.

Haestrup, Jorgen, European Resistance Movements, 1939–1945: A Complete History, Westport (CT) 1981.

Heinemann, Isabel, »Rasse, Siedlung, deutsches Blut«. Das Rasse- und Siedlungshauptamt der SS und die rassenpolitische Neuordnung Europas, Göttingen [2]2003.

Kochanowski, Jerzy/Sach, Maike (Hrsg.), Die »Volksdeutschen« in Polen, Frankreich, Ungarn und der Tschechoslowakei. Mythos und Realität, Osnabrück 2006.

Krausnick, Helmut/Wilhelm, Hans-Heinrich, Die Truppe des Weltanschauungskrieges. Die Einsatzgruppen der Sicherheitspolizei und des SD 1938–1942, Stuttgart 1981.

Lammers, Cornelis, Levels of Collaboration. A Comparative Study of German Occupation Regimes During the Second World War, in: Bohn, Robert (Hrsg.), Die deutsche Herrschaft in den »germanischen« Ländern 1940–1945, Stuttgart 1997, S. 47–70.

Liberman, Peter, Does Conquest Pay? The Exploitation of Occupied Industrial Societies, Princeton 1996.

Madajczyk, Czesław, Die Okkupationspolitik Nazideutschlands in Polen 1939–1945, Berlin 1987.

Pohl, Dieter, Die Herrschaft der Wehrmacht. Deutsche Militärbesatzung und einheimische Bevölkerung in der Sowjetunion 1941–1944, München 2008.

Röhr, Werner (Hrsg.), Okkupation und Kollaboration 1938–1945. Beiträge zu Konzepten und Praxis der Kollaboration in der deutschen Okkupationspolitik, Berlin 1994.

Roon, Ger van (Hrsg.), Europäischer Widerstand im Vergleich. Die Internationalen Konferenzen Amsterdam, Berlin 1985.

Semelin, Jacques, Ohne Waffen gegen Hitler. Eine Studie zum zivilen Widerstand in Europa, Frankfurt a. M. 1995.

Tauber, Joachim (Hrsg.), »Kollaboration« in Nordosteuropa. Erscheinungsformen und Deutungen im 20. Jahrhundert, Wiesbaden 2006.

Antisemitische Anschlagtafeln
an einem öffentlichen Kiosk in
Werl/Westfalen, 1933

Judenverfolgung und Holocaust

ALAN E. STEINWEIS

Vom Moment seiner Entstehung bis zum Zeitpunkt seines Untergangs war der Nationalsozialismus geradezu besessen von der Idee, die Juden seien das Übel der Welt. Das Programm der NSDAP aus dem Jahr 1920 schwor die Partei auf den Kampf gegen den »jüdisch-materialistischen Geist« ein und behauptete, dass Juden niemals deutsche Staatsbürger sein könnten. Als Adolf Hitler im April 1945 im Bunker unter den Ruinen der Reichskanzlei sein politisches Testament diktierte, vergaß er nicht, dem »internationalen Judentum« die Schuld am Zweiten Weltkrieg zu geben. Der Antisemitismus war das Lebenselixier des Nationalsozialismus. Und es war die Überzeugung, die Juden seien an allem Unheil schuld, die eine zivilisierte Nation dazu brachte, Millionen von Menschen zu ermorden. Der sich ständig radikalisierende Antisemitismus der Worte und der Taten war also keinesfalls ein Nebenprodukt, sondern ein Kernelement der nationalsozialistischen Weltanschauung.

Religiöser und rassischer Antisemitismus

Die ideologischen, kulturellen und psychologischen Ursprünge des nationalsozialistischen Antisemitismus sind tief in der europäischen Geschichte verankert. Sie entstammten zum einen einer Judenfeindschaft, die innerhalb der Gesellschaften Europas auf eine lange Tradition zurückblickte, zum anderen einer gleichsam »modernen« biologisch-rassistischen Weltsicht. Der Nationalsozialismus übernahm eine ganze Reihe von etablierten antijüdischen Anschuldigungen und Vorurteilen. Dazu zählte zum Beispiel die in bestimmten christlichen Überlieferungen verankerte

Vorstellung, dass Juden die Schuld am Tode Jesu trügen. Ebenso schmähte der traditionelle christliche Antijudaismus religiöse Bräuche der Juden und verunglimpfte jüdische Texte, vor allem den Talmud, als bösartig und antichristlich. Diese religiös motivierten Vorurteile bildeten das Fundament für einen wirtschaftlichen Antijudaismus, der sich vom Mittelalter bis ins 20. Jahrhundert zieht. Juden galten darin als wirtschaftliche Parasiten, die sich durch unlautere Geschäfte auf Kosten von ehrlichen und hart arbeitenden Christen zu bereichern suchten. Wirtschaftlich bedingte Ressentiments gegen Juden wurden durch das Aufkommen des Kapitalismus im 19. Jahrhundert verstärkt, da Juden unverhältnismäßig von der rapiden Veränderung der europäischen Wirtschaftsordnung zu profitieren schienen.

Gegen Ende des 19. Jahrhunderts vermischten sich diese herkömmlichen antijüdischen Vorurteile mit einer neuartigen »wissenschaftlichen« Rassenlehre und sozialdarwinistischem Gedankengut. Der Sozialdarwinismus ging von der Annahme aus, dass alle Beziehungen innerhalb einer Gesellschaft sowie Beziehungen zwischen einzelnen Gesellschaften von einem Kampf ums Überleben bestimmt seien. Der neue, rassistische Antisemitismus definierte Juden nicht mehr im Rahmen von religiösen, kulturellen oder ethnischen Eigenheiten, sondern betrachtete »jüdisches« Verhalten und »jüdische« Charaktermerkmale als vererbt.

Dieser Wandel von einer religiösen hin zu einer »rassischen« Definition von Juden ist für die Geschichte des modernen Antisemitismus von zentraler Bedeutung. Denn damit hatten sich Motive und Legitimation verändert: Zwar knüpfte die antisemitische NS-Propaganda an etablierte religiöse und wirtschaftliche Vorurteile an, um antijüdische Maßnahmen zu rechtfertigen, die Triebkraft der Gewalt jedoch war ein in modernes Gewand gekleideter Rassenantisemitismus. Genau darin lag das radikale und tödliche Potential des nationalsozialistischen Antisemitismus. Religiöser Antijudaismus hatte Juden noch die Möglichkeit des Übertritts zum Christentum eingeräumt. Der sozioökonomische Antisemitismus hielt ein anderes Hintertürchen offen: Juden sollten sich auf lange Sicht an die europäischen Gesellschaften anpassen, sich assimilieren. Da der rassistische Antisemitismus jedoch auf der Annahme basierte, die biologischen Anlagen bestimmten das Wesen der Menschen, räumte er den Juden keine Möglichkeit der Veränderung oder Anpassung mehr ein. Daher konnte aus Sicht des Nationalsozialismus die »Judenfrage« nur durch die Entfernung der Juden aus der deutschen Gesellschaft gelöst werden. Diese rassistische Grundüberzeugung verknüpfte die Judenpolitik des Regimes mit seinen anderen ideologischen Prioritäten: der Lebensraum- und Volksgemeinschaftsideologie. Juden galten darin als Fremdkörper, und damit schien ihre Entfernung aus dem von Deutschen kontrollierten Territorium notwendige Voraussetzung einer neuen, »gereinigten Volksgemeinschaft« zu sein. Die NS-Judenpolitik stand demnach in engem Zusammenhang mit der Verfolgung anderer Personengruppen, wie Sinti und Roma, Homosexuellen und anderen »minderwertigen« Deutschen, die ebenfalls als Bedrohung für die »Reinheit« der »Volksgemeinschaft« galten.

Während manche politische Ziele durchaus wandelbar waren, gehörte der Antisemitismus bereits während der »Kampfzeit« der NSDAP vor 1933 zu einem zentralen Leitmotiv nationalsozialistischer Politik. Schon damals machte die NSDAP-Führung keinen Hehl aus ihrer Verachtung gegenüber Juden, die man für gefährliche »rassische« Feinde der Deutschen hielt. Mit aller Entschlossenheit sollte die »Judenfrage« nach der Übernahme der politischen Herrschaft in Deutschland gelöst werden. In den Reden und Schriften führender Nationalsozialisten spielten diese Themen eine zentrale Rolle. Auch wenn Adolf Hitler, Alfred Rosenberg oder Joseph Goebbels von Zeit zu Zeit die antisemitische Rhetorik aus taktischen Gründen abmilderten, konnte schon vor 1933 kein Zweifel daran bestehen, dass die NSDAP eine zutiefst antisemitische Politik verfolgte – und dass dieser Antisemitismus bei einem erheblichen Teil der Bevölkerung durchaus auf Zustimmung stieß. Natürlich gab es sehr unterschiedliche Gründe dafür, warum beispielsweise bei den Reichstagswahlen vom Juli 1932 mehr als 37 Prozent der Wähler für die NSDAP stimmten: Antikommunismus, Ablehnung des Versailler Vertrags und allgemeine Unzufriedenheit mit dem politischen System der parlamentarischen

Demokratie. Gleichzeitig war aber doch auch klar, dass das antisemitische Programm der NSDAP kein Hindernis dafür war, die Stimmen von Millionen von Deutschen zu gewinnen und sich als größte Partei in Deutschland zu etablieren, der man schließlich sogar die Reichskanzlerschaft übertrug.

Obwohl die NSDAP eine antisemitische Programmatik verfolgte, besaß sie vor der »Machtergreifung« keinen ausgearbeiteten Plan für ihre Judenpolitik. Die politische Praxis des Antisemitismus entwickelte sich aus einer Reihe improvisierter Maßnahmen, deren Wirkungsbereiche sich immer weiter über die deutschen Grenzen hinaus auf den europäischen Kontinent ausweiteten. Während der 1980er und 1990er Jahre haben Historiker lange und hitzig über Ursachen, Ausmaß und die Konsequenzen antisemitischer Politik, den »planmäßigen« Charakter der NS-Ausrottungspolitik und vor allem über Hitlers Rolle im Vernichtungsprozess gestritten. Die als »Funktionalisten« bekannte Gruppe von Historikern (u. a. Hans Mommsen und Martin Broszat) betonte das Gewicht nicht-ideologischer Faktoren für die nationalsozialistische Judenpolitik: Konkurrenzkämpfe innerhalb der nationalsozialistischen Bürokratie, wirtschaftliche Zielsetzungen und die Sensibilität der NS-Führung gegenüber der öffentlichen Meinung im In- und Ausland. Dabei galt Hitler in gewisser Weise als »schwacher Diktator«[1], wie es Hans Mommsen zugespitzt formuliert hat, der keineswegs dafür nötig war, im Prozess »kumulative[r] Radikalisierung«[2] einen Befehl zum Judenmord zu geben; ein »Führerbefehl« übrigens, über den nach wie vor debattiert wird, weil nicht sicher ist, ob es ihn überhaupt gegeben hat und ob er nötig gewesen war für die Ermordung der europäischen Juden.

Eine andere Gruppe von Historikern, die sogenannten »Intentionalisten«, zu der beispielsweise Klaus Hildebrand und Eberhard Jäckel zählen, gestand diesen Faktoren, die den Judenmord aus den polykratischen Konkurrenzkämpfen heraus zu erklären versuchten, zwar eine gewisse Bedeutung zu, beharrte allerdings auf dem Übergewicht von programmatisch-ideologischen Beweggründen. Entscheidend zum Verständnis der NS-Judenpolitik ist in dieser Interpretation die zentrale Intention der NS-

Führung, Deutschland und Europa »judenfrei« zu machen. Die Konzepte »Funktionalismus« und »Intentionalismus« sind für Überlegungen über den Ablauf von Entscheidungsprozessen im »Dritten Reich« durchaus hilfreich, doch sollten die Unterschiede nicht überbewertet werden. Die Mehrheit der Historiker bezieht heutzutage Elemente beider Denkschulen in ihre Forschung mit ein.

Verfolgung und Ausgrenzung nach 1933

Zwischen der »Machtergreifung« im Jahr 1933 und dem Beginn des Zweiten Weltkriegs im Jahr 1939 war die nationalsozialistische Judenpolitik beinahe ausschließlich eine innenpolitische Angelegenheit. Sie richtete sich gegen Juden, die innerhalb der Grenzen des Deutschen Reiches und seines direkten Einflussbereichs lebten. Mit dem »Anschluss« Österreichs im März 1938 begann die Ausweitung dieses Territoriums über die deutschen Grenzen hinaus. Im September 1938 folgte die Annexion des Sudetenlandes und im März 1939 die Errichtung des »Reichsprotektorats Böhmen und Mähren«. Vor Kriegsbeginn belief sich infolge von jüdischer Migration und deutscher territorialer Expansion die Zahl der Juden, die der NS-Judenpolitik unterworfen waren, auf 250 000 bis 550 000. Während der »Friedenszeit« des »Dritten Reichs« wurden sie Opfer von rassistischer Stigmatisierung, Berufsverboten, Enteignung und sozialer Ausgrenzung.

Zum Zeitpunkt der »Machtergreifung« im Jahr 1933 lebten etwa 550 000 Juden in Deutschland. Das entsprach in etwa einem Prozent der deutschen Gesamtbevölkerung. Seit der Gründung des Deutschen Reichs im Jahr 1871 waren Juden gleichberechtigte Bürger gewesen. Obgleich antisemitische Ressentiments in vielen Teilen der deutschen Gesellschaft fortbestanden, gehörte zumindest der offizielle und institutionalisierte Antisemitismus der Vergangenheit an. Im Ersten Weltkrieg hatten ungefähr 10 000 jüdische Männer, die im gleichen Maße Patrioten waren wie ihre nichtjüdischen Kameraden, ihr Leben »für Deutschland« gegeben.

Im Jahr 1933 war der Großteil der Juden in die deutsche Gesellschaft integriert, und einige nahmen in bestimmten Berufsfeldern eine herausragende Stellung ein. Dazu gehörten der kaufmännische Sektor, akademische Berufsfelder wie Rechtswissenschaften und Medizin sowie Berufe des Kulturbetriebs, vor allem die Bereiche Musik und Journalismus. Antisemiten, besonders die Nationalsozialisten, sahen den offenkundigen Erfolg der deutschen Juden nicht als die bewundernswerte Leistung einer seit jeher diskriminierten Minderheit, sondern als Beleg für den jüdischen »Trieb«, Deutschland unter ihre Kontrolle zu bringen.

Ab Januar 1933 zielte die NS-Judenpolitik auf die »Entjudung« der deutschen Gesellschaft – und kein Bereich war davon ausgenommen. Offiziell missbilligte das Regime unmittelbare Gewaltaktionen und Einschüchterungsversuche. So war die erste Welle nationalsozialistischer Judenpolitik in das scheinbar »legale« Gewand von Gesetzen und Verordnungen gekleidet; ein Verfahren, das von der Mehrheit der Deutschen durchaus als rechtmäßig akzeptiert wurde. Gleichwohl unternahm das Regime in der Praxis jedoch wenig, um eine Politik der »Selbstermächtigung«[3] von unten durch seine gewalttätigen Anhänger zu unterbinden. Bis zum Ausbruch des Zweiten Weltkriegs diente die nationalsozialistische Judenpolitik vor allem dazu, die Emigration von Juden aus Deutschland zu forcieren. Konkrete Pläne für den Massenmord entstanden erst später.

»Entjudung« konnte nicht ohne die Definition dessen erfolgen, was genau einen »Juden« ausmachte. Nicht nach ihrer Konfessionszugehörigkeit, sondern nach ihrer »rassischen« Abstammung kategorisierte das NS-Regime den »völkischen Feind«. Diesem rassenideologischen Prinzip folgte das Regime vom ersten Tage seiner Herrschaft an, jedoch waren die rassistischen Kategorien zwischen Januar 1933 und Ende 1935 eher improvisiert und nicht einheitlich für das gesamte Reichsgebiet festgelegt. Die im September 1935 verkündeten »Nürnberger Gesetze« schufen dann eine rassistische Hierarchie, die bis zum Untergang des »Dritten Reichs« gültig bleiben sollte. Dieses System teilte Juden in vier »rassische« Kategorien ein, die letztlich allesamt auf der Religionszugehörigkeit der Großeltern im Jahr 1871 basierten. Eine Person mit drei oder vier jüdischen Großeltern galt demnach als »Volljude«, jemand mit zwei jüdischen Großeltern als »Mischling ersten Grades« oder »Halbjude«. Eine Person mit einem jüdischen Großelternteil fiel in die Kategorie »Mischling zweiten Grades« oder »Vierteljude«. Personen ohne jüdische Vorfahren galten als »Arier«. Dieses System machte eine nicht unerhebliche Zahl von Menschen zu »christlichen Juden«, also Menschen christlichen Glaubens, die aufgrund ihrer Abstammung nun als Juden galten. Dies unterstreicht den rassistischen und areligiösen Charakter des nationalsozialistischen Antisemitismus. Die »rassische« Hierarchie der »Nürnberger Gesetze« bestimmte, wer welchen Beruf ausüben, wer Eigentum besitzen und wer wen heiraten durfte. Während des Zweiten Weltkriegs wurde die »rassische« Einstufung eine Frage von Leben und Tod, als die Juden in die Ghettos und Lager in Osteuropa deportiert wurden.

Die »Entfernung« von Juden aus ihren Berufen gehört zu den zentralen antijüdischen Maßnahmen der Vorkriegszeit. Diese Kampagne begann mit dem »Gesetz zur Wiederherstellung des Berufsbeamtentums« vom 7. April 1933, das Juden von der Beschäftigung in öffentlichen Einrichtungen auf allen Ebenen ausschloss. Dazu zählte nicht nur die Bürokratie und Verwaltung, sondern auch der Bildungs- und Kulturbereich. Auf Drängen von Reichspräsident Paul von Hindenburg wurden jüdische Beamte, die seit 1914 im Dienst oder Veteranen des Ersten Weltkriegs waren, von dieser Regelung zunächst ausgenommen. Dies galt auch für jüdische Beamte, die ihren Vater oder einen Sohn im Weltkrieg verloren hatten. Diese Ausnahmeregelung wurde nach dem Tod Hindenburgs im August 1934 jedoch wieder aufgehoben.

Für die »Entjudung« der Berufsstände und der freien Wirtschaft benötigte das NS-Regime mehr Zeit. Aus den Berufsständen wurden Juden nicht durch Regierungsgewalt, sondern durch die Berufsverbände vertrieben, die entweder »gleichgeschaltet« oder nach 1933 als neue Kontrollinstanzen eingerichtet worden waren. So wurden Juden zum Beispiel von den künstlerischen und kulturellen Berufen vor allem durch die Reichskulturkammer ausgeschlossen. Sie war gegen Ende des Jahres 1933 gegründet worden, um die Bereiche Musik, Theater, bildende Künste, Literatur, Presse, Film und Radio zu regulieren. In anderen Berufsgruppen folgte das Berufsverbot für Juden ähnlichen Mustern. So kam es zum Ausschluss von jüdischen Ärzten und Rechtsanwälten aus ihren jeweiligen Berufen durch Änderungen der Satzungen der Reichsärztekammer und der Reichsanwaltskammer.

Zeitgleich mit dem Ausschluss der Juden aus dem Berufsleben erhöhte sich der Druck, ihr Eigentum an Nichtjuden zu übertragen. Dieser euphemistisch als »Arisierung« bezeichnete Vorgang begann bereits in der Anfangsphase des »Dritten Reichs«. Offiziell war es Juden nicht verboten, Geschäfte zu betreiben oder Immobilien zu besitzen. In der Praxis wurden jedoch viele Juden durch offizielle und inoffizielle Formen der wirtschaftlichen und persönlichen Schikanierung genötigt, ihr Eigentum oftmals weit unter dem Marktwert zu verkaufen. Nach der »Reichskristallnacht« im November 1938 wurde die Übertragung von jüdischem Eigentum an »Arier« zwangsweise betrieben. Obgleich zu diesem Zeitpunkt der Großteil jüdischen Vermögens bereits »arisiert« worden war, hatte eine beachtliche Anzahl von Juden dem Druck zuvor widerstanden. Während der letzten beiden Monate des Jahres 1938 und fast über das gesamte Jahr 1939 konnten sich deutsche »Ariseure« hemmungslos an jüdischem Eigentum bereichern, da Juden nun unter staatlichem Verkaufszwang standen. Hinzu kam, dass immer mehr Juden nun Vorkehrungen trafen, Deutschland zu verlassen.

Während das Berufsverbot und die »Arisierung« auf die wirtschaftliche Entrechtung der Juden abzielte, wurden sie durch andere Maßnahmen zur gleichen Zeit sozial und kulturell isoliert. Unter anderem verboten die »Nürnberger Gesetze« Ehen zwischen Juden und »Ariern« und stellten außerehelichen Geschlechtsverkehr zwischen ihnen unter Strafe. Andere während der 1930er Jahre erlassene Gesetze beschränkten den Zugang zu öffentlichen Transportmitteln, Parks und öffentlichen Plätzen. Auf allen Verwaltungsebenen wurden Maßnahmen ergriffen, die heute zum Teil beinahe trivial erscheinen, jedoch oftmals eine große Symbolkraft besaßen. So durften Juden in Bayern beispielsweise keine Trachten mehr tragen; ihr Überleben war damit nicht gefährdet, und doch zog die Praxis der täglichen Ausgrenzung die Scheidelinien zwischen »arischer« und »jüdischer« Bevölkerung immer schärfer und machte damit den Alltag zu einem Spießrutenlauf.

Obgleich die Judenverfolgung in der Frühzeit des Nationalsozialismus im Allgemeinen auf gesetzlichem und bürokratischem Weg erfolgte, kam es nicht selten zu gewalttätigen Übergriffen. In der Mehrzahl der Fälle waren dafür SA-Männer verantwortlich, denen die »Judenpolitik« nicht schnell und radikal genug voranging und die sich nach den wilden Tagen der »Kampfzeit« sehnten, als sie die Dinge noch selbst in die Hand nehmen konnten. Im Jahr 1938 kam es zu einer massiven Zunahme von Gewalttaten gegen Juden. Verantwortlich dafür waren besonders radikale Kräfte innerhalb der SA und der NSDAP, die einen möglichen Kriegsfall im Mai und auch wieder im September 1938 dafür nutzen wollten, mit dem »inneren Feind« endgültig abzurechnen. Beide Wellen der Gewalt hatten nicht den Charakter systematisch von oben gesteuerter Kampagnen. Gleichwohl schufen sie ein Klima, in dem die körperliche Gewalt gegen Juden eine neue Legitimität erhielt und sich der antisemitische Mob dazu berufen fühlte, den Worten und Gesetzen nun auch Taten folgen zu lassen. Diese Entwicklung kulminierte schließlich in der sogenannten Reichskristallnacht vom 9. auf den 10. November 1938.

Dieser Pogrom war die einzige groß angelegte und überregional organisierte offene Gewaltaktion gegen Juden in Deutschland vor Ausbruch des Zweiten Weltkriegs. Ihr ging ein Attentat auf den deutschen Diplomaten, Ernst vom Rath, durch einen jüdischen Jugendlichen in Paris voraus. Unter der Anleitung des Reichspropagandaministeriums spielten deutsche Radiosender und Zeitungen das Attentat zu einem Beweis für die Existenz einer jüdischen Einschüchterungskampagne gegen Deutschland und zu einem Angriff auf die deutsch-französischen Beziehungen hoch. In Wirklichkeit war es die Einzeltat Herschel Grynszpans gewesen, der seine Verzweiflung über das Schicksal seiner Eltern zum Ausdruck bringen wollte. Diese waren als polnische Juden etwa zwei

Wochen zuvor ins Niemandsland an der deutsch-polnischen Grenze abgeschoben worden. Die provokante deutsche Berichterstattung sollte eine weitere Welle antijüdischer Gesetze rechtfertigen. Historiker sind sich nicht einig, ob die Propagandaoffensive die Auslösung der antijüdischen Ausschreitungen zum Ziel hatte. Am Abend des 9. Novembers entschieden Hitler und Goebbels jedenfalls, dieser Gewalt »von unten« freien Lauf zu lassen und sie wo möglich auch noch auszuweiten. Für diese Entscheidung gab es mehrere Gründe, die sowohl in der Innen- als auch der Außenpolitik zu verorten sind: Hitler und Goebbels wollten den vollständigen Transfer jüdischen Vermögens in »arische« Hände erleichtern, die Emigration von Juden aus Deutschland in Erwartung eines baldigen Krieges beschleunigen, den radikalen Antisemiten aus den Reihen der NS-Bewegung eine Gelegenheit zum Ausleben ihres Judenhasses geben, dem deutschen Volk beweisen, dass einige wichtige nationale Ziele nur durch Gewalt zu erreichen seien, und bestimmte NS-feindliche Kreise in Frankreich diskreditieren, die sie unlautererweise für das Attentat auf vom Rath verantwortlich machten.

Die gewalttätigen Aktionen, die sich in der Nacht vom 9. auf den 10. November ausbreiteten und noch den folgenden Tag über anhielten, erfassten nicht nur die wichtigsten Zentren jüdischen Lebens. Sie erreichten Hunderte von Gemeinden und Dörfern und machte auch vor solchen nicht halt, die nur eine Handvoll jüdischer Familien zählten. Die Mehrzahl der an den Gewaltaktionen Beteiligten stammte aus den Reihen der SA, wobei sich an vielen Orten Mitglieder der SS und der Hitlerjugend ebenfalls an den Ausschreitungen beteiligten. Auch ganz normale Bürger nahmen spontan an dem Pogrom teil.

Für die deutschen Juden war die »Reichskristallnacht« eine Katastrophe. Zahlreiche Synagogen wurden entweder vollständig zerstört oder schwer beschädigt und tausende jüdische Geschäfte geplündert und verwüstet. Rund 100 jüdische Deutsche wurden ermordet, 30 000 jüdische Männer in die Konzentrationslager Dachau, Buchenwald und Sachsenhausen verbracht und dort drangsaliert. In den folgenden Tagen und Wochen starben dort

Hunderte von ihnen: teils an den Folgen der brutalen Lebensbedingungen, teils wurden sie Opfer gezielter Misshandlung. Die Mehrzahl der Männer wurde gegen Ende des Jahres 1938 und Anfang 1939 unter der Auflage aus den Lagern entlassen, sowohl der raschen »Arisierung« ihres Eigentums zuzustimmen als auch Deutschland so bald wie möglich zu verlassen. Um die Beseitigung des während des Novemberpogroms angerichteten Schadens zu finanzieren, erlegte die Reichsregierung den deutschen Juden eine Kollektivstrafe in Höhe von einer Milliarde Reichsmark auf.

Die meisten Deutschen reagierten mit Ablehnung auf die »Reichskristallnacht«, die Zerstörung von Eigentum, die Verwüstung von Gebetshäusern und die Gewalt und das Chaos des Pogroms. Das bedeutet allerdings nicht, dass sie sich gegen die »Entjudung« Deutschlands stellten. Ganz im Gegenteil, eine Mehrheit der Deutschen war der Meinung, dass Juden zu viel Einfluss auf das deutsche Wirtschafts- und Kulturleben ausübten, und hatte seit 1933 die gesetzlichen und bürokratischen antijüdischen Maßnahmen unterstützt. Widerspruch richtete sich demnach gegen die Mittel, nicht aber den Zweck der »Reichskristallnacht«.

Die deutschen Juden verhielten sich während der 1930er Jahre gegenüber der Judenpolitik des NS-Regimes keineswegs passiv. Ungefähr die Hälfte von ihnen verließ Deutschland. Der Weg der meisten Emigranten führte in die USA oder nach Großbritannien, und eine nicht unerhebliche Anzahl wählte die Emigration nach Palästina. Als gegen Ende der 1930er Jahre, vor allem in der Zeit nach der »Reichskristallnacht«, die Einwanderung in diese Länder immer schwieriger wurde, emigrierten Juden auch in fernere Länder, wie Argentinien, Südafrika und China. Eine Reihe von Gründen veranlasste jedoch viele, trotz der immer schärfer werdenden Verfolgungsmaßnahmen in Deutschland zu bleiben. Die meisten von ihnen kamen aus Familien, die seit Generationen in Deutschland lebten, sich heimisch fühlten und fest verwurzelt waren. Bis zum Novemberpogrom hatten viele an der Hoffnung festgehalten, dass sich die Lage für Juden in Deutschland wieder verbessern oder zumindest stabilisieren würde. Manche schreckten auch aus praktischen Überlegungen vor der Auswanderung zurück: Wie sollte man sich ohne die jeweiligen Sprachkenntnisse in einem Land orientieren, wie einen neuen Arbeitsplatz finden und sich in einer fremden Kultur zurechtfinden? Dazu kam, dass Juden, die in Deutschland blieben, erhebliche Unterstützung von jüdischen Einrichtungen, Schulen, Krankenhäusern und kulturellen Vereinigungen erhielten. Die Lebensbedingungen für Juden in Deutschland hatten sich während der 1930er Jahre stetig verschlechtert, unerträglich wurden sie allerdings erst seit dem November 1938.

Krieg und Judenmord

Die zweite Phase der nationalsozialistischen Judenpolitik begann mit dem deutschen Angriff auf Polen am 1. September 1939. Mit der Expansion des deutschen Herrschaftsbereichs während des Zweiten Weltkriegs war eine immer größere Zahl von Juden den Nationalsozialisten ausgeliefert. Während ihre Anzahl von ein paar Hunderttausenden auf mehrere Millionen anstieg, steigerte sich auch die Brutalität der NS-Judenpolitik. Diese Entwicklung, die mit Deportation, Ghettoisierung und Zwangsarbeit begann, gipfelte in einer systematischen Politik der Vernichtung, der bis zum Ende des Krieges beinahe sechs Millionen vor allem osteuropäischer Juden zum Opfer fielen.

Der Zweite Weltkrieg veränderte die Dimensionen der NS-Judenpolitik radikal. Für die Nationalsozialisten wurde die »Judenfrage« von einer innenpolitischen Angelegenheit zu einer Frage kolonialer Bevölkerungspolitik. Die (mit Hilfe der Sowjetunion erfolgte) Eroberung Polens brachte Hunderttausende Juden aus den eingegliederten polnischen Gebieten und dem sogenannten Generalgouvernement, das von Deutschland aus wie eine Kolonie verwaltet wurde, in die Gewalt des »Dritten Reichs«. Vor Kriegsbeginn hatte sich die NS-Führung auf keine langfristige »Lösung der Judenfrage« festgelegt. Als vorläufige Maßnahme wurde die Ghettoisierung der polnischen Juden beschlossen, wodurch sie von der nichtjüdischen Bevölkerung isoliert und die Ausbeutung ihrer Arbeitskraft erleichtert werden sollte. Ab Ende des Jahres 1939 wurden in den wichtigsten Zentren jüdischen Lebens in Polen Ghettos errichtet. Das größte Ghetto, in dem schließlich mehr als 400 000 Juden interniert werden sollten, befand sich in Warschau.

Die Lebens- und Arbeitsbedingungen unterschieden sich von Ghetto zu Ghetto, wurden aber mit fortschreitendem Kriegsverlauf überall immer grausamer. Die Ghettos waren ständig überbelegt, die sanitären Einrichtungen mangelhaft, die hygienischen Umstände unerträglich und Unterernährung allgegenwärtig. Für die innere Verwaltung waren sogenannte Judenräte zuständig, deren Kooperation mit den deutschen Besatzern durch eine Kombination von Zwangsmaßnahmen und Einschüchterung gewährleistet wurde. Die Mitglieder der »Judenräte« glaubten anfangs, durch ihre Zusammenarbeit mit den deutschen Besatzern das Überleben der Juden garantieren zu können. Als die Phase der massenhaften Ermordung der Ghettobewohner begann, merkten sie aber, dass sie genau das Gegenteil getan hatten.

Nachdem die Ghettoisierung von Beginn an nur als Übergangslösung gedacht war, erwog die NS-Führung mehrere Optionen für eine – in der damaligen Diktion – »Endlösung der Judenfrage«. Ursprünglich stand der Begriff »Endlösung« nicht für den Massenmord an den europäischen Juden, sondern für ihre massenhafte Deportation. Nach der Niederlage Frankreichs im Mai 1940 planten deutsche Beamte, die französische Kolonie Madagaskar als »Deponie« für die europäischen Juden zu verwenden. Diese Idee war keineswegs neu, sondern von europäischen Antisemiten schon zuvor – zuletzt während der 1930er Jahre in Polen – diskutiert worden. Jedoch waren die logistischen Hürden für eine erfolgreiche Durchführung des Madagaskar-Projekts zu hoch, und die Planungen wurden bereits in der Anfangsphase wieder eingestellt. NS-Beamte zogen auch die Möglichkeit einer territorialen »Endlösung« auf dem europäischen Kontinent in Betracht. Das Gebiet um die polnische Stadt Lublin erschien als geeigneter Ort für ein solches Vorhaben. Dieser Plan scheiterte jedoch am Widerstand des Generalgouverneurs Hans Frank, der sich weigerte, weitere Juden in das von ihm verwaltete Territorium aufzunehmen, welches bereits einen erheblichen jüdischen Bevölkerungsanteil hatte.

Zu Beginn des Jahres 1941 befanden sich weit über zwei Millionen Juden im Herrschaftsbereich des »Dritten Reiches«. Dazu zählten über Deutschland, Österreich und das »Protektorat Böhmen und Mähren« hinaus die besetzten Teile Polens, Frankreich, die Niederlande, Dänemark und Norwegen. Gegen Ende März 1941 kamen auch die griechischen und jugoslawischen Juden in die Gewalt des NS-Regimes. Während die NS-Führung eine Entscheidung über das letztendliche Schicksal der Juden aufschob, fielen zwei politische Entscheidungen, die gravierende Auswirkungen auf den weiteren Verlauf der »Endlösung« haben sollten. Erstens handelte es sich dabei um die Ermordung geistig Behinderter im Rahmen des nationalsozialistischen »Euthanasie-Programms«, das unter der Tarnbezeichnung »T4« durchgeführt wurde und dem seit Ende 1939 mehrere Zehntausend Anstaltspatienten zum Opfer gefallen waren. Mit der Ermordung von Behinderten überschritt die NS-Führung die moralische und psychologische Schwelle zum systematischen Massenmord. Zweitens traf Hitler im Dezember 1940 die Entscheidung, im Frühjahr 1941 die Sowjetunion anzugreifen. Die erwarteten Gebietsgewinne würden weitere Millionen von Juden aus den seit 1939 von der Sowjetunion besetzten ostpolnischen Gebieten, der Ukraine und Weißrussland in deutsche Gewalt bringen. Über den genauen Ablauf des Prozesses, an dessen Ende die Entscheidung zur Vernichtung der europäischen Juden stand, herrscht unter Historikern nach wie vor Uneinigkeit. Kein Zweifel besteht jedoch an der Tatsache, dass für das NS-Regime nach der Ermordung von Zehntausenden behinderten Angehörigen der eigenen Bevölkerung die Massenvernichtung der Juden zu einer praktikablen und moralisch akzeptablen »Endlösung« wurde.

Während der Vorbereitung für das »Unternehmen Barbarossa«, so die Tarnbezeichnung für den Überfall auf die Sowjetunion, wurde Personal für sogenannte Einsatzgruppen der SS rekrutiert. Ihre Aufgabe war, Personen zu »liquidieren«, die eine – reale oder vermeintliche – Gefahr für die deutschen militärischen Operationen darstellten. Dazu zählten insbesondere Repräsentanten der kommunistischen Partei und Juden. Nach dem Überfall auf die Sowjetunion gegen Ende Juni 1941 folgten die »Einsatz-gruppen« den Linien der Wehrmacht nach und organisierten hinter der Front Massenerschießungen. Als im Herbst 1941 die Tötungen ausgeweitet wurden, erhielten die Einsatzgruppen Un-terstützung von Einheiten der Ordnungs- und Reservepolizei. Im Gegensatz zu den Mitgliedern der Einsatzgruppen, die sich primär aus den Reihen des SD (des Sicherheitsdienstes der SS) und der Gestapo rekrutierten, und den ausgebildeten und verbeamteten Mitgliedern der Ordnungspolizei waren die Mitglieder der Reser-vepolizei Zivilisten – »ganz normale Männer«, wie sie Christopher Browning genannt hat. Diese Einheiten erhielten von der Wehr-macht logistische Hilfe und wurden vor allem in Lettland und in der Ukraine in hohem Maße durch einheimische Nationalisten unterstützt, die stark antisemitisch eingestellt waren. Rund ein bis anderthalb Millionen Juden wurden in dieser Phase der »Endlö-sung« ermordet.

Während die Tötungen in der Sowjetunion im Jahr 1942 wei-terliefen, traf das NS-Regime Vorbereitungen, die »Endlösung der Judenfrage« auch auf andere Gebiete im deutschen Herrschaftsbe-reich auszudehnen. Vertreter der Reichsministerien und Organisa-tionen der NSDAP trafen sich am 20. Januar 1942 am Stadtrand von Berlin, um die Aufgaben für die weitere Organisation der »Endlösung« zu verteilen. Die Wannsee-Konferenz sollte Zustän-digkeiten klären und den weiteren Verlauf der antijüdischen Poli-tik koordinieren. Als eines der Ergebnisse wurde der SS – genauer gesagt, dem Reichssicherheitshauptamt (RSHA) – die Verantwor-tung für die »Endlösung« übertragen. Der Leiter des RSHA und Organisator der Wannsee-Konferenz, Reinhard Heydrich, machte deutlich, worum es künftig gehen sollte: Europa werde nach Juden »durchgekämmt«; eine große Anzahl durch Zwangsarbeit ums Le-ben gebracht, der Rest würde »entsprechend behandelt«, also er-mordet werden.[4]

Mit der Ausweitung der Tötungsaktionen, die auf einem Zu-sammenspiel zentraler Entscheidungen und regionaler Gewalt-aktionen basierten, änderte sich auch die Methode der Ermordung radikal. Anstatt die Mordkommandos zu den jüdischen Opfern zu schicken, um sie an Ort und Stelle zu erschießen, wurden Juden nun aus ihren Heimatländern in die Vernichtungslager (Auschwitz, Treblinka, Majdanek, Sobibor, Belzec) deportiert, wo sie durch Vergasung getötet wurden. Diese Art der Tötung glich in vielerlei Hinsicht dem »T4-Programm«, jedoch war der Maßstab ein gänzlich anderer. Für die Wahl dieser Methode der Tötung gab es zwei Gründe. Erstens erkannten die NS-Führung und vor allem der »Reichsführer SS«, Heinrich Himmler, dass die Massenerschießungen durch Einsatzgruppen eine schwere psychische Belastung für die Vollstrecker dieser »primitiven« Methode des Massenmordes darstellte. Der Übergang zu einer zentralisierten, industrialisierten Form des Massenmordes führte zu einer Aufgliederung der einzelnen Schritte der Ermordung und verringerte die Anzahl der direkt an den Tötungen beteiligten Männer erheblich. Zweitens musste die NS-Führung in großen Teilen Europas in gewissem Rahmen auf die öffentliche Meinung Rücksicht nehmen. Diese Notwendigkeit bestand in der Sowjetunion, wo ein Vernichtungskrieg nicht nur gegen Juden geführt wurde, allerdings nicht.

Die polnischen Juden waren die ersten, die dieser neuen Methode des Massenmordes im Jahr 1942 zum Opfer fielen. Ihnen folgten Juden, die sich in Gebieten unter direkter deutscher Kontrolle befanden. Dazu zählten Juden aus dem besetzten Teil Frankreichs, den tschechischen Gebieten und dem Reichsgebiet selbst sowie aus den Gebieten mit Deutschland alliierter Länder wie Vichy-Frankreich und der Slowakei. Einige Verbündete widersetzten sich jedoch der Auslieferung der Juden aus ihrem Herrschaftsbereich an das NS-Regime. Ungarn weigerte sich, seine jüdische Bevölkerung an die Deutschen zu übergeben, wobei es gleichzeitig eine eigenständige antisemitische Politik verfolgte. Auch das faschistische Italien, in dem der Rassismus eine deutlich größere Rolle spielte als lange in der Forschung angenommen, deportierte die italienischen Juden nicht. Deportationen aus Italien begannen erst 1943, als Italien von Deutschland besetzt wurde. In Ungarn war der Verlauf ähnlich. Als sich das Land im Jahr 1944 aus dem Krieg zurückziehen wollte, wurde es von deutschen Truppen besetzt. Erst jetzt begann die Deportation der ungarischen Juden nach Auschwitz. Der Fall Rumäniens war in jeder Hinsicht außergewöhnlich. Das rumänische Militär verübte Massaker an den Juden der von der Sowjetunion eroberten Region Transnistrien, obwohl es sich deutschen Forderungen widersetzte, Juden aus dem rumänischen Kerngebiet auszuliefern. Das französische Vichy-Regime hingegen erfüllte die Forderungen der NS-Führung bereitwillig. Um den letzten Rest nationaler Souveränität nach der militärischen Demütigung im Jahr 1940 zu erhalten und um seine deutschen Garanten milde zu stimmen, lieferte das rechtsextreme Vichy-Regime die französischen Juden aus – Bürger eines Staates, der mit der Französischen Revolution als erstes europäisches Land Juden zu gleichberechtigten Staatsbürgern gemacht hatte.

Die Gesamtzahl der jüdischen Opfer des Holocaust wird auf 5,1 bis 6,2 Millionen geschätzt. Die Opfer stammten aus insgesamt 18 Ländern, wobei die Mehrheit aus Osteuropa kam, genauer gesagt aus Polen (2,7 Millionen), der Sowjetunion (2,1 Millionen), Ungarn (500 000), Rumänien (210 000) und der Tschechoslowakei (140 000). Etwa 165 000 deutsche Juden wurden während des Holocaust ermordet.

Jüdischer Widerstand

Für die Juden gab es nur wenige Möglichkeiten, Widerstand gegen Deportation und Massenmord zu leisten. Die Aussichten für erfolgreiche Widerstandsaktionen waren vor allem deshalb sehr gering, da Juden nicht nur mit der deutschen Polizei und Bürokratie, sondern auch mit kollaborierenden Regierungsbehörden und antisemitischen Einzeltätern konfrontiert waren. Dennoch versuchten Juden in ganz Europa, vor der nationalsozialistischen Vernichtungsmaschinerie zu fliehen oder gegen sie Widerstand zu leisten. Eine erhebliche Zahl von polnischen, ukrainischen und weißrussischen Juden floh, um sich dem Zugriff der Einsatzgruppen zu entziehen. Andere schlossen sich Partisanenverbänden an. In den Vernichtungslagern Treblinka und Sobibor kam es zu Aufständen und

Fluchtversuchen. Der Aufstand im Warschauer Ghetto, der sich über mehrere Wochen im April und im Mai 1943 hinzog, war die größte bewaffnete jüdische Widerstandsaktion. Um diesen Aufstand niederzuwerfen, sahen sich die deutschen Besatzer gezwungen, eine Einheit von etwa 3000 Mann aus Abteilungen der Waffen-SS, Ordnungspolizei, Sicherheitspolizei, Wehrmacht und ukrainischen Verbänden zusammenzustellen. Doch der Aufstand konnte weder das Leben der jüdischen Ghettobewohner retten noch den Verlauf der »Endlösung« verändern. Für die jüdischen Kämpfer bestand von vornherein kaum ein Zweifel, dass die Chancen für einen erfolgreichen Aufstand sehr gering waren. Dennoch waren sie entschlossen, ein Zeichen für die jüdische Nachwelt zu setzen. Ein Beispiel für die symbolische Nachwirkung des Aufstandes ist die Tatsache, dass der Holocaust-Gedenktag Yom Hashoah, der in Israel ein Nationalfeiertag ist und von Juden auf der ganzen Welt begangen wird, nach dem jüdischen Kalender auf den Jahrestag des Beginns des Aufstandes im Warschauer Ghetto fällt.

Zuschauer, Täter, Retter

Die Frage nach dem Ausmaß der direkten Beteiligung von »ganz normalen« Deutschen an den Tötungshandlungen und die Frage nach den Motiven der Gewalt steht im Zentrum des wohl umstrittensten Buches über den Holocaust der 1990er Jahre. Der amerikanische Politologe Daniel J. Goldhagen argumentierte in seiner Arbeit über »Hitlers willige Vollstrecker«, dass sich eine große Anzahl Deutscher deshalb enthusiastisch an der Ermordung von Juden beteiligt hätte, weil sie von einem »eliminatorischen Antisemitismus« geprägt gewesen sei – ein Antisemitismus, der sich in Deutschland seit Ende des 19. Jahrhunderts ausgebreitet habe.[5] Obgleich die meisten Historiker Goldhagens Thesen als grob vereinfachend und schlecht belegt ablehnten, führte sein Buch dazu, dass eine neue Debatte und zahlreiche neue Forschungsprojekte über die Geschichte der Täter im Vernichtungskrieg und die individuelle Verantwortung für den Holocaust entstanden.

Eine weitere Kontroverse über die Frage, wie viel die Deutschen über das Ausmaß der »Endlösung« wussten, stand im Zusammenhang mit der Goldhagen-Debatte. Nach Kriegsende hatten viele Deutsche fest darauf beharrt, nichts über den systematischen Massenmord an den Juden gewusst zu haben. Die Forschung der letzten Jahre hat jedoch eindringlich gezeigt, wie weit verbreitet die Nachrichten über die Massentötungen auch an der »Heimatfront« waren. Deutsche Soldaten, die Massenerschießungen entweder selbst gesehen oder auf andere Weise davon gehört hatten, beschrieben diese Ereignisse in Briefen an ihre Familien. Viele Offiziere, Beamte und Geschäftsleute mit wirtschaftlichen Beziehungen zu den deutschen Besatzungsbehörden in Osteuropa waren zumindest in Teilen über den Massenmord informiert. An der »Heimatfront« wurde das NS-Regime nicht müde zu betonen, dass die Juden einen hohen Preis für ihre »Untaten« zu zahlen hätten. Die offizielle Propaganda kehrte dabei immer wieder auf Hitlers berüchtigte »Prophezeiung« vom Januar 1939 zurück, in der er im Reichstag angekündigt hatte, ein erneuter Weltkrieg würde zur »Vernichtung« der europäischen Juden führen.[6] Mit Sicherheit gab es viele Deutsche, die solche Andeutungen nicht verstanden oder die über ihren Bekanntenkreis keinen Zugang zu den Gerüchten aus Osteuropa hatten. Die Mehrheit der Deutschen wusste jedoch, dass die Juden in Osteuropa ein schreckliches Schicksal erwartete, auch wenn viele nicht bis ins letzte Detail über die »Endlösung« informiert waren.

Historiker haben in der Vergangenheit die Frage diskutiert, ob nicht direkt beteiligte Dritte – »Zuschauer« oder *bystanders* – mehr hätten bewirken können, um die Juden zu retten. Eine Kontroverse entfachte sich um die Haltung der britischen und der amerikanischen Regierungen. Kritiker wie David Wyman behaupteten, dass beide Länder während der 1930er Jahre eine größere Zahl an jüdischen Flüchtlingen aus Deutschland hätten aufnehmen oder zumindest andere Länder zu einer solchen Flüchtlingspolitik hätten bewegen können. Warum wurde Auschwitz nicht bombardiert, warum wurde das Flächenbombardement nicht in direkten Zusammenhang mit der Ermordung der Juden gestellt?

Schließlich war 1944 die Vernichtung der ungarischen Juden in vollem Gange, und das Lager lag in Reichweite der alliierten Luftstreitkräfte. Für jeden dieser einleuchtenden Anklagepunkte haben Historiker ebenso einleuchtende Gegenargumente gefunden. Im Hinblick auf die Lage jüdischer Flüchtlinge heben sie hervor, dass Großbritannien und die USA so viele Flüchtlinge aufnahmen, wie es ihnen vor dem Hintergrund anhaltend hoher Arbeitslosenquoten möglich erschien. Zudem konnte man weder im Jahr 1938 noch im Jahr 1939 voraussehen, dass die Verfolgungsmaßnahmen gegen Juden in den Massentötungen des Holocaust kulminieren würden. Im Hinblick auf den Vorwurf, Großbritannien und die USA hätten es versäumt, die Bombardierung Deutschlands als Vergeltung für den Massenmord an den Juden zu propagieren, behaupten einige Historiker, dass dies letztlich der NS-Propaganda eher genutzt als dem Regime geschadet hätte. Die Propagandamaschine versuchte unermüdlich, die Deutschen davon zu überzeugen, dass die Juden für den Krieg verantwortlich waren und auch die alliierten Regierungen steuerten. Eine Bombardierung des Vernichtungslagers Auschwitz wäre, ungeachtet aller anderen Probleme, eine äußerst schwierige taktische Operation gewesen, die viele alliierte Piloten das Leben gekostet hätte. Zudem hätte eine solche Aktion die Alliierten vom eigentlichen strategischen Ziel der Bombardierung abgelenkt, nämlich Deutschland so schnell wie möglich in die Kapitulation zu zwingen und so möglichst viele Leben zu retten.

Die schärfste Debatte über die Rolle von »Zuschauern« richtete sich gegen die katholische Kirche, vor allem gegen Papst Pius XII. Der Massenmord an den europäischen Juden fand überwiegend in katholischen Gebieten statt, und viele Täter der »Endlösung« waren Katholiken. Kritiker haben in der Vergangenheit den Vatikan bezichtigt, seine moralische und religiöse Autorität nicht darauf verwendet zu haben, sich gegen den Massenmord zu stellen und so das Leben der Juden zu retten. Der Papst hätte deutlicher Stellung gegen die NS-Judenpolitik beziehen müssen und Katholiken, die sich an antisemitischen Verbrechen beteiligten, mit der Exkommunikation aus der katholischen Kirche drohen sollen. Die Verteidiger Pius' XII. heben hervor, der Papst hätte stille diplomatische Kanäle gegenüber riskanten öffentlichen Gesten bevorzugt und zudem befürchtet, die Deutschen würden den Vatikan besetzen, falls er sich in der Öffentlichkeit gegen sie stellte. Sie weisen ferner darauf hin, dass viele italienische Juden während der versuchten Verhaftung der römischen Juden im Vatikan Zuflucht fanden.

Doch eines bleibt bei allen Kontroversen klar: Auch wenn die Alliierten oder der Vatikan sich so verhalten hätten, wie es ihre Kritiker forderten – die Vernichtung der europäischen Juden wäre kaum anders verlaufen. Die Aufmerksamkeit, die angeblich versäumten Gelegenheiten zur Rettung der Juden zuteil wird, entstammt vor allem dem moralischen Bedürfnis, Lehren aus dem Holocaust zu ziehen, um gegenwärtigen und zukünftigen Völkermorden wirksam entgegentreten zu können. So verständlich ein solches Bedürfnis auch sein mag: Weder sollte es dazu verleiten, unrealistische und letztlich ahistorische Schlussfolgerungen über Rettungsmöglichkeiten während des Holocaust zu ziehen, noch sollte dieses Bedürfnis dazu führen, die Verantwortung für den Holocaust an anderer Stelle zu suchen als dort, wo sie zu finden ist – nämlich im »Dritten Reich« selbst.

Weiterführende Literatur

Bajohr, Frank/Pohl, Dieter, Der Holocaust als offenes Geheimnis. Die Deutschen, die NS-Führung und die Alliierten, München 2006.

Bankier, David (Hrsg.), Probing the Depths of German Antisemitism. German Society and the Persecution of the Jews, 1933–1941, New York [2]2001.

Benz, Wolfgang (Hrsg.), Dimension des Völkermords. Die Zahl der jüdischen Opfer des Nationalsozialismus, München [2]1996.

Benz, Wolfgang (Hrsg.), Die Juden in Deutschland 1933–1945. Leben unter nationalsozialistischer Herrschaft, München [4]1996.

Browning, Christopher R., Ganz normale Männer. Das Reserve-Polizeibataillon 101 und die »Endlösung« in Polen, Reinbek bei Hamburg [6]2005.

Browning, Christopher R., Die Entfesselung der »Endlösung«. Nationalsozialistische Judenpolitik 1939–1942, München [2]2006.

Friedländer, Saul, Das dritte Reich und die Juden, Bd. 1: Die Jahre der Verfolgung 1933–1939, München [3]2007; Bd. 2: Die Jahre der Vernichtung 1939–1945, München [2]2006.

Friedländer, Saul, Den Holocaust beschreiben. Auf dem Weg zu einer integrierten Geschichte, Göttingen 2007.

Gutman, Israel, Resistance. The Warsaw Ghetto Uprising, Boston 1994.

Hilberg, Raul, Die Vernichtung der europäischen Juden, 3 Bde., Frankfurt a. M. [10]2007.

Johnson, Eric A., Der nationalsozialistische Terror. Gestapo, Juden und gewöhnliche Deutsche, Berlin 2001.

Kropat, Wolf-Arno, »Reichskristallnacht«. Der Judenpogrom vom 7. bis 10. November 1938 – Urheber, Täter, Hintergründe, Wiesbaden 1997.

Longerich, Peter, Politik der Vernichtung. Eine Gesamtdarstellung der nationalsozialistischen Judenverfolgung, München 1998.

Longerich, Peter, Davon haben wir nichts gewusst! Die Deutschen und die Judenverfolgung 1933–1945, München [2]2007.

Neufeld, Michael J./Berenbaum, Michael (Hrsg.), The Bombing of Auschwitz. Should the Allies Have Attempted It?, Lawrence, Kan. 2003.

Mommsen, Hans, Auschwitz, 17. Juli 1942. Der Weg zur europäischen »Endlösung der Judenfrage«, München 2002.

Phayer, Michael, The Catholic Church and the Holocaust, 1930–1965, Bloomington [2]2001.

Pohl, Dieter, Die Holocaust-Forschung und Goldhagens Thesen, in: Vierteljahrshefte für Zeitgeschichte 45 (1997), S. 1–48.

Pohl, Dieter, Verfolgung und Massenmord in der NS-Zeit 1933–1945, Darmstadt 2003.

Steinweis, Alan E., Studying the Jew. Scholarly Antisemitism in Nazi Germany, Cambridge, Mass. 2006.

Trunk, Isaiah, Judenrat. The Jewish Councils in Eastern Europe under Nazi Occupation, Lincoln 1996.

Wyman, David S., Das unerwünschte Volk. Amerika und die Vernichtung der europäischen Juden, Frankfurt a. M. 2000.

Entfernung eines Hakenkreuzes
am ehemaligen Verwaltungsgebäude
der Deutschen Arbeitsfront in
Hamburg, 1945

Was bleibt vom »Dritten Reich«?

Der Umgang mit dem Nationalsozialismus im geteilten Nachkriegsdeutschland

CHRISTOPH CLASSEN

Die Nachgeschichte des Nationalsozialismus umfasst mittlerweile einen Zeitraum von über 60 Jahren und dauert damit mehr als fünfmal so lang als das »Dritte Reich« selbst. Es ist daher nicht überraschend, dass der Umgang mit dieser Vergangenheit inzwischen zu einem eigenen Forschungsfeld mit einer kaum noch zu überblickenden Anzahl von Veröffentlichungen geworden ist. Viele Arbeiten aus den 1970er und 1980er Jahren sind dadurch geprägt, dass sie selbst noch in hohem Maße Teil der polarisierten Auseinandersetzung über das Erbe der nationalsozialistischen Vergangenheit waren. In dieser Zeit dominierten daher normative Ansätze, in denen der Umgang der Deutschen mit dem Nationalsozialismus beispielsweise als »zweite Schuld«[1] gedeutet oder umgekehrt die gelungene Demokratisierung der Bundesrepublik als erfolgreiche »Bewältigung« des Nationalsozialismus angesehen wurde.

Mit dem »Ende der Nachkriegszeit« nach der Vereinigung der beiden deutschen Staaten haben sich derartige Deutungsmuster abgeschwächt, und der Umgang der Deutschen mit ihrer Vergangenheit ist in der Zeitgeschichtsforschung zunehmend historisiert worden. Verstärkend hat sich dabei die Etablierung kulturgeschichtlicher Ansätze ausgewirkt. Seitdem wird das Thema als Bestandteil kollektiver Erinnerungsprozesse betrachtet, in dem zwar politische Interessen von großer Bedeutung sind, für die aber langfristig ebenso gesellschaftliche Faktoren wie beispielsweise Generationszugehörigkeit und die wachsende Bedeutung medienvermittelter Geschichtsbilder prägend sind.

Diese neue Akzentsetzung hat das Schwergewicht der Forschung spürbar verschoben: In den Mittelpunkt sind in den letzten Jahren kulturelle Repräsentationen des Nationalsozialismus gerückt, ferner Aspekte kollektiver Erinnerung und öffentlichen Gedenkens einschließlich der symbolischen Formen, in denen sie sich vollziehen. Zweitens gibt es eine Tendenz zu vergleichenden Perspektiven. So ist im Rahmen der Transformationsforschung auch in internationaler Perspektive die Frage nach den Möglichkeiten und Schwierigkeiten des Umgangs mit Diktaturvergangenheiten aufgekommen, zweifellos befördert durch den Niedergang der kommunistischen Staaten.

Die unterschiedlichen Perspektiven spiegeln sich auch in den verwendeten Begriffen. Noch immer trifft man häufig auf die Formel der »Vergangenheitsbewältigung« als Oberbegriff für die Auseinandersetzung mit der nationalsozialistischen Diktatur. Problematisch erscheint an diesem Begriff vor allem seine implizite Botschaft, dass sich Vergangenheit »bewältigen« lasse. Hier schlagen sich zeitgenössische Vorstellungen aus den 1950er und 1960er Jahren nieder, die von einer prinzipiellen Abschließbarkeit der nationalsozialistischen Vergangenheit ausgingen. Wohl um dies zu vermeiden, hat Norbert Frei den Begriff der »Vergangenheitspolitik«[2] eingeführt, der allerdings in einem engeren Sinne auf die Ebene der politisch-justiziellen Maßnahmen zielt. Kulturgeschichtliche Ansätze, die mit Begriffen wie »Erinnerungs-« oder »Geschichtskultur« operieren, richten sich dagegen auf die Ebene der öffentlichen Wahrnehmung und Memorialkultur und betrachten die Zeit des »Dritten Reichs« zudem lediglich als Teilbereich beziehungsweise Spezialfall der Vergegenwärtigung von Vergangenheit. Es empfiehlt sich daher, etwas neutraler und in einem umfassenden Sinne vom »Umgang« oder von der »Auseinandersetzung« mit der NS-Vergangenheit zu sprechen.

Für die Bundesrepublik lassen sich generell fünf unterschiedliche Phasen der Auseinandersetzung mit der NS-Vergangenheit voneinander abgrenzen: Die unmittelbaren Nachkriegsjahre bis 1949 zeichneten sich durch eine mehr oder minder durch die Alliierten erzwungene Auseinandersetzung aus. Danach schloss sich eine stark vom Kalten Krieg und von der noch prekären inneren Konsolidierung der westdeutschen Nachkriegsgesellschaft geprägte Zeit an, die etwa bis zum letzten Drittel der 1950er Jahre reichte.

Darauf folgte eine Phase zunehmender gesellschaftlicher Polarisierung und Auseinandersetzung in den 1960er und 1970er Jahren, in der nicht zuletzt der Einfluss der nachwachsenden, nicht oder kaum mehr persönlich involvierten Generation sowie politisch-institutionelle und zivilgesellschaftliche Emanzipationsprozesse einen veränderten Umgang mit der Vergangenheit bewirkten. Während diese Prozesse noch sehr stark im nationalen Kontext stattfanden, lässt sich ab Ende der 1970er Jahre ein zunehmender Einfluss einer westlich geprägten, supranationalen Erinnerungskultur konstatieren, die die Erinnerung an die jüdischen Opfer in den Mittelpunkt stellt und damit auch den in Deutschland lange vorherrschenden Blick auf die Ursachen und Nachwirkungen des Nationalsozialismus abgelöst hat. Diese Entwicklung setzte bereits vor der deutschen Vereinigung ein und reicht über sie hinaus. Mit dem Ende des Kalten Krieges und der deutschen Teilstaatlichkeit stellte sich gleichwohl auch die Frage nach dem politischen Stellenwert der Erinnerung an die Zeit des »Dritten Reichs« neu.

Die politisch-justizielle Auseinandersetzung

Die politischen und rechtlichen Bedingungen für die Auseinandersetzung der Deutschen mit ihrer nationalsozialistischen Vergangenheit ergaben sich zunächst aus dem totalen Zusammenbruch des Regimes und dem Verlust der nationalen Souveränität im Mai 1945. Bereits auf der Konferenz von Jalta im Februar 1945 hatten sich Stalin, Churchill und Roosevelt auf eine grundlegende politische Säuberung Deutschlands nach Kriegsende geeinigt, die einerseits durch die Anklage und Verurteilung deutscher Kriegsverbrecher, andererseits durch die vollständige Eliminierung des Nationalsozialismus und des deutschen Militarismus aus dem öffentlichen Leben vollzogen werden sollte.

Ersteres wurde nach Kriegsende mit den Mitteln des Strafrechts in den »Nürnberger Prozessen« umgesetzt. Zunächst fand von Herbst 1945 bis Herbst 1946 der Prozess gegen die überlebende Staatsspitze statt, der noch auf vergleichsweise große Aufmerksamkeit in der deutschen Öffentlichkeit stieß. Für die sogenannten »Nürnberger Nachfolgeprozesse« der späten 1940er Jahre gegen die Funktionseliten in Politik, Wirtschaft, Militär sowie Verwaltung, Justiz und Gesundheitswesen galt dies weit weniger. Ein Problem war dabei, dass die unter alliierter (später nur noch amerikanischer) Regie durchgeführten Verfahren von den Deutschen vielfach als »Siegerjustiz« wahrgenommen wurden und ihre Legalität unter Hinweis auf das sogenannte »Rückwirkungsverbot«[3] angezweifelt wurde, obwohl sich die Alliierten – nicht ohne interne Meinungsverschiedenheiten – um eine Prozessführung nach rechtsstaatlichen Prinzipien bemüht hatten. Dementsprechend fielen auch die Urteile unterschiedlich aus: Während im Hauptkriegsverbrecherprozess die Mehrzahl der Angeklagten zum Tode verurteilt worden war, traf dies für die Folgeprozesse nur noch auf eine Minderheit zu. Vor allem aber profitierten viele der zumeist schwer belasteten Täter, die zu Haftstrafen verurteilt wurden, von der weitreichenden Begnadigungspraxis in den 1950er Jahren und kamen oft schon nach kurzer Haft wieder frei. Der Versuch einer umfassenden strafrechtlichen Ahndung der Verbrechen des NS-Regimes blieb somit durch die ungünstigen Rahmenbedingungen in seiner Wirkung begrenzt.

Mehr noch gilt dies für das zweite Instrument der Alliierten zur politischen Säuberung, das auf breitere gesellschaftliche Schichten zielte, die Entnazifizierung. Sie ist rückwirkend als »Mitläuferfabrik« (Lutz Niethammer) bezeichnet worden, was darauf anspielt, dass zumindest in der amerikanischen Zone die ganz überwiegende Anzahl der Spruchkammerverfahren ohne Konsequenzen für die Betreffenden blieb, weil sie mit der Einstufung in die untersten Kategorien »Minderbelastete«, »Mitläufer« oder »Entlastete« endeten. Die wichtigsten Gründe dafür lagen einerseits in dem kaum einzulösenden Anspruch des Vorhabens, im Grunde die gesamte deutsche Gesellschaft auf ihre Verstrickung in den Nationalsozialismus zu überprüfen, andererseits auch hier in den gesellschaftlichen Widerständen. Beides machte es erforderlich, die Verfahren weitgehend in deutsche Hände zu legen, was die Verurteilungsquote drastisch senkte. An der Unpopularität des

Verfahrens in der Bevölkerung änderte dies freilich wenig. Hinzu kam, dass man ursprünglich die Bagatellfälle vorgezogen hatte, um den Betroffenen eine schnelle Wiedereingliederung ins Arbeitsleben zu ermöglichen. Als die Entnazifizierung 1949 unter dem Eindruck des Kalten Krieges vorzeitig beendet wurde, profitierten davon vor allem die stärker Belasteten.

Anders war die Situation in der Sowjetischen Besatzungszone (SBZ). Hier verfolgten die sowjetischen Machthaber zunächst eine Politik der gründlichen Entnazifierung. Die Zahl der Internierten und von Gerichten Verurteilten war ungleich höher als in den Westzonen. Erst nach und nach konnte sich die kommunistische deutsche Führung mit ihrem Interesse durchsetzen, großen, formal belasteten Gruppen wie den ehemaligen NSDAP-Mitgliedern und den Offizieren der Wehrmacht Integrationsangebote zu machen. Der Preis für die konsequentere Verfolgung war jedoch hoch: Entnazifizierung und politische Umgestaltung unter kommunistischen Vorzeichen waren eng miteinander verwoben. Viele Unschuldige und Gegner des sozialistischen Umbaus von Staat und Gesellschaft gerieten so in die Mühlen der politischen Säuberungen. Etwa ein Drittel der Internierten starb aufgrund der schlechten Haftbedingungen. Von rechtsstaatlichen Verfahrensgrundsätzen konnte keine Rede sein; nicht selten ergingen drakonische Urteile in Schnellverfahren ohne formale Anklage, ohne Beweiserhebung und ohne jedes Recht auf Verteidigung.

Die Phase der von den Alliierten oktroyierten Auseinandersetzung mit der Vergangenheit, deren Wirkung aufgrund der deutschen Widerstände ohnehin begrenzt blieb, neigte sich mit der Gründung der beiden deutschen Staaten 1949 ihrem Ende zu. Spürbar schlug nun das Bemühen um die gesellschaftliche Integration der noch kaum konsolidierten Nachkriegsgesellschaften in den beiden konkurrierenden Teilstaaten durch. Begünstigt wurde dies durch den inzwischen offen ausgetragenen Kalten Krieg mit der Sowjetunion und den Vereinigten Staaten als Hauptakteuren. Auf beiden Seiten rückte das Interesse an loyalen deutschen Verbündeten gegenüber der konsequenten Verfolgung der NS-Täter in den Vordergrund.

In der Bundesrepublik setzte sich unter diesen Bedingungen über die Parteigrenzen hinweg zeitweise ein Klima der Revision alliierter Entnazifizierungsmaßnahmen durch, das in weitreichenden Amnestierungs- und Begnadigungsakten, der Rehabilitierung und Wiedereinstellung der zuvor entlassenen Staatsbediensteten und einer großzügigen Versorgungsgesetzgebung für die deutschen Kriegsopfer seinen Ausdruck fand. Selbst schwer belastete Täter konnten wieder in ihre vormaligen Positionen zurückkehren. Bisweilen übersehen wird allerdings, dass diese Phase an populären Erwartungen orientierter Vergangenheitspolitik mit einer deutlichen Abgrenzung vom NS-Regime einherging: Schon die außenpolitischen Interessen, namentlich die angestrebte Westintegration, setzten noch weitergehenden Forderungen – etwa nach einer Generalamnestie – Grenzen. Aber auch nach innen bedurfte die Bundesrepublik als staatliche Neugründung der symbolischen Pflege des anti-nationalsozialistischen Konsenses. Am deutlichsten kam dies im Verbot der neonazistischen Sozialistischen Reichspartei (SRP) durch das Bundesverfassungsgericht und dem Bekenntnis zum Widerstand des 20. Juli 1944 im Braunschweiger Remer-Prozess 1952 zum Ausdruck.

Diese Ambivalenz prägte ebenfalls die sogenannte Wiedergutmachung nationalsozialistischen Unrechts. Der Begriff ist problematisch, denn zum einen handelt es sich um einen Sammelbegriff, unter dem ganz unterschiedliche Komplexe wie die materielle Rückerstattung von Eigentum, Entschädigungsleistungen für erlittenes Unrecht und die Rehabilitierung zu Unrecht Bestrafter zusammengefasst werden. Mehr noch mag aus heutiger Sicht angesichts der Monstrosität der Verbrechen seine verharmlosende Tendenz stören; in den 1950er Jahren wurde der Begriff dagegen gerade auch von den Befürwortern entsprechender Leistungen für die Opfer ganz selbstverständlich benutzt. Ähnlich wie auf anderen Feldern gaben auch im Bereich der Rückerstattung und Entschädigung zunächst die Alliierten weitgehend den Rahmen vor und verabschiedeten entsprechende Gesetze. Die erste Bundesregierung unter Konrad Adenauer nahm sich dagegen der Regelung von einheitlichen Entschädigungsleistungen für Verfolgte erst nach anfänglichem Zögern an. Eine für die Zeit typische Mischung aus außenpolitischem Kalkül, Einsicht in die moralische Notwendigkeit, innenpolitischen Rücksichtnahmen und nicht zuletzt fiskalischen Überlegungen vermengten sich zu einem nicht leicht zu entflechtenden Motivationshintergrund. Charakteristisch war die Annahme einer »Opfergemeinschaft«, in der die NS-Verfolgten nur eine Gruppe neben den (deutschen) Kriegsopfern, den Vertriebenen und anderweitig Geschädigten bildete.

In den Vordergrund rückte zunächst der Ausgleich mit Israel im Luxemburger Abkommen von 1952, das Zahlungen von drei Milliarden DM an den Staat Israel und 450 Millionen DM an die Jewish Claims Conference als Vertretung der außerhalb Israels lebenden verfolgten Juden vorsah. 1953 folgte das Bundesergänzungsgesetz, das den aus rassischen, politischen oder religiösweltanschaulichen Gründen Verfolgten auf Antrag bundeseinheitlich individuelle Entschädigungsleistungen zubilligte. Es wurde 1956 zum Bundesentschädigungsgesetz (BEG) und 1965 zum Bundesentschädigungs-Schlussgesetz novelliert, wobei der Kreis der Anspruchsberechtigten jeweils erheblich ausgeweitet wurde. Der größte Teil der geleisteten finanziellen Entschädigungen – vor allem Rentenzahlungen – beruht auf dieser Gesetzgebung. Da die Leistungen im Wesentlichen auf Deutsche begrenzt waren, schloss die Bundesregierung zwischen 1959 und 1964 mit elf westeuropäischen Ländern Abkommen über globale Zahlungen in Höhe von insgesamt 876 Millionen DM, die zur Entschädigung der Verfolgten in diesen ehemals besetzten Ländern dienen sollten.

Umstritten ist bis heute die Beurteilung der Wiedergutmachung. Die Kritik entzündete sich einerseits daran, dass diverse Opfergruppen lange ausgeschlossen blieben. Vieles, was heute als NS-Unrecht anerkannt ist, galt seinerzeit als »Nebenfolge« des Krieges und wurde nicht kompensiert. Entschädigungen für die Verfolgten in Osteuropa und die Millionen Zwangsarbeiter gab es erst nach dem Ende des Kalten Krieges; sie kamen damit für viele zu spät. Problematisch erscheinen auch die kleinliche, bisweilen skandalöse Verwaltungspraxis im Umgang mit den Ansprüchen der Opfer und die aus heutiger Sicht teilweise beschämend niedrigen Entschädigungssummen. Allerdings waren die finanziellen Spielräume der jungen Bundesrepublik noch gering und die Grenzlinien des »Eisernen Vorhangs« kaum zu überwinden. Generell muss man sich klarmachen, dass angesichts der Dimension des erlittenen Unrechts die materielle Wiedergutmachung zwangsläufig an enge Grenzen stieß.

Die eingangs skizzierten Phasen im Umgang mit der Vergangenheit prägten schließlich auch die strafrechtlichen Verfahren, die in ihrer Hochphase während der 1960er und 1970er Jahre geradezu als Inbegriff des bundesrepublikanischen Umgangs mit der Diktaturvergangenheit galten. Vorangegangen war auch hier eine Phase in den 1950er Jahren, in der die ursprünglich von den Alliierten initiierte Strafverfolgung nahezu zum Erliegen kam. Die Abwehr gegenüber den als Zumutung empfundenen Maßnahmen von außen, die Konzentration auf die vermeintlich aktuelle Bedrohung durch den Kommunismus und die praktisch ausgebliebene Säuberung des Justizapparates sorgten zunächst dafür, dass der immer wieder geforderte »Schlussstrich« hier vorübergehend beinahe zur Realität wurde.

Bezeichnend ist, dass das erste größere Strafverfahren vor einem deutschen Gericht, der sogenannte »Ulmer Einsatzgruppenprozess« von 1958, in Gang kam, als einer der Angeklagten seine Wiedereinstellung in den öffentlichen Dienst erstreiten wollte. Erst dadurch wurde seine Beteiligung an Massenerschießungen von Juden offenbar. Zwar entstand durch diesen Prozess ein öffentliches Problembewusstsein für die noch kaum gesühnten Verbrechen, und im selben Jahr wurde in Ludwigsburg eine »Zentrale Stelle der Landesjustizverwaltungen zur Aufklärung nationalsozialistischer Verbrechen« gegründet. Dahinter stand jedoch die Vorstellung, die Strafverfolgung nun rasch abschließen zu können, noch vor der Verjährung von Totschlagsdelikten im Jahr 1960. Dies sollte sich nicht nur wegen der Anzahl der Straftaten als illusorisch erweisen, sondern auch wegen der überaus komplizierten Ermittlungen und Beweisführungen. Tatsächlich erstreckten sich die Verfahren, darunter die beiden sogenannten Auschwitz-Prozesse in

Frankfurt am Main (1963–1966) und der Düsseldorfer Majdanek-Prozess (1975–1981), noch über Jahrzehnte.

Gemessen an der relativ hohen Zahl von Beschuldigten (circa 106 500), blieb die Zahl der rechtskräftig Verurteilten mit rund 6500 (Stand 1. Januar 2006) gering, ebenso wie in den meisten Fällen das Strafmaß. Hinzu kam das Problem der Verjährung. Bereits 1960 war für Totschlagsdelikte die Verjährung eingetreten, danach konnten nur noch Morde geahndet werden. Auch diese besonders schweren Fälle wären 20 Jahre nach Kriegsende verjährt, hätte nicht der Bundestag nach sehr kontroversen Debatten diese Frist zweimal verlängert, bevor 1979 die Verjährung von Mord generell aufgehoben wurde.

So offenkundig die geringe Bereitschaft der Justiz in der frühen Bundesrepublik war, sich dieses dunklen Kapitels anzunehmen, so deutlich treten auf der anderen Seite die Grenzen des Strafrechts im Umgang mit staatlich sanktionierten Massenverbrechen zutage: Recht ist immer auf individuelle Fälle von krimineller Abweichung gerichtet und behandelt diese repressiv. Massenverbrechen lassen sich damit nur unvollkommen ahnden, geschweige denn angemessen aufarbeiten.

Wegen NS-Verbrechen rechtskräftig Verurteilte durch deutsche Gerichte 1945–2007[4]

	1945 bis 1949	1950 bis 1959	1960 bis 1969	1970 bis 1979	seit 1980	insgesamt
Bundesrepublik/	4 419	1 550	288	189	52	6 498
Westzonen	13 607*	17 956*				106 496*
DDR/SBZ	8 059	4 717	54	40	18	12 888
	33 654*					

* Eingeleitete Ermittlungsverfahren. Nicht erfasst sind Verfahren der alliierten Gerichtsbarkeit.

Neue Herausforderungen ergaben sich für die Politik mit dem Zusammenbruch des Ostblocks und der deutschen Wiedervereinigung 1989/90. Der Zwei-plus-Vier-Vertrag, den die beiden deutschen Staaten zur Erlangung der vollständigen Souveränität des wiedervereinigten Deutschlands mit den alliierten Siegermächten schlossen, beinhaltet die endgültige Abtretung der inzwischen polnischen Gebiete im Osten. Ausgeschlossen blieb hingegen die Frage von Reparationszahlungen, die man beim »Londoner Schuldenabkommen« 1953 bis zum Abschluss eines Friedensvertrages ausgesetzt hatte. Stattdessen wurden ab 1991, wie dreißig Jahre zuvor bereits mit den westeuropäischen Staaten, nun mit zahlreichen osteuropäischen Ländern globale Zahlungen zur Entschädigung der dort noch lebenden Opfer vereinbart. Ferner kam es in den Jahren zwischen 2001 und 2007 in größerem Umfang zur materiellen Entschädigung der überlebenden, überwiegend osteuropäischen Zwangsarbeiter. Daran beteiligte sich über einen Fonds auch die deutsche Wirtschaft. Bei diesem Engagement dürften in den USA vorbereitete Sammelklagen gegen deutsche Unternehmen, mehr noch aber der befürchtete Image-Schaden für einzelne Unternehmen eine bedeutende Rolle gespielt haben. Daran lässt sich ablesen, wie sehr der Umgang mit der nationalsozialistischen Vergangenheit durch den Globalisierungsschub der 1990er Jahre verändert wurde.

Erinnerungskultur und gesellschaftliche Auseinandersetzung

Der Prozess einer schrittweisen »Internalisierung«[5] der Vergangenheit im Bereich von Politik und Justiz kann nur im Kontext der gesamtgesellschaftlichen Auseinandersetzung verstanden werden. In der unmittelbaren Nachkriegszeit wirkten sich die chaotischen Verhältnisse der »Zusammenbruchgesellschaft«[6] denkbar ungünstig auf eine selbstkritische Auseinandersetzung mit dem nationalsozialistischen Unrechtsregime aus. Für viele stand zunächst der individuelle Kampf ums Überleben im Vordergrund. Zudem begünstigte die Konstellation der Besatzungsherrschaft in den ersten Nachkriegsjahren das Entstehen einer innerdeutschen Solidaritäts- und Erfahrungsgemeinschaft, die in ihrer Frontstellung gegen die Alliierten auch als Fortleben der nationalsozialistischen

Volksgemeinschaftsideologie gedeutet werden kann. Eine zumindest halbwegs selbstkritische Auseinandersetzung mit Schuld und Verantwortung, wie sie das »Stuttgarter Schuldbekenntnis« der Evangelischen Kirche vom Oktober 1945 darstellt, bildete daher in der öffentlichen Debatte der Nachkriegszeit die Ausnahme und blieb – wenn überhaupt – auf die hochkulturelle Publizistik beschränkt. Weitaus populärer war die Abwehr der sogenannten Kollektivschuldthese, die eine kollektive Schuld und Bestrafung der Deutschen propagierte, in der tatsächlichen Politik der Alliierten aber kaum eine Rolle spielte.

Unter diesen Bedingungen stieß auch die sogenannte *Re-Education*-Politik, also die Bemühungen der Besatzungsmächte, über die vom »Dritten Reich« verübten Verbrechen aufzuklären und eine politische Umorientierung der Bevölkerung herbeizuführen, kaum auf Zustimmung. Erreicht werden sollte dies zunächst durch die zwangsweise Konfrontation mit den Verbrechen des Regimes, unter anderem durch großangelegte Plakat-Aktionen und Kampagnen in Presse, Rundfunk und Film. Mittelfristig verlagerte sich das Gewicht allerdings auf strukturelle Maßnahmen wie Versuche, die Umgestaltung des Bildungs- und Mediensystems zu beeinflussen sowie auf freiwillige Angebote im Bereich der politischen Bildung, darunter Stipendien- und Austauschprogramme mit den Vereinigten Staaten. Während solche Programme einen wichtigen Beitrag zur kulturellen und politischen »Westernisierung«[7] der jüngeren Kriegsteilnehmer- und Kriegsjugendgeneration leisteten, war die *Re-Education*-Politik hinsichtlich ihrer kurzfristigen Wirkungen weit weniger erfolgreich. Zwar galt der Nationalsozialismus nach dem militärischen Zusammenbruch auch bei den meisten Deutschen als desavouiert. Aber dies schloss die Anerkennung eigener Mitverantwortung oder gar Schuld nicht ein. Stattdessen prägten Relativierungen, die Delegation aller Verantwortung auf Hitler und den kleinen Kreis seiner engsten Vertrauten sowie eine Tendenz zur Aufrechnung gegen vermeintliches Unrecht der Alliierten den zeitgenössischen Diskurs.

Prägend für die damalige Erinnerungskultur waren nicht die Verbrechen während des Nationalsozialismus, sondern die eigenen, oft traumatischen Erfahrungen des Krieges. Seinen öffentlichen Ausdruck fand der Spagat zwischen weitreichender gesellschaftlicher Verantwortungsabwehr einerseits und politisch gebotener Distanzierung vom Nationalsozialismus andererseits in der Etablierung eines Geschichtsbildes, das vor allem die deutschen Opfer wahrnahm – ablesbar etwa an der 1950 eingeführten zentralen Gedenkstunde zum Volkstrauertag im Bundestag, deren Ritus die deutschen Kriegstoten in den Mittelpunkt rückte. Die Deutschen selbst waren nach dieser Lesart das prominenteste Opfer des Nationalsozialismus. Die Opfer der Verfolgung wurden dagegen ebenso selten thematisiert wie die tatsächliche Unterstützung der nationalsozialistischen Politik durch die Mehrheit der Deutschen. Stattdessen wurden die NS-Herrschaft und speziell Hitler häufig in metaphysischen, bisweilen dämonisierenden Kategorien gefasst, als eine Art Schicksalsschlag, der von außen über die Deutschen gekommen sei. Dazu gehört auch die offizielle Rehabilitierung der Widerstandskämpfer des 20. Juli 1944, die seinerzeit noch vielfach als »Vaterlandsverräter« galten. Ab Mitte der 1950er Jahre wurden sie zu Märtyrern der demokratischen Bundesrepublik mystifiziert, weil sich so die Distanzierung vom NS-Regime mit einer positiven, nationalen Traditionslinie verbinden ließ.

Das ergänzende Element zur Abgrenzung von der nationalsozialistischen Vergangenheit bildete der Antikommunismus als Teil antitotalitärer Ordnungsvorstellungen im Kalten Krieg. Die Distanzierung vom Nationalsozialismus geschah damit zugleich auch vor der Folie der vermeintlich »aktuellen« Bedrohung aus dem Osten. So konnte an überkommene antislawische Stereotype angeknüpft werden, und indirekt schien auch der Angriffskrieg gegen die Sowjetunion als Feind des »christlichen Abendlandes« noch immer gerechtfertigt. Dies stärkte unter den ehemaligen Wehrmachtsangehörigen diejenigen, die keinen Anlass zu einer selbstkritischen Haltung gegenüber der Vergangenheit sahen. Wer dagegen zu dieser Zeit auf nationalsozialistische Belastungen hinwies, sah sich schnell dem Vorwurf ausgesetzt, die Sache des Ostens zu betreiben.

Es gehört zu den Mythen der Studentenbewegung, dass erst sie es gewesen sei, die der Bundesrepublik Ende der 1960er Jahre zu einer Reflexion über ihre nationalsozialistische Vergangenheit verholfen habe. In Wirklichkeit begann der auf dem antikommunistischen Abwehrreflex, den Integrations- und Legitimationsbemühungen sowie den sozialpsychologischen Bedürfnissen der Tätergesellschaft gründende Schweigekonsens über die NS-Verbrechen deutlich eher zu erodieren, nämlich bereits Ende der 1950er Jahre. Entscheidend war, dass die Bundesrepublik zu dieser Zeit bereits einen so breiten legitimatorischen Rückhalt hatte, dass innere Auseinandersetzungen über die jüngste Vergangenheit sie kaum mehr existentiell gefährden konnten. Hinzu kam ein generationelles Moment: Immer mehr übernahmen nun Angehörige der in den 1930er und 1940er Jahren geborenen Jahrgänge, die sich dem Thema ohne nennenswerte Primärerinnerung und persönliche Schuldgefühle nähern konnten, Funktionen in Medien, Justiz und Politik.

Charakteristisch für die 1960er Jahre war die Zunahme von Skandalen um NS-Belastungen bekannter Persönlichkeiten und eine damit verbundene Polarisierung der Standpunkte. Beispielsweise verabreichte die Aktivistin Beate Klarsfeld Bundeskanzler Kiesinger 1968 öffentlich eine Ohrfeige, um damit auf dessen Vergangenheit als NSDAP-Mitglied aufmerksam zu machen. Zwar wurden kritische Positionen nun zunehmend geäußert, sie sahen sich aber häufig großer Ignoranz und Rechtfertigungsversuchen besonders der älteren, involvierten Generation gegenüber, die ungebrochene nationalsozialistische und antisemitische Einstellungen erkennen ließ. Von einer geradlinigen Revision des Geschichtsbildes kann daher keine Rede sein. Gleichwohl stellten diese Kontroversen einen wichtigen Schritt auf dem Weg zu einer gesellschaftlichen Aneignung der jüngsten Vergangenheit dar. Die Transformation der politischen Kultur hin zu einem tendenziell kritischen Umgang mit der eigenen Vergangenheit erscheint rückwirkend nicht zuletzt als Resultat einer Abfolge von politischen Konflikten. Daran hatte gewiss auch die Studentenbewegung Ende der 1960er Jahre ihren Anteil, indem sie Kontinuitäten im Bereich der Eliten skandalisierte. Zugleich behinderte ihr häufig pauschaler Faschismus-Vorwurf eine fundierte inhaltliche Auseinandersetzung, so dass es in dieser Zeit in der Bundesrepublik noch kaum zu einer Beschäftigung mit den Ursachen des Holocaust und mit seinen Opfern kam.

Aber auch abseits von Skandalen und außerparlamentarischer Opposition veränderte sich das Verhältnis zur Vergangenheit. Entscheidend war, dass mit der Zementierung der deutschen Teilung ab Anfang der 1960er Jahre das Bedürfnis nach einem eigenständigen, historisch fundierten republikanischen Selbstverständnis jenseits schlichter Abgrenzung von der DDR entstand. Dieses Bedürfnis bediente nicht zuletzt die Geschichtsschreibung. Deutungen, die den Nationalsozialismus als eine Art »Fremdkörper« aus der ansonsten »intakten« deutschen Nationalgeschichte ausgrenzten, gerieten nun in den Hintergrund, und stattdessen suchte man die Ursachen im 19. und frühen 20. Jahrhundert. Umstritten blieb jedoch das Selbstverständnis der Bundesrepublik nach 1945: Während von linksliberaler Seite der Nationalsozialismus zum zentralen (negativen) Bezugspunkt der politischen Kultur der Bundesrepublik erklärt wurde, bestanden konservative Intellektuelle und Politiker auf einer antitotalitären, gleichermaßen gegen Kommunismus und Nationalsozialismus gerichteten Identität. Die Auseinandersetzung kulminierte im sogenannten Historikerstreit von 1986/87, bei dem es nur vordergründig um historische Fakten und ihre Bewertung ging, tatsächlich jedoch genau um die politische Frage des nationalgeschichtlichen Bezugspunkts, die wissenschaftlich nicht zu entscheiden war. Parallel dazu vollzog sich in den 1970er und 1980er Jahren eine Aneignung der Geschichte »von unten«, die Entdeckung der lokalen und regionalen Geschichte, des Alltags und der Erfahrungen. Wichtige Berufsgruppen, Firmen und Institutionen wie beispielsweise die Universitäten begannen, ihre Vergangenheit zu durchleuchten. Erst dadurch wurde der Nationalsozialismus als gesellschaftliches Phänomen in seiner ganzen Breite erkennbar, als Bewegung, die von vielen aktiv unterstützt oder deren Politik zumindest loyal hingenommen worden war.

Eine Voraussetzung für diese Entwicklung war nicht zuletzt die seit den 1970er Jahren zunehmende Bedeutung des Fernsehens und anderer grenzüberschreitender Medien. Die US-amerikanische Fernsehserie »Holocaust« erzielte 1979 in der westdeutschen Öffentlichkeit große Resonanz, hauptsächlich weil sie (fiktive) Schicksale von einzelnen jüdischen Opfern in den Mittelpunkt stellte. Die Entstehung einer transnational orientierten Medienöffentlichkeit trug so maßgeblich dazu bei, die Aufmerksamkeit der Deutschen, die lange auf den Krieg und seine Folgen sowie die Entstehungsgeschichte des Nationalsozialismus fixiert war, in Richtung auf die Opfer der Verfolgungen zu lenken. Erst jetzt traten – unterstützt durch den generationellen Wandel – auch in Deutschland der Massenmord an den europäischen Juden und seine Opfer ins Zentrum der Wahrnehmung der NS-Vergangenheit.

Antifaschismus in der DDR

Die DDR entwickelte ein eigenes Verhältnis zur nationalsozialistischen Vergangenheit, in dessen Mittelpunkt der staatsoffizielle Antifaschismus stand. Entscheidend war dafür ein in erster Linie ökonomisches Verständnis von »Faschismus«, der als vorläufiger Sieg des Kapitals im sich zuspitzenden »Klassenkampf« gedeutet wurde. Das NS-Regime war demnach zwar ein extremes Beispiel für faschistische Herrschaft, zugleich konnten aber kapitalistische Systeme dieser Interpretation zufolge jederzeit in faschistische umschlagen, weil die Macht des Kapitals mehr oder minder offen fortbestand. Umgekehrt begriff sich die DDR als »antifaschistischer« Staat, weil sie mit der Vergesellschaftung der Produktionsmittel auch den »Klassenkampf« zugunsten des Proletariats entschieden und allen faschistischen Bestrebungen den Boden entzogen habe.

Diese Sichtweise hatte auf allen Ebenen des Umgangs mit der nationalsozialistischen Vergangenheit Folgen: So privilegierte die Wiedergutmachungspolitik die kommunistischen Kämpfer und knüpfte die Anerkennung als »Opfer des Faschismus« (OdF) an die Unterstützung der SED-Politik in der Gegenwart. Zu einer Rückerstattung enteigneten (jüdischen) Privateigentums kam es in der DDR unter anderem deshalb nicht, weil man darin ein Hemmnis beim Aufbau einer sozialistischen Wirtschaftsordnung sah. Spätestens mit der sogenannten Phase des »Aufbaus des Sozialismus« ab 1952 betrachtete man den Faschismus in der DDR endgültig als »bewältigt«. Unter anderem fand seitdem auch in der DDR nahezu keine Strafverfolgung mehr statt; und anders als in der Bundesrepublik sollte sich dies auch später nicht mehr ändern. In der Nachkriegszeit glichen sich DDR und Bundesrepublik im Hinblick auf die Abwehr einer konkreten Auseinandersetzung mit der Vergangenheit jedoch stärker als häufig angenommen.

Zugleich eignete sich die Berufung auf die Vergangenheit dazu, die kommunistische Politik der revolutionären Umgestaltung als vermeintlich einzige konsequente Bewältigung des Nationalsozialismus zu legitimieren. Erfahrungen des totalen Zusammenbruchs, die unbeschreiblichen Verbrechen und die damit verbundene Diskreditierung der bisherigen Ordnung ließen radikale Maßnahmen für viele als berechtigt erscheinen. Der Antifaschismus ist daher als »Gründungsmythos der DDR«[8] bezeichnet worden, der ihr ein hohes Maß an moralischer Legitimität verschaffte und zumindest bei Teilen der Bevölkerung dazu beigetragen hat, ihren Charakter als sowjetischer Satellitenstaat zu überdecken. Stärker noch als der westliche Antitotalitarismus aktualisierte der Begriff des Faschismus die Wahrnehmung der Geschichte und übertrug sie auf die gegenwärtigen Fronten im Kalten Krieg: Besonders in den 1950er und 1960er Jahren wurden die Bundesrepublik und der Westen, zum Teil mit gefälschten Dokumenten, als Hort alter und neuer Faschisten dargestellt, die nur darauf warten würden, wieder offen die Macht zu übernehmen.

Die zentrale Stellung, die das antifaschistische Selbstverständnis für die kommunistische Führung und den Staat insgesamt einnahm, führte dazu, dass das damit verbundene Geschichtsbild politisiert und hochgradig kontrolliert war und sich stets an übergeordneten Interessen orientierte. Das betraf etwa die Rolle

der Sowjetunion, die entsprechend ihrer Funktion als Hege-
moniemacht stets nur als »Befreier« und »Freund« der Deutschen
interpretiert wurde. Die Gewaltakte im Zuge der Besetzung
Deutschlands waren ebenso tabuisiert wie der deutsch-sowjetische
Nichtangriffspakt von 1939. Andere Folgen waren die Überhöhung des kommunistischen Widerstandes und der geringe Stellenwert der rassischen Verfolgung und des Antisemitismus in der
Erinnerungslandschaft. Der Preis für die Staatszentriertheit des
Antifaschismus lag nicht nur in Verengungen des Geschichtsbildes. Verhindert wurde dadurch in der DDR langfristig eine offene,
kontrovers geführte gesellschaftliche Auseinandersetzung mit der
nationalsozialistischen Vergangenheit.

Die Gegenwart des Nationalsozialismus in der
»Berliner Republik«

Auch nach 1990 bildet die Erinnerung an die Verbrechen des Nationalsozialismus einen, wenn nicht *den* zentralen Bezugspunkt
der politischen Kultur in Deutschland. Obwohl mit dem Ende der
DDR und der daraus resultierenden »doppelten« Diktatur-Ver-
gangenheit die Totalitarismus-Konzeption vorübergehend wieder
auflebte, bestätigten sich Bedenken, dies würde zu einer Relativierung des Nationalsozialismus führen, nicht. Anders als noch vor
1990 ist im Gegenteil zu beobachten, dass sich über den Stellenwert des Nationalsozialismus und die prinzipielle Unabschließ-
barkeit des Erinnerns und Gedenkens inzwischen ein Konsens
aller demokratischen Parteien von den Linken bis zu den Konservativen gebildet hat. Manifestiert hat sich dies beispielsweise in der
Entscheidung über das ursprünglich von privater Seite initiierte
Denkmal für die ermordeten Juden Europas, dessen Bau der Bundestag 1999 mit großer Mehrheit und Zustimmung aus allen Fraktionen beschlossen hat.

Die Gedenkpolitik reagiert damit aber auch auf die anhaltende, sich anscheinend immer noch verstärkende Präsenz des
Themas in der Erinnerungskultur. Das gilt nicht nur für die Feuil-

letons der großen Tages- und Wochenzeitungen, sondern in ihrer Reichweite noch weit bedeutender sind Fernsehen, Film und inzwischen das Internet. Sie bilden gemeinsam eine zunehmend visuell geprägte Öffentlichkeit, die durch Kommerzialisierung, internationale Vernetzung und Konkurrenz um Aufmerksamkeit gekennzeichnet ist. Die Geschichte des »Dritten Reichs« ist darin zu populärkulturellem Allgemeingut geworden, zu einem Stoff, der sich gut vermarkten lässt. Aufmerksamkeit scheint angesichts des Gewaltcharakters des Regimes garantiert, vorausgesetzt die Geschichten über Krieg, Verfolgung und Widerstand werden nur entsprechend eingängig und emotional inszeniert.

Die Gefahren, die damit einhergehen, dürften langfristig weniger in einer Relativierung der deutschen Verantwortung für die historischen Verbrechen liegen, auch wenn die Re-Thematisierung der deutschen Opfer des Bombenkrieges und der Vertreibungen nach 1990 vielfach so wahrgenommen wird. Auf lange Sicht problematischer erscheint die Entwicklung zur Entkonkretisierung der Vergangenheit, zur Ablösung der Bilder und Geschichten von ihren historischen Kontexten. Der Nationalsozialismus droht dabei zu einer mehr oder minder austauschbaren Metapher für alles Böse zu werden. Diese Tendenz ergibt sich auch aus den Zwängen kommerziell erfolgreicher und international verwertbarer Medienproduktionen, die für ganz unterschiedliche Öffentlichkeiten anschlussfähig sein müssen. Und sie wird nicht zuletzt unterstützt durch den generationellen Wandel, also das Verschwinden der letzten Zeitzeugen und die zunehmende zeitliche Distanz der Nachwachsenden zum Geschehen. Die Dauerrepräsentanz des Nationalsozialismus in Gedenkkultur und Erinnerungspolitik kann daher paradoxerweise mit dem Verblassen von konkretem Wissen über diese Vergangenheit Hand in Hand gehen.

Bergmann, Werner, Antisemitismus in öffentlichen Konflikten. Kollektives Lernen in der politischen Kultur der Bundesrepublik 1949–1989, Frankfurt a. M. 1997.

Danyel, Jürgen (Hrsg.), Die geteilte Vergangenheit. Zum Umgang mit Nationalsozialismus und Widerstand in beiden deutschen Staaten, Berlin 1995.

Eitz, Thorsten/Stötzel, Georg, Wörterbuch der »Vergangenheitsbewältigung«, Hildesheim 2007.

Frei, Norbert, Vergangenheitspolitik. Die Anfänge der Bundesrepublik und die NS-Vergangenheit, München ²2003.

ders., 1945 und wir. Das Dritte Reich im Bewußtsein der Deutschen. München ²2005.

Goschler, Constantin, Schuld und Schulden. Die Politik der Wiedergutmachung für NS-Verfolgte seit 1945, Göttingen 2005.

Herbert, Ulrich, Best. Biographische Studien über Radikalismus, Weltanschauung und Vernunft 1903–1989, Bonn 2001.

Herf, Jeffrey, Zweierlei Erinnerung. Die NS-Vergangenheit im geteilten Deutschland, Berlin 1998.

Hockerts, Hans Günter, Wiedergutmachung in Deutschland. Eine historische Bilanz 1945–2000, in: Vierteljahrshefte für Zeitgeschichte 49 (2001), S. 167–214.

Jeismann, Michael, Auf Wiedersehen Gestern. Die deutsche Vergangenheit und die Politik von morgen, Stuttgart 2001.

König, Helmut/Kohlstruck, Michael/Wöll, Andreas (Hrsg.), Vergangenheitsbewältigung am Ende des zwanzigsten Jahrhunderts, Opladen 1998.

Miquel, Marc von, Ahnden oder amnestieren? Westdeutsche Justiz und Vergangenheitspolitik in den sechziger Jahren, Göttingen 2004.

Moeller, Robert G., War Stories. The Search for a Usable Past in the Federal Republic of Germany, Berkeley 2003.

Naumann, Klaus (Hrsg.), Nachkrieg in Deutschland, Hamburg 2001.

Reichel, Peter, Erfundene Erinnerung. Weltkrieg und Judenmord in Film und Theater, Frankfurt a. M. 2007.

Reichel, Peter, Vergangenheitsbewältigung in Deutschland. Die Auseinandersetzung mit der NS-Diktatur von 1945 bis heute, München 2001.

Sabrow, Martin/Jessen, Ralph/Große Kracht, Klaus (Hrsg.), Zeitgeschichte als Streitgeschichte. Große Kontroversen nach 1945, München 2003.

Steininger, Rolf (Hrsg.), Der Umgang mit dem Holocaust. Europa – USA – Israel, Wien ²1994.

Weinke, Annette, Die Verfolgung von NS-Tätern im geteilten Deutschland. Vergangenheitsbewältigungen 1949-1969 oder: Eine deutsch-deutsche Beziehungsgeschichte im Kalten Krieg, Paderborn 2002.

Welzer, Harald/Moller, Sabine/Tschuggnall, Karoline, »Opa war kein Nazi«. Nationalsozialismus und Holocaust im Familiengedächtnis, Frankfurt a. M. ⁵2005.

Holocaust-Mahnmal
in Berlin, 2004

Nachgeschichte und Gegenwart des Nationalsozialismus in internationaler Perspektive

JAN ECKEL / CLAUDIA MOISEL

Die Auseinandersetzung mit der nationalsozialistischen Diktatur war nicht auf Deutschland und Israel beschränkt, sondern stellte von Beginn an ein internationales Phänomen dar. Dies war eine Folge der geographischen Ausdehnung der nationalsozialistischen Herrschaft während des Kriegs, die nahezu alle europäischen Länder betroffen hatte. Die Besatzungszeit und die deutschen Verbrechen, Kollaboration und Widerstand bildeten in der Nachkriegszeit daher einen wichtigen Bezugspunkt der jeweiligen nationalen Erinnerungen. Der Umgang mit ihnen fiel je nach der Rolle des Landes im Krieg und abhängig von den aktuellen nationalen politischen Konstellationen unterschiedlich aus, wobei der größte Gegensatz bis zum Ende des Kalten Kriegs zwischen den Ländern westlich und östlich des Eisernen Vorhangs bestand. Zahlreiche Entwicklungen verliefen jedoch auch erstaunlich parallel. Überdies wurden die Geschehnisse während des »Dritten Reichs« in den Nachkriegsjahren zum Gegenstand außenpolitischer Konflikte, multilateraler Abkommen und länderübergreifender erinnerungskultureller Konjunkturen, die den Rahmen einzelner Nationalstaaten von vornherein überschritten.

Die strafrechtliche Verfolgung der Kriegs- und NS-Verbrechen

In der unmittelbaren Nachkriegszeit bildete die strafrechtliche Verfolgung der Kriegs- und NS-Verbrechen das Zentrum der Auseinandersetzung mit Krieg und Besatzung. Trotz großer Differenzen in der Anwendung des Strafrechts folgte die Ahndung in vielen Ländern einer vergleichbaren Dynamik. In einer ersten Phase von 1944 bis 1947 stand die Abrechnung mit Personengruppen im Mittelpunkt, die eine direkte Verantwortung für die Verbrechen der Kriegszeit trugen beziehungsweise denen die Nachkriegsregierungen eine solche zuschrieben, also deutsche Kriegs- und NS-Verbrecher sowie Kollaborateure. Hier kam es neben regulären Strafverfahren auch zu »wilden Säuberungen« und Lynchmorden, wie sie Frankreich und Italien seit 1944 erlebten. Generell betrafen Vergeltungsaktionen die Kollaborateure aus den eigenen Reihen zunächst wesentlich stärker als die deutschen Täter. So ermittelte die Justiz in den Niederlanden gegen einige hundert deutsche Kriegsverbrecher, vor allem aber gegen rund 16 000 mutmaßliche niederländische Kollaborateure. In Belgien wurden nach dem Krieg 242 Verurteilte hingerichtet, von denen lediglich zwei deutsche Staatsangehörige waren, während es sich in der Mehrzahl um belgische Kollaborateure handelte. Da der Eindruck der nationalsozialistischen Besatzungspolitik noch lebhaft war, wurde die Ahndung in den ersten Jahren mit besonderer Schärfe durchgeführt, und gerade Todesstrafen wurden nicht nur verhängt, sondern in der Regel auch vollstreckt.

Von zeitgenössischen Beobachtern und Akteuren – Opfern, Anwälten und anderen Rechtsexperten, Politikern und Journalisten – war noch während des Kriegs die Frage diskutiert worden, ob das herkömmliche Strafrecht überhaupt eine angemessene Antwort auf die Herausforderung der nationalsozialistischen Massenverbrechen geben könne. Allgemein setzte sich seit Kriegsende die Auffassung durch, dass das ungeheure Ausmaß der Verbrechen nach neuen Formen der politischen Säuberung verlangte. Alliierte Abkommen, neue (zum Teil rückwirkende) Gesetze und Verordnungen standen deshalb am Beginn des richtungsweisenden Nürnberger Hauptkriegsverbrecherprozesses wie auch der Entnazifizierung. Dem Auftakt des vor einem Militärtribunal der Alliierten 1945/46 durchgeführten Nürnberger Prozesses gegen die Spitzen des »Dritten Reiches« folgten weitere Prozesse gegen Angehörige nationalsozialistischer Funktionseliten vor US-Militärgerichten, in denen u.a. hohe Diplomaten, Unternehmer, SS-Offiziere und Militärs angeklagt wurden. Von diesen Verfahren abgesehen, blieb die Ahndung der deutschen Verbrechen weitgehend in der Verantwortung der nationalen Regierungen – mit sehr unterschiedlichen Zielen und Ergebnissen. Während im französischen Fall die Rechtsgrundlagen für die Strafverfolgung von Kollaborateuren und deutschen Kriegsverbrechern grundlegend verschieden waren, wurden sie in Dänemark vor den gleichen Gerichten und nach denselben Gesetzen zur Verantwortung gezogen. In Belgien und Frankreich lag die Zuständigkeit für die Verfolgung von NS-Verbrechen bei den Militärgerichten, die Niederlande schufen dagegen Sondergerichte, und in Dänemark und Norwegen waren es reguläre Strafgerichte, denen die justizielle Aufarbeitung der Besatzungszeit oblag. Solche Unterschiede verweisen darauf, dass der Umgang mit Nationalsozialisten, Faschisten und Kollaborateuren nach dem Zweiten Weltkrieg stark von nationalen politischen und juristischen Besonderheiten geprägt war.

Zudem war das Abrechnungsbedürfnis nicht überall in gleicher Weise ausgeprägt. Die Intensität der Strafverfolgung stand oft in einer direkten Beziehung zur Härte der Besatzungspolitik – so fanden sich in westlichen Ländern wie Norwegen vergleichsweise wenige Täter auf den Fahndungslisten, während in einem Land wie Polen, wo Hunger, brutale Zwangsarbeit und massenhafte Geiselerschießungen den Besatzungsalltag geprägt hatten, die Justizbehörden nach insgesamt mehr als 5000 mutmaßlichen NS-Verbrechern suchten. Italien stellte einen Sonderfall dar, da sich hier die Erfahrungen des italienischen Faschismus und der nationalsozialistischen Massenverbrechen auf vielfältige Weise überlagerten. Die heroische Überhöhung des Befreiungskampfes der italienischen *Resistenza* nach dem Krieg bestimmte die Politik der Erinnerung und blockierte die strafrechtliche Aufarbeitung. Denn die christdemokratische Regierung de Gasperi befürchtete, die Forderung nach Auslieferung deutscher Kriegsverbrecher würde auf alliierter Seite den Ruf nach der Überstellung von Italienern laut werden lassen, die im Verdacht standen, Kriegsverbrechen begangen zu haben.

Neuere Untersuchungen über den Umgang mit Kollaborateuren und deutschen Kriegsverbrechern in Europa nach dem Zweiten Weltkrieg belegen, dass auf eine intensive, aber kurze Phase

politischer Säuberungen eine sehr viel längere Phase des ahndungs-
politischen Stillstands folgte. Der beginnende Kalte Krieg setzte
den alliierten Plänen für einen zweiten – internationalen – Hauptkriegsverbrecherprozess ein Ende und hatte einschneidende Folgen für die Auslieferungspraxis. Die amerikanische und britische
Militärregierung, in deren Hand die Mehrzahl der mutmaßlichen
Kriegsverbrecher war, stoppten die Auslieferung zumal in osteuropäische Länder bereits 1947. Dieses Jahr war damit aus internationaler Perspektive eine wichtige Zäsur, weil nun die Strafverfolgung
deutscher Kriegsverbrecher jenseits des »Eisernen Vorhangs« de
facto unmöglich wurde.

In Westeuropa wurden nach anfänglich strenger Urteilspraxis
seit 1949 Todesurteile gegen deutsche Kriegsverbrecher kaum
noch vollstreckt. Die Strafen der Täter, die in alliierten Haftanstal-
ten auf dem Gebiet der Bundesrepublik oder in Gefängnissen der
westeuropäischen Nachbarstaaten einsaßen, wurden zunächst in
lebenslange Freiheitsstrafen umgewandelt, bevor die Mehrzahl der
Verurteilten Anfang der 1950er Jahre begnadigt und schließlich
aus der Haft entlassen wurde. Gleiches galt für verurteilte Kollaborateure. So setzte sich die französische Regierung für großzügige
Amnestiegesetze ein, welche das Parlament 1951 und 1953 ver-
abschiedete. Es handelte sich folglich bei dieser Revision der
Säuberungspolitik, für die Norbert Frei den Begriff der »Vergangenheitspolitik«[1] geprägt hat, um ein länderübergreifendes Phänomen, das sich zumindest im gesamten westlichen Europa beobachten lässt. Damit galt zu Beginn der 1950er Jahre die Frage der
strafrechtlichen Auseinandersetzung mit Krieg, Besatzung und
Kollaboration in weiten Teilen von Politik und Öffentlichkeit als
endgültig abgeschlossen. Trotz aller Unzulänglichkeiten im Einzelnen war die strafrechtliche Aufarbeitung der nationalsozialistischen Verbrechen indes keineswegs folgenlos, nicht zuletzt weil sie
einen internationalen Kommunikationsprozess in Gang setzte, der
langfristig zu einer Fortentwicklung des Völkerstrafrechts führte.

Ähnlich wie die Verfolgung der Kriegsverbrecher war die Wiedergutmachung nationalsozialistischen Unrechts in ihren Ursprüngen ein alliiertes Projekt. Die in der Besatzungszeit getroffenen Grundsatzentscheidungen prägten auch die späteren Bundesgesetze, mit denen die Wiedergutmachung im Kern geregelt wurde. Eine Entschädigung konnte laut Bundesentschädigungsgesetz (BEG) erhalten, »wer aus Gründen politischer Gegnerschaft gegen den Nationalsozialismus oder aus Gründen der Rasse, des Glaubens oder der Weltanschauung durch nationalsozialistische Gewaltmaßnahmen verfolgt worden« war und »hierdurch Schaden an Leben, Körper, Gesundheit, Freiheit, Eigentum, Vermögen, in seinem beruflichen oder in seinem wirtschaftlichen Fortkommen erlitten«[2] hatte.

Im Mittelpunkt der Debatte um die finanzielle Entschädigung für erfahrenes Unrecht stand die Frage, ob der Begriff »Wiedergutmachung« und die damit verbundene Höhe der geleisteten Zahlungen als angemessen zu bewerten seien. Noch immer wird um diese Frage gerungen: Konnte die Wiedergutmachung überhaupt mit finanziellen Mitteln heilen, was die NS-Verbrecher den Opfern von Verfolgung, Zwangsarbeit und Massenmord angetan hatten? Oder ging es bei der Wiedergutmachung weniger um Geld als um die damit verbundene Anerkennung der Verfolgten als Opfer der nationalsozialistischen Gewaltherrschaft und so um eine zumindest symbolische Anerkennung der deutschen Schuld? Die westdeutsche Entschädigungsgesetzgebung bezog sich von einigen wenigen Ausnahmen abgesehen auf deutsche NS-Verfolgte.

Die Ansprüche der sehr viel größeren Gruppe ausländischer Opfer – neuere Untersuchungen sprechen von über 90 Prozent – wurden im deutschen Entschädigungsrecht nicht berücksichtigt. Der Grund dafür lag in der Reparationspraxis: Ansprüche ausländischer NS-Opfer, so die Annahme der von Deutschland besetzten Staaten bei Kriegsende, würden aus den Reparationen befriedigt werden, die von Deutschland nach einem Friedensschluss zu leisten seien. Der Ost-West-Konflikt veränderte diese Konstellation jedoch grundlegend. In den Verhandlungen um das »Londoner Schuldenabkommen« (1953) setzte die amerikanische Regierung gegen den Widerstand ihrer Verhandlungspartner – unter anderem Großbritanniens und der Niederlande – einen großzügigen Schuldennachlass sowie das Zugeständnis durch, die abschließende Regelung der Nachkriegsschulden bis zum Zustandekommen eines Friedensvertrags mit Deutschland aufzuschieben. Weil ein Friedensvertrag aufgrund der deutschen Teilung in den folgenden Jahren nicht geschlossen wurde, waren damit die Ansprüche ausländischer NS-Verfolgter de facto blockiert. Und auch in den Gesprächen um den »Zwei-plus-Vier-Vertrag« (1991) zwischen den beiden deutschen Staaten sowie den alliierten Siegermächten wurde die Reparationsfrage nicht wieder aufgegriffen.

Da Frankreich und die Niederlande die Forderung nach angemessener Entschädigung ihrer Staatsangehörigen durch die Bundesrepublik im »Londoner Schuldenabkommen« nicht hatten durchsetzen können, hoben sie Mitte der 1950er Jahre unter dem innenpolitischen Druck der Verfolgtenverbände das Thema erneut auf die Tagesordnung. Ihrer Initiative war es zu verdanken, dass die Bundesrepublik zwischen 1959 und 1964 mit elf westeuropäischen Staaten Globalabkommen zur individuellen Entschädigung von NS-Opfern schloss, welche die Ansprüche der »Westverfolgten« zumindest teilweise erfüllten. Insgesamt flossen schließlich rund 800 Millionen DM in das westeuropäische Ausland, während Verfolgte, die ihren Wohnsitz in Osteuropa hatten, von einer Entschädigung weiterhin ausgeschlossen blieben. Verträge mit Jugoslawien (1972 und 1974) und Polen (1975), in denen die Bundesrepublik Wirtschaftshilfe beziehungsweise zinsgünstige Kredite zusagte – vielfach als »indirekte Wiedergutmachung« bezeichnet –, trugen allerdings den individuellen Ansprüchen der osteuropäischen NS-Verfolgten keine Rechnung. Die meisten der Verfolgten aus Jugoslawien, Polen, Ungarn und der Tschechoslowakei gingen leer aus und mussten bis nach der Wende von 1989/1990 warten, ehe sie ihre Forderungen durchsetzten konnten und Entschädigungszahlungen erhielten.

Wie die Zahlungen in nationale Entschädigungsprogramme

338

umgesetzt werden konnten, war in den Globalabkommen nicht festgeschrieben worden. Die Entschädigungspraxis sah deshalb von Land zu Land sehr unterschiedlich aus: So zahlte Frankreich den Entschädigungsberechtigten unabhängig von der Dauer der Lagerhaft und den Haftgründen eine Pauschalsumme aus. In Norwegen dagegen entschied sich die Regierung für eine individuelle Berechnung der Entschädigungszahlungen, wobei sowohl die Dauer der Haft als auch der Grad einer möglichen Invalidität in die Berechnungen einflossen. In der Gesamtschau blieb es auf diese Weise zu einem nicht geringen Teil dem Wohnsitz und damit dem Zufall überlassen, in welcher Höhe die Geschädigten Wiedergutmachung erhalten konnten.

Leistung der öffentlichen Hand auf dem Gebiet der Wiedergutmachung bis Ende 2005 (in Mrd. Euro)[3]

Bundesentschädigungsgesetz (BEG)	44,54
Wiedergutmachung durch die Länder außerhalb des BEG	1,53
Bundesrückerstattungsgesetz (BRüG)	2,02
Entschädigungsrentengesetz (ERG)	0,72
NS-Verfolgtenentschädigungsgesetz (NS-VEntschG)	1,22
Israelvertrag	1,76
Globalverträge	1,46
Sonstige Leistungen (u.a. für Opfer von Menschenversuchen)	4,63
Leistungen der Länder außerhalb des BEG	1,53
Härteregelungen (ohne Länder)	2,78
Stiftung »Erinnerung, Verantwortung, Zukunft«	2,56
Gesamt	64,75

Der Holocaust und die Konjunkturen der Erinnerung

Bei allen Begrenzungen brachte die Politik der Wiedergutmachung zumindest in Ansätzen eine grundsätzliche Akzeptanz deutscher Schuld zum Ausdruck. Doch das bedeutete nicht, dass damit auch die öffentliche Anerkennung der jüdischen Verfolgten als größte Opfergruppe verbunden war. Der Völkermord an den Juden wurde zunächst in keinem europäischen Land als das zentrale Geschehen der Kriegszeit verstanden. Zwar hatten die Bilder der Konzentrations- und Vernichtungslager die internationale Öffentlichkeit schockiert und das Wissen um die Lagerverbrechen weit verbreitet. Doch dass Lagerhaft und Massenmord zuallererst ein jüdisches Schicksal waren, blieb anfangs außerhalb der öffentlichen Wahrnehmung. Der geringe Stellenwert des spezifisch jüdischen Leids in den nationalen Erinnerungsräumen der Nachkriegszeit ist auch darauf zurückzuführen, dass der Begriff des Opfers erst viel später, etwa seit den 1970er Jahren, positiv konnotiert wurde, während sich die Juden anfangs selbst in Israel dem Vorwurf ausgesetzt sahen, ihrer Verfolgung kaum Widerstand entgegengesetzt zu haben. Erst in den letzten Jahren hat die Forschung dieses Phänomen verstärkt in den Blick genommen und gezeigt, dass im Mittelpunkt der sich nun herausbildenden Erinnerungskulturen die jeweiligen nationalen (nichtjüdischen) Leidenserfahrungen standen: die der deportierten Widerstandskämpfer, der Kriegsgefangenen und der gefallenen Soldaten sowie der Zivilisten, die bei Bombenangriffen und Vergeltungsmaßnahmen der Besatzer ums Leben gekommen waren.

In dem Bemühen, positive und die Gesellschaft stabilisierende Erinnerungen im kollektiven Gedächtnis zu verankern, bezogen die Nachkriegsregierungen ihre Geschichtspolitik besonders auf die eigenen nationalen Widerstandsbewegungen, deren Taten gleichsam zu neuen Gründungsmythen überhöht wurden. So stand in Frankreich das Lager Buchenwald, in dem die Mehrzahl der Résistance-Angehörigen inhaftiert gewesen war, im öffentlichen Gedächtnis paradigmatisch für die Leiden der französischen Deportierten. Diese offizielle Widerstandserinnerung nahm in den neu eingeführten Gedenktagen, etwa an das Kriegsende am 8. Mai, einen breiten Raum ein und manifestierte sich in der Errichtung eines Widerstandsdenkmals im Fort Mont-Valérien im Jahr 1958 sowie eines Denkmals für die Opfer der Deportationen auf dem Gelände des Lagers Struthof im Jahr 1960. In der wissenschaftlichen Auseinandersetzung mit der Besatzungszeit – federführend übernommen durch das *Comité d'histoire de la deuxième guerre mondiale* – lag der Schwerpunkt auf der Erforschung der *Résistance*. Ähnliche Entwicklungen wie in Frankreich lassen sich auch in den Ländern des sowjetischen Einflussbereichs erkennen, wo das Gedenken an die Helden des kommunistischen Widerstands nach dem Krieg unangefochten dominierte. Für die Mehrzahl der Polen etwa war Auschwitz in diesen Jahren vor allem ein Ort des polnischen Martyriums.

In den 1960er Jahren sorgten dann zwei Ereignisse dafür, dass sich die Erinnerungslandschaften in vielen Ländern wandelten. Mit dem Verfahren gegen Adolf Eichmann, den ehemaligen Leiter des »Judenreferats« des Reichssicherheitshauptamts, der 1961 vor einem Gericht in Jerusalem angeklagt und im Jahr darauf hingerichtet wurde, erhielten die Täter des Massenmordes ein Gesicht, das die Medien in die ganze Welt verbreiteten. Der vom Gericht geführte Nachweis einer verwaltungsmäßigen Organisation der nationalsozialistischen Massenverbrechen sorgte dabei ebenso für Empörung wie die Person des Angeklagten. Seine offensichtliche Gleichgültigkeit gegenüber den eigenen Taten sowie die Entdeckung, dass nach dem Krieg viele Täter wie Eichmann ungehindert die alliierten Fahndungsnetze passieren konnten, führten in der Öffentlichkeit zu wütenden Reaktionen. Zeitgleich zum Eichmann-Prozess weigerte sich die Regierung Erhard, die Verjährung für Mordverbrechen außer Kraft zu setzen – eine Position, die angesichts der Bilder aus Jerusalem im Ausland zahlreiche Proteste auslöste und Mitte der 1960er Jahre auch im Bundestag nicht mehr mehrheitsfähig war.

Daneben beförderte der Sechs-Tage-Krieg zwischen Israel und seinen arabischen Nachbarn 1967 die Wahrnehmung, dass die europäischen Juden unter dem Verbrechensregime der nationalsozialistischen Diktatur in besonderem Maße gelitten hatten. Nicht zuletzt jüdische Gruppen begannen nun, die Bedeutung des Holocaust für die jüdische Erfahrung zu betonen und den Nahost-Konflikt verstärkt als Teil der Nachgeschichte des »Dritten Reiches« zu interpretieren, um Unterstützung für Israel zu mobilisieren. Aber auch in der nichtjüdischen Diskussion, etwa in den USA und in Frankreich, wurde der Krieg als existenzielle Gefährdung des israelischen Staates gesehen und Parallelen zu der Situation des Judentums während des Weltkriegs gezogen.

Infolge dieser beiden Ereignisse entstand in einer breiten Öffentlichkeit überhaupt erstmals die Wahrnehmung, dass der Mord an den europäischen Juden das wichtigste Kennzeichen der nationalsozialistischen Verbrechenspolitik dargestellt hatte. Das bedeutete wiederum nicht zwangsläufig, dass die patriotischen Deutungen der nationalen Erzählungen entkräftet worden wären. So vollzog sich dieser Prozess in Frankreich parallel zu einem massiven Wiederaufleben des Résistance-Mythos, der seine Hauptursache in der Wiederwahl de Gaulles im Jahr 1958 hatte. Allgemein hat sich deshalb die Auffassung durchgesetzt, dass in den westlichen Ländern die unmittelbar nach Kriegsende entwickelten patriotischen Deutungen des Zweiten Weltkriegs erst in den 1970er und 1980er Jahren grundlegend infrage gestellt und durch eine neue »Völkermord-Erinnerung« abgelöst wurden.

Nachdem sich auf diese Weise ein Bewusstsein für die Besonderheit des Massenmords an den europäischen Juden gebildet hatte, nahm das Interesse am Holocaust seit den späten 1970er Jahren in vielen Ländern West- und Nordeuropas wie auch in den USA und Kanada stark zu. Das Thema war in den verschiedenen Bereichen der nationalen Geschichtskulturen zunehmend präsent: in der Historiographie und der Publizistik ebenso wie in der literarischen und filmischen Verarbeitung. Zwei Faktoren waren wesentlich für diesen Aufschwung: Erstens entfaltete die amerikanische Fernsehserie »Holocaust«, die 1978/79 in zahlreichen Ländern ausgestrahlt wurde, eine immense emotionale Wirkung. Ihr Blick richtete sich auf die Leidensgeschichte einer (fiktiven) deutschjüdischen Familie, so dass nicht mehr Schreibtischtäter wie Eichmann, sondern die Opfer der Gewalt im Mittelpunkt standen. Es kam zu einer Welle der Identifikation und des Mitgefühls mit den verfolgten Juden, dem viele Fernsehzuschauer auch öffentlich Ausdruck gaben.

Zweitens hielten die Gedenkveranstaltungen anlässlich diverser vierzigster und fünfzigster Jahrestage die Kriegsvergangenheit gegenwärtig. In einigen europäischen Ländern und in den USA ließen sich dabei nun charakteristische nationale Aneignungen des Holocaust-Themas beobachten, die sowohl von der jeweiligen Kriegsvergangenheit als auch von der politischen Gegenwart bestimmt waren. In Frankreich wurde die Erinnerung an die Besatzungszeit seit den 1970er Jahren zum Politikum. Die Publikation von Robert O. Paxtons Vichy-Buch, die Filme »*Le chagrin et la pitié*« von Marcel Ophuls (1969/81) und »*Shoah*« von Claude Lanzman (1985), die kontroverse Frage der Strafverfolgungen des ehemaligen Miliz-Chefs Paul Touvier und Klaus Barbies, der als Gestapooffizier für Folterungen und Judendeportationen verantwortlich gewesen war, sowie schließlich die Erfolge des rechtsextremen *Front National* unter Jean-Marie Le Pen sorgten dafür, dass die Diskussionen nicht mehr abrissen. Immer lauter erhoben linke Intellektuelle den Vorwurf, die Vichy-Zeit sei nach dem Krieg verdrängt worden, und es sei nun geboten, die Kollaboration mit den Nationalsozialisten näher zu untersuchen. Die Rolle der Pétain-Regierung bei der Verfolgung und Deportation der Juden wurde allerdings nur in der jüdischen Gemeinschaft als ein besonderes Geschehen herausgehoben. Im übrigen Diskurs überwog nach wie vor die (nichtjüdische) französische Erfahrung, von den Besatzern unterdrückt worden zu sein.

Nicht in allen europäischen Ländern jedoch stellten die 1970er und 1980er Jahre eine besondere Phase des erinnerungskulturellen Wandels dar. In den Niederlanden etwa war das Verhalten der Gesellschaft gegenüber den Juden während der Besatzungszeit bereits Mitte der 1960er Jahre breit diskutiert worden, ausgelöst durch die Fernsehdokumentation »*Bezetting*« (Besetzung) und das Buch von Jacob Presser über den Judenmord in den Niederlanden (»*Ondergang*«).[4] In Großbritannien hingegen hatte das Thema einen unverändert geringen öffentlichen Stellenwert. Historische Bücher und Fernsehberichte zum Thema fanden nur wenig Verbreitung, und die Initiativen jüdischer Aktivisten für ein nationales Holocaust-Denkmal und für die Gründung eines Museums blieben erfolglos. Eine einschneidende Neuorientierung erfolgte hier erst in den 1990er Jahren, als die Geschichte des Judenmords in den nationalen Schullehrplan aufgenommen wurde und das *Imperial War Museum* eine permanente Holocaust-Ausstellung einrichtete.

In den Ostblockländern war die Auseinandersetzung mit dem Holocaust, mit Tätern, Opfern und Beteiligten weiterhin staatlich reglementiert, wobei die Juden nach wie vor nicht als eine besondere Opfergruppe der Verbrechen während des Zweiten Weltkriegs galten. Trotzdem gab es auch in der kommunistischen Erinnerungspolitik von Land zu Land Unterschiede: Wurde etwa in Rumänien, das sich im Weltkrieg tief in den Judenmord verstrickt hatte, der Holocaust bagatellisiert und jegliche Verantwortung offensiv geleugnet, so erschienen in Litauen bereits in den 1960er und 1970er Jahren zahlreiche Bücher, die die Ermordung der Juden im eigenen Land thematisierten; eine öffentliche Diskussion über die litauische Kollaboration begann allerdings erst ab dem Ende der 1980er Jahre. Das Beispiel Polens zeigt, wie sich der gesellschaftliche Rahmen der Erinnerung seit den 1980er Jahren veränderte und das staatliche Monopol auf die Vergangenheitsdeutung erodierte. Das geschah einerseits »von unten«, als Teil des wachsenden zivilgesellschaftlichen Protests gegen die kommunistische Regierung. Im Zusammenhang mit der Gewerkschaftsbewegung *Solidarność* bildete sich eine kommemorative Gegenkultur heraus, die sich in Monumenten, Büchern, Filmen und Theaterstücken dem jüdischen Leben in Polen und dem Holocaust widmete. Andererseits war die polnische Erinnerungskultur zunehmend Einflüssen von außen ausgesetzt. Das dokumentierte sich besonders am zentralen Gedächtnisort Auschwitz, der durch den Papstbesuch 1979 und die Gründung eines Karmeliterklosters auf dem Lagergelände Anfang der 1980er Jahre in den Mittelpunkt der internationalen Berichterstattung geriet.

Die 1990er Jahre lassen sich als eine neue Phase im internationalen Umgang mit dem Holocaust beschreiben. Sie markierten den vermutlichen Höhepunkt der weltweiten Präsenz des historischen Geschehens, die in vielen Ländern Teil einer tiefgreifenden Umwälzung der Erinnerungslandschaften war. Dass dem Wandel der politischen Großkonstellation durch das Ende des Kalten Kriegs dabei eine entscheidende Bedeutung zukam, ist im Fall der ost- und ostmitteleuropäischen Länder besonders evident. Mit dem Wegfall der staatlich oktroyierten Geschichtsbilder nahm die Gedenkaktivität sprunghaft zu. Die jüdischen Erfahrungen während des Weltkriegs wurden in neu errichteten Denkmälern, Gedenkstätten und Museen, in einer breiten Memoirenliteratur, in wissenschaftlichen und publizistischen Diskussionen zum Ausdruck gebracht und diskutiert. Die Versuche, den Judenmord fest in die nationalen Gedächtnisse zu integrieren, verliefen in Osteuropa jedoch mitunter sehr konfliktreich. Als sich etwa der litauische Premier Gediminas Vagnorius 1991 für die Beteiligung von Litauern am Judenmord entschuldigte, reagierten Teile der Öffentlichkeit mit dem Vorwurf, die Juden hätten zunächst bei der Sowjetisierung und den sowjetischen Deportationen von Litauern mitgeholfen, bevor ihnen ein ähnliches Schicksal widerfahren sei. Der Kampf um die Erinnerung an den Holocaust war damit auch Teil fortlebender antisemitischer Stereotype – im Osten wie im Westen.

Der Sturz der kommunistischen Regime in Osteuropa brachte zudem die ungelöste Entschädigungsproblematik wieder auf die politische Tagesordnung. 1992 wurde die *World Jewish Restitution Organization* ins Leben gerufen, ein Dachverband, der sich für die Restitution enteigneter jüdischer Vermögenswerte in Osteuropa einsetzte. Die Forderungen der Opfer lösten international weit verflochtene Rechtskonflikte aus. Das größte Aufsehen erregte die zwischen 1996 und 1998 geführte Auseinandersetzung um das Finanzgebaren der Schweiz während der NS-Zeit. Die Goldtransaktionen des Landes während des Weltkriegs und der Umgang schweizerischer Banken mit sogenanntem »nachrichtenlosen Vermögen« ermordeter Opfer wurden weltweit als Sinnbild eines unmoralischen Profitstrebens wahrgenommen. Die Entschädigungsansprüche der Betroffenen und ihrer Nachkommen erlangten vor allem deshalb ein besonderes Gewicht, weil sie von der amerikanischen Regierung unter Bill Clinton unterstützt wurden, die das Thema zum Anlass für eine »politisch-moralische Offensive«[5] nahm. Erst nach äußerst mühsamen, immer wieder vom Scheitern bedrohten Verhandlungen konnte ein Vergleich über eine Gesamtentschädigungssumme erzielt werden.

Das differenziertere Wissen über die verzweigten Kollaborationsverhältnisse während des Zweiten Weltkriegs war wiederum ein wichtiger Auslöser dafür, dass in zahlreichen Ländern erstmals breit und kontrovers über das Maß der nationalen Mitverantwortung am Holocaust debattiert wurde. Diese Vorgänge bedeuteten eine kaum zu überschätzende Zäsur. Sie brachen vielerorts die Opfer- und Widerstandsnarrative auf, welche die nationalen Gedächtnisse seit dem Kriegsende dominiert hatten, und leiteten damit das Ende der »Nachkriegsmythen« ein. Für große internationale Aufmerksamkeit sorgte die geradezu eruptive Debatte, die in Polen im Jahr 2000 von dem Buch »Nachbarn« ausgelöst wurde, in dem der polnische Historiker Jan Tomasz Gros das Massaker an den Juden der ostpolnischen Stadt Jedwabne im Juli 1941 rekonstruierte. Seine Thesen, der Mord sei ohne Anstiftung durch die deutschen Besatzer durchgeführt worden, und alle katholischen Bewohner seien direkt oder indirekt daran beteiligt gewesen, stellten einen Frontalangriff auf das Selbstverständnis der Polen als Opfernation dar, das bis dahin einen integralen Teil der polnischen historischen Selbstwahrnehmung gebildet hatte. Die Debatte war der Höhepunkt einer viel breiteren Revision nationaler Geschichtsbilder, bei der auch die Verbrechen der Sowjetunion und der kommunistischen Volksregierung Polens sowie der polnische Umgang mit den Ukrainern und mit den Deutschen nach Kriegsende neu bewertet wurden.

Die Umbrüche in den nationalen Erinnerungen blieben nicht

auf den Osten Europas beschränkt. Mit bis dahin ungekannter Schärfe diskutierte die französische Öffentlichkeit in den 1990er Jahren die Beteiligung des Vichy-Regimes an der Judenverfolgung. Einige Charakteristika dieser Debatte können dabei als typisch für den Umgang mit dem Holocaust in dieser Phase gelten. Das betrifft etwa die Aufwertung der Erinnerung zu einer politisch-moralischen Pflicht und die symbolische Anerkennung des jüdischen Leids durch Einführung eines Gedenktags für die Massenverhaftung von Juden am 16. Juli 1942 in Paris. Ebenso kennzeichnend waren die offiziellen Schuldbekenntnisse – so sprach der Staatspräsident Chirac 1995 von einer »*dette imprescriptible*« (unverjährbaren Schuld) des französischen Staats für den Mord an den Juden – und die Einleitung zahlreicher Gerichtsverfahren, mit denen das Unrecht zum einen – wenngleich verspätet – geahndet werden sollte, von denen die Öffentlichkeit aber zum anderen auch eine verbindliche Vergangenheitsdeutung erwartete.

Auch außerhalb Europas wandelte sich mit dem Ende des Kalten Kriegs die erinnerungskulturelle Vergegenwärtigung des Holocaust. Vor allem in den USA kam es nun zu einer geradezu exponentiellen Zunahme der Gedenkaktivitäten, der öffentlichen historischen Verweise und der medialen Darstellungen. In der Forschung ist von einer »Amerikanisierung«[6] des Holocaust gesprochen worden. Dieser nie genau bestimmte Begriff bezieht sich zunächst einmal darauf, dass der Judenmord als Teil der amerikanischen Erinnerung präsentiert wurde. Am sichtbarsten kam dies in der Eröffnung des Holocaust Memorial Museum zum Ausdruck, das 1993 in Washington in der Nähe der National Mall, dem zentralen nationalen Gedenkort, errichtet wurde. »Amerikanisierung« beschreibt aber auch einen spezifischen Umgang mit dem Holocaust, der auf dem Bemühen gründete, aus den geschichtlichen Ereignissen generelle moralische Botschaften für die Gegenwart abzuleiten. Mit ihrer Tendenz »to individualize, heroize, moralize, idealize, and universalize«[7] zielten demnach viele museale, filmische und politische Darstellungen darauf ab, die Auseinandersetzung mit den Schrecken des Völkermords erträglich zu machen, indem sie ihm eine optimistisch-ermutigende Zukunfts-

347

perspektive abzugewinnen versuchten. Neben den USA wandten sich aber nun auch Regionen, in denen der Holocaust-Diskurs zuvor nur schwach ausgebildet gewesen war, dem Thema vermehrt zu. In China und Japan wurden Museen und Forschungsstätten gegründet, die sich als Reaktion auf den erheblich gestiegenen Stellenwert des historischen Geschehens im »Westen« und mithin als Versuch interpretieren lassen, dessen (Geschichts-) Kultur besser zu verstehen.

Schließlich wurde der Mord an den Juden zum Bestandteil einer supranationalen Geschichtspolitik. Beispielhaft dafür steht das von der schwedischen Regierung im Jahr 2000 in Stockholm organisierte »International Forum on the Holocaust«, an dem Regierungsvertreter und Historiker aus 47 Staaten teilnahmen. Infolge dieser Konferenz führten zahlreiche europäische Länder den 27. Januar, den Tag der Befreiung des Konzentrationslagers Auschwitz, als offiziellen Gedenktag ein. Vor dem Hintergrund neuer politischer Herausforderungen für die Europäische Union wurde der Holocaust damit zum Angelpunkt einer gesamteuropäischen historischen Selbstvergewisserung und zu einem wichtigen Baustein einer angestrebten europäischen Identität.

Transformation der Erinnerung

Die weltweite Hochphase der Holocaust-Erinnerung ging mit neuen Formen der erinnerungskulturellen und geschichtspolitischen Darstellung einher. Eine treibende Kraft dafür war die zunehmende Medialisierung des Themas. Entstanden zwischen 1945 und 1960 in 14 Ländern 119 Filme, die sich mit dem Thema befassten, so waren es in den 1990er Jahren über 200 in 31 Ländern. Der Film »Schindlers Liste« des amerikanischen Regisseurs Steven Spielberg (1993) erzielte dabei eine Wirkung, die kein anderer Kinofilm vorher oder nachher auch nur annähernd erreichte. Er lockte weltweit ein Massenpublikum in die Kinos und löste intensive Diskussionen aus, in denen die Darstellung ebenso enthusiastisch gefeiert wie vehement verurteilt wurde. Da zudem die

Produktion von Fernsehdokumentationen stark anstieg, bezogen immer mehr Menschen ihr Wissen über den Holocaust aus Film und Fernsehen. Ganz neu war dieser Trend zur Visualisierung allerdings nicht, hatten Bilder doch auch schon in früheren Jahrzehnten einen diskussionsbefördernden emotionalen Effekt gehabt – angefangen bei den Fotos und Dokumentarfilmaufnahmen aus den Konzentrationslagern, über die Fernsehbilder vom Eichmann-Prozess, bis hin zu der TV-Serie »Holocaust«.

Überdies wurde der Holocaust im politischen Diskurs immer häufiger als historisches Argument in Anspruch genommen. In nationalen und internationalen Debatten versuchten die unterschiedlichsten Akteure Analogien zu den Verbrechen an den europäischen Juden herzustellen, um politische Zustände zu diskreditieren (oder zu legitimieren), die Aufmerksamkeit auf soziale Missstände zu lenken oder schlicht interessenpolitische Forderungen abzustützen. Feministinnen und Tierschützer, Atomkraftgegner und Umweltaktivisten, Abtreibungsgegner und Homosexuellengruppen warnten gleichermaßen vor einem neuen »Holocaust« oder erinnerten an das historische Ereignis, um daraus ihre jeweils eigenen »Lehren« für die Gegenwart zu ziehen.

Viele dieser Argumentationsweisen standen im Zusammenhang mit einer neuen Kultur der »Viktimisierung«[8], in der soziale Gruppen einen Opferstatus reklamierten, um größere symbolische oder materielle Anerkennung zu erhalten. Das beförderte die Rede vom »vergessenen Holocaust«[9], mit dem so unterschiedliche Vorgänge wie die Ausrottung der Indianer in Lateinamerika, der Genozid an den Armeniern im Ersten Weltkrieg, das japanische Massaker in Nanking oder die israelische Politik in den besetzten palästinensischen Gebieten als Inbegriff von Menschheitsverbrechen gekennzeichnet wurden. Das historische Geschehen des Judenmords wurde dabei mitunter völlig aus seinem historischen Kontext gelöst und avancierte gleichsam zu einem überzeitlichen Symbol menschlichen Leidens in der Moderne. Diese Heterogenisierung der gesellschaftlichen Botschaften und politischen Schlussfolgerungen, die mit der Holocaust-Erinnerung verbunden wurden, ist ein wesentliches Kennzeichen der 1980er und vor allem

1990er Jahre. Dabei ist allerdings zu berücksichtigen, dass es sich in mancher Hinsicht nur um eine Zuspitzung von Aneignungsweisen handelte, die in der internationalen Diskussion von Anfang an angelegt waren. Denn als Parabel des menschlichen Bösen fungierte die Judenvernichtung bereits in der Rezeption des Tagebuchs der Anne Frank und des Eichmann-Prozesses, gerade infolge von Hannah Arendts einflussreicher Deutung der »Banalität des Bösen«.

Neuartig war jedoch die argumentative Funktion, die die weitgehend entkontextualisierte Holocaust-Parallele in der internationalen Politik dieser Phase erfüllen konnte. Schon im serbischen Krieg gegen die bosnischen Muslime Anfang der 1990er Jahre mobilisierte der Verweis auf den Judenmord Unterstützung für einen militärischen Eingriff. Nach dem Beginn der »ethnischen Säuberungen« im Kosovo Ende der 1990er Jahre diente die Formel »Nie wieder Auschwitz« dann führenden Politikern insbesondere in den USA und in der Bundesrepublik als moralische Legitimation für einen Militärschlag gegen Serbien. Auf diese Weise verknüpfte sich die Holocaust-Rhetorik mit einer menschenrechtlich motivierten globalen Interventionspolitik.

Solche Veränderungen im Umgang mit dem NS-Völkermord wurden bereits zeitgenössisch eingehend debattiert. Das Selbstreflexivwerden des Erinnerungsdiskurses, die Frage nach der »richtigen« Form der Erinnerung war eine weitere, besonders markante Tendenz dieses Zeitraums. Viele der Debatten und Konflikte drehten sich nicht mehr in erster Linie darum, wie die Vorgänge der Judenverfolgung historisch zu bewerten seien, sondern sie galten der Frage nach ihrer angemessenen erinnerungskulturellen Vergegenwärtigung und Darstellung. Untrennbar damit verbunden war die Kritik am »falschen« Gedenken, vor allem an der »Trivialisierung« des jüdischen Leidens durch die massenmediale Aufbereitung, gegen die etwa der Friedensnobelpreisträger Elie Wiesel, selbst Holocaustopfer, immer wieder protestierte.

Einen wichtigen Hintergrund für diese Entwicklungen stellten die Veränderungen in der Holocaust-Forschung dar, die zugleich Symptom und Motor der neuen Aufmerksamkeit waren.

Die nunmehr offenen Archive in Osteuropa gaben der Geschichtswissenschaft einen großen Schub und halfen dabei, die Kenntnis über die nationalsozialistische Vernichtungspolitik deutlich zu erweitern. Der Schwerpunkt der Untersuchungen lag in der detaillierten Rekonstruktion der Entscheidungsprozesse und der Abläufe der Mordaktionen sowie in der Diskussion über die Herkunft und Motivation der Täter. Das 1996 erschienene Buch »Hitlers willige Vollstrecker« des amerikanischen Sozialwissenschaftlers Daniel J. Goldhagen, der den Judenmord auf einen in Deutschland kulturell tief verwurzelten, »eliminatorischen« Antisemitismus zurückführte, wurde dabei sogar zu einem internationalen Medienereignis, wobei den kritischen Urteilen der Fachhistoriker eine zuweilen begeisterte Aufnahme durch das Laienpublikum gegenüberstand.

Von der historischen Erinnerungsforschung sind verschiedene Angebote gemacht worden, wie sich der Wandel im erinnerungskulturellen Stellenwert des Holocaust begrifflich fassen ließe. Die Sozialwissenschaftler Daniel Levy und Natan Sznaider haben in der bislang eingehendsten wissenschaftlichen Untersuchung von der »Kosmopolitisierung« und »Entortung«, Moshe Zimmermann von einer »Transnationalisierung« und andere Autoren von einer »Universalisierung« der Holocaust-Erinnerung gesprochen. Setzen die Begriffe auch unterschiedliche Schwerpunkte, so richten sie sich doch auf einen gemeinsamen Kern von Entwicklungen: die zunehmende Präsenz des Holocaust in Regionen, die zeitgenössisch in keinem unmittelbaren Bezug zum Judenmord standen; die Vervielfachung der Botschaften, die mit der Rede vom »Holocaust« transportiert wurden; und die daraus hervorgehende Generalisierung der historischen Bedeutung der Judenverfolgung, gerade auch durch massenmedial verbreitete Bilder. Damit beschreiben sie einen Prozess, in dem sich der Holocaust stark von dem konkreten historischen Verlauf und den tatsächlichen Orten des Geschehens entfernt und zu einem ebenso globalen wie chiffrenhaften Referenzpunkt entwickelt hat.

Viele Aspekte dieses Prozesses müssen erst noch untersucht werden – etwa die Entwicklungen jenseits Europas und Nordamerikas oder gegenläufige Tendenzen, wie die fortdauernde Bedeutung des nationalen Erinnerungsrahmens. Gleichwohl lässt sich festhalten, dass die Auseinandersetzung mit dem Holocaust bis zum Ende des 20. Jahrhunderts mit wachsendem zeitlichen Abstand an Bedeutung noch zugenommen hat. Da dieser Bedeutungsgewinn Teil der tiefgreifenden Wandlungen der nationalen und internationalen Erinnerungslandschaften ist, erscheinen Voraussagen für das 21. Jahrhundert schwierig. Die mittlerweile umfassende Institutionalisierung des Holocaust-Gedenkens in Form von Museen, Denkmälern, Forschungs- und Dokumentationszentren sowie schulischen und universitären Lehrplänen lässt aber erwarten, dass es auch in der nahen Zukunft ein wichtiger Aspekt der erinnerungskulturellen Selbstverständigung bleiben wird.

Weiterführende Literatur

Cesarani, David (Hrsg.), After Eichmann. Collective Memory and Holocaust since 1961, London 2005.

Diner, Dan, Gegenläufige Gedächtnisse. Über Geltung und Wirkung des Holocaust, Göttingen 2007.

Flacke, Monika (Hrsg.), Mythen der Nationen: 1945 – Arena der Erinnerungen, 2 Bde., Mainz 2004.

Frei, Norbert (Hrsg.), Transnationale Vergangenheitspolitik. Der Umgang mit deutschen Kriegsverbrechern in Europa nach dem Zweiten Weltkrieg, Göttingen 2006.

Henke, Klaus-Dietmar/Woller, Hans (Hrsg.), Politische Säuberung in Europa. Die Abrechung mit Faschismus und Kollaboration nach dem Zweiten Weltkrieg, München 1991.

Hockerts, Hans Günter/Moisel, Claudia/Winstel, Tobias (Hrsg.), Grenzen der Wiedergutmachung. Die Entschädigung für NS-Verfolgte in West- und Osteuropa 1945–2000, Göttingen 2006.

Huener, Jonathan, Auschwitz, Poland, and the Politics of Commemoration, 1945–1979, Athen 2003.

Levy, Daniel/Sznaider, Natan, Erinnerungen im globalen Zeitalter. Der Holocaust, Frankfurt a. M. 2007.

Novick, Peter, The Holocaust in American Life, Boston 2000.

Paxton, Robert Owen, Vichy France. Old Guard and New Order, 1940–1944, New York 1982.

Probst, Lothar, Der Holocaust – eine neue Zivilreligion für Europa?, in: Bergem, Wolfgang (Hrsg.), Die NS-Diktatur im deutschen Erinnerungsdiskurs, Opladen 2003, S. 227–239.

Rousso, Henry, Das Dilemma eines europäischen Gedächtnisses, in: Zeithistorische Forschungen/Studies in Contemporary History, Online-Ausgabe, 1 (2004), H. 3, URL: http://www.zeithistorische-forschungen.de/16126041-Rousso-3-2004.

Steinlauf, Michael C., Bondage to the Dead. Poland and the Memory of the Holocaust, Syracuse, NY 1997.

Ueberschär, Gerd R. (Hrsg.), Der Nationalsozialismus vor Gericht. Die alliierten Prozesse gegen Kriegsverbrecher und Soldaten 1943–1952, Frankfurt a. M. [2]2000.

Weinke, Annette, Die Nürnberger Prozesse, München 2006.

Welzer, Harald (Hrsg.), Der Krieg der Erinnerung. Holocaust, Kollaboration und Widerstand im europäischen Gedächtnis, Frankfurt a. M. 2007.

Wolf, Joan B., Harnessing the Holocaust. The Politics of Memory in France, Stanford, CA 2004.

Wyman, David S. (Hrsg.), The World Reacts to the Holocaust, Baltimore 1996.

ANHANG

Anmerkungen

Auf dem Weg in die Diktatur
MARTIN BAUMEISTER

1 Mark Mazower, Der dunkle Kontinent. Europa im 20. Jahrhundert, Frankfurt a. M. 2002.

2 Mann, Fascists, S. 139.

3 Payne, Geschichte, S. 11.

4 Zit. nach Wolfgang Schieder, Das italienische Experiment. Der Faschismus als Vorbild in der Krise der Weimarer Republik, in: Historische Zeitschrift 262 (1996), S. 73–125, 79.

5 Griffin, Nature, S. 41.

6 Zit. nach Kevin Passmore, Fascism. A Very Short Introduction, Oxford 2002, o. S., dort falsch datiert auf das Jahr 1927.

7 Zit. nach De Felice, Deutungen des Faschismus, S. 196 – Übersetzung vom Verfasser leicht verändert.

8 Antonio Costa Pinto, Back to European Fascism, in: Contemporary European History 15 (2006), S. 103–115, 104.

9 Mann, Fascists, S. 13.

10 Schieder, Faschismus, S. 216.

11 Paxton, Anatomie des Faschismus, S. 302.

Der unterschätzte Aggressor
PHILIPP GASSERT

1 Hermann Graml, Wer bestimmte die Außenpolitik des Dritten Reiches?, in: Manfred Funke u.a. (Hrsg.), Demokratie und Diktatur. Geist und Gestalt politischer Herrschaft in Deutschland und Europa. Festschrift für Karl-Dietrich Bracher, Düsseldorf 1987, S. 223–236, 232.

2 Aufzeichnung Generalleutnant Curt Liebmanns über Ausführungen Hitlers vor Befehlshabern von Heer und Marine, 3. Februar 1933, zit. nach Wendt, Großdeutschland, S. 186f.

3 Wendt, Großdeutschland, S. 105.

4 Niederschrift von Oberst Friedrich Hoßbach, 5. November 1937, Akten zur deutschen auswärtigen Politik, D/I, Nr. 19, S. 25–32.

5 Rede Hitlers vor dem Reichstag, 18. März 1938, Domarus, Hitler, Bd. 1, S. 831f.

6 Rede Hitlers vor dem Reichstag, 30. Januar 1939, Domarus, Hitler, Bd. 2, S. 1058.

7   Aufzeichnung Ribbentrops, 21. März 1943, Akten zur deutschen aus-
     wärtigen Politik, E/5, Nr. 229, S. 437–441, 438.

Der »Führer« und seine Partei
ARMIN NOLZEN

1   Jochmann, Hitler, S. 158.
2   Domarus, Hitler, Bd. 1, S. 257.
3   Wenn im Folgenden der Begriff »NSDAP« verwendet wird, so ist damit
     stets die gesamte Organisation einschließlich sämtlicher Gliederungen
     und angeschlossener Verbände gemeint. Unter »Partei«, »Parteiappa-
     rat« oder »Parteiorganisation« ist dagegen nur die Politische Organisa-
     tion (P. O.) zu verstehen, zu der die Reichsleitung sowie die Gau-,
     Kreis- und Ortsgruppenleitungen zählten. Die P. O. verwaltete die Par-
     teimitglieder, die im zeitgenössischen Sprachgebrauch »Parteigenos-
     sen« hießen, und bildete den Nukleus der NSDAP.
4   Broszat, Staat Hitlers, S. 108 – 117 u. 258 – 267.
5   Schaubild nach Fritz Mehnert, Die Organisation der NSDAP und ihrer
     angeschlossenen Verbände, in: Der Schulungsbrief. Das zentrale Monats-
     blatt der NSDAP und DAF, hrsg. v. Reichsorganisationsleiter der NSDAP
     in Zusammenarbeit mit der DAF, Bd. 3, Berlin 1936, S. 329 – 370.
6   Rede Hitlers beim Appell der Politischen Leiter am 16. 9. 1935 in Nürn-
     berg, in: Der Parteitag der Freiheit vom 10. bis 16. September 1935. Of-
     fizieller Bericht über den Verlauf des Reichsparteitages mit sämtlichen
     Kongreßreden, München [4]1936, S. 159 – 164, 161.
7   Parteistatistik der NSDAP. Stand: 1. Januar 1935 (ohne Saarland), hrsg.
     v. Reichsorganisationsleiter der NSDAP, 4 Bde., München o.J. [1935–
     1939], hier: Bd. II (1935), S. 11, sowie Bd. III (1935), S. 14. Die darin
     enthaltenen Funktionärszahlen des Reichsnährstandes sind aus den
     obigen Angaben herausgerechnet, da dieser formal nicht zur NSDAP
     gehörte.
8   Zum Begriff »betreute Verbände« siehe Oskar Redelsberger, »Von der
     NSDAP betreute Organisation« – ein neues Rechtsgebilde, in: Deutsche
     Verwaltung 16 (1939), S. 132ff.
9   Heß, Anordnung 170/39 (15. 9. 1939), in: Verfügungen, Anordnungen,
     Bekanntgaben, hrsg. v. der Partei-Kanzlei der NSDAP, 7 Bde., München
     o.J. [1942 – 1945], hier: Bd. I (1942), S. 32f.
10   Hitler, Verfügung vom 12. 5. 1941, in: Ebenda, S. 4.
11   Hans Mommsen, Die Rückkehr zu den Ursprüngen – Betrachtungen
     zur inneren Auflösung des Dritten Reiches nach der Niederlage von
     Stalingrad, in: Ders., Von Weimar nach Auschwitz. Zur Geschichte
     Deutschlands in der Weltkriegsepoche. Ausgewählte Aufsätze, Stuttgart
     1999, S. 309 – 324.

12 Zu diesem Begriff: Hannah Arendt, Elemente und Ursprünge totaler Herrschaft. Antisemitismus, Imperialismus, Totalitarismus, München [11]2006, S. 576–581, 584 u. 598f.

»Volksgemeinschaft« und Vernichtungskrieg
DIETMAR SÜSS / WINFRIED SÜSS

1 Adolf Hitler, Rede zum Heldengedenktag, 10. 3. 1940, Domarus, Hitler, Bd. 2, S. 1479; Rede zur Eröffnung des Winterhilfswerks, 30. 9. 1942, ebenda, S. 1922.

2 Adolf Hitler, Rede zum Heldengedenktag, 10. 3. 1940, Domarus, Hitler, Bd. 2, S. 1479; Rede am 30. Januar 1939 vor dem Reichstag, ebenda, S. 1050.

3 Goebbels, Leitartikel in: Der Angriff, 23. 7. 1928, zit. nach Schoenbaum, Revolution, S. 263.

4 Adolf Hitler, Rede auf der NSDAP-Versammlung in Meiningen, Januar 1927, Institut für Zeitgeschichte, Hitler-Reden, Bd. 2, S. 118.

5 König, Volkswagen, S. 259.

6 Jahreslagebericht 1938 des Sicherheitshauptamtes, Boberach, Meldungen aus dem Reich, Bd. 2, S. 158.

7 Steiner, Preispolitik, S. 197.

8 Aly, Hitlers Volksstaat, S. 11, 36, 38.

9 Adolf Hitler, Rundfunkansprache, 30. 1. 1944, Domarus, Hitler, Bd. 2, S. 2085.

10 Michael Grüttner, Studenten im Dritten Reich, Paderborn 1995, Tab. 21, S. 492.

11 Zit. nach Peukert, Volksgenossen, S. 262.

12 Paul, Gerhard/Mallmann, Klaus-Michael, Auf dem Weg zu einer Sozialgeschichte des Terrors. Eine Zwischenbilanz, in: Dies. (Hrsg.), Die Gestapo. Mythos und Realität, Darmstadt 2003, S. 3–18, 10.

13 Christoph Kleßmann, Die doppelte Staatsgründung. Deutsche Geschichte 1945–1955, Bonn [4]1986, S. 37.

Frauen im »Führerstaat«
SYBILLE STEINBACHER

1 Rede Hitlers auf dem Reichsparteitag 1934 vor der NS-Frauenschaft, Domarus, Hitler, Bd. 1, S. 449–452, 450f.

2 Michael Grüttner, Studenten im Dritten Reich, Paderborn 1995, Tab. 17, S. 488.

3 Die wichtigsten Texte des »Historikerinnenstreits« sind: Koonz, Mütter im Vaterland (amerikanische Erstausgabe 1987); Gisela Bock, Die Frauen und der Nationalsozialismus. Bemerkungen zu einem Buch

von Claudia Koonz, in: Geschichte und Gesellschaft 15 (1989), S. 563 bis 579; Claudia Koonz, Erwiderung auf Gisela Bocks Rezension von »Mothers in the Fatherland«, in: Geschichte und Gesellschaft 18 (1992), S. 394–399; Gisela Bock: Ein Historikerinnenstreit?, in: Geschichte und Gesellschaft 18 (1992), S. 400–404.

4   Vgl. z. B. Anna Maria Sigmund, Die Frauen der Nazis. 3 Bde., München 1998–2002.

Christliche Kirchen und nationalsozialistische Diktatur
CHRISTOPH KÖSTERS

1   Ernst Bruckmüller (Hrsg.), Putzger Historischer Weltatlas, Berlin [103]2001, S. 160.

2   Ebenda.

3   Rudolf Morsey, Die katholische Volksminderheit und der Aufstieg des Nationalsozialismus 1930–1933, in: Gotto/Repgen, Katholiken, S. 9 bis 24, 23.

4   Kundgebung der Fuldaer Bischofskonferenz, 28. 3. 1933, zit. nach Gruber, Katholische Kirche, S. 39.

5   Nowak, Geschichte des Christentums, S. 270.

6   Gruber, Katholische Kirche, S. 311.

7   Hans Günter Hockerts, Die Goebbels-Tagebücher 1932–1941. Eine neue Hauptquelle zur Erforschung der nationalsozialistischen Kirchenpolitik, in: Politik und Konfession. Festschrift für Konrad Repgen, hrsg. v. Dieter Albrecht u. a., Berlin 1983, S. 359–392, 370.

8   Vgl. Kirchliches Handbuch. Statistisches Jahrbuch der Bistümer im Bereich der deutschen Bischofskonferenz, Bd. XXIII: 1944–1951, Köln 1951; Datenatlas zur religiösen Geographie im protestantischen Deutschland, Bd. 4, Berlin 2001.

9   Winfried Süß, »Dann ist keiner von uns seines Lebens mehr sicher.« Bischof von Galen, der katholische Protest gegen die »Euthanasie« und der Stopp der »Aktion T4«, in: Martin Sabrow (Hrsg.), Skandal und Öffentlichkeit in der Diktatur, Göttingen 2004, S. 102–129, 112.

10   Ludwig Volk, Nationalsozialistischer Kirchenkampf und deutscher Episkopat, in: Gotto/Repgen, Katholiken, S. 49–91, 60.

11   Stasiewski/Volk, Akten deutscher Bischöfe, Bd. 5, S. 675.

12   Hirtenwort des deutschen Episkopats, 19. 8. 1943, ebenda, Bd. 6, S. 201.

13   Thomas Brechenmacher, Der Heilige Stuhl und die europäischen Mächte im Vorfeld und während des Zweiten Weltkriegs, in: Hummel/Kösters, Kirchen im Krieg, S. 25–46, 44.

14   Martin Broszat, Resistenz und Widerstand. Eine Zwischenbilanz, in: Ders. u. a., Bayern in der NS-Zeit, Bd. 4, S. 691–709.

15 Paul/Mallmann, Milieus und Widerstand, S. 141–144.
16 Wolfgang Altgeld/Michael Kißener, Judenverfolgung und Widerstand. Zur Einführung, in: Michael Kißener (Hrsg.), Widerstand gegen die Judenverfolgung, Konstanz 1996, S. 9–40, 29.
17 Beispielsweise Wolfgang Benz (Hrsg.), Selbstbehauptung und Opposition. Kirche als Ort des Widerstandes gegen staatliche Diktatur, Berlin 2003.
18 Daniel J. Goldhagen, Die katholische Kirche und der Holocaust. Eine Untersuchung über Schuld und Sühne, München [2]2004.
19 Nowak, Geschichte des Chrisentums, S. 250.

Zwischen Nonkonformität und Widerstand
ALFONS KENKMANN

1 Michael Wildt, Das »Bayern-Projekt«, die Alltagsforschung und die »Volksgemeinschaft«, in: Norbert Frei (Hrsg.), Martin Broszat, der »Staat Hitlers« und die Historisierung des Nationalsozialismus, Göttingen 2007, S. 119–127, 127.
2 Peukert, Volksgenossen und Gemeinschaftsfremde, S. 94–99.
3 Hanns Lilje, Im finstern Tal, Nürnberg 1947, S. 59.
4 Klaus Marxen, Das Volk und sein Gerichtshof. Eine Studie zum nationalsozialistischen Volksgerichtshof, Frankfurt a. M. 1994, S. 86.
5 Hermann Lübbe; Es ist nichts vergessen, aber einiges ausgeheilt. Der Nationalsozialismus im Bewußtsein der deutschen Gegenwart, in: Frankfurter Allgemeine Zeitung vom 24. Januar 1983.
6 Gerhard Paul, Dissens und Verweigerung, in: Peter Steinbach/Johannes Tuchel (Hrsg.), Widerstand gegen die nationalsozialistische Diktatur 1933–1945, Bonn 2004, S. 226–248, 229.
7 Wette, Zivilcourage.
8 Peukert, Volksgenossen und Gemeinschaftsfremde, S. 74.

Die Gleichschaltung der Wörter
WALTRAUD SENNEBOGEN

1 Bussemer, Propaganda, S. 5f.
2 Margot Lindemann/Kurt Koszyk, Geschichte der deutschen Presse, Bd. 3: Kurt Koszyk, Deutsche Presse 1914–1945, Berlin 1972, S. 385.
3 Kallis, Niedergang, S. 212ff.
4 Behrenbeck, Der Führer. Die Einführung eines politischen Markenartikels.
5 Meyers Lexikon, Bd. 6, Leipzig [8]1939, Sp. 1416.
6 Fetscher, Joseph Goebbels, S. 95.
7 Rudolf Werber, Die »Frankfurter Zeitung« und ihr Verhältnis zum Na-

tionalsozialismus, untersucht an Hand von Beispielen aus den Jahren 1932–1943. Ein Beitrag zur Methodik der publizistischen Camouflage im Dritten Reich, Bonn 1965.

Rüstung, »Arisierung«, Expansion
MICHAEL C. SCHNEIDER

1   Tooze, Ökonomie, S. 912f.
2   Bajohr, »Arisierung«, S. 317f.

Forschen für Volk und »Führer«
RÜDIGER HACHTMANN

1   Dieter Rebentisch, Führerstaat und Verwaltung im Zweiten Weltkrieg. Verfassungsentwicklung und Verfassungspolitik 1939–1945, Stuttgart 1989, S. 362.
2   Bernhard Rust, Rede anläßlich der Eröffnung des Reichsforschungsrates am 25. Mai 1937, in: Ein Ehrentag der deutschen Wissenschaft. Die Eröffnung des Reichsforschungsrats am 25. Mai 1937, hrsg. von der Pressestelle des Reichserziehungsministeriums, Berlin 1937, S. 11–15, 13.
3   Index: 1932 = 100,0. Rüdiger Hachtmann, Wissenschaftsmanagement im »Dritten Reich«. Die Generalverwaltung der Kaiser-Wilhelm-Gesellschaft, Göttingen 2007, Bd. 2, S. 1264f., 1271 (Tabellen 2.1 und 2.5); Walter Ruske, 100 Jahre Materialprüfung in Berlin. Ein Beitrag zur Technikgeschichte, Berlin 1971, S. 309 (Tabelle 6).
4   Verschuer an die Deutsche Forschungsgemeinschaft vom 4. bzw. 11. Oktober 1944, nach: Achim Trunk, Zweihundert Blutproben für Auschwitz. Ein Forschungsvorhaben zwischen Anthropologie und Biochemie (1943–1945), Berlin 2003, S. 11; bzw. Bernd Gausemeier, Rassenhygienische Radikalisierung und kollegialer Konsens, in: Sachse, Verbindung nach Auschwitz, S. 178–200, 188.
5   Rolf Winau, Versuche mit Menschen. Historische Entwicklung und ethischer Diskurs, in: Sachse, Verbindung nach Auschwitz, S. 158–177, 175.
6   Hans Mommsen, Nationalsozialismus als vorgetäuschte Modernisierung, in: Walter H. Pehle (Hrsg.), Der historische Ort des Nationalsozialismus. Annäherungen, Frankfurt a. M. 1990, S. 31–46, 33, 40, 44.

»Kämpfende Verwaltung«

CHRISTIANE KULLER

1 Adolf Hitler, Mein Kampf, München [67]1933, S. 309; Ausführungen Hitlers über das Verhältnis von Staat und Partei auf der Reichsstatthalterkonferenz vom 1. November 1934, Akten der Reichskanzlei. Regierung Hitler 1933–1945, Bd. II/1, S. 135.

2 Max Weber, Wirtschaft und Gesellschaft. Grundriß der verstehenden Soziologie, Tübingen [5]1976, S. 569–571.

3 Otto Mayer, Deutsches Verwaltungsrecht, München [3]1924, S. 9.

4 Weber, Wirtschaft und Gesellschaft, S. 569–571.

5 Steueranpassungsgesetz vom 16. 10. 1934, § 1, Reichsgesetzblatt I, 1934, S. 925.

6 Werner Willikens, Staatssekretär im preußischen Landwirtschaftsministerium, vor Vertretern der Landwirtschaftsministerien der Länder am 21. 2. 1934, Niedersächsisches Staatsarchiv, Best. 131, Nr. 303, fol. 131v.; vgl. dazu Kershaw, Hitler, Bd. 1, S. 663–744.

7 Hans G. Adler, Der verwaltete Mensch. Studien zur Deportation der Juden aus Deutschland, Tübingen 1974.

8 Raul Hilberg, Die Vernichtung der europäischen Juden, 3 Bde., Frankfurt a. M. [9]1999, Zitat Bd. 1, S. 60.

9 Hans Mommsen, Der Nationalsozialismus. Kumulative Radikalisierung und Selbstzerstörung des Regimes, in: Meyers Enzyklopädisches Lexikon, Bd. 16, Mannheim [9]1976, S. 785–790.

10 Wildt, Generation des Unbedingten, S. 858.

Das Schwert des »Führers«

THOMAS SCHLEMMER

1 Vernichtungskrieg. Verbrechen der Wehrmacht 1941 bis 1944. Ausstellungskatalog, hrsg. vom Hamburger Institut für Sozialforschung, Hamburg 1996, S. 7.

2 Manfred Messerschmidt, Die Wehrmacht im NS-Staat. Zeit der Indoktrination, Hamburg 1969, S. 1.

3 Zit. nach Hans-Ulrich Thamer, Die Erosion einer Säule. Wehrmacht und NSDAP, in: Müller/Volkmann, Wehrmacht, S. 420–435, 420.

4 Zit. nach Karl-Volker Neugebauer (Hrsg.), Grundkurs deutsche Militärgeschichte, Bd. 2: Das Zeitalter der Weltkriege 1914 bis 1945. Völker in Waffen, München 2007, S. 220.

5 Thamer, Erosion, S. 427.

6 Neugebauer, Grundkurs deutsche Militärgeschichte, Bd. 2, S. 262.

7 Tabelle zusammengestellt nach: Mark Harrison (Hrsg.), The economics of World War II. Six great powers in international comparison, Cambridge [2]2000, S. 17.

8   Martin von Creveld, Kampfkraft. Militärische Organisation und Leistung der deutschen und amerikanischen Armee 1939–1945, Graz ²2006, S. 189.

9   Franz Halder, Kriegstagebuch. Tägliche Aufzeichnungen des Chefs des Generalstabes des Heeres 1939–1942, Bd. 2: Von der geplanten Landung in England bis zum Beginn des Ostfeldzuges (1.7.1940 bis 21.6.1941), bearb. von Hans-Adolf Jacobsen, Stuttgart 1963, S. 336f.

10 »Richtlinien für das Verhalten der Truppe in Russland« vom 19.5.1941, zit. nach: Verbrechen der Wehrmacht. Dimensionen des Vernichtungskrieges 1941–1944. Ausstellungskatalog, hrsg. vom Hamburger Institut für Sozialforschung, Hamburg 2002, S. 54.

11 Förster, Wehrmacht, S. 68.

12 Omer Bartov, Extremfälle der Normalität und die Normalität des Außergewöhnlichen. Deutsche Soldaten an der Ostfront, in: Ulrich Borsdorf/Mathilde Jamin (Hrsg.), Über Leben im Krieg. Kriegserfahrungen in einer Industrieregion 1939–1945, Katalogbuch zur Ausstellung »Über Leben im Krieg. Kriegserfahrungen im Ruhrgebiet 1939–1945« im Ruhrlandmuseum Essen, Reinbek bei Hamburg 1989, S. 148–161.

13 Bernd Kroener/Rolf-Dieter Müller/Hans Umbreit, Das Deutsche Reich und der Zweite Weltkrieg, Bd. 5: Organisation und Mobilisierung des deutschen Machtbereichs, Teil 2: Kriegsverwaltung, Wirtschaft und personelle Ressourcen 1942–1944/45, Stuttgart 1999, S. 944.

Herrscher und Unterworfene
DIETER POHL

1   Vgl. Czesław Madajczyk, Die Besatzungssysteme der Achsenmächte. Versuch einer komparativen Analyse, in: Studia Historiae Oeconomicae 14 (1979), S. 105–122.

Judenverfolgung und Holocaust
ALAN E. STEINWEIS

1   Aus dem Englischen von Jacob Eder. Hans Mommsen, Nationalsozialismus, in: Sowjetsystem und demokratische Gesellschaft, Bd. 4, Freiburg 1971, S. 695–713, 702.

2   Hans Mommsen, Der Nationalsozialismus. Kumulative Radikalisierung und Selbstzerstörung des Regimes, in: Meyers Enzyklopädisches Lexikon, Bd. 16, Mannheim ⁹1976, S. 785–790.

3   Michael Wildt, Volksgemeinschaft als Selbstermächtigung. Gewalt gegen Juden in der deutschen Provinz 1919 bis 1939, Hamburg 2007.

4   Kurt Pätzold/Erika Schwarz, Tagesordnung: Judenmord. Die Wannsee-Konferenz am 20. Januar 1942, Berlin 1992, S. 107.

5   Daniel J. Goldhagen, Hitlers willige Vollstrecker. Ganz gewöhnliche
     Deutsche und der Holocaust, München ²2004.

6   Rede Hitlers vor dem Reichstag, 30. 1. 1939, Domarus, Hitler, Bd. 2,
     S. 1047 – 1067, 1058.

Was bleibt vom »Dritten Reich«?
CHRISTOPH CLASSEN

1   Ralph Giordano, Die zweite Schuld oder von der Last Deutscher zu
     sein, Köln ⁵2000.

2   Frei, Vergangenheitspolitik.

3   Der Begriff bezeichnet den juristischen Grundsatz »*nulla poena sine
     lege*«, das heißt das Verbot, neue Gesetze rückwirkend auf frühere
     Zeiträume anzuwenden.

4   Eigene Zusammenstellung.

5   M. Rainer Lepsius, Das Erbe des Nationalsozialismus und die poli-
     tische Kultur der Nachfolgestaaten des »Großdeutschen Reiches«,
     in: Haller, Max/Hoffmann-Nowotny, Hans-Jürgen/Zapf, Wolfgang
     (Hrsg.), Kultur und Gesellschaft. Verhandlungen des 24. Deutschen So-
     ziologentags, des 11. Österreichischen Soziologentags und des 8. Kon-
     gresses der Schweizerischen Gesellschaft für Soziologie in Zürich 1988,
     Frankfurt a. M. 1989, S. 247 – 264, 251.

6   Christoph Kleßmann, Die doppelte Staatsgründung. Deutsche Ge-
     schichte 1945 – 1955, Bonn ⁴1986, S. 37.

7   Anselm Doering-Manteuffel, Wie westlich sind die Deutschen? Ameri-
     kanisierung und Westernisierung im 20. Jahrhundert, Göttingen 1999.

8   Herfried Münkler, Antifaschismus und antifaschistischer Widerstand
     als politischer Gründungsmythos der DDR, in: Aus Politik und Zeitge-
     schichte, 45/1998, S. 16 – 29.

Nachgeschichte und Gegenwart des
Nationalsozialismus in internationaler Perspektive
JAN ECKEL / CLAUDIA MOISEL

1   Norbert Frei, Vergangenheitspolitik. Die Anfänge der Bundesrepublik
     und die NS-Vergangenheit, München ²2003; Ders., Transnationale Ver-
     gangenheitspolitik.

2   Bundesgesetzblatt 1956 I, Bundesentschädigungsgesetz vom 19. Juni
     1956, hier §1.

3   Bundesministerium der Finanzen (Hrsg.), Entschädigung von NS-Un-
     recht. Regelungen zur Wiedergutmachung, Berlin 2006, S. 37ff. Die Be-
     träge beziehen sich auf den jeweiligen Zeitwert. Die Leistungen nach
     dem Bundesentschädigungsgesetz und dem Bundesrückerstattungsge-
     setz verteilen sich zu 20 Prozent auf das Inland, zu 40 Prozent auf Israel

und im Übrigen auf das sonstige Ausland. Nicht eingegangen sind in die Berechnungen Entschädigungsprogramme, welche die nationalen Regierungen außerhalb der Globalabkommen aufgelegt haben.

4   Jacques Presser, Ondergang. De vervolging en verdelging van het Nederlandse jodendom, 1940 – 1945, 2 Bde., s-Gravenhage 1965.

5   Hans Günter Hockerts, Die Entschädigung für NS-Verfolgte in West- und Osteuropa. Eine einführende Skizze, in: Ders., Grenzen der Wiedergutmachung, S. 7 – 60, 53.

6   Lawrence L. Langer, The Americanization of the Holocaust on Stage and Screen [1983], in: Ders. (Hrsg.), Admitting the Holocaust. Collected Essays, Oxford 1995, S. 157 – 178.

7   Alvin H. Rosenfeld, The Americanization of the Holocaust, in: Ders. (Hrsg.), Thinking About the Holocaust. After Half a Century, Bloomington 1997, S. 119 – 150, 123.

8   Novick, Holocaust, S. 8; Wolf, Harnessing the Holocaust, S. 80.

9   Vgl. etwa Richard C. Lukas, The Forgotten Holocaust. The Poles under German Occupation 1939 – 1944, New York ²1997; Iris Chang, The Rape of Nanking. The Forgotten Holocaust of World War II, New York 1998.

Auswahlbiographie

Die Auswahlbibliographie ergänzt die Literaturhinweise der einzelnen Beiträge. Wie diese strebt sie keine Vollständigkeit an. Neuere Titel und Gesamtdarstellungen erhielten in der Regel den Vorzug vor älteren Werken, Aufsätzen und Spezialmonografien. Ein vertiefter Einstieg in die Thematik ist anhand der umfassenden Bibliographie von Michael Ruck und des bibliographischen Anhangs bei Klaus Hildebrand, Das Dritte Reich, leicht möglich.

Hilfsmittel

Benz, Wolfgang (Hrsg.), Lexikon des deutschen Widerstandes, Frankfurt a. M. [2]2004.

Benz, Wolfgang/Graml, Hermann/Weiß, Hermann (Hrsg.), Enzyklopädie des Nationalsozialismus, München [5]2007.

Bibliographie zur Zeitgeschichte 1953–1995, 5 Bde., München 1982–1996 (jährliche Fortsetzung als Beilage der Vierteljahrshefte für Zeitgeschichte).

Boberach, Heinz/Thommes, Rolf/Weiß, Hermann (Bearb.), Ämter, Abkürzungen, Aktionen des NS-Staates. Handbuch für die Benutzung von Quellen der nationalsozialistischen Zeit, München 1997.

Gutman, Israel/Jäckel, Eberhard (Hrsg.), Enzyklopädie des Holocaust. Die Verfolgung und Ermordung der europäischen Juden, 3 Bde., Berlin 1993.

Hockerts, Hans Günter (Hrsg.), Weimarer Republik, Nationalsozialismus, Zweiter Weltkrieg (1919–1945). Erster Teil: Akten und Urkunden, Darmstadt 1996.

Klee, Ernst, Das Personenlexikon zum Dritten Reich. Wer war was vor und nach 1945?, Frankfurt a. M. [2]2005.

Röder, Werner/Strauss, Herbert A. (Hrsg.), Biographisches Handbuch der deutschsprachigen Emigration nach 1933, 3 Bde., München 1980–1983.

Ruck, Michael (Bearb.), Bibliographie zum Nationalsozialismus, 2 Bde., Darmstadt [2]2000.

Steinbach, Peter/Tuchel, Johannes (Hrsg.), Lexikon des Widerstandes 1933–1945, München [2]1998.

Weiß, Hermann (Hrsg.), Biographisches Lexikon zum Dritten Reich, Frankfurt a. M. [2]2002.

Wistrich, Robert S., Wer war wer im Dritten Reich. Ein biographisches Lexikon. Anhänger, Mitläufer, Gegner aus Politik, Wirtschaft, Militär, Kunst und Wissenschaft, Frankfurt a. M. [7]1993.

Quellen

Akten zur deutschen auswärtigen Politik. Serie C: 1933–1937, Serie D: 1937–1941, Serie E: 1941–1945, 29 Bde., Göttingen u. a. 1950–1995.

Boelcke, Willi A., Wollt ihr den totalen Krieg? Die geheimen Goebbels-Konferenzen 1939–1943, Herrsching 1989.

Behnken, Klaus (Hrsg.), Deutschland-Berichte der Sozialdemokratischen Partei Deutschlands (SoPaDe) 1934–1940, 7 Bde., Salzhausen 1980.

Boberach, Heinz (Hrsg.), Meldungen aus dem Reich 1938–1945. Die geheimen Lageberichte des Sicherheitsdienstes der SS, 18 Bde., Herrsching ²1984/85.

Boberach, Heinz (Hrsg.), Regimekritik, Widerstand und Verfolgung in Deutschland und den besetzten Gebieten. Meldungen und Berichte aus dem Geheimen Staatspolizeiamt, dem SD-Hauptamt der SS und dem Reichssicherheitshauptamt 1933–1945, 4 Tle., Microfiche-Edition, München 1999–2003.

Bohrmann, Hans (Hrsg.), NS-Presseanweisungen der Vorkriegszeit. Edition und Dokumentation, 7 Bde., München 1984–2001.

Documents diplomatiques français 1932–1939. Serie 1: 1932–1935, Serie 2: 1936–1939, 32 Bde., Paris 1963–1986.

Documents on British Foreign Policy 1919–1939, Serie II: 1929–1938, Serie III: 1938–1939, 31 Bde., London 1947–1984.

Domarus, Max (Hrsg.), Hitler: Reden und Proklamationen 1932–1945. Kommentiert von einem Zeitgenossen, 2 Bde., Wiesbaden ²1973.

Dörner, Klaus/Ebbinghaus, Angelika/Linne, Karsten (Hrsg.), Der Nürnberger Ärzteprozeß 1946/47. Wortprotokolle, Anklage- und Verteidigungsmaterial. Quellen zum Umfeld, Microfiche-Edition, München 1999.

Evangelische Arbeitsgemeinschaft für kirchliche Zeitgeschichte (Hrsg.), Dokumente zur Kirchenpolitik des Dritten Reiches, 4 Bde., München 1971–2000.

Foreign Relations of the United States. Diplomatic Papers, 1933–1945, Washington 1949–1970.

Friedlander, Henry/Milton, Sybil (Hrsg.), Archives of the Holocaust. An International Collection of Selected Documents, 22 Bde., New York 1990–1995.

Fröhlich, Elke (Hrsg.), Die Tagebücher von Joseph Goebbels. Teil I: Aufzeichnungen 1923–1941, Teil II: Diktate 1941–1945, München 1993–2006.

Heiber, Helmut/Longerich, Peter (Bearb.), Akten der Partei-Kanzlei der NSDAP. Rekonstruktion eines verlorengegangenen Bestandes, Microfiche-Edition, München 1983–1992.

Hepp, Michael/Roth, Karl Heinz (Bearb.), Sozialstrategien der Deutschen Arbeitsfront. Teil A: Jahrbücher des Arbeitswissenschaftlichen Instituts der Deutschen Arbeitsfront 1936–1940/41, Teil B: Periodika, Denkschriften, Gutachten und Veröffentlichungen des Arbeitswissenschaftlichen Instituts der Deutschen Arbeitsfront, Microfiche-Edition, München 1986–1992.

Hiller von Gaertringen, Friedrich (Hrsg.), Die Hassell-Tagebücher 1938 bis 1944. Aufzeichnungen vom andern Deutschland, München [2]1994.

Institut für Zeitgeschichte, Hitler-Reden, Schriften, Anordnungen: Februar 1925 bis Januar 1933, 7 Bde., München 1991–2003.

Jochmann, Werner (Hrsg.), Adolf Hitler. Monologe im Führerhauptquartier 1941–1944. Die Aufzeichnungen Heinrich Heims, München 1980.

Kießling, Friedrich (Hrsg.), Quellen zur deutschen Außenpolitik 1933–1939, Darmstadt 2000.

Klemperer, Victor, Ich will Zeugnis ablegen bis zum letzten. Tagebücher 1933–1945, Berlin [3]2005 (CD-ROM Berlin 2007).

Kulka, Otto Dov (Hrsg.), Die Juden in den geheimen NS-Stimmungsberichten 1933–1945, Düsseldorf 2004.

Longerich, Peter (Hrsg.), Die Ermordung der europäischen Juden. Eine umfassende Dokumentation des Holocaust 1941–1945, München [2]1990.

Madajczyk, Czesław (Hrsg.), Vom Generalplan Ost zum Generalsiedlungsplan, München 1994.

Michalka, Wolfgang (Hrsg.), Deutsche Geschichte 1933–1945. Dokumente zur Innen- und Außenpolitik, Frankfurt a. M. [2]2002.

Moll, Martin (Bearb.), »Führer-Erlasse« 1939–1945. Edition sämtlicher überlieferter, nicht im Reichsgesetzblatt abgedruckter, von Hitler während des Zweiten Weltkrieges schriftlich erteilter Direktiven aus den Bereichen Staat, Partei, Wirtschaft, Besatzungspolitik und Militärverwaltung, Stuttgart 1997.

Münch, Ingo von/Brodersen, Uwe (Hrsg.), Gesetze des NS-Staates. Dokumente eines Unrechtssystems, Paderborn [3]1994.

Petzina, Dietmar/Abelshauser, Werner/Faust, Anselm, Sozialgeschichtliches Arbeitsbuch, Bd. III: Materialien zur Statistik des Deutschen Reiches 1914–1945, München 1978.

Der Prozess gegen die Hauptkriegsverbrecher vor dem Internationalen Militärgerichtshof. Nürnberg, 14. November 1945 bis 1. Oktober 1946, 42 Bde., Nürnberg 1947–1949 (CD-ROM, Berlin 1999).

Repgen, Konrad, u. a. (Hrsg.), Akten der Reichskanzlei. Regierung Hitler 1933–1945, bisher 4 Bde. 1933–1937, Boppard am Rhein 1983–2005.

Rüter, Christiaan F./de Mildt, Dick W. (Bearb.), Justiz und NS-Verbrechen. Die deutschen Strafurteile wegen nationalsozialistischer Tötungsverbrechen, bisher 37 Bde. (Bundesrepublik) und 9 Bde. (DDR), Amsterdam 1968–2007.

Schumann, Wolfgang u. a. (Hrsg.), Europa unterm Hakenkreuz. Die Okkupationspolitik des deutschen Faschismus (1938–1945), 8 Bde., Berlin 1990–1996.

Smith, Bradley F./Peterson, Agnes F. (Hrsg.), Heinrich Himmler. Geheimreden 1933 bis 1945 und andere Ansprachen, Frankfurt a. M. 1974.

Stasiewski, Bernhard/Volk, Ludwig (Bearb.), Akten deutscher Bischöfe über die Lage der Kirche 1933–1945, 6 Bde., Mainz 1968–1985.

Steitz, Walter (Hrsg.), Quellen zur deutschen Wirtschafts- und Sozialgeschichte in der Zeit des Nationalsozialismus, 2 Bde., Darmstadt 2000.

Walk, Joseph (Hrsg.), Das Sonderrecht für die Juden im NS-Staat. Eine Sammlung der gesetzlichen Maßnahmen und Richtlinien – Inhalt und Bedeutung, Heidelberg [2]1996.

Wollstein, Günter (Hrsg.), Quellen zur deutschen Innenpolitik 1933–1939, Darmstadt 2001.

Zarusky, Jürgen/Mehringer, Hartmut (Bearb.), Widerstand als »Hochverrat« 1933–1945. Die Verfahren gegen deutsche Reichsangehörige vor dem Reichsgericht, dem Volksgerichtshof und dem Reichskriegsgericht, Microfiche-Edition, München 1994–1998.

Gesamtdarstellungen

Benz, Wolfgang, Geschichte des Dritten Reiches, München [4]2007.

Bracher, Karl Dietrich, Die deutsche Diktatur. Entstehung, Struktur, Folgen des Nationalsozialismus, Köln [8]2003.

Brechtken, Magnus, Die nationalsozialistische Herrschaft 1933–1939, Darmstadt 2004.

Broszat, Martin/Frei, Norbert, Das Dritte Reich im Überblick. Chronik, Ereignisse, Zusammenhänge, München [6]2007.

Burleigh, Michael, Die Zeit des Nationalsozialismus. Eine Gesamtdarstellung, Frankfurt a. M. 2000.

Burleigh, Michael/Wippermann, Wolfgang, The Racial State. Germany 1933–1945, Cambridge 1992.

Dülffer, Jost, Deutsche Geschichte 1933–1945. Führerglaube und Vernichtungskrieg, Stuttgart 1992.

Evans, Richard J., Das Dritte Reich, 3 Bde., München 2004–2007.

Frei, Norbert, Der Führerstaat. Nationalsozialistische Herrschaft 1933 bis 1945, München [8]2007.

Hehl, Ulrich von, Nationalsozialistische Herrschaft, München [2]2001.

Herbst, Ludolf, Das nationalsozialistische Deutschland 1933–1945. Die Entfesselung der Gewalt: Rassismus und Krieg, Frankfurt a. M. 1999.

Hildebrand, Klaus, Das Dritte Reich, München [6]2003.

Hummel, Karl-Joseph, Deutsche Geschichte 1933–1945, München 2001.

Kershaw, Ian, Der NS-Staat. Geschichtsinterpretationen und Kontroversen im Überblick, Reinbek bei Hamburg [3]2002.

Kißener, Michael, Das Dritte Reich, Darmstadt 2005.

Mazower, Mark, Der dunkle Kontinent. Europa im 20. Jahrhundert, Frankfurt a. M. 2002.

Militärgeschichtliches Forschungsamt (Hrsg.), Das Deutsche Reich und der Zweite Weltkrieg, 10 Bde., Stuttgart 1979–2008.

Möller, Horst/Dahm, Volker/Mehringer, Hartmut (Hrsg.), Die tödliche Utopie: Bilder, Texte, Dokumente, Daten zum Dritten Reich, München [4]2002.

Piper, Ernst, Kurze Geschichte des Nationalsozialismus. Von 1919 bis heute, Hamburg 2007

Thamer, Hans-Ulrich, Verführung und Gewalt. Deutschland 1933–1945, München [5]2004.

Wehler, Hans-Ulrich, Deutsche Gesellschaftsgeschichte, Bd. 4: Vom Beginn des Ersten Weltkriegs bis zur Gründung der beiden deutschen Staaten 1914–1949, München [2]2003.

Wildt, Michael, Geschichte des Nationalsozialismus, Stuttgart 2007.

Herrschaft und Gesellschaft

Bracher, Karl-Dietrich/Sauer, Wolfgang/Schulz, Gerhard, Die nationalsozialistische Machtergreifung. Studien zur Errichtung des totalitären Herrschaftssystems in Deutschland 1933/34, Köln [3]1974.

Broszat, Martin/Mehringer, Hartmut/Fröhlich, Elke (Hrsg.), Bayern in der NS-Zeit, 6 Bde., München 1977–1983.

Broszat, Martin, Der Staat Hitlers. Grundlegung und Entwicklung seiner inneren Verfassung, München [15]2000.

Frei, Norbert (Hrsg.), Medizin und Gesundheitspolitik in der NS-Zeit, München 1991.

Falter, Jürgen, Hitlers Wähler, München 1991.

Friedlander, Henry, Der Weg zum NS-Genozid. Von der Euthanasie zur Endlösung, Berlin 2002.

Gellately, Robert, Die Gestapo und die deutsche Gesellschaft. Die Durchsetzung der Rassenpolitik 1933–1945, Paderborn [2]1994.

Gellately, Robert, Hingeschaut und weggesehen: Hitler und sein Volk, Bonn [3]2005.

Gruchmann, Lothar, Justiz im Dritten Reich 1933–1940. Anpassung und Unterwerfung in der Ära Gürtner, München [3]2001.

Herbert, Ulrich, Fremdarbeiter: Politik und Praxis des »Ausländer-Einsatzes« in der Kriegswirtschaft des Dritten Reiches, Bonn [2]1999.

Herbert, Ulrich/Orth, Karin/Dieckmann, Christoph (Hrsg.), Die nationalsozialistischen Konzentrationslager: Entwicklung und Struktur, 2 Bde., Frankfurt a. M. 2002.

Hirschfeld, Gerhard/Jersak, Tobias (Hrsg.), Karrieren im Nationalsozialismus. Funktionseliten zwischen Mitwirkung und Distanz, Frankfurt a. M. 2006.

John, Jürgen/Möller, Horst/Schaarschmidt, Thomas (Hrsg.), Die NS-Gaue. Regionale Mittelinstanzen im zentralistischen »Führerstaat«?, München 2007.

Kershaw, Ian, Der Hitler-Mythos. Volksmeinung und Propaganda im Dritten Reich, München [2]2002.

Kershaw, Ian, Hitler, 2 Bde., München 2002.

Kleßmann, Christoph (Hrsg.), Nicht nur Hitlers Krieg. Der Zweite Weltkrieg und die Deutschen, Düsseldorf 1989.

Klönne, Arno, Jugend im Dritten Reich. Die Hitler-Jugend und ihre Gegner, Köln 2003.

Koehl, Robert Luis, The Black Corps. The Structure and Power Struggles of the Nazi SS, Madison/Wisconsin 1983.

Longerich, Peter, Geschichte der SA, München 2003.

Mallmann, Klaus-Michael/Paul, Gerhard (Hrsg.), Karrieren der Gewalt. Nationalsozialistische Täterbiographien, Darmstadt [2]2005.

Mason, Timothy W., Arbeiterklasse und Volksgemeinschaft. Dokumente und Materialien zur deutschen Arbeiterpolitik 1936 – 1939, Opladen 1975.

Neumann, Franz, Behemoth. Struktur und Praxis des Nationalsozialismus 1933 – 1944, Frankfurt a. M. [5]2004.

Orth, Karin, Das System der nationalsozialistischen Konzentrationslager. Eine politische Organisationsgeschichte, Zürich [2]2002.

Paul, Gerhard/Mallmann, Klaus-Michael (Hrsg.), Die Gestapo – Mythos und Realität, Darmstadt [2]2003.

Paul, Gerhard/Mallmann, Klaus-Michael (Hrsg.), Die Gestapo im Zweiten Weltkrieg. »Heimatfront« und besetztes Europa, Darmstadt 2000.

Paul, Gerhard/Mallmann, Klaus-Michael, Milieus und Widerstand. Eine Verhaltensgeschichte der Gesellschaft im Nationalsozialismus, Bonn 1995.

Petropoulos, Jonathan G., Kunstraub und Sammelwahn. Kunst und Politik im Dritten Reich, Berlin 1999.

Prinz, Michael, Vom neuen Mittelstand zum Volksgenossen. Die Entwicklung des sozialen Status der Angestellten von der Weimarer Republik bis zum Ende der NS-Zeit, München 1986.

Prinz, Michael/Zitelmann, Rainer (Hrsg.), Nationalsozialismus und Modernisierung, Darmstadt [2]1994.

Reichel, Peter, Der schöne Schein des Dritten Reiches. Faszination und Gewalt des Faschismus, München [3]1996.

Rückert, Joachim/Willoweit, Dietmar (Hrsg.), Die Deutsche Rechtsgeschichte in der NS-Zeit. Ihre Vorgeschichte und ihre Nachwirkungen, Tübingen 1995.

Rüthers, Bernd, Entartetes Recht. Rechtslehren und Kronjuristen im Dritten Reich, München [3]1994.

Schneider, Michael, Unterm Hakenkreuz. Arbeiter und Arbeiterbewegung 1933–1939, Bonn 1999.

Schreiber, Gerhard, Hitler-Interpretationen 1923–1983. Ergebnisse, Methoden und Probleme der Forschung, Darmstadt [2]1988.

Stöver, Bernd, Volksgemeinschaft im Dritten Reich. Die Konsensbereitschaft der Deutschen aus der Sicht sozialistischer Exilberichte, Düsseldorf 1993.

Wachsmann, Nikolaus, Gefangen unter Hitler. Justizterror und Strafvollzug im NS-Staat, München 2006.

Werle, Gerhard, Justiz-Strafrecht und polizeiliche Verbrechensbekämpfung im Dritten Reich, Berlin 1989.

Wilhelm, Friedrich, Die Polizei im NS-Staat. Die Geschichte ihrer Organisation im Überblick, Paderborn [2]1999.

Internetressourcen

Archive und Bibliotheken
Bayerische Staatsbibliothek, München
Das Fachportal *Chronikon* bietet Zugang zu einer Fülle von historischen Ressourcen, u. a. digitalisierten Quellen, Photosammlungen, Datenbanken und einer Zeitschriftenschau.
www.bsb-muenchen.de
Bildarchiv Preußischer Kulturbesitz, Berlin
Umfangreiche Sammlung von Bildquellen zur deutschen Geschichte.
http://bpkgate.picturemaxx.com/webgate_cms
Bundesarchiv, Koblenz – Berlin
Zuständig für die Akten staatlicher Zentralbehörden sowie für das Schriftgut zahlreicher NSDAP-Organisationen; online zugänglich sind einige ausgewählte Bestände, Findmittel sowie eine Sammlung von Photos und Plakaten.
www.bundesarchiv.de
Dokumentationsarchiv des österreichischen Widerstandes, Wien
www.doew.at
National Archives, Washington D.C. – College Park
Das Archiv der Vereinigten Staaten bewahrt auch Material zur Geschichte und Nachgeschichte des »Dritten Reichs« auf; über die Homepage zugänglich sind Findmittel, online-Ausstellungen sowie ausgewählte Dokumente.
www.archives.gov

Forschungsinstitute
Forschungsstelle für Zeitgeschichte, Hamburg
www.zeitgeschichte-hamburg.de
Fritz Bauer Institut. Studien- und Dokumentationszentrum zur Geschichte des Holocaust, Frankfurt a. M.
www.fritz-bauer-institut.de
Institut für Zeitgeschichte, München – Berlin
Bibliothekskatalog mit Referenzcharakter, der auch Aufsätze verzeichnet.
www.ifz-muenchen.de
Zentrum für Zeithistorische Forschung, Potsdam
www.zzf-pdm.de

Museen und Gedenkstätten

Deutsches Historisches Museum, Berlin

> Die Homepage enthält u. a. eine online-Ausstellung mit Film- und Tondokumenten sowie eine Bild- und Objektdatenbank zur deutschen Geschichte.
>
> www.dhm.de

Gedenkstätte Deutscher Widerstand, Berlin

> Texte der Ausstellungsdokumentation und Kurzbiografien prominenter Widerstandskämpfer sind online abrufbar.
>
> www.gdw-berlin.de

Online-Gedenkstättenforum

> Portal für Informationen zu NS-Gedenkstätten in der Bundesrepublik.
>
> www.ns-gedenkstaetten.de

US Holocaust Memorial Museum, Washington D.C.

> Die Webseite des Museums enthält umfangreiche online-Ressourcen, u. a. Interviews, Bilder, Karten und Textdokumente zur Geschichte der NS-Verbrechen.
>
> www.ushmm.org

Haus der Wannseekonferenz. Gedenk- und Bildungsstätte, Berlin

> Über die Homepage sind Faksimiles zentraler Dokumente zur Geschichte der Judenvernichtung zugänglich.
>
> www.ghwk.de

Yad Vashem, Jerusalem

> Die online-Präsenz der wichtigsten Gedenkstätte zur Geschichte des Holocaust bietet Zugriff auf Dokumente, Karten und Fotos zur Geschichte des Antisemitismus und der Judenverfolgung.
>
> www.yadvashem.org

Weitere historische Ressourcen

Clio-Online

> Die Seite bietet strukturierte Informationen zu historischen Webseiten, Forschern und Forschungsprojekten.
>
> www.clio-online.de

Historicum.net

> Epochenübergreifendes Portal, enthält u.a. kommentierte Linksammlungen sowie Verweise auf Lehr- und Unterrichtsmaterialien.
>
> www.historicum.net

H-SOZ-U-KULT (Humanities Sozial- und Kulturgeschichte)

> Mailingliste (deutscher Zweig des englischsprachigen H-Net) und Fachinformationsportal für die Geschichtswissenschaften informieren über

Tagungsankündigungen, Forschungsprojekte und Stellenangebote; Rezensionsdienst.

http://hsozkult.geschichte.hu-berlin.de

German Historical Documents

Sammlung von Text- und Bildquellen zur deutschen Geschichte, betreut vom Deutschen Historischen Institut Washington.

www.germanhistorydocs.ghi-dc.org/index.cfm?language=german

IEG-MAPS

Server für digitale historische Karten des Instituts für Europäische Geschichte, Mainz.

www.ieg-maps.uni-mainz.de

Imperial War Museum

Über die Homepage des Museums sind v.a. militärgeschichtliche Bild- und Tondokumente zugänglich.

www.iwmcollections.org.uk

Nachrichtendienst für Historiker

Privat betriebene Homepage, nützlich v. a. durch die tägliche Presseschau.

www.nfhdata.de

Nationalsozialismus.de

Enthält u. a. Verweise auf frei im Netz zugängliche Film- und Tonquellen.

www.nationalsozialismus.de

Sehepunkte

Verbreitungsstärkstes deutschsprachiges E-Rezensionsjournal für die Geschichtswissenschaften.

www.sehepunkte.de

100(0) Schlüsseldokumente zur deutschen Geschichte im 20. Jahrhundert

Kommentierte Sammlung zentraler Quellen (auch in russischer Übersetzung).

http://mdzx.bib-bvb.de/de1000dok/start.html

Voice/Vision Holocaust Survivor – Oral History Archive

Tonaufnahmen und Transkripte von Erinnerungsinterviews mit Holocaust-Überlebenden.

http://holocaust.umd.umich.edu

Zeitgeschichte Online

Portal mit umfangreichen Recherchemöglichkeiten zu zeitgeschichtlichen Themen und aktuellen historischen Debatten sowie Themenausgaben.

http://zeitgeschichte-online.de

Zeittafel 1919 – 2005

1919

23.3. Gründung der *Fasci di combattimento* in Mailand.

12.9. Hitler wird Mitglied der Deutschen Arbeiterpartei (DAP).

1920

24.2. Umbenennung der DAP in NSDAP; Hitler gibt das 25-Punkte-
       Programm bekannt.

1921

7.11. Gründung des *Partito Nazionale Fascista* (PNF) in Rom.

1922

27. – 31.10.
       Der »Marsch auf Rom« italienischer Faschisten führt zur
       Ernennung Benito Mussolinis zum italienischen Regierungschef.

1923

8./9.11. Hitler-Ludendorff-Putsch in München.

1924

26.2. – 1.4.
       Hochverratsprozess gegen Hitler, Ludendorff u. a., der mit einer
       Verurteilung Hitlers zu fünf Jahren Festungshaft endet.

20.12. Vorzeitige Haftentlassung Hitlers.

1925

26.2. Neugründung der NSDAP.

1930

23.1. Erste Beteiligung der NSDAP an einer Landesregierung:
       In Thüringen wird Wilhelm Frick Innen- und Bildungsminister
       einer rechtsbürgerlichen Fünf-Parteien-Koalition.

14.9. Wahlerfolg der NSDAP bei Reichstagswahl: 18,3 Prozent.

1932

31.7. Reichstagswahl: NSDAP wird mit 37,4 Prozent der Stimmen
       stärkste Partei.

6.11.	Reichstagswahl: deutliche Stimmenverluste der NSDAP (33,1 Prozent).

1933

30.1.	Adolf Hitler wird zum Reichskanzler in einer »Regierung der nationalen Konzentration« ernannt.
4.2.	Die Notverordnung »Zum Schutz des deutschen Volkes« schränkt die Presse- und Versammlungsfreiheit ein und schafft Instrumente zur Verfolgung politischer Gegner.
27.2.	Reichstagsbrand.
28.2.	Die Verordnung »Zum Schutz von Volk und Staat« (»Reichstagsbrandverordnung«) setzt wichtige Grundrechte außer Kraft und erlaubt die »Schutzhaft« politischer Gegner; Ausschaltung der KPD und Verbot der SPD-Presse.
5.3.	Reichstagswahlen: Die NSDAP verfehlt mit 43,9 Prozent die alleinige absolute Mehrheit der Stimmen.
20.3.	Die Errichtung des Konzentrationslagers Dachau wird bekannt gegeben.
21.3.	»Tag von Potsdam«: Hindenburg und Hitler eröffnen den neuen Reichstag und inszenieren die Machtübergabe als »Tag der nationalen Erneuerung«.
23.3.	Der Reichstag beschließt gegen die Stimmen der SPD das »Gesetz zur Behebung der Not von Volk und Staat« (»Ermächtigungsgesetz«): Hitlers Regierung kann künftig Gesetze mit verfassungsänderndem Charakter ohne Zustimmung des Parlaments erlassen.
31.3.	»Vorläufiges Gesetz zur Gleichschaltung der Länder mit dem Reich«.
1.–3.4.	Boykott jüdischer Geschäfte durch die NSDAP.
7.4.	Das »Gesetz zur Wiederherstellung des Berufsbeamtentums« ermöglicht die Entlassung von politisch »unzuverlässigen« und jüdischen Beamten.
1.5.	»Tag der nationalen Arbeit«: Der 1. Mai wird gesetzlicher Feiertag.
2.5.	Zerschlagung und Enteignung der Freien Gewerkschaften und der Angestelltenverbände.
10.5.	Als Teil der »Aktion wider den deutschen Ungeist« werden auf Initiative der Deutschen Studentenschaft Bücher jüdischer, sozialistischer und pazifistischer Autoren verbrannt; Gründung der Deutschen Arbeitsfront (DAF), in der sowohl Arbeitgeber als auch Arbeitnehmer organisiert sind.
14.7.	Das »Gesetz gegen die Neubildung von Parteien« erklärt die NSDAP zur einzigen zugelassenen Partei im Deutschen Reich.

20.7. Konkordat zwischen dem Heiligen Stuhl und dem Deutschen Reich: Die katholische Kirche verzichtet auf politische Aktivitäten und erhält im Gegenzug die freie Religionsausübung und die Integrität ihrer Institutionen und Organisationen zugesichert.

5./6.9. Die »Braune Synode« der altpreußischen Unionskirche führt den »Arierparagraphen« für kirchliche Amtsträger ein.

13.9. Proklamation des »Winterhilfswerks des deutschen Volkes« unter der Leitung der NSV.

14.10. Austritt Deutschlands aus der Genfer Abrüstungskonferenz und aus dem Völkerbund.

1934

20.1. Das »Gesetz zur Ordnung der nationalen Arbeit« regelt die Verfassung der Betriebe, die nun nach dem »Führerprinzip« organisiert sind; innerbetriebliche Mitbestimmungsrechte von Arbeitnehmern werden abgeschafft.

30.1. »Gesetz über den Neuaufbau des Reiches«: Aufhebung der Länderparlamente.

24.4. Errichtung des Volksgerichtshofes.

30.6.–2.7. Hitler entmachtet die SA-Führung; Ernst Röhm und andere SA-Führer werden ermordet; ebenso konservative Gegner des Regimes.

1.8. »Gesetz über das Oberhaupt des Deutschen Reiches«: Vereinigung der Ämter des Reichspräsidenten und des Reichskanzlers.

2.8. Tod des Reichspräsidenten Paul von Hindenburg; Hitler wird »Führer und Reichskanzler«, und die Reichswehr wird auf ihn als neuen Oberbefehlshaber vereidigt.

10.8. Einschränkung der freien Arbeitsplatzwahl durch Verordnung über Arbeitskräfteverteilung.

22.11. Gründung der vorläufigen Kirchenleitung der evangelischen »Bekennenden Kirche«.

1935

13.1. Saarabstimmung: 90,9 Prozent der Wahlberechtigten stimmen für die Rückgliederung des Saarlandes an das Deutsche Reich.

30.1. Die neue »Deutsche Gemeindeordnung« und das »Reichsstatthaltergesetz« beseitigen die kommunale Selbstverwaltung und die Hoheitsrechte der Länder.

4./5.3. Die Synode der Bekennenden Kirche verurteilt die NS-Rassenideologie.

16.3. »Gesetz über den Aufbau der Wehrmacht«: Wiedereinführung der allgemeinen Wehrpflicht.

26.6. Gesetz für den Reichsarbeitsdienst: Männer zwischen 18 und 25 Jahren müssen einen sechsmonatigen Arbeitsdienst leisten; für Frauen wird die sechsmonatige Dienstzeit ab Kriegsbeginn verpflichtend.

10. – 16.9. NSDAP-Parteitag, Verabschiedung der »Nürnberger Gesetze«: Das »Reichsbürgergesetz« und das »Gesetz zum Schutz des deutschen Blutes und der deutschen Ehre« schaffen der antisemitischen Politik eine formalrechtliche Grundlage.

1936

7.3. Einmarsch der Wehrmacht in das entmilitarisierte Rheinland; Deutschland kündigt den Vertrag von Locarno, der u. a. die Westgrenze des Deutschen Reiches garantiert hatte.

17.6. Der »Reichsführer SS« Heinrich Himmler wird Chef der Deutschen Polizei im Reichsministerium des Inneren.

17.7. Mit einem Putsch des Militärs gegen die demokratisch gewählte Regierung beginnt der Spanische Bürgerkrieg, der zu einem zentralen europäischen Konfliktherd der Zwischenkriegszeit wird.

1.8. Eröffnung der Olympischen Sommerspiele in Berlin.

18.10. Die »Verordnung zur Durchführung des Vierjahresplans« forciert die Kriegsvorbereitungen der deutschen Wirtschaft.

1.11. Verkündung der »Achse Berlin-Rom« durch Mussolini.

1937

30.1. Verlängerung des »Ermächtigungsgesetzes« um vier Jahre.

14.3. Die päpstliche Enzyklika »Mit brennender Sorge« kritisiert die Kirchenpolitik des NS-Staates.

25.5. Gründung des »Reichsforschungsrates«.

18.6. »Reichsjugendführer« Baldur von Schirach verbietet die Doppelmitgliedschaft in der Hitlerjugend und in den katholischen Jugendverbänden.

15.7. Das Konzentrationslager Buchenwald wird errichtet.

18.7. Eröffnung des »Hauses der Deutschen Kunst« in München; gleichzeitig diffamiert die Ausstellung »Entartete Kunst« Künstler, die nicht den nationalsozialistischen Schönheits- und Moralvorstellungen entsprachen.

Sommer Kirchenkampf gegen die evangelische »Bekennende Kirche«: Rund 800 Geistliche werden verhaftet; gleichzeitig werden katholische Geistliche verfolgt.

1938

4.2.   Blomberg-Fritsch-Krise: Kriegsminister Werner von Blomberg und
            Oberbefehlshaber Fritsch werden entlassen, nachdem sie Kritik an
            Hitlers Kriegsplänen geäußert hatten; weitgehende Gleichschaltung
            der Wehrmacht; mit Ribbentrop wird ein enger Gefolgsmann
            Hitlers neuer Außenminister.

12./13.3.
            Deutsche Truppen marschieren in Österreich ein (sogenannter
            »Anschluss«); »Gesetz über die Wiedervereinigung Österreichs mit
            dem Deutschen Reich«.

April   Beginn der umfassenden »Arisierung« jüdischer Betriebe.

10.4.   Volksabstimmung zum »Anschluss« Österreichs.

3.5.   Errichtung des Konzentrationslagers Flossenbürg.

22.6.   »Verordnung zur Sicherstellung des Kräftebedarfs für Aufgaben von
            besonderer staatspolitischer Bedeutung«: Dienstpflicht für alle
            Deutsche möglich.

23.7.   Einführung eigener Kennkarten für Juden.

8.8.   Errichtung des Konzentrationslagers Mauthausen.

29./30.9.
            »Münchener Abkommen«: Frankreich, Italien und Großbritannien
            stimmen der Abtretung des tschechischen Sudetengebietes
            an Deutschland zu.

8.–13.11.
            Von der NSDAP reichsweit organisiertes Judenpogrom
            (sogenannte »Reichskristallnacht«, 9./10.11.).

1939

14.–16.3.
            Die Deutsche Wehrmacht besetzt den tschechoslowakischen
            Rumpfstaat; Errichtung des »Reichsprotektorats Böhmen und
            Mähren«.

23.3.   Besetzung und Rückgliederung des Memelgebiets.

25.3.   Dienstverpflichtung aller Jugendlichen im Alter zwischen zehn und
            18 Jahren zur Hitlerjugend.

31.3.   Großbritannien und Frankreich geben eine Garantieerklärung
            für Polen ab.

15.5.   Errichtung des Frauenkonzentrationslagers Ravensbrück.

22.5.   Deutsch-italienischer Militärpakt (»Stahl-Pakt«).

23.8.   Der »Hitler-Stalin-Pakt« vereinbart umfangreiche Wirtschafts-
            kooperationen und einen Nichtangriffsvertrag zwischen Deutsch-
            land und der Sowjetunion.

1.9. Ohne Kriegserklärung überfällt Deutschland Polen; Beginn des Zweiten Weltkriegs.

3.9. Ein Geheimerlass ermächtigt die Gestapo, politische Gegner ohne Gerichtsurteile hinzurichten.

4./5.9. Die »Verordnung gegen Volksschädlinge« verschärft den Kampf des NS-Staats gegen seine Gegner.

27.9. Kriminalpolizei, Geheime Staatspolizei und der Sicherheitsdienst der SS werden im Reichssicherheitshauptamt zusammengeführt.

Oktober
Beginn der »Euthanasie«-Morde an geistig behinderten Anstaltspatienten.

8.–12.10.
Errichtung des Generalgouvernements Polen.

12.–17.10.
Erste Deportationen von Juden aus Österreich und dem Protektorat Böhmen und Mähren nach Polen.

8.11. Das Attentat Georg Elsers auf Hitler schlägt fehl.

1940

9.4. Deutscher Überfall auf Dänemark und Norwegen.

10.5. Beginn der deutschen Offensive im Westen.

20.5. Errichtung des Konzentrationslagers Auschwitz.

22.6. Deutsch-französischer Waffenstillstandsvertrag.

18.12. Vorbereitung auf den Angriffskrieg gegen die Sowjetunion (Hitlers »Weisung Nr. 21«).

1941

29.1. Beginn der britisch-amerikanischen Geheimabsprachen für den Fall eines Kriegseintritts der USA.

April/Mai
Aufstellung von »Einsatzgruppen« der Sicherheitspolizei und des SD, die in den eroberten »Ostgebieten« Juden und politische Funktionsträger der Sowjetunion ermorden sollen.

10.5. Flug von Rudolf Heß nach London, um auf eigene Initiative vor dem Beginn des Russlandfeldzuges eine Friedensvereinbarung mit Großbritannien herbeizuführen.

12.5. Martin Bormann wird Leiter der Partei-Kanzlei der NSDAP.

6.6. Der »Kommissarbefehl« des Oberkommandos der Wehrmacht ordnet die Ermordung politischer Kommissare der Roten Armee an.

22.6. Deutscher Überfall auf die Sowjetunion (»Unternehmen Barbarossa«).

24.6.	Massenermordung von Juden in der litauischen Stadt Garsden; Beginn der systematischen Ermordung der europäischen Juden durch Einsatzgruppen des SD.
3.8.	Kanzel-Protest des katholischen Bischofs von Galen gegen die Beschlagnahme kirchlicher Einrichtungen und die »Euthanasie«.
1.9.	Tragepflicht des »Gelben Sterns« für Juden ab sechs Jahren im Reichsgebiet; ab 1.10. Auswanderungsverbot.
Oktober	Errichtung des Konzentrationslagers Lublin-Majdanek.
8.10.	Baubeginn des Vernichtungslagers Auschwitz (II)-Birkenau.
Seit Oktober/November	Massensterben von sowjetischen Kriegsgefangenen: Bis Februar 1942 fallen rund zwei Millionen Gefangene Hunger, Kälte und gezielt schlechter Versorgung zum Opfer.
5.12.	Beginn der »Winterkrise«: Scheitern der deutschen Blitzkriegplanungen im Osten.
7.12.	Japanischer Überfall auf die US-Flottenbasis Pearl Harbor.
11.12.	Kriegserklärung Deutschlands und Italiens an die USA.
19.12.	Hitler übernimmt den Oberbefehl über das Heer.

1942

20.1.	Auf der Wannsee-Konferenz wird die »Endlösung der Judenfrage« koordiniert.
20./22.3.	Der »Menschenrechts-Hirtenbrief« der katholischen Bischöfe fordert die universale Gültigkeit menschlicher Grundrechte.
26./27.3.	Erste Transporte deutsch-jüdischer Emigranten aus den besetzten westeuropäischen Ländern nach Auschwitz.
April	Beginn der Massendeportation sowjetischer Zivilisten als Zwangsarbeiter ins Deutsche Reich.
26.5.	Britisch-sowjetischer Bündnispakt.
Juni	Beginn der Massenmorde durch Giftgas in Auschwitz-Birkenau.
Juni/Juli	Erste Flugblattaktionen der studentischen Widerstandsgruppe »Weiße Rose« in München.
22./23.7.	Massentransporte aus dem Warschauer Ghetto ins Vernichtungslager Treblinka.
16.9.	Beginn der Schlacht um Stalingrad.
23.10.	Beginn der britischen Offensive bei El Alamein.

7./8.11. Alliierte Landung in Marokko und Algerien.

16.12. Befehl Himmlers zur Deportation von Sinti und Roma nach Auschwitz.

1943

14.–26.1.
Konferenz von Casablanca: Die Alliierten erklären die »bedingungslose Kapitulation« Deutschlands, Italiens und Japans zum Kriegsziel.

30.1./2.2.
Kapitulation der deutschen 6. Armee in Stalingrad.

18.2./22.2.
Verhaftung und Hinrichtung von Mitgliedern der »Weißen Rose« in München.

März–Juli
Deportation holländischer Juden nach Sobibor.

19.4. Aufstand im Warschauer Ghetto.

30.4. Juden wird die deutsche Staatsbürgerschaft entzogen.

10.6. Beginn der »Combined Bomber Offensive«: amerikanische Präzisionsangriffe bei Tage, britische Flächenbombardements bei Nacht.

10.7. Alliierte Landung in Sizilien.

Ende Juli
»Operation Gomorrha«: Schwere Luftangriffe auf Hamburg mit rund 34 000 Toten.

14.–24.8.
Konferenz von Quebec: Roosevelt und Churchill beschließen die Eröffnung einer »zweiten Front« in Frankreich.

3.9. Waffenstillstand zwischen Italien und den Alliierten.

15.9. Gründung der faschistischen Republik von Salò.

28.11.–1.12.
Konferenz von Teheran: Stalin, Churchill und Roosevelt debattieren Planungen für die Nachkriegszeit.

1944

Januar/Februar
Die Widerstandsgruppe »Kreisauer Kreis« wird zerschlagen.

12.5. Beginn der alliierten Offensive in Italien.

15.5.–19.7.
Deportation ungarischer Juden nach Auschwitz.

6.6. Beginn der alliierten Landung in der Normandie.

22.6.	Beginn der sowjetischen Großoffensive gegen die Heeresgruppe Mitte.
20.7.	Gescheitertes Attentat auf Hitler durch die Militäropposition um Claus Graf Schenk von Stauffenberg.
24.7.	Befreiung des Konzentrationslagers Majdanek durch die Rote Armee.
25.9.	Einberufung aller Deutschen zwischen 16 und 60 Jahren zum »Volkssturm«.
21.10.	Als erste deutsche Stadt wird Aachen von den Amerikanern besetzt.
16.12.	Deutsche Ardennenoffensive: Der Gegenangriff der Wehrmacht gegen den Vormarsch alliierter Truppen scheitert nach anfänglichen Erfolgen bereits nach wenigen Tagen.

1945

27.1.	Befreiung des Konzentrationslagers Auschwitz durch sowjetische Truppen.
19.3.	»Nero-Befehl« Hitlers: Den alliierten Truppen sollte nur mehr »verbrannte Erde« hinterlassen und deshalb die zivile Infrastruktur Deutschlands zerstört werden.
13.4.	Einmarsch der Roten Armee in Wien.
16.4.–2.5.	Schlacht um Berlin und Besetzung Berlins durch die Rote Armee.
29.4.	Befreiung des Konzentrationslagers Dachau durch US-Streitkräfte.
30.4.	Selbstmord Hitlers.
2.5.	Neue Reichsregierung unter Admiral von Dönitz in Flensburg.
4.5.	Kapitulation der Wehrmacht in Holland, Dänemark und Nordwest-Deutschland.
7.5.	Gesamtkapitulation der deutschen Wehrmacht in Reims.
9.5.	Wiederholung der Gesamtkapitulation im sowjetischen Hauptquartier in Berlin-Karlshorst.
17.7.–2.8.	Potsdamer Konferenz: USA, Großbritannien und die Sowjetunion beschließen die Demilitarisierung und Demokratisierung Deutschlands, die Abtretung der östlich von Oder und Neiße gelegenen Gebiete an Polen und die Errichtung eines »Alliierten Kontrollrates«.
20.11.1945–11.4.1949	Nürnberger Prozess gegen die Hauptkriegsverbrecher sowie zwölf weitere sogenannte Nachfolge-Prozesse.

1946

14.1.   Pariser Reparationsabkommen.

1951

26.7.   Kabinettsbeschluss der Bundesregierung über die Entschädigung
         überlebender Opfer von Menschenversuchen.

1952

10.11.   Luxemburger Abkommen: Entschädigungszahlungen der Bundes-
         republik an Israel und die Jewish Claims Conference.

1953

1.10.   Das Bundesgesetz zur Entschädigung für Opfer der national-
         sozialistischen Verfolgung (»Bundesentschädigungsgesetz«) tritt
         in Kraft.

1958

1.12.   Die Zentrale Stelle der Landesjustizverwaltungen zur Aufklärung
         nationalsozialistischer Verbrechen mit Sitz in Ludwigsburg über-
         nimmt die Ermittlungen in NS-Strafsachen.

1960er Jahre

1959 – 1964
         Abkommen der Bundesrepublik Deutschland zur
         Entschädigung von NS-Opfern mit elf westlichen Staaten.

Mai 1960
         Für Totschlagdelikte aus der NS-Zeit tritt Verjährung ein.

20.12.1963 – 16.9.1966
         Erster und zweiter sogenannter »Auschwitz-Prozess« in Frankfurt
         am Main gegen Mitglieder der KZ- Lagermannschaften.

10.3.1965
         Verjährungsdebatte im Bundestag.

1970er Jahre

1971/1972
         Abkommen mit Ungarn und Polen über die Entschädigung für
         Opfer von Menschenversuchen.

26.11.1975 – 30.6.1981
         Düsseldorfer Majdanek-Prozess.

Januar 1979
         Ausstrahlung der US-amerikanischen Fernsehserie
         »Holocaust« im deutschen Fernsehen.

1980er Jahre
1986/1987
>>Historikerstreit<< um die Singularität der nationalsozialistischen
Verbrechen.

1990er Jahre
1991 – 1997
Globalabkommen mit osteuropäischen Staaten zur
Entschädigung von NS-Opfern.
9.10.1992
Abkommen mit der Jewish Claims Conference über Fonds
für jüdische Verfolgte in Westeuropa (>>Artikel 2-Abkommen<<).

ab 2000
Januar 2000
Internationales Holocaust-Forum in Stockholm.
2.8.2000
Errichtung der Stiftung >>Erinnerung, Verantwortung und
Zukunft<<, die mit Bundesmitteln und Beiträgen der deutschen
Wirtschaft ausgestattet wurde, um ehemalige Zwangsarbeiter
und andere Opfer des NS-Regimes zu entschädigen.
10.5.2005
Einweihung des >>Denkmals für die ermordeten europäischen
Juden<< in Berlin.

Autoren

Martin Baumeister, geb. 1958, Dr. phil., Professor für Europäische Geschichte des 19. und 20. Jahrhunderts am Historischen Seminar der Ludwig-Maximilians-Universität München, Veröffentlichungen zur deutschen, spanischen und italienischen Geschichte des 19. und 20. Jahrhunderts, u. a.: Kriegstheater. Großstadt, Front und Massenkultur 1914 – 1918, Essen 2005.

Christoph Classen, geb. 1965, Dr. phil., wissenschaftlicher Mitarbeiter am Zentrum für Zeithistorische Forschung Potsdam, Veröffentlichungen zur politischen Kulturgeschichte, zur Erinnerungskultur und zur Mediengeschichte, u. a.: Faschismus und Antifaschismus. Geschichte im Radio der SBZ/DDR 1945 – 1953, Köln 2004.

Jan Eckel, geb. 1973, Dr. phil., wissenschaftlicher Assistent am Historischen Seminar der Albert-Ludwigs-Universität Freiburg, Veröffentlichungen zur Historiographiegeschichte und zur Wissenschaftsgeschichte im 20. Jahrhundert, u. a.: Hans Rothfels. Eine intellektuelle Biographie im 20. Jahrhundert, Göttingen 2005.

Philipp Gassert, geb. 1965, Dr. phil., stellvertretender Direktor des Deutschen Historischen Instituts Washington D.C. und Privatdozent an der Universität Heidelberg, Veröffentlichungen zur deutschen und amerikanischen Zeitgeschichte, u. a.: Kurt Georg Kiesinger, 1904 – 1988. Kanzler zwischen den Zeiten, München 2006.

Rüdiger Hachtmann, geb. 1953, Dr. phil., wissenschaftlicher Mitarbeiter am Zentrum für Zeithistorische Forschung Potsdam und apl. Professor am Institut für Geschichte und Kunstgeschichte der Technischen Universität Berlin, Veröffentlichungen zur Sozial-, Politik- und Wissenschaftsgeschichte des 19. und 20. Jahrhunderts, u. a.: Wissenschaftsmanagement im »Dritten Reich«. Geschichte der Generalverwaltung der Kaiser-Wilhelm-Gesellschaft, Göttingen 2007.

Alfons Kenkmann, geb. 1957, Dr. phil., Professor für Geschichtsdidaktik am Historischen Seminar der Universität Leipzig, Veröffentlichungen zur Geschichtsdidaktik, zur Geschichte der Jugend sowie zur Polizei- und Verwaltungsgeschichte, u. a.: Im Auftrag. Polizei, Verwaltung und Verantwortung, Essen 2001 (hrsg. zus. mit Christoph Spieker).

Christoph Kösters, geb. 1961, Dr. theol., wissenschaftlicher Mitarbeiter der Kommission für Zeitgeschichte in Bonn, Veröffentlichungen zur Geschichte des deutschen Katholizismus im 20. Jahrhundert, u. a.: Kirchen im Krieg. Europa 1939–1945, Paderborn 2007 (hrsg. zus. mit Karl-Joseph Hummel).

Christiane Kuller, geb. 1970, Dr. phil., wissenschaftliche Assistentin am Historischen Seminar der Ludwig-Maximilians-Universität München, Veröffentlichungen zur Geschichte der Bundesrepublik und der NS-Zeit, u. a.: Nach der Verfolgung. Wiedergutmachung nationalsozialistischen Unrechts in Deutschland?, Göttingen 2003 (hrsg. zus. mit Hans Günter Hockerts).

Claudia Moisel, geb. 1972, Dr. phil., wissenschaftliche Mitarbeiterin am Historischen Seminar der Ludwig-Maximilians-Universität München, Veröffentlichungen zur deutschen und französischen Zeitgeschichte, u. a.: Frankreich und die deutschen Kriegsverbrecher. Politik und Praxis der Strafverfolgung nach dem Zweiten Weltkrieg, Göttingen 2004.

Armin Nolzen, geb. 1968, Redakteur der Beiträge zur Geschichte des Nationalsozialismus, Veröffentlichungen zur Geschichte der NSDAP und zur vergleichenden Faschismus- und Diktaturforschung, u. a.: Faschismus in Italien und Deutschland. Studien zu Transfer und Vergleich, Göttingen 2005 (hrsg. zus. mit Sven Reichardt).

Dieter Pohl, geb. 1964, Dr. phil., wissenschaftlicher Mitarbeiter am Institut für Zeitgeschichte München, Privatdozent an der Ludwig-Maximilians-Universität München, Veröffentlichungen zur Geschichte der NS-Herrschaft, der DDR und der Ukraine, u. a.: Die Herrschaft der Wehrmacht. Deutsche Militärbesatzung und einheimische Bevölkerung in der Sowjetunion 1941–1944, München 2008.

Waltraud Sennebogen, geb. 1975, Dr. phil., Referentin bei der Haniel Stiftung Duisburg, Veröffentlichungen zur Propaganda und Sprache in der NS-Zeit, u. a.: Tarnung – Leistung – Werbung. Untersuchungen zur Sprache im Nationalsozialismus, Frankfurt a. M. 2004 (hrsg. zus. mit Albrecht Greule).

Thomas Schlemmer, geb. 1967, Dr. phil., wissenschaftlicher Mitarbeiter am Institut für Zeitgeschichte München und Lehrbeauftragter an der Ludwig-Maximilians-Universität München, Veröffentlichungen zur Geschichte der Bundesrepublik, des Zweiten Weltkriegs und des italienischen Faschismus, u. a.: Die Italiener an der Ostfront 1942/43. Dokumente zu Mussolinis Krieg gegen die Sowjetunion, München 2005 (Hrsg.).

Michael C. Schneider, geb. 1968, Dr. phil., wissenschaftlicher Mitarbeiter am Institut für Wirtschafts- und Sozialgeschichte der Georg-August-Universität Göttingen, Veröffentlichungen zur Sozialgeschichte der DDR, zur NS-Unternehmensgeschichte sowie zur Geschichte der amtlichen Statistik im 19. und 20. Jahrhundert, u. a.: Unternehmensstrategien zwischen Weltwirtschaftskrise und Kriegswirtschaft. Chemnitzer Maschinenbauindustrie in der NS-Zeit (1933–1945), Essen 2005.

Sybille Steinbacher, geb. 1966, Dr. phil., wissenschaftliche Assistentin am Historischen Institut der Friedrich-Schiller-Universität Jena, Veröffentlichungen zur Geschichte des Nationalsozialismus und des Holocaust, u. a.: Auschwitz. Geschichte und Nachgeschichte, München ²2007.

Alan E. Steinweis, geb. 1957, Ph.D., Rosenberg-Stiftungsprofessor für Neue Europäische Geschichte und Jüdische Studien an der University of Nebraska/Lincoln, Veröffentlichungen zur NS-Kulturpolitik, zur Geschichte des Antisemitismus und zur Erinnerungsgeschichte des Holocaust, u. a.: Studying the Jew: Scholarly Antisemitism in Nazi Germany, Cambridge/Mass. 2006.

Dietmar Süß, geb. 1973, Dr. phil., Akademischer Rat am Historischen Institut der Friedrich-Schiller-Universität Jena, Veröffentlichungen zur deutschen und britischen Geschichte des 20. Jahrhunderts, u. a.: Deutschland im Luftkrieg. Geschichte und Erinnerung, München 2007 (Hrsg.).

Winfried Süß, geb. 1966, Dr. phil., wissenschaftlicher Mitarbeiter am Zentrum für Zeithistorische Forschung Potsdam und Lehrbeauftragter am Historischen Seminar der Ludwig-Maximilians-Universität München, Veröffentlichungen zur deutschen Geschichte im 20. Jahrhundert und zur Geschichte des europäischen Wohlfahrtsstaats, u. a.: Der »Volkskörper« im Krieg. Gesundheitspolitik, Gesundheitsverhältnisse und Krankenmord im nationalsozialistischen Deutschland 1939–1945. München 2003.